UNIVERSITY OF
SCIENCE AND
TECHNOLOGY
OF CHINA
YEARBOOK

2004

中国科学技术大学
年鉴

中国科学技术大学出版社

图书在版编目(CIP)数据

中国科学技术大学年鉴.2004/中国科学技术大学党政办公室编.—合肥：中国科学技术大学出版社，2004.8

ISBN 7-312-01678-2

Ⅰ.中… Ⅱ.中… Ⅲ.中国科学技术大学—2004—年鉴 Ⅳ.G649.285.41—54

中国版本图书馆 CIP 数据核字(2004)第 025309 号

书　　名：中国科学技术大学年鉴·2004

著作责任者：中国科学技术大学党政办公室

责 任 编 辑：张善金

装 帧 设 计：刘俊霞

标 准 书 号：ISBN 7-312-01678-2/G·196

出 版 者：中国科学技术大学出版社

地　　址：安徽省合肥市金寨路 96 号

网　　址：http://www.press.ustc.edu.cn

电　　话：发行部 0551-3602905　编辑部 0551-3602910

电 子 信 箱：press@ustc.edu.cn

印 刷 者：合肥远东印务有限责任公司

发 行 者：中国科学技术大学出版社

经 销 者：全国新华书店

787mm×1092mm　1/16　28.25 印张　彩插：12　字数：776 千字

2004 年 8 月第 1 版　2004 年 8 月第 1 次印刷

定　　价：80.00元

学校主要创建者、首任校长郭沫若塑像

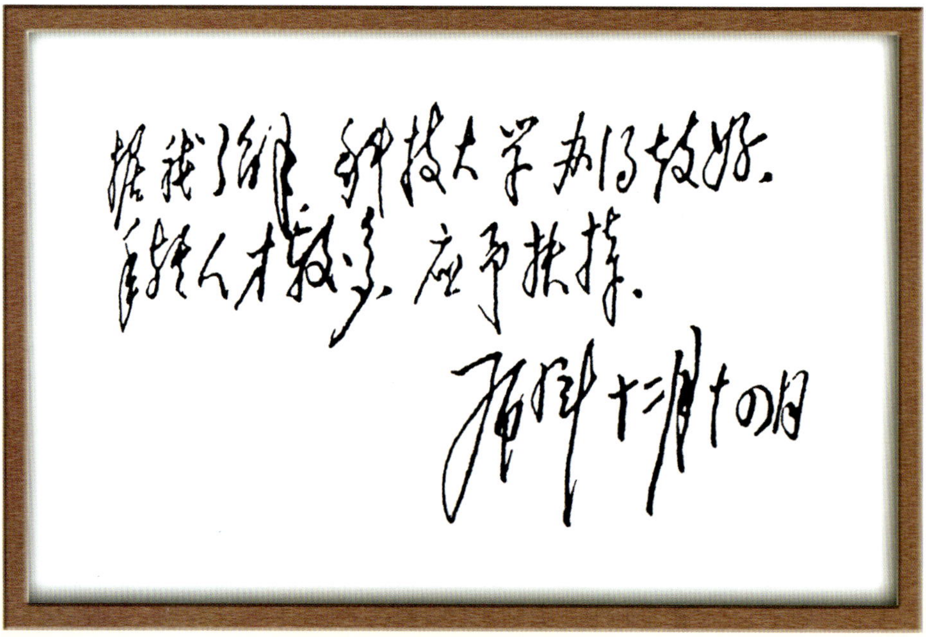

1983 年 12 月，邓小平同志为中国科大题词

1998 年 6 月，江泽民同志为中国科大建校 40 周年题词。
图为题词纪念碑

中国科学院党组副书记兼学校党委书记　郭传杰

校长、中国科学院院士、第三世界科学院院士　朱清时

2003 年 11 月 16 日，全国人大常委会委员长吴邦国视察学校

2003 年 5 月 28 日，全国人大常委会副委员长、中国科学院院长路甬祥视察学校

2003 年 8 月 25 日～27 日，学校召开第九次党代表大会

2003 年 12 月 24 日～26 日，学校召开六届一次教职工代表大会

2003 年 11 月 30 日，中国科学院在我校召开"全院办校、所系结合"座谈会

2003 年 9 月 20 日，东亚研究型大学协会第 9 届年会暨第 13 届理事会在我校举行，朱清时校长当选新一届协会主席

2003年9月18日，值45周年校庆之际，学校隆重举行郭永怀先生“两弹一星”功勋奖章捐赠暨首届郭永怀奖学金颁发仪式。图为郭永怀先生夫人李佩女士向学校捐赠郭永怀先生“两弹一星”功勋奖章，朱清时校长代表学校接受捐赠

45周年校庆期间，清华大学校长顾秉林、台湾大学校长陈维昭、香港科技大学校长朱经武分别为我校师生做报告

国家同步辐射实验室二期工程为国家“九五”大科学工程项目，图为实验室储存环大厅

2003 年 11 月，国家科技部批准我校筹建合肥微尺度物质科学国家实验室，图为实验室主楼外景

南极科考

校风纪念碑

扭转乾坤

思源碑

科技之花

中国科学技术大学年鉴

∵ 2004 ∵

中国科学技术大学党政办公室　编

中国科学技术大学出版社

2004・合肥

主　编　汪克强

副主编　黄超群　毛敏捷

参　编　（按姓氏笔画排序）

卜英浩　毛敏捷　方本新　朱李莉

牟　玲　吴加胜　何淳宽　汪克强

郑红群　黄超群

出版说明

一、《中国科学技术大学年鉴(2004)》(以下简称《年鉴》)是全面反映2003年中国科学技术大学基本情况及各项建设事业改革与发展的史料性文献、资料,收录了2003年一年内学校主要活动和各项工作的重要文献、文件、统计数据等资料。

二、本《年鉴》内容共分16个部分,涉及学科专业、教学与人才培养、科学研究与科技产业、教职工队伍、管理工作、国内外学术交流与合作、办学支撑条件、表彰奖励等各个方面,并专题收录了第九次党代会、六届一次教代会和庆祝建校45周年等重要活动的文献及2003年大事记。除另有注明的以外,所有资料的截止时间均为2003年底。

三、本《年鉴》力求资料完整,内容翔实,数据准确。由于编辑力量和水平有限,疏漏、误差之处在所难免,读者如有发现,敬请批评指正。

四、本《年鉴》由中国科学技术大学党政办公室组织编写,得到了学校领导、机关有关部门的大力支持与帮助,谨此一并致谢。

编　者

2004年7月

目　次

UNIVERSITY OF SCIENCE AND TECHNOLOGY OF CHINA YEARBOOK

学校概况

学校概况

中国科学技术大学是中国科学院所属的一所以前沿科学和高新技术为主、兼有以科技为背景的管理和人文学科的综合性全国重点大学。1958年9月创建于北京，首任校长由郭沫若兼任。它的创办被称为“我国教育史和科学史上的一项重大事件”。建校后，中国科学院实施“全院办校、所系结合”的办学方针，学校紧紧围绕国家急需的新兴科技领域设置系科专业，创造性地把理科与工科，即前沿科学与高新技术相结合，坚持教学与科研、理论与实践相结合，注重基础课教学，宽口径培养新兴、边缘、交叉学科的尖端科技人才，汇聚了严济慈、华罗庚、钱学森、赵忠尧、郭永怀、赵九章、贝时璋等一批国内最有声望的科学家，得到迅速发展，建校第二年即成为最年轻的全国重点大学。

1970年初，学校迁至安徽省合肥市，开始了第二次创业。1978年以后，学校锐意改革，大胆创新，首倡恢复高考制度并在全国率先提出并实施了创办少年班、首建研究生院、建设国家大科学工程、率先面向世界开放办学等一系列具有创新精神和前瞻意识的教育改革新措施，得到迅速恢复和发展。“七五”、“八五”期间，学校一直得到国家的重点建设，很快发展成为国家高质量人才培养和高水平科学研究的重要基地。邓小平同志曾称赞：“科技大学办得较好，年轻人才较多”。

20世纪90年代以来，学校主动适应国内外科技、教育和社会经济发展的要求与挑战，大力推行教学科研改革和结构性调整，进行第三次创业。学校是国家在“九五”和“十五”期间进行“211工程”建设的大学之一，也是惟一参与国家知识创新工程试点的大学。1998年6月，江泽民同志为中国科学技术大学建校40周年题词：“面向二十一世纪，建设一流大学，培育一流人才”。1999年7月，中国科学院、教育部、安徽省人民政府决定共同加大力度，支持学校在21世纪初建成世界知名的高水平研究型大学，学校成为国家创建世界一流大学的“985工程”首批重点支持的9所大学之一。

学校现任名誉校长是中国科协主席、中国科学院院士、第三世界科学院院士周光召教授，党委书记由中国科学院党组副书记郭传杰研究员兼任，校长是中国科学院院士、第三世界科学院院士、化学家朱清时教授。

学校现有8个学院、23个系和少年班（教改试点班），以及研究生院、管理学院（北京）、软件学院、网络学院、继续教育学院等，与中国科学院合肥物质科学研究院联合成立了中国科学技术大学高等研究院，在苏州、上海设有研究院。有39个本科专业，105个硕士学位授权点，17个一级学科博士学位授权点，89个二级学科博士学位授权点，有工商管理（MBA）、公共管理（MPA）和工程硕士等专业硕士学位授权点；17个博士后流动站，47个博士后流动站学科专业，具备培养学士—硕士—博士的完整教育体系，是中国科学院博士生重点培养基地。有数学、物理学、力学3个国家理科基础科学研究与教学人才培养基地和生命科学与技术国家人才培养基地,19个国家重点学科,19个安徽省重点学科。

学校现有普通高等教育在校学生13794人,其中博士生1498人,硕士生3873人,本科生8423人;另有专业学位硕士生1575人,各类成人高等学历教育在学学生3830人。本科生生源和培养质量一直在全国高校中名列前茅。校园总面积约133万平方米,建筑面积83万平方米,拥有资产总值4.9亿元的先进教学、科研仪器设备,图书馆藏书158万余册,已建成国内一流水平的校园计算机网络,并初步建成若干科研、教学公共实验中心。

学校在人才队伍建设上坚持培养与引进并重的方针,按照事业、感情、待遇并重和培养、使用、关爱并举的原则,努力建设一流的师资队伍,凝聚了一批甘愿放弃优厚待遇,以在学校工作为荣的知名专家学者。现有教职工3557人,其中教师1120人,专职研究人员322人。有中国科学院院士19人,中国工程院院士4人,教授(含研究员、教授级高级工程师)458人,副教授(含副研究员、高级工程师、高级实验师)580人,博士生导师(含返聘和外聘)461人,另有博士后研究人员110人。中青年教师占教师总数的80%以上。此外,还聘请了杨振宁、李政道、丁肇中、R.F.Curl、Eugene Garfield、Charles M. Lieber等一批世界著名科学家为名誉教授、名誉博士和客座教授。

学校大力弘扬"勤奋学习、红专并进、理实交融"的优良校风,坚持"我创新,故我在"的办学理念,形成了教学与科研相结合、理论与实践相结合的显著特色。近年来,学校不断深化教学内容与课程体系改革,加强以德育教育为核心、以创新能力培养为重点的全面素质教育,毕业生以综合素质高、创新能力强,受到社会广泛赞誉。建校以来,共为国家培养了5万多名德才兼备的高层次优秀人才,其中涌现出一大批在国内外科技、教育、经济、管理和国防等领域的科技骨干,包括33名中国科学院院士和中国工程院院士,他们取得了令人瞩目的成就,为学校赢得了社会公认的良好信誉。

学校面向国家重大需求和世界科技前沿开展科学研究,积极探索建立严谨、科学和富有活力的创新科研运行体制。已建成国家同步辐射实验室等13个国家和院、省级重点科研机构,并获准筹建合肥微尺度物质科学国家实验室。1978年以来,共有46项科研成果获得国家级奖励,484项获院、省部级奖励,每年在国际上发表的科技论文及被引用情况一直居国内高校前列,被国家科技部评为全国科研业绩最佳的四所大学之一。1998年以来,在单分子物理化学、纳米科技的基础研究、量子信息科学、火灾科学与防治技术、极地科学考察与研究等领域,取得了一批具有世界领先水平的原创性成果,有6项成果8次入选中国十大科技进展新闻、中国基础科学研究十大新闻和中国高等学校十大科技进展。

学校一贯坚持立足国内,面向世界,开展广泛的国内外学术交流与合作。先后与30多个国家和地区的近百所大学和研究机构签订了合作交流协议,是东亚研究型大学协会(AEARU)主席单位;平均每年有近300位外籍专家学者来校讲学或进行合作研究,先后派出教师近万人次赴30多个国家或地区访问学习或进行合作研究,许多学成回国的教师在教学、科研、管理等工作岗位上担当了重任。

长期以来,学校坚持党的基本路线和教

育方针，积极探索有中国特色的高等教育改革与发展道路，为国家经济建设和社会发展特别是科技与教育事业做出了重要的贡献，是我国在国际上有较大影响的大学之一，在国际权威学术期刊 *Science* 和 *Research* 评出的中国 13 所杰出大学中，均名列前茅。目前，全校上下正深化改革，锐意创新，力争在 2018 年建校 60 周年前后，把学校建设成为质量优异、特色鲜明、规模适度、结构合理的一流研究型大学，成为与中国科学院和其他专业研究院所及高科技企业相结合，面向全国培养具有创新能力和现代知识结构的一流人才，具有较强知识创新和技术创新能力的教育与科研基地，为实现“创寰宇学府，育天下英才”的宏伟目标而努力奋斗。

年鉴

UNIVERSITY OF SCIENCE AND TECHNOLOGY OF CHINA YEARBOOK

第九次党代会文献

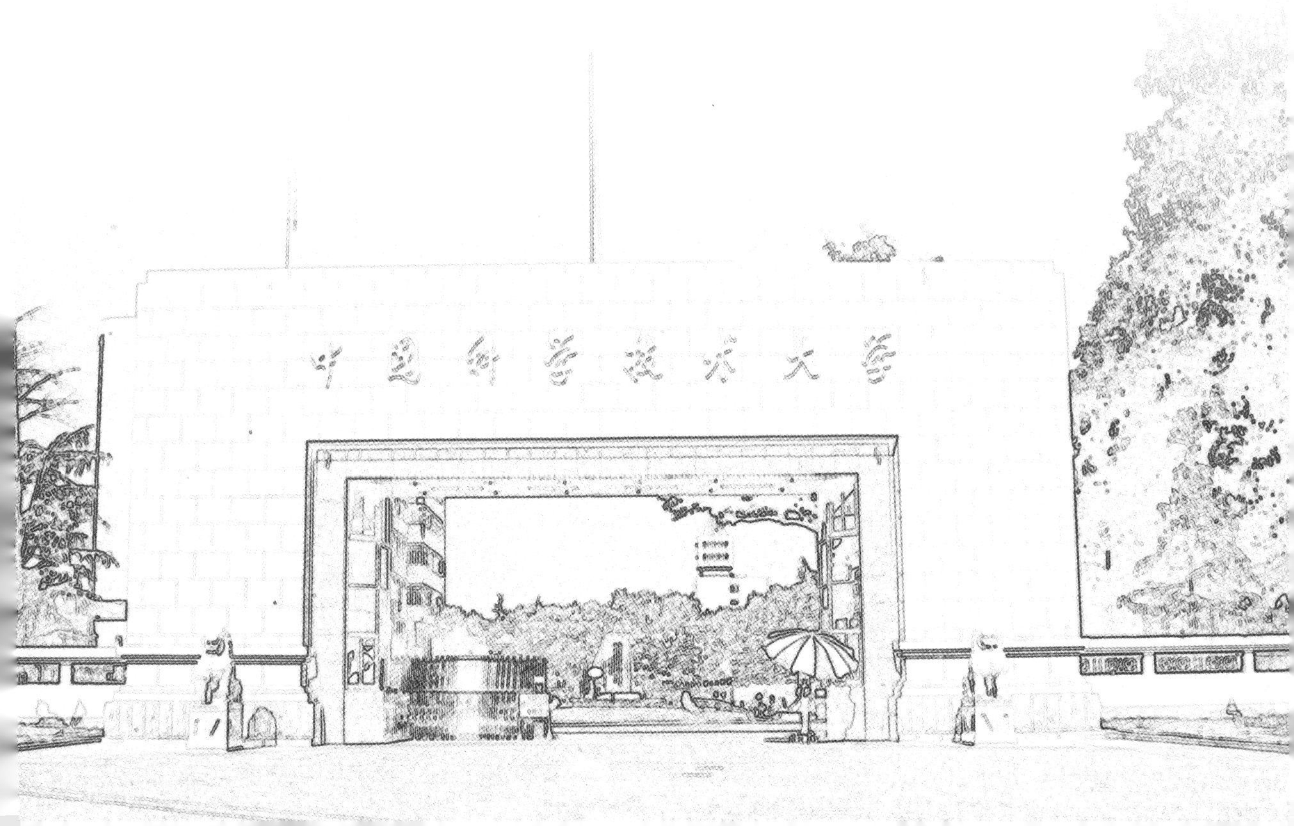

中国共产党中国科学技术大学第九次代表大会

开幕词

金大胜

（2003年8月25日）

尊敬的各位领导、各位来宾、各位代表：

中国共产党中国科学技术大学第九次代表大会，在中共安徽省委、中国科学院党组、省委组织部和省委教育工委的亲切关怀与大力支持下，经过一段时间的筹备，今天隆重开幕了。首先，我代表大会主席团和全体代表，向亲临大会指导的上级党组织的领导和来宾表示热烈的欢迎！向出席大会的学校历届老领导和离退休老同志致以崇高的敬意！向我校各民主党派的同志们表示衷心的感谢！

这次大会，是在全党、全国人民深入学习贯彻党的十六大精神，满怀豪情踏上全面建设小康社会征程的关键时刻召开的，也是在我校深入实施“十五”“211工程”、“985工程”以及知识创新工程，全面开创一流大学建设新局面的关键时刻召开的。出席大会的全体代表，带着全校共产党员的重托和广大师生员工的期盼，汇聚一堂，共商发展大计，共绘宏伟蓝图。

会议将听取并审议中共中国科学技术大学第八届委员会工作报告和纪律检查委员会工作报告，选举产生新一届党的委员会和纪律检查委员会。这是一次承前启后、继往开来的大会，更是一次凝心聚力、编织未来的大会！

各位代表，自第八次党代会以来的五年，是全校师生齐心协力，团结拼搏，学校综合实力跃上新台阶的五年，也是校党委着眼时代发展要求，不断加强自身建设，取得显著成绩的五年。五年来，校党委团结带领广大师生员工高举邓小平理论伟大旗帜，贯彻落实“三个代表”重要思想，紧紧围绕一流大学创建工作这一中心任务，正确处理改革、发展、稳定的关系，与时俱进，真抓实干，圆满完成了第八次党代会确定的各项工作任务。

今后几年，将是决定我校未来发展走向的极为关键的时期。我们要继续大力推动一流大学第二阶段创建工作，集中打造若干个具有世界水平的一流学科，取得一批教学、科研方面的标志性成果；我们要坚持以人为本，加速创新人才队伍建设；同时要以提高可持续创新力为核心，努力把教育创新、科技创新、制度创新和文化创新提高到新的层次。

我校有着光荣的历史传统，科大人素以勤奋聪慧著称，具有坚韧不拔、自强不息、富于创造的优秀品格。在日趋激烈的竞争中，我们要不断实现新的跨越，必须高举创新的大旗。以创新精神推进学校的改革、建设与发展，是每一位科大人应有的精神境界。我们要继承并发扬这一优良传统，锲而不舍，不畏艰险，在实践中使得创新精神得以更加丰富、强化和光大！

学校各项事业的发展是以党的事业发展为基础的，学校每一步的成长、壮大都是与党的正确领导密不可分的。我们要顺利实现新的发展目标,同样必须紧紧依靠党,依靠各级党组织和全校师生员工,进一步解放思想,创新进取,负重自强,苦干实干,这是我们建设科大、振兴科大,胜利完成历史使命的根本立足点。

同志们!中共中国科学技术大学第九次代表大会的召开,是我校政治生活和事业发展中的一件大事。我们一定要以高度的政治责任感和饱满的政治热情,庄严地履行我们的神圣职责,同心同德,群策群力,把这次代表大会开成一个动员的大会、团结的大会、胜利的大会!让我们在以胡锦涛同志为总书记的党中央领导下,贯彻落实"三个代表"的重要思想,以这次大会为新的起点,勤奋工作,团结拼搏,为把学校早日建成世界一流大学做出新的更大的努力!

预祝大会圆满成功!

以"三个代表"重要思想为指导 继承优良传统　弘扬创新精神 不断开创一流研究型大学建设新局面

——在中国共产党中国科学技术大学第九次代表大会上的报告

郭传杰

(2003 年 8 月 25 日)

各位代表、同志们:

现在,我代表中国共产党中国科学技术大学第八届委员会向大会作报告,请代表审议。

中国共产党中国科学技术大学第九次代表大会,是在全党、全国认真贯彻十六大精神,兴起学习贯彻"三个代表"重要思想新高潮,全面建设小康社会的新时期、新阶段召开的,也是在我校创建一流大学的关键时刻召开的一次十分重要的代表大会。

大会的指导思想是:高举邓小平理论伟大旗帜,以"三个代表"重要思想为指导,深入贯彻十六大精神,推进教育创新,实施中国科学院新时期办院方针,全面加强和改进党的领导,正确处理好改革、发展与稳定的关系,以奋发有为的精神状态、开拓创新的工作业绩,不断开拓一流研究型大学建设新局面。

我坚信,在全体代表们的共同努力下,本次代表大会一定能够开成一个团结的大会,胜利的大会,鼓舞人心的大会,继往开来的大会。

一、过去五年的工作回顾

第八次党代会以来的五年里,在上级党组织的正确领导下,校党委始终高举邓小平理论伟大旗帜,以"三个代表"重要思想为指导,加强对学校各项工作的领导,以改革统揽全局,通过全校师生员工的共同努力,顺利实现了第八次党代会确立的目标和任务,党建、德育、思想政治工作和精神文明建设在创新中得到进一步加强和改进。

(一)学校领导体制实现平稳转变,党委集体领导作用较

好发挥

实行党委领导下的校长负责制，是体现党对高校领导的制度保证，也是加强党对高校领导的核心问题。1998年，我校领导体制由校长负责制转为党委领导下的校长负责制以来，校党委认真组织领导班子成员学习《中国共产党普通高等学校基层组织工作条例》和《高等教育法》，制定了《党委全委会制度》、《党委常委会制度》和《校长工作会议制度》，明确了学校党政职责权限、党内生活、组织活动及其运转机制，确立了以民主集中制为原则的集体领导制度，党政分工负责，相互协调配合，保证了学校事业的顺利发展。

五年来，校党委努力探索新的领导体制下党委工作的运行规律，在积极支持校长按照《高等教育法》的规定，主动独立开展工作的同时，重点抓好党的路线方针政策的贯彻落实，抓好改革发展重大问题的研究与决策，抓好各项规章制度的建立完善，抓好干部队伍建设和校园安全稳定工作。

经过党政领导班子共同努力，学校领导体制实现平稳转换，新的领导体制得到不断完善，党委的领导核心、政治核心和团结核心作用得到比较充分的发挥。

（二）党建、思想政治工作和精神文明建设不断加强

五年来，校党委高度重视党的建设，以促进学校中心工作的开展为目标，努力探索新形势下高校党建工作的新途径，党建、思想政治工作和精神文明建设得到了进一步加强。

1. 加强领导班子和干部队伍建设，不断提高各级干部的素质

1999年和2000年，我校在全国高校中较早开展了“三讲”教育及“回头看”活动，通过教育，使广大校、处级领导干部接受了一次比较深刻的马克思主义理论和党性党风再教育。

校党委认真贯彻执行《党政领导干部选拔任用工作暂行条例》，出台了《中国科学技术大学中层领导干部选拔任用工作实施办法》，不断健全加强党政干部队伍建设的相关制度和措施，逐步推行民主推荐、民主评议、任前公示、年终考核、试用期等制度，试行了公开选拔和竞争上岗的做法，进一步促进了干部工作的科学化、民主化、程序化、规范化；制定了干部教育培训“十五”规划，在认真落实上级部门干部调学计划的同时，通过举办新上岗领导干部培训班、中层干部管理知识培训班等形式，不断提高领导干部的管理水平和全面素质。

高度重视并扎实推进党风廉政建设，贯彻党的十五届六中全会精神，持续开展党风廉政教育活动，不断强化对网上招生、工程项目招标、大宗物资采购等的监控措施；进一步完善了党政机关各部门的职责范围，加大了行政监察的力度，积极推进校务公开。纪委、监察处多次被中国科学院、安徽省纪委、省委教育工委评为先进集体。

2. 基层党组织建设不断加强

为适应校院系三级管理体制，校党委加强了基层党组织建设，相应成立了6个学院分党委，对学院党建、德育、思想政治工作进行统一管理，形成了“校党委—分党委—总支、直属支部—基层支部”四个层次的党委工作脉络。探索建立了院、系党政联席会议制度，分党委、党总支委员会会议制度，院、系党政中心组学习会制度，进一步明确了基层单位党政之间的职责权限，加强了基层单位领导班子的团结协调。校党委还建立了分党委书记联席会议制度，及时掌握基层党组织建设情况，并就基层党组织建设中出现的新情况和重点、难点问题进行研究，提出相应的措

施和办法。

校党委每个学期都对理论与时政学习做出计划和要求,各基层党组织按照党委统一部署,坚持用“三个代表”重要思想武装广大师生,采取多种方式,逐步把党员干部和教职工的学习教育活动引向深入。开通了“学习研究‘三个代表’”和“学习、宣传、贯彻十六大精神”网站,邀请校内外专家做专题辅导讲座,校报、广播等媒体开设“三个代表”重要思想和十六大精神学习专题,团委开办学习十六大精神网上团校。各基层党组织在学习贯彻“三个代表”重要思想和十六大精神的实践中,创造了许多新鲜经验。

2001 年、2003 年,我校共有 8 个基层党组织、24 名优秀党员、党务工作者和德育工作者获得安徽省委表彰,20 个先进基层党支部、216 名优秀党员、优秀党务工作者和优秀德育工作者受到学校党委表彰。五年来,施蕴渝、谢毅等多名教工被授予“中国科学院精神文明先进个人”、“中国科学院十佳女职工”、“全国师德标兵”、“安徽省女职工先进个人”、“安徽省创新技术标兵”等称号。

3. 党员队伍结构不断优化,素质得到提高,入党积极分子培训逐步规范化

目前,我校党委下辖 6 个分党委、28 个党总支、10 个直属党支部、193 个基层党支部。截至 2002 年底,共有党员 3659 人(不含出国保留党籍的党员),其中:在岗教职工党员 1456 名,占教职工总数的 39.6%;学生党员 1837 名,占学生总数的 9.7%(研究生党员 960 人,占研究生总数的 24.4%;普通本科生党员 794 人,占普通本科学生的 8.9%,分别比 1997 年底提高了 5 个和 2.4 个百分点)。党员中 35 岁以下的 2159 人,占党员总数的 59%;具有大学本科以上学历的 3 072 人,占党员总数的 83.9%。学校党校每年都要组织入党积极分子培训班,并积极支持基层院系开办业余党校入党积极分子培训班,五年来共培训入党积极分子 3500 多人。

4. 思想政治工作和精神文明建设在创新中得到了加强

校党委不断创新思想政治工作方式,深化精神文明建设创建活动。2000 年,召开全校思想政治工作研讨会,促进了思想政治工作理论与实践的创新。

校党委把校园网络作为思想政治工作的重要阵地与载体,积极探索行之有效、能够最大限度发挥其教育功能的新途径、新方法,及时把握师生的思想动态,了解师生的需求和存在的问题,做好化解情绪、疏导矛盾工作。2000 年,我校利用网络开展思想政治工作的实践,先后被安徽省委宣传部和中央宣传部列为面向全省和全国重点宣传的先进典型。

在学生管理和思想政治工作中,初步探索了学业、生活、心理、思想状况等方面的预警、调控机制,密切关注学生中的特殊、困难群体,努力做到准确把握动态,协同配合,完善措施,有针对性地开展帮扶和引导工作,促进大学生全面健康成材。心理教育中心建成并投入使用,备受广大学生欢迎。

2001 年,我校原党委书记汤洪高同志获“‘半月谈’思想政治工作创新奖特等奖”。我校思想政治工作研究会多次获得中国科学院表彰。

5. “两课”、“三进”工作不断推进

校党委全面贯彻党的教育方针,突出思想道德教育在全面素质教育中的重要地位,深入实施德育工程规划,加强对“两课”教学改革的领导。多次组织“两课”教学改革研讨会,推进邓小平理论“进教材、进课堂、进学生头脑”工作的开展。人文学院相关系科按照一类课程的要求严格把好教学质量关,加强了“邓小平理论概论”课的教学,针对学生思想实际，力求生动活泼、富有成效。在思想品德和法律课教学方面，也组织了一系列改革，通过多种途径和方式，激发学生的学习兴趣，提高了教学效果。校党委还认真组织实施“三个代表”重要思想和十六大精神进课堂工作。

6. 捍卫思想阵地，保证校园安全稳定

校党委密切关注社会政治生活动态，以及各种社会思潮在学生和教职工中的影响，尽一切努力排除意识形态领域的干扰。几年来，坚决开展了与“法轮功”邪教组织的斗争，通过艰苦细致的思想工作，使一度误入歧途的极少数师生得到及时转化，教育了广大群众，捍卫了思想阵地。在北约轰炸我驻南联盟使馆、台海局势紧张、中美撞机等事件中，旗帜鲜明，思想统一，并认真做好组织、引导工作，保证了学校的正常工作秩序。

安全稳定是学校可持续发展的重要前提和根本保证。校党委高度重视安全稳定工作，召开安全工作例会，认真落实校园治安目标管理责任制，明确各单位党政一把手为第一责任人，建立健全校园综合治理组织和网络，强化管理，维护校园秩序，防止各类事故的发生，妥善地处理了一批可能影响校园稳定的事件。在2003年春夏之交的“非典”防治工作中，党委高度重视，各级党组织积极行动，全校上下齐心协力，切实落实预防措施，开展深入的思想政治工作，保持学校正常的学习、工作和生活秩序。校党委旗帜鲜明地讲稳定，坚决果断地抓稳定，认真扎实地保稳定，为学校创建工作的顺利开展创造了安定的良好环境。

（三）统战、群团工作成效显著

校党委重视对统战工作的领导，充分发挥民主党派及无党派人士在教学、科研、管理等方面的作用，通过召开各种通报会、座谈会，使他们知情出力，围绕学校的大事共同协商，并进行民主监督。认真做好党内外代表人士的物色、培养、考察和举荐工作，至2003年，全校已有35人当选各级人大代表和政协委员，其中全国人大常委1人，全国政协常委2人，省人大常委3人，省政协常委6人，并重视发挥人大政协委员的优势，推进了学校建设与发展。

进一步发扬民主办学的传统，定期举行教代会，重视做好教代会提案工作，努力提高办理效率，并组织教职工代表对学校改革与发展中的一些重大问题进行讨论。由于渠道畅通，广大教职工参与学校改革与发展的热情更加高涨。我校民主管理工作一直处于全国高校前列，1999年被全国教育工会评为“百所先进管理学校”。

积极支持工会、共青团、学生会、研究生会以及学生社团等群众组织在各自章程规定的范围内活动，充分发挥他们联系群众、服务群众的积极作用。工会组织教职工开展了纪念新中国建国50周年、建党80周年等多项大型文艺演出，各类体育活动精彩纷呈。团学工作初步构建了以共青团组织为主体，以学生会、研究生会组织和学生社团组织为侧翼的“一体两翼”的格局。成立了校学生会、研究生会的社区委员会，强化了服务功能。芳草社青年志愿者协会、科学考察探险协会、“三个代表”重要思想读书会等在全国高校中产生较大影响。以团校培训、“五月风”科技文化节和学生社团文化节为龙头，在组织建设、思想建设、文艺体育、学术科技、志愿服务与社会实践等方面开展了有声有色的群众活动。我校连续六年被评为暑期“三下乡”社会实践全国先进单位，获得第六届、第七届“挑战杯”全国大学生课外学术科技作品竞赛“优胜杯”，荣膺全国大学生科技智力竞赛冠军和

“我看未来”全国大学生情景剧大赛的最高奖,在 2000 年和 2002 年全国大专辩论会、2000 年全国足球普及系列 U-19 比赛等赛事中取得优异成绩。2002 年,我校团委被评为省级“五四红旗团委”。

(四)创新文化建设初见成效

在一流大学建设的实践中,校党委按照中国科学院关于创新文化建设的统一部署,于 2000 年底成立了创新文化建设领导小组,制定了《创新文化建设规划》及实施计划,明确了我校创新文化建设的基本目标、指导思想、建设原则、主要任务、具体措施和建设步骤。创新文化建设领导小组组织开展了大学文化建设的理论研究,并通过网络、校刊、广播、简报等途径开展了有针对性的学习宣传活动,使师生员工提高了对创新文化建设重要性的认识。还于 2001 年下半年在全校范围开展大规模的创新文化建设问卷调查活动。确定了生命科学学院和火灾科学国家重点实验室为创新文化建设试点单位,试点工作进展顺利,其中生命科学学院被评为中国科学院首届创新文化建设先进单位。从 2002 年下半年开始,我校开始实施首批创新文化建设项目,“学生楼层文化活动室”、“园区文化长廊建设”、“教工和学生艺术团组建”等项目取得阶段性成果。

(五)创建一流大学取得重要进展

过去的五年中,我校党的建设和思想政治工作取得新的进展,为顺利开展一流大学建设奠定了坚实的思想、组织、作风和群众基础。经过全校师生员工的共同努力,我校“九五”“211 工程”和“985 工程”顺利实施,各项建设事业取得重要进展,学校发展步伐明显加快,综合办学实力显著增强,取得了可喜的阶段性成果。

——初步探索建立了研究型大学教学体系,教学与科研并重的重点学科建设成绩显著,人才培养工作得到进一步加强。学位点和学科建设整体水平不断提升,研究生培养规模进一步扩大,生源和培养质量稳步提高。本科教育注重培养学生创新素质和能力,在教学体系、教学内容、课程设置、教学手段和方法等方面全面深化改革,顺利完成本科学制“五改四”改革,初步实现了以学院或学科群为主体组织教学的新模式。完成国家级教改项目 18 项、省校级 366 项,获得国家级和省部级教学成果奖 18 项。学生科技创新活动蓬勃开展,在国内外科技竞赛活动中屡获佳绩。

——科研力量和承担重大项目的能力进一步增强,取得一批重要成果。承担了“973”计划、国家攻关任务、“863”项目、中国科学院知识创新工程重大研究项目等一批重大重点项目。共获得国家级科技奖励 6 项,院、省、部级奖励 45 项,有 5 项成果 7 次入选中国十大科技进展新闻、中国基础科学研究十大新闻和中国高等学校十大科技进展等。国家同步辐射实验室二期工程全部工艺设备已安装就位并开始总调试。在高影响因子区域发表论文数连续几年位居全国高校之首。在单分子物理化学、纳米科技的基础研究、量子信息科学、火灾科学与防治技术、极地科学考察与研究等领域,取得了一批具有世界级水平的原创性成果。集中建设了理化科学、生命科学、信息科学、工程与材料科学 4 个面向全校开放使用的科研教学公共实验中心,实行资源共享,集中管理。

——深化人事制度改革,加速培养创新人才队伍,采取多种形式,加大力度培养和引进优秀人才。通过中国科学院“百人计划”和“引进国外杰出人才计划”、教育部“长江学者奖励计划”，以及学校的“大师讲席”、校内“百人计划”等，引进、招聘了一批高层次优秀人才。师资队伍实力不断提升，“两院”院士增至16人，杰出青年基金A类获得者增至28人。在全校推行了全员聘用合同制、岗位聘任制和岗位津贴制。通过改革，初步实现人才资源从行政配置向市场配置的转化，初步确立了与市场竞争机制相适应的能进能出、能上能下的思想观念和用人机制，激发了全校教职工的工作积极性与创造性。

——加强园区和基础设施建设，办学支撑条件得到明显改善。新建了基础科学教学实验中心、东区师生活动中心、西区学生活动中心、学生公寓、体育场馆等一批教学、科研、辅助基础设施，建筑面积新增近20万m^2。加强了园区环境整治和校园绿化、美化，对校舍、水、电、暖、气、道路等基础设施进行了改造。加强了图书文献和校园网络等教学科研支撑条件建设。

——积极推进内部管理体制改革，逐步建立有利于高水平大学建设的管理体制和运行机制。基本建立起校院系三级管理体制，改革了内部运行机制，加强了学院在学科建设、教学与科研工作以及资源配置等方面的统筹协调和组织管理作用；积极推进和深化后勤社会化改革，组建了自主经营、独立核算、自负盈亏的后勤服务集团，初步建立起合约管理的运行机制；不断规范以科技实业总公司为主的校办企业的管理，完成体制改革，实现了“事企分开、规范管理、自主经营”，形成以科技实业总公司为核心、以科大创新等一批企业为骨干的产业发展框架。

同志们，第八次党代会以来取得的成绩，是在邓小平理论和“三个代表”重要思想指引下，依靠全校各级党组织和全体共产党员，依靠全校广大师生员工的团结奋斗取得的，成绩来之不易。汤洪高同志作为党委书记，带领校党委一班人，为学校的改革、发展和稳定做出了重要贡献。借此机会，我谨代表学校党委向汤洪高同志，向全校共产党员、各级党的干部和全体师生员工致以最衷心的感谢和崇高的敬意！

（六）存在的问题和不足

在充分肯定成绩的同时，我们也必须清醒地看到，我们工作中还有不少困难和问题。师资队伍的层次和结构尚不十分合理，人才吸引与稳定工作任务艰巨，工作、住房等条件严重制约优秀人才引进工作的局面应尽快扭转；创造性人才培养模式尚未真正建立，科技创新中围绕国家目标和国际前沿的力度还不够大；人事分配制度改革尚不够深入，资源配置机制和各类评价体系尚不健全；校园建设与管理状况还不令人满意，后勤社会化改革步伐有待加快，教职工生活条件改善的力度还不够大；机关管理水平还有待提高，校院系三级管理模式尚需进一步完善；少数干部的形式主义、官僚主义作风较严重，敬业精神、奉献精神不足；党委领导核心作用还需进一步巩固，党政工作配合需更加密切，党的建设和思想政治工作与新形势新任务的要求还有差距，有的基层组织比较软弱涣散，等等。我们必须高度重视存在的问题，继续采取有力措施加以解决。

二、五年来加强党的领导，做好党委工作的主要经验和体会

最近五年来，一流大学创建工作的实践，加深了我们对建设一流研究型大学的认识，积累了宝贵的经验。

——要坚持社会主义办学方向，贯彻党的教育方针。坚持用马克思列宁主义、毛泽东思想、邓小平理论和“三个代表”重要思想武装全体师生员工，解放思想，实事求是，与

时俱进，开拓创新，走建设有科大自身特色的一流研究型大学之路。

——要坚持加强和改善党的领导，充分发挥党委的领导核心、政治核心和团结核心的作用。坚持以改革的精神加强和改进党的建设，不断提高党委统揽全局、正确决策、引领大局的水平和能力，正确处理好党政关系，搞好党政配合，不断增强党同广大师生的血肉联系，保持党的先进性、纯洁性和团结统一。

——要坚持以一流研究型大学建设为中心，坚定不移地走内涵发展的“精品”大学之路。始终不渝地把建设“质量优异、特色鲜明、规模适度、结构合理”的一流研究型大学作为第一要务，抓住一切机遇，启发创新思路，聚精会神，加快发展，沿着办“精品”大学这个方向，坚持以人为本，坚持全面、健康、协调发展。这是我们创建有科大特色的一流研究型大学的必由之路。

——要坚持改革创新，不断完善符合一流研究型大学建设需要的办学体制。科大在创新中立校，在创新中发展，也要靠创新求超越。必须坚持并不断发展我校先进的办学思想，推进教学、科研改革，高度重视制度建设与管理创新，建立完善公平、公开、公正的各类评价体系，实现学校宏观调控下的微观搞活，充分调动和发挥基层办学积极性和创造力。

——要坚持民主办学，促进依法治校。民主办学是科大的优良传统。必须完善民主办学的机制，坚持走群众路线，进一步扩大民主，推进校务公开，调动全校师生积极性和聪明才智。必须完善党委领导下的校长负责制，增强依法治校的意识，积极推进办学制度改革，严格各项规章制度。

——要坚持教育创新与文化创新两手抓。建设具有科大特色的创新文化，是科大建设一流研究型大学的重要内容之一。必须立足于科大的文化传统与实际，吸收借鉴，继承创新，营造有利于创新的文化氛围，为一流大学建设提供强大精神动力和智力支撑。

——要坚持校园稳定压倒一切的方针，正确处理改革、发展、稳定的关系。发展是目的，是第一要务；稳定是前提，是必要的边界条件；改革是动力，是突破口，是解放生产力的关键。要把改革的力度、发展的速度和师生可承受度辩证地统一起来，高度重视做好改革与发展中的思想政治工作，保证学校政治、思想、安全稳定，在稳定中推进改革发展，通过改革发展促进稳定。

以上七条是我校创建一流研究型大学中必须坚持的基本经验，也是多年来全校师生不懈探索和努力实践所得出的结论。

三、当前的形势与创建一流研究型大学面临的机遇与挑战

21世纪的全球经济发展与科技创新正在发生重大而深刻的变革。信息、生命、材料和能源等科学技术领域不断取得新的突破，生态、资源、环境等问题日益受到重视，全球性的科技革命方兴未艾。科技全球化和社会知识化的发展进程，极大地改变着人类社会的生产方式和生活方式。在这场变革中，科学技术特别是高技术的发展，已经成为经济和社会发展的主导力量，以形成自主知识产权为目标的原始性创新，成为科技经济竞争的制高点，具有高强创新能力的优秀人才是竞争制胜的关键。

党的十六大提出了在本世纪头20年全面建设小康社会的宏伟目标，明确提出了教育事业的先导性、全局性作用和优先发展的战略地位。“加快培养和造就数以千万计的专门人才和大批拔尖创新人才”，对高等教育在量的发展和质的提高方面，提出了更高要

求。研究型大学肩负着创新人才培养以及知识生产、传播与应用的重大使命，是国家科技创新的重要源头和培养高级人才的基地。创建若干所一流大学，既是党中央具有战略意义的重大决策，也是贯彻落实“三个代表”重要思想的具体实践。

国家中长期科技规划制定工作已经正式启动，标志着社会主义市场经济环境下的国家创新体系建设进入了新的发展阶段。中国科学院实施的国家知识创新工程试点进入了全面推进阶段的中期，制度创新、文化创新促进科技创新能力和水平迅速提升，加强科研与教育结合已成为普遍的战略共识，发展和完善以“一校(科大)一院(研究生院)”为核心，建成国际著名的综合性科研教育机构，已成为中国科学院新时期发展战略的重要组成部分。

从 20 世纪 50 年代末以来，中国科大经历了前后两个阶段的艰苦卓绝、令人自豪的创业历程，目前正处于创新发展的新时期。近半个世纪中，符合教育、科研发展规律的先进办学理念是她发展的灵魂，胸怀国家、开拓创新是科大人的一贯精神。这些精神、理念和科大特有的严谨求实学风，构成了科大自强不息、持续发展的宝贵精神财富。近年来，通过全校师生员工的努力，我校抓住了国家“211 工程”、“985 工程”和知识创新工程等重大机遇，无论在物质基础，还是在学科建设、科技创新、人才培养等方面，为创建一流大学奠定了较好基础，取得了可喜成绩，迈出了新的步伐。

总之，科技发展的态势，国家发展的需求，科教兴国的重任，为我校的发展提供了难得的机遇和广阔的空间。只要我们抓住机遇，跨越发展，凝心聚力，艰苦奋斗，把科大办成世界一流研究型大学的目标，在不久的将来一定要实现，一定能实现。科大人有这个信念，有这个信心，也有这个能力！

但是，与此同时，我们也要头脑清醒地看到，这一目标的实现是一个相当艰巨的过程，面临着严峻的挑战和风险。创建一流大学，强手众多，竞争十分激烈。今后 5 年～10 年内，将是确立我国高校未来相对地位的关键时期，对每个高校的发展潜力和能力将是一次全方位考验。在竞争性的发展格局中，自我进步不大说明问题，横向的相对较量才决定竞争的胜负。谁能更好地组织力量，凝聚目标，争取资源，加快发展，谁就能夺取主动，走在前面，在高校重新排序的过程中占据有利位置。反之，就会被降格，甚至淘汰出局。我校距世界一流大学的水准还相差甚远，与国内强势高校相比，家底相对较薄。因此，前景不容盲目乐观，务必保持清醒头脑，时刻要有忧患意识。目前，我们要从战略的高度，围绕“什么是一流研究型大学、怎样建设一流研究型大学”这个重大问题，充分发动群众，集思广益，深入研讨，进一步明确新时期的奋斗目标和创建思路，加快创新，不断提高学校的整体竞争力，这样才能在激烈的竞争中不断进取，快速、健康地发展。

四、一流研究型大学建设目标和今后五年的建设思路

我校建设目标是：到 2018 年建校 60 周年前后，把学校建设成为质量优异、特色鲜明、规模适度、结构合理的一流研究型大学，成为国家培养具有现代知识结构和创新能力的高素质人才的重要基地，成为我国前沿领域基础研究、高技术创新和促进高新技术产业发展的重要基地，成为弘扬民族优秀文化、科学精神和促进社会主义精神文明建设的重要基地，成为国内外有特色的著名学术中心。

为实现这一总体建设目标，我们将按照统一规划、分步推进、点面结合、统筹兼顾、突

出重点、确保质量的原则,分阶段组织实施。在过去五年基本完成建设一流研究型大学第一阶段任务的基础上,今后15年,我校的一流研究型大学建设工作将进入新的阶段。这一阶段,拟分为“前五年”、“后十年”两步走,具体的阶段、目标和措施将在即将全面启动的总体规划制定工作中进一步明确。在创建一流的过程中,要始终坚定不移地贯彻“十六字”办学方针,积极主动地探索新时期“全院办校、所系结合”的新模式,以内涵发展、提高质量为原则,以学科建设为龙头,以教学科研为中心,以改革创新为动力,以人才队伍建设为根本,完善效率与公平、激励与约束相互配套的政策,建立并完善符合现代高等教育发展规律、适应社会经济和科技发展需要的新的办学模式和运行机制,全面提高教学科研水平和办学质量与效益。

(一)加强战略研究,制定总体发展规划

学校发展战略和总体规划是创建一流研究型大学的指南和蓝图,对凝聚力量、振奋精神、明确目标、配置资源有重要意义。要以国家正在制定中长期科技发展规划为契机,配合中国科学院战略规划的实施和教育部“985工程”二期计划等的出台,加强我校发展战略研究,抓紧制定我校今后15年的总体发展规划。要根据一流研究型大学的要求,对学科建设与科技布局、师资人才队伍建设、园区建设与行政后勤等方面的发展目标、实践进程以及实现目标的关键要素和措施,进行充分调研,调动广大师生员工,特别是教学科研骨干的积极性,集思广益。规划要目标明确,重点突出,前瞻性强,措施到位。

(二)深化改革,制度创新,积极建设现代大学制度

在形成大学核心竞争力的各种因素中,制度建设和管理创新是带有根本性的问题。可以说,制度文明在很大程度上决定了一所大学的办学活力和前途命运。长期以来,我们坚持内涵式发展的办学模式,探索了一套“三级管理、重心下移,宏观调控、微观搞活,优化配置、突出重点”的管理模式,为提高办学质量和效益提供了良好的制度和管理环境。

要继续探索并逐渐完善适合自身特点的现代大学制度,把握好学术和行政责权之间的平衡。要按绩效优先、兼顾公平的原则,建立健全新的人事、分配制度,完善学术评价、竞争激励、资源配置机制;完善“校院系三级设置、两级管理”,理顺关系,建立合理的责权结构;强化民主管理意识,建立健全民主管理机制。按照协调统一、精干高效的原则,积极推进机关改革。加强校务公开,促进信息化管理进程。

(三)营造人才辈出的环境,建设一流师资队伍

一流的师资队伍既是一流大学的标志,也是一流大学创建工作的关键。要树立人才是第一战略资源理念。创造一流的人才环境和支撑条件,用好现有人才,稳定关键人才,引进急需人才,培养未来人才。

从适应创建一流研究型大学的需要出发,确立选才用才原则和标准,制定严格的教师选聘、晋升制度,健全竞争激励机制,完善定岗定编、分类评价体系,为队伍建设提供制度保障;制定务实的人才引进和培养计划,争取在3年～5年时间里,引进、培养50名～100名杰出人才。同时,稳定支持一批业务和思想素质好、有发展前景的博士和硕士,努力使师资队伍建设逐步形成国际化、高层次化和结构多元化的格局。

积极推进人事制度改革,调动各类人员积极性,使人尽其才,才尽其用。加强人事工

作的法规化管理，完善市场经济环境下的用人制度。

我校离退休干部和教职工是党的事业的宝贵财富，为学校发展做出过重大贡献。要加强对离退休工作的领导，落实老同志的各项政策待遇，发挥他们的积极作用，继续做好离退休工作。

（四）调整学科布局，建设若干一流学科

学科建设是高等学校进行教学、科研和人才培养的基础。拥有若干独具特色的国际一流水平的学科是世界一流大学的基本特征。

本着“开放办校、教授治学”的办学理念，将聘请校内外优秀的杰出学术带头人，充实校学术委员会，并充分发挥其在学科建设中的关键作用。进一步调整学科结构，改革运行机制，优化资源配置，促进学科交叉，有所为有所不为，用5年～10年时间，建成若干国际先进水平的重点学科。重视和支持新兴、交叉和特色学科的建设与发展，注意寻找、培养新的学科生长点。在学科建设中要十分注重学科的覆盖面，以及理科和工科、自然科学与人文社会科学、管理科学间的协调发展，注意学科之间的互补结构，对一些不可缺少的非重点学科，也要支持其适度发展。逐步建设一支稳定的技术服务队伍，全力推进教学科研公共实验基地建设，集中投入，统一管理，开放公用，资源共享，为创新研究和教学工作提供先进的公共实验平台和良好的技术支撑服务。狠抓学科梯队建设，建立合理的学科梯队结构，着力扶持、培养学科带头人和学术带头人，加强教学与研究过程的紧密结合，以切实措施促进优秀科学家走上课堂一线。

（五）以提高人才创新素质为核心，加强全面素质教育体系建设

要以学生为中心，推进人才培养观念、制度和方式的创新，致力于培养具有原始创新能力的研究型、技术开发型和掌握关键技术的人才，使之成为未来社会科技创新和经济发展的骨干和领军人物。同时，本着“服务社会、人尽其才、量力而行、规范管理”的原则，调动学校教育资源，适度加强专业学位教育和继续教育，培养社会急需的实用性人才。为此，必须继续坚持“基础宽厚实、专业精新活、培养全面素质和创新精神”的原则，全面深化面向未来的教育教学改革，继续探索建立创新型人才培养模式。

推进人才培养结构调整，在保证质量的基础上，科学确定本科生与研究生培养规模，推进本科专业改革，扩大交叉专业，在教学内容和课程体系改革中取得新的突破，调整和规范课程体系，注重基础课程的思想性、创新性、先进性，提高人文社科教学的水平。根据教育部统一部署，实施以思想道德素质和创新精神、实践能力为重点的“全面素质教育工程”，在加强社会实践环节、实施大学生研究计划和素质拓展计划、增设人文社科选修课、开展大学生心理健康教育与咨询服务等方面，继续做出努力和探索。改革研究生培养制度和方式，探索本科生、研究生的连贯性培养新模式。完善更具弹性的教育制度，在专业、课程、导师的选择上给学生更大的选择权，制定符合学生自身兴趣和特长的个性化学习计划，激发学生主动学习的积极性。

（六）面向国家需求和科技前沿，持续提升科技创新能力

围绕国家重大战略需求，面向国际科学发展前沿，结合地方经济发展需要，合理布局，强化特色，突出重点，加强项目、基地、人才一体化建设，进一步增强争取科研资源、承

担国家重大科技项目的能力,不断提升学校的科研水平和学术地位。

加强以国家实验室为基础的园区式研究基地建设,组建各种类型的研究基地和交叉研究中心,为全校科研工作的交叉与集成提供开放共享、综合集成的研究平台。狠抓创新团队培养,大力促进科学与技术结合,鼓励多学科交叉联合,加紧培养年轻的顶尖科研帅才和重大科研项目的组织者和战略研究专家。

按照各类工作不同的发展规律和价值取向,完善科学的科技工作评价体系,建立相应的政策激励机制。在基础研究中,鼓励基于学科发展、国际前沿和个人兴趣的开放式自由探索。在应用基础和工程技术研究中,要寻求社会和国家安全的重大需求,通过交叉融合,凝聚目标,组织队伍,产生综合集成解决重大问题的关键技术和系统。高度重视技术创新和科技成果转化工作,加强专利工作,依照市场经济规范,联合社会生产要素,促进高技术产业化,为国家和地方经济发展做出实际贡献。

(七)加强校园创新文化建设,为一流大学创建提供精神动力

弘扬科大优良传统和校风,逐步建立具有科大鲜明特色、健康向上的创新文化体系,营造一种有助于激发创新思维、呵护创新行为、提高创新水平的宽松的学术环境与和谐的人文氛围,是从根本上增强和提升大学可持续创新力的重要保证。

为此,要进一步解放思想、实事求是、与时俱进,在总结多年来形成的关于科大办学理念的基础上,不断创新,确立和完善适应科大未来发展需要的系统的办学理念。这一理念应当包含“爱国奉献、育人为本、创新为魂”的核心价值观,“质量优异、特色鲜明、规模适度、结构合理”的办学方针,“我创新、故我在”和“追求卓越”的精神理念,“勤奋学习、红专并进、理实交融”的校风,“围绕国家目标、不断开拓创新”的使命,“一流研究型大学”的愿景,等等。要在深入试点的基础上,全面推进,充分调动广大师生的积极性,形成共识,使办学理念深入人心,真正融入教学、科研的创新实践。

(八)加强园区规划建设,营造一流的后勤服务体系

良好的工作、生活园区和后勤服务体系,是建设一流大学的重要保障,也是关系广大师生员工切身利益的实事、大事。后勤管理要以社会化为改革方向,以提高管理水平和服务质量为核心,正确处理好经济效益和社会效益的关系,努力按照现代企业制度和管理规范,推进后勤改革,提高管理效能,实现后勤服务标准化、规范化,建立由师生服务对象参加的后勤管理监督体系以及科学化、信息化的后勤管理信息网络,完成管理模式、运行机制的转变。做好园区发展总体规划,同时,突出重点,统筹兼顾,加大科大花园建设的力度与速度,抓紧校园内基建项目、局部环境、校区可视安全监控系统等建设,为广大师生员工营造有序、雅洁、安全、舒适的工作、学习环境。

(九)弘扬传统优势,积极探索新形势下“全院办校、所系结合”新模式

“全院办校、所系结合”既是我校发展的优良传统,也是我校发展的独特优势。当前,加强“全院办校、所系结合”,绝不是权宜之计,它深刻符合科教结合的基本规律,适应中国科学院新时期发展的战略需要。要以中国科学院召开第四次科大发展工作会议为契

机，积极探索新形势下“全院办校、所系结合”的新途径、新模式、新内涵。要理顺我校各院系与中国科学院业务局相应的业务指导关系，加强“一校一院”在中国科学院教育发展战略中的核心地位。要拓展渠道和途径，通过举办联合讲习班、交叉学科论坛、人员互聘兼职、研究生共同培养计划、共建研究中心和实验室等形式，实现学科共建、人员互通、资源共享、共同发展的目标。

五、以“三个代表”重要思想为指针，加强党建、德育和思想政治工作

党的建设关系到一流研究型大学建设的成败。我们必须高举邓小平理论伟大旗帜，贯彻“三个代表”重要思想，坚持党要管党、从严治党、依法治校的方针，全面加强党的思想建设、组织建设和作风建设，努力探索党建与一流研究型大学创建的结合点，更好地团结带领广大师生开拓进取，为一流大学建设做出新的更大的贡献。

（一）认真学习贯彻“三个代表”重要思想，切实加强党的思想建设

深入学习贯彻“三个代表”重要思想，是一项长期的战略大事。胡锦涛同志在“七一讲话”中指出，要通过学习，切实使广大党员和干部在对“三个代表”重要思想的时代背景、实践基础、科学内涵、精神实质和历史地位的认识上达到新的高度。我们要结合学校工作实际，继续广泛深入持久地加强政治理论学习，加强理论学习的组织领导，倡导理论联系实际的马克思主义学风，采取多种形式，提高学习的自觉性、实效性和针对性。要坚持“权为民所用、情为民所系、利为民所谋”，党政领导班子要坚持为师生员工办实事、解难事、做好事。要认真抓好邓小平理论、“三个代表”思想进教材、进课堂、进学生头脑工作，总结经验，积极探索，推动“两课”改革的进一步深化。

坚持团结、稳定、鼓劲的方针，整合校内宣传资源和力量，加强队伍建设，实事求是，突出特色，适度加大对外宣传工作的力度，为一流大学建设营造良好的社会舆论环境。

通过理论学习、宣传和武装，教育广大党员、群众在思想上、政治上与党中央保持高度一致，不断增强政治意识、大局意识、稳定意识和责任意识，形成健康向上、生动活泼的政治环境和思想氛围。

（二）坚持和完善党委领导下的校长负责制，加强党对学校工作的统一领导，加强学校领导班子建设

进一步学习贯彻《中国共产党普通高等学校基层组织工作条例》和《高等教育法》精神，不断完善党委领导下的校长负责制领导体制，切实处理好党委领导与校长负责、集体领导与分工负责之间的关系等重要和关键问题，加强和改善党委对学校工作的统一领导，充分发挥党委的政治核心、领导核心和团结核心作用。

校党委的工作重心主要侧重于五个方面：一是牢固把握社会主义办学方向，确保人才培养和学校各项事业沿着健康的轨道前进；二是发挥重大决策的核心作用，提高统揽全局、正确决策的水平和能力，积极探索教育发展的规律，促进办学理念的变革和制度革新；三是坚持党的工作基本制度，进一步完善党委常委会、校长工作会议等会议规则，认真执行“集体领导、民主集中、个别酝酿、会议决定”这一党委内部议事和决策的基本制度，坚持集体领导与个人分工负责相结合的原则，

支持校长按照《教育法》和《高等教育法》的规定，积极主动、独立负责地开展工作；四是抓党建、管干部，加强基层组织建设和干部队伍建设，为创建一流大学提供坚强的组织保证；五是统一思想认识，建设创新文化。对推进改革进程中必然会涉及到的观念更新、体制交替、资源重新配置、利益格局调整等问题，做好统一认识、化解矛盾、理顺情绪、振奋精神、凝聚力量的工作；同时，培育融时代精神和优良传统为一体的稳定和谐、健康进取的文化氛围。

（三）加强领导班子建设，造就高素质干部队伍，充分发挥基层组织的政治核心和战斗堡垒作用，切实加强党的组织建设

认真贯彻党管干部的原则，大力加强领导班子和干部队伍建设，着重抓好干部的培养、选拔、任用和管理工作。贯彻中共中央《领导干部选拔任用工作条例》精神，严格执行我校《关于中层领导干部选拔任用工作实施意见》，建立健全适应新形势新任务要求的干部选拔、培养、考核、任用、监督、管理制度，建立能上能下、能进能出、有效激励、严格监督、竞争择优、充满活力的用人机制，努力实现干部工作的科学化、民主化、程序化、规范化。近期内侧重开展轮岗交流、公开选拔、竞聘上岗等干部制度改革。

加强干部培训和教育工作，以提高思想政治素质为重点，围绕理论基础、世界眼光、战略思维、党性锻炼、业务能力等内容，按照不同工作岗位对干部的要求，采取灵活多样的方式，分类分层培训；加强领导班子建设，教育广大干部严格执行民主集中制原则，不断提高贯彻民主集中制的本领，努力掌握适应新形势新任务要求的领导艺术、领导方式和领导方法，加强协调配合，增强领导班子的凝聚力和战斗力。

按照新形势和领导体制转换的要求，下大力气进一步加强基层组织建设，充分发挥基层党组织的政治核心作用、党支部的战斗堡垒作用和党员的先锋模范作用。健全党内生活制度，提高组织生活质量，加强对党员的管理；以提高素质、增强党性锻炼为目标，开展形式多样、生动活泼、主题鲜明的党员教育活动；抓好入党积极分子的教育和培养，按照坚持标准、保证质量、改善结构、慎重发展的方针，在学生和教职工，特别是优秀青年教工和青年学生中发展党员，壮大党的队伍。

（四）继承优良传统，加强党风廉政建设，切实加强党的作风建设

作风是一切工作的生命线，也是影响到一流大学创建成败的关键。要坚持与时俱进、开拓创新，有针对性地积极培育、倡导和实践能够体现“求实、创新、科学、民主”的新作风。

结合我校实际，明确重点，着力改进领导作风和管理作风，增强“四个意识”，即：一切从实际出发，主动、创造性地开展工作，增强与时俱进、创新开拓的意识；善于综合运用法规、经济、教育、信息、思想政治工作等手段开展工作，增强科学管理、真抓实干的意识；遵照科学规律，实行民主管理，增强民主公开、团结协作意识；树立以学校利益和师生员工根本利益为核心的管理思维，增强顾全大局、服务群众的意识。

与此同时，还要不断加强廉政建设，把抓好党政干部的廉洁自律、查处大案要案、解决群众关心的热点问题作为三项主要的经常性工作，加大反腐败力度，不断增强拒腐防变能力，坚决维护学校思想上、政治上、组织上的

纯洁性。

（五）加强和改进德育、思想政治工作，提高师生员工的思想道德素质

德育和思想政治工作要坚持和完善“党委统一领导和部署、校长及行政系统为主实施、党政工团齐抓共管”的管理体制，密切结合教学、科研、行政管理等各项工作，分别不同层次，采取多种方式，有组织、有计划、扎实有效地进行。

认真组织实施“两课”改革，紧紧抓住提高“两课”师资队伍的整体素质和教学水平、改革“两课”教学方法和手段这两个重点，力争取得突破；加强教职工思想道德教育，进一步明确和强化教师职业道德规范和教书育人的基本要求，培育严谨求实、刻苦钻研、诚实守信、奋发图强、团结协作的作风。

高度重视改革开放以来社会价值观念的变化所造成的复杂性和多变性，认识和分析当前我校思想政治工作在环境、对象、内容、方法等诸多方面所面临的新形势、新情况和新问题，自觉把思想政治工作贯穿于创建一流大学的全过程，不断开辟思想政治工作的新局面。充分发挥网络作为反映大学师生思想状况的晴雨表、促进大学民主管理的推进器、推动大学生素质教育的大课堂和开展正面宣传教育的新阵地的重要作用，坚持“宽严适度，教育、引导与管理相结合，网上网下相结合”的原则，继续深入探索利用校园网络开展思想政治工作、建设网络主流文化的工作；加强学生工作队伍建设，继续探索并不断完善学生学业、生活、心理、思想状况等方面的预警、调控工作机制，有针对性地开展帮扶和引导工作；建立、完善突发事件应急处理机制和工作体系，切实保证学校安全稳定。

（六）做好统战工作，加强对工会、教代会和共青团的领导

以民主党派为重点，继续做好党外知识分子工作，进一步发挥民主人士和无党派人士在学校教学、科研、管理等方面的作用。加强对民主党派的政治领导，积极支持民主党派加强自身建设。充分发挥人大代表、政协委员参政议政、民主监督作用，以及与地方政府沟通的桥梁作用，为一流研究型大学建设知情出力。

进一步发挥工会联系群众的桥梁纽带作用，积极组织开展教职工文体活动，大力促进精神文明建设。贯彻十六大关于“坚持和完善职工代表大会和其他形式的企事业民主管理制度，保障职工的合法权益”的精神，完善以教代会为基本形式的民主管理、民主监督制度，切实维护好教职工的合法权益。

关心和支持共青团的建设，以“服务大局和服务青年相结合”的指导思想统领工作，针对新形势下团员青年思想中出现的新的热点、焦点、难点问题，开展以邓小平理论、“三个代表”重要思想和十六大精神为核心的思想政治教育。加强团内民主集中制建设，完善工作制度，开展丰富多彩的学生文化、艺术、科技、体育等活动，营造浓郁的校园文化氛围。

同志们，全面加强和改善党的领导和党的建设，深化改革，创新进取，全面推进一流大学创建，是我们这次大会的主题，也是全校各级党组织、广大党员和全体师生员工光荣而又艰巨的历史使命。让我们高举邓小平理论伟大旗帜，认真贯彻“三个代表”重要思想，紧密团结在以胡锦涛为总书记的党中央周围，在新一届校党委的领导下，同心同德，开拓奋进，为实现建设一流研究型大学的宏伟目标而努力奋斗！

在中国共产党中国科学技术大学第九次代表大会开幕式上的讲话

中共安徽省委副书记 王明方

(2003 年 8 月 25 日)

同志们：

在全党兴起学习贯彻“三个代表”重要思想的新高潮中，在中国科学技术大学建校 45 周年即将到来之际，中国共产党中国科学技术大学第九次代表大会今天隆重开幕了。这是全校师生员工政治生活中的一件大事。我代表中共安徽省委向大会的召开表示热烈的祝贺！

中国科学技术大学第八次党代会以来的五年里，校党委坚持以邓小平理论和“三个代表”重要思想为指导，认真贯彻执行党的基本路线和教育方针，坚持社会主义的办学方向，团结和带领全校广大党员、干部和师生员工，抓住机遇，解放思想，深化改革，加快发展，全校各方面的工作都取得了显著成绩。科大“九五”“211”工程和“985 工程”顺利实施，办学实力进一步增强，办学条件显著改善，创建一流大学的步伐明显加快，在教学、科研、管理等方面取得了一系列重要成就，为国家，同时也为安徽的经济社会发展做出了重要贡献。借此机会，我向科大的全体党员和师生员工表示崇高的敬意和衷心的感谢！

党的十六大确定了全面建设小康社会的奋斗目标，强调要把大力实施“科教兴国”战略、充分发挥科学技术第一生产力的作用作为实现这一目标的关键举措，并提出了造就数以千万计的专门人才的战略任务。所有这些都为高等院校，特别是像科大这样的重点大学提供了更加广阔的发展舞台和千载难逢的大好机遇。这次党代会的召开，对于进一步加强学校党的建设，促进学校的改革和发展，加快创建一流大学的进程，必将产生十分重要的推动作用。相信在大会主席团的领导下，经过各位代表的共同努力，这次大会一定能够开成一个团结的大会、鼓劲的大会、引领科大胜利前进的大会。借此机会，我讲几点意见，供同志们参考。

第一，坚持用“三个代表”重要思想统领学校工作全局，牢牢把握正确的办学方向。“三个代表”重要思想是党和国家各项工作必须长期坚持的指导思想，也是高校一切工作的根本指针。我们要以胡锦涛同志“七一”重要讲话精神为指导，深刻领会“三个代表”重要思想的精神实质，不断增强学习贯彻“三个代表”重要思想的自觉性和坚定性。要坚持用“三个代表”重要思想武装党员和师生员工的头脑，真正把学校全体党员和师生员工的思想和行动统一到“三个代表”重要思想上来，统一到建设一流大学的奋斗目标上来。要加强对“三个代表”重要思想的理论研究工作，特别是要在总结邓小平理论进课堂、进教材、进学生头脑经验的同时，积极推进“三个代表”的“三进”工作，真正以“三个代表”重要思想指导学校教学、科研和管理等各项工作的实践。

第二，继续围绕学校的根本任务和中心工作，进一步加强党的建设和思想政治工作。一流大学必须有一流的党建和思想政治工作。在领导建设一流大学的过程中，学校党委要进一步加强自身建设，充分发挥党委的领导核心作用，不断提高统揽全局、正确决策的能力和水平。要坚持和完善党委领导下的校长负责制，正确处理党政关系，坚持民主办学、依法治校。要切实加强各级领导班子建设，努力建设一支朝气蓬勃、奋发有为的干部队伍。要充分发挥党总支的政治核心作用，党支部的战斗堡垒作用和共产党员先锋模范作用，积极为党组织注入新的活力，增强党组织在全校的影响力、凝聚力和战斗力。要坚持全心全意依靠师生员工办学校的指导思想，充分调动广大党员和师生员工的积极性、主动性和创造性，为学校的改革发展稳定提供重要保证。要坚持解放思想，实事求是，与时俱进，开拓创新，努力为全国尤其是我们安徽高校党的建设和思想政治工作提供宝贵经验。

第三，积极推进人才强校战略，努力建设一流的师资和干部队伍。一流大学必须有一流的师资和干部队伍。科大党委要紧紧围绕建设一流大学目标，把加强师资和干部队伍建设摆上更加突出的位置，大力实施“人才强校”战略，努力做好人才的培养、引进和使用工作。要认真贯彻尊重劳动、尊重知识、尊重人才、尊重创造的方针，努力营造鼓励干事业、支持干成事业的良好氛围，为优秀人才的脱颖而出创造更加良好的条件。要用好现有人才，稳定关键人才，引进急需人才，培养未来人才，努力使师资队伍建设逐步形成国际化、高层次化和结构多元化的格局，为科大的发展提供足够的智力支持。

第四，积极推进办学理念的变革和制度创新，努力开创一流研究型大学建设的新局面。科大在45年的办学历程中，坚持“围绕国家目标，不断开拓创新”的办学宗旨，确立了“我创新，故我在”的精神理念，形成了“质量优异、特色鲜明、规模适度、结构合理”的办学模式，培育了“勤奋学习、红专并进、理实交融”的优良校风，为学校在新世纪新阶段的改革和发展积累了丰富经验。高等教育面临大变革、大发展的新形势，对高校的办学理念、制度建设、管理模式等方面都提出了新的更高的要求。希望科大党委在总结多年来办学经验的基础上，深化对高等教育发展规律的认识，深入研究学校在改革、发展、稳定方面的重大问题，更好地促进办学理念的变革和制度创新，发扬优良办学传统，培育独具特色的大学精神，营造坚持以人为本、体现人文关怀的校园环境，为各项工作快速健康发展提供先进的体制保障和强大的动力源泉。安徽省委、省政府将一如既往地支持科大的改革和发展，努力为科大师生员工的工作、学习和生活创造好的条件。

同志们，本世纪头20年是我国现代化建设难得的战略机遇期，也是世界科技突飞猛进、高等教育面临重大变革和发展的关键历史时期。高校工作任重道远，大有可为。希望这次党代会选举产生的新一届校党委、纪委，在中共中国科学院党组和中共安徽省委的领导下，以邓小平理论和“三个代表”重要思想为指导，团结带领全校党员和师生员工，与时俱进，开拓创新，为我国科技教育事业的发展和安徽经济社会的进步做出更大的贡献。

最后，预祝中国科学技术大学第九次党代会圆满成功！

在中国共产党中国科学技术大学第九次代表大会开幕式上的讲话

中共安徽省委教育工委书记、省教育厅厅长　陈贤忠

(2003年8月25日)

各位代表、各位来宾、同志们:

在全国上下认真贯彻落实十六大精神、全党兴起学习贯彻"三个代表"重要思想新高潮的大好形势下,在中国科学技术大学创建一流大学的关键时期,中国共产党中国科学技术大学第九次代表大会经过各级党组织的精心准备和全校党员的共同努力,今天隆重开幕了。我谨代表中共安徽省委教育工委、安徽省教育厅向大会表示热烈的祝贺！向与会代表和同志们并通过你们向全校广大党员和师生员工致以诚挚的问候和崇高的敬意！

中国科学技术大学第八次党代会至今已有五年。五年来,学校党委团结带领广大党员和全体师生员工,坚持以邓小平理论和"三个代表"重要思想为指导,牢牢把握"质量优异、特色鲜明、规模适度、结构合理"的改革发展目标,坚持社会主义办学方向,解放思想,实事求是,与时俱进,开拓创新,把创建高水平大学作为第一要务,正确处理改革、发展、稳定的关系,保证了学校各项工作的持续、稳定、快速发展。

五年来,学校党委紧紧围绕学校发展,始终把抓紧抓好党的建设当作重要任务,坚持党要管党,从严治党的方针,不断加强党的思想建设、组织建设和作风建设。认真贯彻落实《中共中央关于加强高等学校党的建设的通知》和《中国共产党普通高等学校基层组织工作条例》,狠抓领导班子自身建设和基层党组织建设,充分发挥了党委的领导核心、党总支的政治核心、党支部的战斗堡垒和党员的先锋模范作用,涌现出一批校级、省、部级的先进基层党组织和优秀共产党员;一个踏实工作、奋力拼搏的良好氛围已经形成,这一切都为学校的进一步发展提供了有力的政治保证和组织保证。

五年来,在学校党委的领导下,全校各级党组织、全体党员和广大师生员工团结奋斗,不畏困难,开拓创新,勇于改革,各项工作取得了显著成绩。学校"九五""211工程"和"985工程"顺利实施,承担了"973计划"、国家攻关任务、"863"项目、中国科学院知识创新工程重大研究项目等一批重大和重点项目,完成了国家级教改项目18项、省校级366项,获得国家级和省部级教学成果奖18项;在单分子物理化学、火灾科学与防治技术等领域取得了一批具有世界领先水平的原创性成果;"两院"院士增加到16人,引进、凝聚和稳定了一批乐于从事教学与科研,并以在中国科大工作为荣的高层次优秀人才,形成了一支个体素质优、群体实力强、年轻人才多、结构合理的师资队伍;学生科技创新活动蓬勃开展,在国内外科技竞赛活动中屡获佳绩;学校涌现出一批高新技术企业,为科研成果进一步转化起到了十分重要的推动作用,

这些都为实现学校的跨越式发展打下了良好的基础。这些成绩的取得,充分说明中国科学技术大学党的各级组织是具有凝聚力和战斗力的,全校党员、师生员工是奋发向上、积极进取的。

同志们,我们刚刚跨进新的世纪,党的十六大制定了我国在新世纪新阶段全面建设小康社会,加快推进社会主义现代化,开创中国特色社会主义事业新局面的伟大纲领,突出强调了教育在现代化建设中的先导性、全局性作用和优先发展的战略地位。十六大报告指出:"坚持教育创新,深化教育改革,优化教育结构,合理配置教育资源,提高教育质量和管理水平,全面推进素质教育,造就数以亿计的高素质劳动者、数以千万计的专门人才和一大批拔尖创新人才。"中国科学技术大学作为世界闻名、国内著名的全国重点大学,肩负着为国家培养高素质拔尖创新人才、实施科教兴国战略的历史重任;同时中国科学技术大学地处安徽,为我省培养人才,在科教兴皖中发挥作用也是应有之责。安徽是个农业大省,工业基础、经济实力、教育发展水平还相对落后,中国科学技术大学作为一所学科应用性强、具有很强实力的高等院校在我省高等教育领域占有十分重要的地位。多年来,学校为安徽的经济、科技和教育事业发展做出了应有的积极贡献,为安徽的经济建设培养了一批用得上、留得住的合格人才。目前,我省高等教育优质资源较为短缺,培养能力依然不足,高等教育事业还不能很好地适应安徽全面建设小康社会、加快现代化建设的需要,希望中国科学技术大学今后能一如既往地为我省高校产学研结合、科技成果转化工作提供更为有效的机制和方法,为安徽高等教育事业的发展做出更大的贡献,为我省经济建设培养更多的高质量的人才。

同志们,中国科学技术大学正处于发展的关键时刻,希望学校各级领导班子、全体党员和师生员工都要按照党的十六大要求,以这次党代会为发展契机,进一步增强责任感、使命感,进一步发挥自身优势,在"三个代表"重要思想的指导下,全面贯彻党的教育方针,瞄准世界一流,落实战略规划,推动教育创新,深化教育改革,加强学科建设和高水平师资队伍建设,增强科技创新能力,营造一流的运行机制、优良的育人条件和良好的校园环境氛围,实现跨越式的发展,办好让人民满意的教育事业,为科教兴国、科教兴皖做出新的贡献。相信在学校各级党组织的带领下,在全体共产党员和师生员工的一致努力下,这次党代会提出的奋斗目标和任务一定会实现。希望全体党员和师生员工,积极支持新一届党委、纪委的工作,团结一心,开拓进取,与时俱进,为实现这次党代会提出的目标和任务加倍努力!希望选举产生的新一届校党委和纪委,认真学习马列主义、毛泽东思想、邓小平理论,努力实践"三个代表"重要思想,深入贯彻十六大精神,不断加强自身建设,进一步深化改革,锐意进取,团结和带领全体党员和全校师生员工,同心同德,顽强拼搏,为把中国科学技术大学建设成为一流研究型大学,实现"创寰宇学府,育天下英才"的宏伟目标而努力奋斗!

预祝大会圆满成功!

在中国共产党中国科学技术大学第九次代表大会开幕式上的讲话

中国科学院副秘书长兼人事教育局局长　何　岩

（2003 年 8 月 25 日）

尊敬的各位代表,同志们:

下午好!

在中国科学技术大学即将迎来建校 45 周年的前夕,中国共产党中国科学技术大学第九次代表大会今天在这里隆重地召开了。首先,请允许我代表中国科学院党组,代表路甬祥院长,白春礼副院长,代表人事教育局对大会的胜利召开表示热烈的祝贺。

这次大会是在全国上下深入学习贯彻党的十六大精神,在全党兴起学习“三个代表”重要思想新高潮的重要时刻召开的,也是在科大深入实施“211”二期工程、“985”工程以及知识创新工程,全面开创一流大学建设新局面的关键时刻召开的,具有特殊的意义。当前,全党和全国人民正在为全面建设小康社会而努力奋斗,科教兴国的国策已深入人心,中国科学院的知识创新工程已经进入全面推进阶段,所有这些都为科大的发展带来了前所未有的良好发展机遇,同时也提出了新的挑战。因此,在这承前启后、继往开来的关键时刻,把握机遇,乘势而上,实现跨越式发展,是摆在科大党政领导班子、广大党员和全体教职员工面前的一项重大课题。

回顾过去,中国科学技术大学有着 45 年发展的光辉历程。党的历代领导集体都对科大的发展给予了亲切的关怀和高度的重视,在党的第一代领导集体的关怀和支持下,中国科学院和老一代科学家创办了科大;在科大几十年的发展过程中,邓小平同志曾多次关心科大的改革与发展,并为科大亲自做出批示;江泽民同志曾亲自到科大视察并为科大建校 40 周年题词;胡锦涛同志也亲临科大视察工作,特别是今年,他在百忙之中还关注科大的领导班子建设。中国科学院党组和历任院长长期以来都对科大的工作给予了大力的支持与帮助,特别是今年,院党组副书记郭传杰同志兼任科大党委书记,更体现了院党组对科大的关心和重视。所有这些,都体现了党和国家领导人以及中国科学院对科大的关怀与支持。而科大也用自己发展的事实证明了科大的发展无愧于党和人民的关怀。正如院党组贺信中提到的:“中国科学技术大学建校 45 年来,在老一辈革命家和科学家的亲切关怀下,在安徽省委、省政府和中国科学院的领导下,逐步发展壮大,取得了令人瞩目的成绩,现已发展成为一所以前沿科学和高新技术为主、兼有管理和人文学科的综合性全国重点大学,在国内外享有较高声誉,为国家的经济建设、科技进步和社会发展做出了重要贡献。”这是对科大实事求是的评价。

面向未来,中国科学技术大学的发展要以“三个代表”重要思想为指导,坚持正确的办学方向,特别是要继续坚持党委领导下的校长负责制。党委的工作要总揽全局,按照中国科学院、教育部和安徽省委、省政府的要求，紧密依靠全校广大党员和教职员工，认真分析当前科大改革发展所面临的形势，进一步深化学校内部的改革，按照“质量优异、特色鲜明、规模适度、结构合理”的办学思路，明确当前和今后一个时期的发展目标，实现“把学校建设成为国家重要的高技术人才培养基地、中国科学院大型综合性科研基地和人才培养基地，充分发挥科大在国家高等教育体系、中国科学院知识创新体系以及安徽省经济、科教与社会发展中的重要作用”的定位。

各位代表，同志们！过去的五年，中国科学技术大学在第八届党委会，特别是在汤洪高和郭传杰书记的领导下，做了大量富有成效的工作，为科大的稳定和改革发展做出了巨大贡献，也为科大今后的发展奠定了坚实的基础。科大的明天有赖于全校的党员、全体师生员工的共同努力，创建一流研究型大学是党和国家赋予科大的庄严使命，也是科大面向新世纪振兴发展的必由之路。因此，我们相信，中国科学技术大学将在新一届党委的正确领导下，高举邓小平理论伟大旗帜，深入学习和实践“三个代表”重要思想，与时俱进，开拓创新，在继承和发扬学校光荣传统的基础上，面向世界，面向未来，创造更加辉煌的明天。

预祝大会圆满成功！

在中国共产党中国科学技术大学第九次代表大会开幕式上的讲话

中共安徽大学党委书记　陆勤毅

（2003 年 8 月 25 日）

各位领导、各位代表、同志们：

在这秋高气爽、丹桂飘香的美好日子里，在全党、全国人民深入贯彻党的十六大精神，兴起学习“三个代表”重要思想新高潮，满怀豪情踏上全面建设小康社会征程的关键时刻，中国共产党中国科学技术大学第九次代表大会隆重召开了。在此，我谨代表安徽大学及全省高校党委向大会致以热烈的祝贺！向与会的全体代表和同志们致以崇高的敬意！

改革开放以来，特别是党的十三届四中全会以来，中国科学技术大学在党中央、国务院的关怀和中国科学院及安徽省委、省政府的领导下，高举邓小平理论伟大旗帜，以“三个代表”重要思想为指导，坚持社会主义办学方向，认真贯彻党的路线、方针、政策，紧紧围绕创建一流大学的目标，主动迎接国内外科技、教育和社会经济发展的挑战，积极发挥各级党组织的政治核心、战斗堡垒和共产党员的先锋模范作用，团结带领广大教职员工，解放思想，与时俱进，大力推行各项改革和结构性调整，在教学、科研、管理等各方面取得了一系列重要成就，已经发展成为一所以前沿科学和高新技术为主、兼有以科技为背景的管理和人文学科的综合性全国重点大学,成为国家高质量人才培养和高水平科学研究的重要基地。建校以来,共为国家培养了5万多名德才兼备的高层次优秀人才,涌现出一大批在国内外科技、教育、经济、管理和国防等领域的科技骨干,为国家同时也为我们安徽省的经济建设与社会发展提供了大量科技成果,做出了重要贡献。科大取得的瞩目成就,令全省兄弟高校感到由衷的高兴;科大在长期发展中积累的丰富而又宝贵的经验,值得我们认真学习和借鉴。

新世纪新阶段的中国科学技术大学,群贤毕至,学子云集,人才荟萃,硕果累累,勃发出盎然生机。现在,科大在党的十六大精神指引下,确定了新世纪新阶段的发展目标和今后四年的主要任务,紧紧抓住"十五""211工程"建设这个中心,努力实现在21世纪初建成一流研究型大学的奋斗目标。我们深信:科大在世纪初改革和发展的关键时期召开的这次党代会,将具有承前启后、继往开来的里程碑意义;它必将进一步调动广大教职工的积极性,激发大家的荣誉感和使命感,群策群力,团结拼搏,为实现学校的宏伟目标而努力奋斗。

安徽大学和中国科学技术大学是近邻,长期以来,两校互相交流,在众多领域进行了卓有成效的合作,结下了深厚的友谊。科大在很多方面给了我们许多真诚的支持、帮助,借此机会,我代表安徽大学党委和全体师生员工表示衷心感谢。同时,我们希望:在新世纪新阶段,全省高校进一步加强交流,相互支持,团结协作,携手共进,为全面建设小康社会和加快发展、富民强省以及振兴高等教育事业不懈努力,再创辉煌。

衷心祝愿中国科学技术大学在新一届党委的领导下,再接再厉,奋勇向前,为"科教兴国"、"科教兴皖"做出更大贡献。

最后,预祝大会圆满成功!

众志成城　开拓创新
加快推进一流研究型大学建设

——在中国共产党中国科学技术大学第九次代表大会上的讲话

朱清时

(2003年8月27日)

各位代表、同志们:

第九次党代会即将闭幕了!刚才,大会选举产生了学校第九届党委会和新一届纪委会,我们对新一届"两委"的产生表示热烈的祝贺!

这次党代会是在全国上下掀起深入学习和贯彻"三个代表"重要思想新高潮的形势下召开的一次会议,也是在我校努力创建一流研究型大学的关键时期召开的一次重要会议。传杰书记在代表第八届党委所做的工作报告中,不仅回顾和总结了过去五年的工作及其经验和体会,而且分析了我校改革、建设和发展面临的新机遇和新挑战，提出了学校建设一流研究型大学的目标和思路，对学校今后几年的建设与发展具有重要的指导意义。对此，我完全赞同。会议期间，代表们本着高度的政治责任感和使命感，就学校改革、建设和发展的许多重大问题积极建言献策，对学校行政工作也提出了许多宝贵的意见和建议，我向大家表示衷心的感谢！过去的五年，在校党委的领导下，我校抓住国家“985工程”、“211工程”和中国科学院知识创新试点工程重大机遇，大力推进改革创新，各项事业都上了一个新台阶，取得了一些有显示度的办学成就，保持了在国内高校中的前列地位，学校的声誉和影响不断提高。与此同时，学校工作中也还存在很多困难和问题，进一步的建设和发展还有不少来自内部和外部的制约因素。

今后几年，是我国经济、社会和科技发展的重要战略机遇期，也是高等教育改革与发展的重要战略机遇期。抓住当前的这一重要机遇，凝心聚力，开拓创新，加快推进一流研究型大学建设，是学校当前的根本任务。在新一届校党委的领导下，我们将努力做好以下几项工作：

第一，把人才队伍建设放在首位，深化人事和分配制度的改革，加强师资队伍建设。人才队伍是创建一流研究型大学的根本。今后几年，学校将逐步建立起先进的人才引进和激励机制，制定实施灵活务实的人才引进和培养计划与政策。要发挥国际学术交流和校友工作的优势，发挥依托中国科学院实行“所系结合”的优势，广泛吸引一流人才，培养一批具有国际声望的拔尖人才，建设一支适应一流研究型大学建设需要、具有较强国际竞争力的师资队伍。同时，借鉴北京大学人事制度改革的经验和中国科学院知识创新试点工程的做法，推进并基本完成新一轮人事管理制度改革，做好定编定岗工作，优化教师与各类人员结构；进一步完善全员聘任合同制度，实施人员分类管理和有限期合同聘用制度，继续完善岗位津贴制度，逐步建立科学合理、严格有效的竞争激励机制，初步形成适应市场经济规律、符合高等教育规律的人事制度，提高学校人力资源的使用效率和效益。

第二，积极探索贯彻“全院办校、所系结合”方针的新模式，巩固和发展学校的办学特色和优势。“全院办校、所系结合”是中国科学院对我校实施的办学方针，也是学校40多年的成功经验和传统优势。今天，在中国科学院办大教育的新形势下，我们要进一步采取有效措施，积极主动地探索贯彻和实施“全院办校、所系结合”方针的新模式，巩固和发展我校在全国高等教育领域和中国科学院教育体系中的特色与优势。目前，学校正推动科学院在今年下半年召开中国科学院第四次科大发展工作会议，进一步理顺并确定我校各院系与中国科学院各业务局的对口业务指导关系，探索与研究所在人才培养、科学研究、学科共建、高层次人力资源共享等合作新模式；并争取在北京等研究所较为集中城市建立固定教学基地，为“所系结合”提供保障。此外，我们还要继续积极争取教育部和安徽省政府对学校建设的支持，推动新一轮院、省、部三方重点共建工作的落实；并认真抓好“十五”“211工程”项目的建设。

第三，推进教育创新和科技创新，建设教学与科研并重的一流学科体系，全面提高人才培养质量和科学研究水平。教学科研工作是学校的中心工作，提高教学科研水平是建设一流研究型大学的根本要求。今后几年，我们要继续坚持以学科建设为龙头，在保持数、理、化、天、地等基础学科优势的同时，加强信息科技、生命科技和工程技术等学科的建设，构建教学与科研并重的一流学科体系。

在教育改革方面，要坚持以提高人才培养质量为核心，推进人才培养观念、制度和方式的改革与创新，建立具有特色的创新性人才培养体系。科技工作要坚持“有所为，有所不为”的方针，围绕国家战略需求和面向世界科学前沿，改革科研管理体制，提高争取和承担国家重大科技项目的能力，力争继续做出一批具有前沿领先水平的科研成果。在科研基地建设方面，要以筹建合肥微尺度物质科学国家实验室为契机，构建生命科技、信息科技和工程科技等多学科交叉的园区式研究基地。同时，继续集中建设若干教学科研公用的大型实验平台，为教学科研工作提供优质服务。

第四，加强战略研究和整体规划，改进管理工作，促进学校的可持续发展。当前，国家和中国科学院都正在组织制定中长期科学和技术发展规划，我校应当抓住这一机遇，按照创建一流研究型大学和构建一流的教育创新与科技创新体系的要求，以发展战略、事业发展、学科布局、科研规划、队伍建设、园区建设等为主要内容，开展学校中长期建设与发展的战略研究和整体规划工作，确定今后 15 年的建设目标、实施步骤和配套改革措施，为学校的长远建设和发展提供科学指导和依据。此外，学校将在加强宏观管理与调控的基础上，实行校院系三级设置、两级管理，推进管理重心下移；要进一步推进机关机构改革，强化服务功能，促进工作作风和管理职能的转变，建立以服务对象为主体的考核制度；要积极推进信息化管理的进程，基本实现管理工作制度化、信息化、服务化，使之适应并服务于教学科研事业的发展；要积极多渠道开拓办学资源，在规范管理的同时，改革财务管理办法，更好地发挥办学经费的使用效益。

第五，深化后勤社会化改革，加强校园规划和基本设施建设，改善办学基本条件。过去几年，我们根据国家关于高校后勤社会化改革的总体要求，推进了后勤社会化改革。今后几年，将继续深化并基本完成后勤社会化改革，推动后勤系统管理模式和运行机制的转变，理顺体制、资产和人事关系，按照现代企业制度的标准，推行全成本核算，加强社区服务体系建设，完善后勤服务体系，创造良好的学习、工作和生活环境，满足师生员工对后勤服务的要求，为一流研究型大学建设提供可靠保障。此外，学校还将进一步完善校园规划和园区功能定位；高质量地建设“科大花园”住宅小区，在 2 年～3 年内较大幅度地解决教职工住房问题；抓紧实施东区北门外新征土地的规划和建设等。

各位代表，同志们，目前我校正处于一流研究型大学建设的关键阶段。作为新一届党政领导班子的成员，我们既对学校的未来充满信心，也感到任务艰巨，责任重大。学校行政领导班子将在校党委的统一领导下，依据《高等教育法》，认真履行好自己的职责，并与新一届党委领导班子密切配合，相互支持，共同把学校的改革、建设和发展工作推向前进，不断开拓一流研究型大学创建工作的新局面。

谢谢大家！

贯彻“三个代表”重要思想 加强党风廉政建设 为一流大学建设营造良好的发展环境

——中国共产党中国科学技术大学纪律检查委员会工作报告

李国栋

（2003 年 8 月 25 日）

各位代表：

我受本届纪委委托，就中共中国科学技术大学纪律检查委员会五年来的主要工作和对今后工作的建议向大会报告，请予审议。

一、过去五年纪委工作回顾

中共中国科学技术大学第八次代表大会以来，校纪委（以下简称“纪委”）在上级纪委和校党委（以下简称“党委”）的领导下，坚持党中央确定的反腐倡廉的指导思想、基本原则和三项工作格局，协助党委加强党风廉政建设，检查党的路线、方针、政策和决议的执行情况，维护党的章程和党内法规，紧紧围绕学校中心工作，以积极参与、主动服务的态度，认真履行纪检监察职责，为创造良好的育人环境，创建世界知名高水平研究型大学做出了积极贡献。

（一）认真开展党性党风党纪教育，优化育人环境

“教育是基础”，加强教育是抓源头治理腐败的一项首要任务。创建一流大学，培养一代有理想、有道德的高素质人才，首先要有高素质的教育工作者，良好的育人环境。近年来，各种社会思潮和消极腐败思想的冲击和侵蚀，使高校这块净土也受到污染，违法违纪案件时有发生。为此，纪委注意加强对教师及行政管理干部的教育，提高廉洁自律意识，增强拒腐防变的自觉性，净化了育人环境。

每逢中央纪委召开全会，中国科学院、安徽省纪委就此进行传达后，纪委及时向党委汇报，并将上级纪检会议精神、学校当年的纪检监察工作任务与党政中心工作一起部署，使大家及时了解党和国家反腐败斗争的形势和我们面临的任务，保持清醒的头脑。

在改革开放的条件下，党员能否经得起考验，取决于他们的思想政治素质。我校于 1999 年 9 月至 12 月进行了为期三个月的“三讲”教育。2000 年 4 月又进行了为期一个月的“三讲”教育回头看活动，以促进“三讲”教育和整改方案的落实，巩固“三讲”教育成果。2001 年 11 月，纪委组织全校 223 名处以上党员领导干部进行了《党纪政纪条规知识》学习测试活动，通过学习测试，增强了他们学习党纪政纪条规、廉洁从政的意识，提高了遵纪守法、拒腐防变的能力。

在坚持正面宣传和条规学习的同时，重视抓好警示教育，做到警钟长鸣。2000 年 5 月和 2001 年 10 月，我们分别以胡长清、成克杰及厦门远华走私案等为反面教材，在全校范围内对党员干部进行警示教育。连续放映

反腐败题材影片《生死抉择》三场,先后组织了5000多人观看。通过校内闭路电视和校园网,播放反腐败录像片6部。除集中教育外,注意利用闭路电视和校园网播放反腐倡廉影视作品,开展经常性教育,以提高广大党员干部对党风廉政建设和反腐败斗争重要性紧迫性的认识。

为扩大党风廉政宣传教育面,提高宣传教育效果,2001年初创办了《纪检监察动态》,并在学校BBS上开辟了《纪检监察信息》专栏;2002年又在校园网上建立了纪检监察主页,进一步加强了与师生员工的沟通,增强了党风廉政教育的直观性和时效性。

(二)抓制度建设,从源头上预防腐败

"制度是保证",要使权力运作有法可依,就要建章立制,实施规范管理。为推进学校党风廉政建设,纪委协助党委于1999年11月制定并出台了《中国科学技术大学党风廉政建设责任实施细则(试行)》(以下简称《实施细则》),《实施细则》在明确党政领导班子和领导干部在党风廉政方面应负责任的同时,进一步明确了相关职能部门应承担的责任。为确保《实施细则》的落实,还出台了一些相关配套制度。一是健全民主生活会制度,每次校党政领导班子民主生活会召开前,纪委都深入基层征求对党委及党政领导的意见,例如,2003年初,纪委先后深入到全校23个基层单位走访,召开3个座谈会征求意见,并汇总归纳为10大项98条意见,然后原汁原味地向党委常委会作了汇报。二是建立了党政领导干部廉政档案制度,现已建个人廉政档案295份。三是会同组织部门草拟了《关于实行领导干部党风廉政谈话制度的暂行规定》并予试行。

2001年,在经过充分地调研论证和广泛地征求意见的基础上,制定了《中国科学技术大学采购工作管理暂行规定》(以下简称《规定》),对物资采购的立项、市场调研、招标投标、验收结算等环节作出了具体规定。《规定》成功地引入了规范的市场竞争机制,加强了对采购工作的监督,提高了采购工作效率和资金使用效益,为从源头上堵住采购工作的漏洞提供了制度保证。

在加强学校党风廉政制度建设的同时,为了提高纪检监察部门的工作效率,纪委还制定了信访工作、案件检查工作、案件审理工作程序和建设项目招投标工作、物资采购工作、招生工作监督程序等内部业务工作程序。

有了好的制度还必须认真贯彻执行,以保证制度的权威性和有效性。五年来,在抓制度制定的同时,纪委着力抓了制度落实工作。2002年10月,在全校组织开展了党风廉政制度建设及落实情况的检查,总结学校党风廉政制度建设及落实方面的经验教训,研究制定整改措施。通过检查,对我校党风廉政制度建设进行了系统梳理,发现了存在的问题,提出了整改意见,为进一步加强党风廉政建设和反腐败工作打下了坚实的基础。

(三)监督关口前移,增强约束机制

"监督是关键",建立健全行之有效的规章制度并监督执行,是纪检监察工作的重要职能。

为了实施有效监督,首先建立健全了各类专门的监督机构和监督组织。在党委领导下,成立了由校领导、纪检监察部门和有关职能处室组成的招生监察领导小组、建设工程项目执法监察领导小组、物资招标采购工作领导小组等机构,负责对招生工作、基本建设及大型维修项目、物资设备采购工作实施监督。

招生工作是人们关注的热点,因此,加强对招生考试及录取工作的监督成为纪检监察

部门一项很重要的任务。五年来，纪委、监察处与职能部门协同，加强了对包括本科生、成教生、少年班、研究生在内的招生工作的监督，较好地保证了招生质量，维护了招生工作的严肃性和学校的声誉。

我校在一流大学建设中，基本建设和设备采购的经费投入大幅增加。为防范建设项目及物资采购中可能出现的问题，我们变事后监督为事前监督，使监督关口前移，坚持把好市场调研关、工程项目、物资采购招标关、预算审计关、验收决算关。根据有关部门不完全统计，实施物资、设备采购和工程项目招标两年来，仅设备采购通过招标一项就为学校节省资金1362万元。工程建设项目基本上做到了通过招标确定施工单位，实行对基建、维修及装修工程的预、决算审计，工程预、决算审计三年来为学校共节省资金2660多万元。既有效地遏制了腐败，也为学校节省了建设经费。

近年来，纪委还先后对党政干部违反规定收取现金、有价证券，违反规定安装和购置通信工具，用公款为领导干部住宅配备电脑，领导干部超标准住房，拖欠公款及公款购买商业保险等问题进行了清理。纪检监察部门还积极参与“法轮功”邪教组织成员的转化工作。

动员广大群众参与监督是搞好党风廉政建设的中心环节，2001年6月，学校成立了校务公开领导小组和校务公开监督小组，并出台了《中国科学技术大学推行校务公开实施办法(暂行)》。为推动校务公开在更广的层面上，深入开展下去，纪委首先抓了财务公开。2001年12月27日，纪委、监察处下发纪字[2001]07号文件，要求各单位把自己所掌管的经费使用情况向本单位职工公开，各单位按纪委的要求分别采取不同形式向教职工公开了经费使用情况。2002年又以校务公开监督小组的名义下发通知，要求各院、系和机关各部、处、室制定本部门公开的内容、形式和公开的范围。

(四)加大案件查办力度，遏制腐败现象

加强案件查处工作。查处违纪案件，是纪检监察部门的主要工作任务，是严肃党纪政纪的中心环节，是惩治腐败的主要手段。纪委始终把查处案件作为反腐败斗争和纠正不正之风的重要工作来抓，有什么问题查什么问题，反映什么问题查什么问题，不管涉及到谁都一查到底，并做到件件有落实，事事有交代。五年来，纪委、监察处共受理群众各种举报共计135件，查结处理135件。给予党纪、政纪处分的有4人，其中党员3人，处级干部3人。在查处案件过程中，纪委注意与有关部门密切配合，坚持以事实为依据，以党纪、政纪、国法为准绳，做到事实清楚，证据确凿，定性准确，处理恰当，手续完备，始终贯彻“惩前毖后，治病救人”的方针，教育挽救犯错误的干部。

每起案件查处之后，纪委、监察处都认真加以总结，提出加强管理的整改意见。例如，在对某单位负责人违反财经纪律，私设“小金库”，坐收坐支的案件查处后，在财务、审计等部门的配合下，对全校“小金库”情况进行了彻底清查，加强了收支两条线管理。

加强信访举报工作。按照“信访工作程序”对所有署名举报均进行了反馈。凡涉及对单位工作意见的反映，除向举报人反馈外，为达到改进工作、提高管理水平的目的，还针对所反映的问题对被举报单位提出应采取的改进措施。

(五)加强纪检监察队伍建设

“打铁先要自身硬”，要做好纪检监察工

作，必须有一支素质高、作风好、业务精、特别能战斗的队伍。为此，纪委狠抓了纪检监察队伍建设，加强学习，苦练内功。

五年来，不论工作多忙，始终坚持定期政治学习制度。2001年5月，纪委组织专兼职纪检监察人员进行了为期20天的“守纪律、反腐蚀”集中教育活动，通过学习，提高了对加强党风廉政建设和反腐败斗争重要性的认识，以及为创建一流研究型大学认真做好纪检监察工作的自觉性。

新形势下，要求纪检监察干部具备多方面的能力。为此，纪委一方面安排专职纪检监察干部参加上级机关组织业务培训，先后派出4人次参加安徽省纪委、中国科学院纪检组举办的培训班；另一方面，结合本职工作组织在职学习，学习社会主义市场经济知识，学习党纪政纪条规，学习案件调查、审理有关程序、规定，提高纪检监察干部的业务知识以及分析解决问题的能力。

在队伍建设中，注意发挥团队精神，团结协作，乐于奉献，坚持原则，勇挑重担。遇到比较棘手的案件，发挥集体的智慧，同心协力，攻克难关。

在加强专职纪检监察干部队伍建设的同时，我们还注意发挥基层党组织纪检委员、特邀监察员的作用。学校现有各级纪检委员30人，特邀监察员7人，除例会制度外，纪委经常主动与他们联系，听取他们对纪检监察工作的意见和建议。

五年来，在党委的领导和各级党组织的大力支持下，纪委在抓党风建设、开展反腐败斗争和履行纪检监察工作职能方面做了不少工作，取得了较好的成效，为学校的改革和发展做出了积极贡献。纪委、监察处先后6次被评为中国科学院、安徽省和教育部纪检监察工作先进集体。尽管如此，我们仍然深深地感到，纪委的工作还存在很多缺点，离党组织和群众的要求相差甚远。就纪委本身来说，履行纪检监督职能和反腐败斗争的力度还不够；在党风廉政建设责任制方面，责任报告、责任考核、责任追究制度尚未完全落实；群众反映的某些热点、难点问题没有得到及时解决；在调动专兼职纪检监察干部积极性、主动性方面做得还不够。从全校情况看，广大党员和领导干部廉洁从政的状况基本上是好的，但也存在一些不容忽视的问题：有的党员组织观念淡漠，纪律松懈，工作责任心不强；有些干部缺乏奉献精神和服务意识，工作开拓创新不够；有些单位行政及科研经费存在使用不当，有挪做他用的现象；还有个别部门公款吃喝、铺张浪费至今没有得到完全制止；校务公开还停留在初始阶段，有待进一步规范、发展。以上这些问题虽只是局部现象，但若不及时加以纠正，势必影响学校建设的大局。因此，需要采取切实有效的措施，认真加以解决。

二、进一步加强党风廉政建设和反腐败工作的建议

今后几年，是我校实现创建一流研究型大学战略目标的关键阶段，继续抓好党风廉政建设和反腐败工作，为创建工作营造良好的、健康向上的内部环境，是我们新时期面临的重要任务。我们必须认真学习贯彻党的十六大精神和“三个代表”重要思想，贯彻落实党中央、中央纪委关于党风廉政建设与反腐败斗争的战略部署，结合学校实际，始终保持清醒的头脑，坚持优良的传统和作风，改进缺点和不足，努力遏制各种腐败现象的发生。为此，我们向下一届纪委提出如下建议：

（一）加强思想政治教育，从源头上预防和治理腐败

胡锦涛同志在中央纪委二次全会上强调

指出："要发挥我们党的政治优势，加强对领导干部的思想政治教育，使广大党员和干部特别是领导干部都牢固树立马克思主义的世界观、人生观、价值观，牢固树立正确的权利观、地位观、利益观，能够经受住权力、金钱、美色的考验。教育抓好了，德治加强了，领导干部的思想素质和精神境界提高了，可以有力地防范和减少违纪违法问题的发生。"

抓教育首先要坚持用正确思想武装党员干部，当前，要认真学习贯彻"三个代表"重要思想，坚持以"三个代表"重要思想为指导，牢牢把握"关键在坚持与时俱进，核心在坚持党的先进性，本质在坚持执政为民"这个根本要求。教育广大党员干部坚定马克思主义信仰，坚定社会主义信念，保持党的先进性和纯洁性。其次，要进行从政道德、职业道德教育，教育党员干部坚持立党为公、执政为民，做到权为民所用、情为民所系、利为民所谋。针对领导干部在思想作风、学风、工作作风、领导作风和生活作风方面存在的问题，继续加强党性党风党纪教育，教育广大党员尤其是领导干部保持和发扬艰苦奋斗的优良传统，以优良的党风带动机关工作作风、教风和学风、校风的进一步好转。第三，要加强教育内容与教育方法改革，充分发挥正面宣传教育和警示教育的作用，激浊扬清，弘扬正气。

（二）发扬民主，使权力运行受到有效监督制约

不受制约和监督的权力必然滋生腐败，这是实践反复证明了的真理。要依照依法治国和以德治国的要求，进一步健全民主制度，建立有效约束权力、预防腐败的监督机制。

进一步加强党内监督。发挥党的代表大会和党委全委会对党委领导班子与领导干部的监督作用。进一步完善领导干部民主生活会制度，实行领导干部述职述廉和戒勉谈话制度。加强领导班子内部的监督，通过健全议事规则、决策程序和决策失误追究制度，落实好科学决策制度。严格执行党的民主集中制的各项具体制度，充分发扬党内民主，切实保障党组织和党员的民主权利，更好地实现下级组织和个人对上级组织和个人的监督。学校各级领导班子和领导干部要自觉接受监督。

充分发挥群众监督的作用。推进校务公开制度，进一步拓宽公开渠道、公开范围。完善教职工代表大会制度，调动广大教职工参与民主管理与监督的积极性。认真贯彻《党政领导干部选拔任用工作条例》，根据中央纪委、中央组织部要求，协助校党委制定并实施干部选拔任用监督制度和用人失察失误责任追究制度。建立由组织、纪检监察、审计等部门参加的干部监督工作联席会议制度。增加干部工作的透明度，落实党员和群众对干部选拔任用的知情权、参与权、选择权和监督权。涉及人、财、物等重大事项、涉及学校宏观发展的重大决策需经集体讨论做出决定，决策必须公开透明。从制度上杜绝权力的"暗箱操作"，最大限度地遏制腐败现象的滋生。

发挥党的纪律检查和行政监察职能部门的作用，积极开展执法监察、效能监察、专项检查等活动，纪检、监察部门要深入基层，深入实际进行调查研究，及时发现和解决学生和教职员工关心的热点问题。

（三）坚持党要管党、从严治党，全面贯彻党风廉政建设责任制

党风廉政建设和反腐败斗争要取得实效，必须严格执行党风廉政建设责任制。我们要按照中央纪委二中全会的要求，以艰苦奋斗的精神和真抓实干的作风扎扎实实地抓好党风廉政建设责任制的落实。认真回顾和

总结近几年来的工作情况，检查在党风廉政建设责任制落实方面存在的差距，找出原因何在，应采取什么措施切实抓好落实。要认真贯彻党中央确定的“党委统一领导、党政齐抓共管、纪委组织协调、部门各负其责、依靠群众支持和参与”的领导体制和工作机制。党政领导班子和领导干部要按照党风廉政建设责任制的规定，履行各自在党风廉政建设和反腐败工作中的责任，党政领导班子的正职要切实负起总责。针对党风廉政建设责任制实施过程中遇到的问题，完善与党风廉政建设责任制的实施相配套的责任报告、责任考核、责任追究等制度和考核标准。明确政策界限，规范工作程序，加强监督检查，增强责任制的可操作性和有效性。

(四)继续做好查办违纪违法案件工作

查办违纪违法案件是惩治腐败的重要手段，是衡量反腐败斗争成效的重要标志。面对当前腐败现象仍然频发、多发的情况，查办案件工作不能有丝毫放松。对重大违纪违法案件要一查到底决不手软，对腐败分子要严惩不贷。对于查办的典型案件，要从中分析发案原因，发现制度及管理上存在的漏洞和薄弱环节，及时建章立制，并以此教育干部提高认识，引以为戒。

加强信访举报工作。拓宽、畅通信访举报渠道，提倡和鼓励实名举报，保护举报人的合法权益，营造信访举报的良好环境。纪检部门要进一步规范工作程序，保证信访举报事项件件有着落。

(五)贯彻十六大精神，加强纪检队伍建设

纪委要在党委的领导下，全面执行党章赋予的各项任务。要坚决维护党的章程和各项党内法规，严明党的纪律。认真检查党的路线、方针、政策和决议的执行情况，坚决查处党的组织和党员违反纪律的行为。同时，纪检部门也要努力加强自身建设，坚持党的思想路线，解放思想，实事求是，与时俱进，在思想观念、工作机制、工作方法、工作作风、队伍建设等方面更加适应不断发展变化的客观实际。纪检干部要努力学习经济、法律、科技、管理等方面的知识，不断提高知识水平和业务能力，提高防范和揭露腐败问题的能力。监督者也要接受监督，纪律检查机关作为党的监督机关，更要严格要求，严格教育，严格管理，搞好自身队伍建设，自觉接受党员和群众的监督。

同志们，面对新世纪新阶段我校发展建设面临新的机遇与挑战，我们要进一步认清形势，把握大局，不负重托，不辱使命，以坚定不移的态度、坚强有力的工作和坚持不懈的努力，以党风廉政建设和反腐败斗争的新成效，为实现创建一流研究型大学的奋斗目标提供强有力的政治保证，迎接中国科学技术大学更加辉煌灿烂的明天。

谢谢大家！

中国共产党中国科学技术大学第九次代表大会关于中共中国科学技术大学第八届委员会工作报告的决议

（中国共产党中国科学技术大学第九次代表大会第二次全体会议通过）

（2003 年 8 月 27 日）

中国共产党中国科学技术大学第九次代表大会审议并批准郭传杰同志代表中共中国科学技术大学第八届委员会所作的《以"三个代表"重要思想为指导，继承优良传统，弘扬创新精神，不断开创一流研究型大学建设新局面》的报告。

大会赞成报告对第八届党委工作的主要成绩和经验的总结。认为第八届党委坚持以邓小平理论和"三个代表"重要思想为指导，以创建一流研究型大学的奋斗目标凝聚力量，深化改革，开拓进取，与时俱进，妥善处理了改革、发展与稳定的关系，较好地完成了第八次党代会提出的各项主要任务。大会对第八届党委的工作表示满意。大会认为，报告总结的经验，对今后的工作具有积极的指导意义。

大会同意报告提出的我校今后一段时期的奋斗目标、指导思想、主要任务和发展思路。大会强调，未来 5 年到 15 年是我校创建一流研究型大学的关键时期，不仅有着良好的发展机遇，也面临着严峻的竞争挑战。我们必须坚定不移地贯彻"质量优异、特色鲜明、规模适度、结构合理"的办学方针，把创建一流研究型大学作为总揽全局的中心任务切实抓紧抓好；必须把创新贯穿到一切工作之中，以创新精神赢得学校更快更好的发展。全校各级党组织要团结和带领广大师生员工，解放思想，实事求是，与时俱进，深刻认识形势，进一步明确学校在高等教育创新和国家创新体系中的定位，积极谋划新时期的改革发展战略，明确奋斗目标，完善配套措施，继承优良传统，发扬敢为人先、艰苦奋斗精神，顽强拼搏，勇于创新，真抓实干，不断增强学校的整体竞争力。

大会认为，加快学校发展，实现奋斗目标，关键在于加强和改善党的领导。要坚持从严治党方针，以改革精神推进党的建设。根据时代要求、形势的发展，紧紧围绕学校中心工作，不断加强党的思想建设、组织建设、作风建设和制度建设，提高战斗力，增强凝聚力，保持先进性，把校党委建设成为坚强的领导核心、政治核心、团结核心，充分发挥基层党组织的政治核心作用、党支部的战斗堡垒作用和党员的先锋模范作用。

大会号召，全校共产党员和全体师生员工紧密地团结在以胡锦涛同志为总书记的党中央周围，深入学习贯彻党的十六大精神，全面实践"三个代表"重要思想，按照大会确定的目标与任务，不断增强政治意识、大局意识、稳定意识和责任意识，继往开来，奋发进取，为早日实现建设一流研究型大学的宏伟目标而努力奋斗！

中国共产党中国科学技术大学第九次代表大会关于中共中国科学技术大学纪律检查委员会工作报告的决议

(中国共产党中国科学技术大学第九次代表大会第二次全体会议通过)

(2003年8月27日)

中国共产党中国科学技术大学第九次代表大会审议并批准李国栋同志代表中共中国科学技术大学纪律检查委员会所作的《贯彻“三个代表”重要思想,加强党风廉政建设,为一流大学建设营造良好的发展环境》的工作报告。

大会充分肯定了第八次党代会以来我校纪检工作所取得的成绩。大会认为,我校各级纪检组织在学校党委和上级纪委的正确领导下,坚持以邓小平理论和“三个代表”重要思想为指导,坚持从严治党的方针,认真履行党章赋予的教育、监督、惩处、保护的职责,积极协助党委开展党风廉政建设和反腐败工作,为维护和促进学校的改革、发展、稳定大局发挥了积极的作用。

大会认为,新的形势和任务对纪检工作提出了更高的要求。新一届纪委要按照党中央确定的反腐败工作指导思想和工作格局,与时俱进,重视制度创新,坚持“标本兼治、以治本为主”的工作思路,加大从源头上预防和治理腐败的力度,在校党委和上级纪委的领导下,围绕学校创建一流研究型大学的中心任务,为学校改革、发展、稳定创造良好环境。

大会号召,全校各级党组织和全体共产党员,要自觉遵守党纪党规,特别是党的领导干部,要高度重视和全力支持纪检工作,廉洁自律,弘扬正气,以崭新的精神面貌和富有成效的工作,为把我校早日建成一流研究型大学做出更大贡献。

中国共产党中国科学技术大学第九次代表大会

闭　幕　词

郭传杰

（2003 年 8 月 27 日）

各位代表，同志们：

中国共产党中国科学技术大学第九次代表大会，已经圆满地完成了各项议程，现在就要闭幕了。

这次大会是在学校改革发展的重要时刻召开的，目前，我校"十五""211 工程"、"985 工程"和知识创新工程正在全面付诸实施，一流研究型大学创建工作进入关键性阶段。这次大会也是在外部环境发生了各种变化的形势下召开的。党的十六大之后，我国进入全面建设小康社会的新的发展阶段，如何进一步抓住并努力创造新的机遇，需要我们认真把握。高等教育正处在一个高速发展和激烈竞争的重要时期，如何更好地应对并迎接挑战，在创新中实现更快发展，需要我们积极思考。这一切，都对学校党的工作提出了新的更高的要求。

过去的两天半时间里，全体代表高度认识我们当前发展所面临的形势，充分发扬民主，认真行使党员权力，履行党员义务，遵守民主集中制原则，深入讨论研究，审议并通过了上届党委和纪律检查委员会的工作报告，形成了相应的决议；民主选举产生了第九届党委和新一届纪委。大会明确了今后一段时期学校党的工作的指导思想、奋斗目标和主要任务，认真研讨了学校今后一段时期一流研究型大学建设的战略规划、发展思路和工作任务，经过本次大会和领导班子暑期校务工作务虚会形成共识的各项教育教学、管理制度以及运行机制的深化改革方案将在会后陆续出台。大会取得圆满成功，这是全体代表共同努力的结果，也是为大会服务的全体工作人员共同努力的结果。这里，我谨代表大会主席团，向全体代表和工作人员表示衷心的感谢！

经过大会选举产生的学校新一届党委将牢记全体代表的重托，切实按照"三个代表"的要求，倍加珍惜时代给我们提供的机遇和舞台，倍加珍惜组织对我们的厚爱和重托，倍加珍惜全校党员和师生员工对我们的信赖和期望，始终坚持马克思主义的指导地位，坚持社会主义办学方向，深入学习贯彻党的十六大精神和"三个代表"重要思想，不断加强并改善党的领导，进一步完善党委领导下的校长负责制，以提高可持续创新能力为核心，加速创新人才队伍建设，不断推进教育创新、科技创新、制度创新和文化创新，以敬业和创新的精神，勤奋和务实的作风，公正和廉洁的形象，团结带领广大师生员工为创建一流研究型大学做出应有的贡献。

我们相信，有上级党组织的指导和帮助，有全校干部、党员和师生员工的支持，新一届党委一定不负众望，胜利完成上述各项任务。

这次大会以后，一些老同志将不再参加

新一届党委的工作。多年来,他们为党的建设和学校的发展付出了辛勤的劳动,做出了重要贡献。这里,让我们以热烈的掌声向他们表示崇高的敬意和衷心的感谢!我们由衷地希望他们能继续关心和支持新一届党委的工作,帮助年轻同志接过好思想、好传统和好作风的班,使中国科学技术大学党组织的优良传统和作风能够代代相传。

最后,我也衷心希望各位代表能够把大会的精神、大会提出的各项任务尽快带回各个单位,贯彻落实到实际工作中。

各位代表,同志们!让我们紧密团结在以胡锦涛为总书记的党中央周围,在上级党组织的正确领导下,按照本次党代会确定的目标任务,团结一心,振奋精神,以坚持不懈的努力,创造中国科学技术大学更加辉煌壮丽的明天!

关于同意中共中国科学技术大学第九次代表大会选举结果的批复

(科发党字[2003]88 号)

中国共产党中国科学技术大学委员会:

你校《关于中共中国科学技术大学第九次代表大会选举结果的请示》(党[2003]07 号)收悉。根据中组部《关于党委书记、校长列入中央管理 21 所高校党委换届时书记人选报批程序的通知》(中组函字[2002]9 号)要求,经研究,同意中共中国科学技术大学第九届委员会和纪律检查委员会选举结果。现批复如下:

党委常委会委员:郭传杰　朱清时　程　艺　侯建国　李国栋　李　定　王东进　鹿　明

党　委　书　记:郭传杰

党 委 副 书 记:李　定　鹿　明

纪　委　书　记:李　定

中共中国科学院党组

2003 年 9 月 5 日

中共中国科学技术大学第九届委员会委员名单

（按姓氏笔画排序）

王东进　尹登泽　叶向东　付绍军　许　武　朱灿平　朱清时　李　定　李国栋　汪克强
陈林义　侯建国　俞寿明　郭传杰　唐安渝　鹿　明　梁　樑　董　雨　董桂荣　程　艺
窦贤康　滕脉坤

新一届中共中国科学技术大学纪律检查委员会委员名单

（按姓氏笔画排序）

于天顺　王泽普　杨寿保　李　定　吴志强　吴忠民　张　荣

贺　信

1. 中共中国科学院党组的贺信

中国共产党中国科学技术大学第九次代表大会：

值此中国共产党中国科学技术大学第九次代表大会召开之际，谨向大会表示热烈祝贺，并向全体代表致以亲切问候！

中国科学技术大学建校45年来，在老一辈革命家和科学家的亲切关怀下，在安徽省委、省政府和中国科学院的领导下，逐步发展壮大，取得了令人瞩目的成绩，现已发展成为一所以前沿科学和高新技术为主、兼有管理和人文学科的综合性全国重点大学，在国内外享有较高声誉，为国家的经济建设、科技进步和社会发展作出了重要贡献。

在党的领导下，多年来中国科大党委认真贯彻党的路线、方针和政策，坚持社会主义办学方向，始终把培养德智体美全面发展的高素质人才作为根本任务。坚持以邓小平理论和“三个代表”的重要思想武装全校广大师生员工，以创建一流研究型大学的奋斗目标凝聚人心，与时俱进，深化改革，开拓进取，不断加强党的建设和思想政治工作，妥善处理了改革、发展与稳定的关系，为学校在新时期的发展打下了良好的基础。院党组对校党委和行政领导班子的工作是满意的。

创建一流研究型大学是党和国家赋予中国科大的庄严使命，也是中国科大在新世纪振兴发展的必由之路。学校发展关键在于各级党组织，必须毫不动摇地坚持并改善党的领导，以改革精神推进党的建设，更好地发挥各级党组织和广大党员的政治核心与先锋模范作用。院党组对中国科大第九次党代会寄予厚望，希望这次党代会的召开，能够进一步激发学校各级党组织、广大党员和全校师生员工的积极性，团结一致，协力同心，努力把学校的各项工作推上新的台阶。希望代表们本着主人翁的精神，积极为学校的改革发展出谋划策，贡献聪明才智。希望新一届党委继续高举邓小平理论伟大旗帜，深入学习贯彻党的十六大精神，全面实践“三个代表”重要思想，紧紧依靠全校师生员工，深刻分析当前学校发展面临的形势，认真谋划学校新时期的改革发展战略，继承和发扬优良传统，大力弘扬创新精神，乘着国家发展高等教育和中国科学院建设高级科技创新人才基地的东风，争取早日把中国科学技术大学建设成为世界一流的研究型大学！

祝会议取得圆满成功！

中共中国科学院党组
2003年8月25日

2. 中共安徽省委组织部的贺信

中共中国科学技术大学委员会：

值此中国科学技术大学第九次党代会隆重开幕之际，谨向中国科学技术大学党委、各位代表和全校共产党员表示热烈的祝贺！并向中国科学技术大学全体师生员工致以亲切的问候！

自上次党代会以来，学校党政领导班子在邓小平理论指导下，努力实践“三个代表”重要思想，始终坚持党的基本路线和教育方针，解放思想，抢抓机遇，开拓进取，深入实施“211”二期工程、“985”工程以及知识创新工程，学校各项事业取得长足发展。

召开党代会是学校政治生活和发展历程中的一件大事。特别是在当前，对于深入学习党的十六大精神，全面兴起学习贯彻“三个代表”重要思想新高潮，加强学校党的建设和思想政治工作，进一步增强全校教职工的凝聚力和战斗力，促进学校各项事业的改革和发展具有重要意义。希望各位代表认真履行职责，正确行使权利，选举出坚强有力的新一届党委领导集体。

希望新一届党委按照“三个代表”的要求，加强党的思想、组织和作风建设，密切党和群众的联系，增强党组织的凝聚力和战斗力，发挥好学校各级党组织的战斗堡垒作用和全体党员的先锋模范作用，团结和带领全体师生员工，解放思想，实事求是，与时俱进，开拓进取，努力把学校建设成为特色鲜明的世界知名高水平研究型大学，为我国和我省经济发展、社会进步和实现全面小康社会目标做出更大的贡献，创造中国科学技术大学新的辉煌！

预祝中国科学技术大学第九次党代会圆满成功！

中共安徽省委组织部
2003年8月22日

3. 中共安徽省委教育工委、安徽省教育厅的贺信

中国共产党中国科学技术大学第九次代表大会：

在全国上下贯彻落实十六大精神、全党兴起学习贯彻“三个代表”重要思想新高潮的大好形势下，在中国科学技术大学创建一流大学的关键时期，中共中国科学技术大学第九次代表大会隆重召开了！这是中国科学技术大学全体党员和全校师生员工政治生活中的一件大喜事，这次大会也是中国科学技术大学各级党组织认真贯彻落实十六大精神，全面加强党的建设，实现学校新的奋斗目标的动员大会，将对中国科学技术大学进一步改革发展、创建一流大学起到极大的推动作用。谨此，中共安徽省委教育工委、安徽省教育厅表示最热烈的祝贺！并预祝这次大会开成一个振奋精神、团结奋斗、凝心聚力、开拓未来的大会！

党的十六大对全面加强党的建设提出了新要求，希望中国科学技术大学全体党员和各级领导干部通过这次大会，切实把各级党组织和领导班子建设好，充分发挥党组织的战斗堡垒作用和党员的先锋模范作用，为学校的进一步建设提供强有力的组织保证；希望中国科学技术大学继续为我国的高等教育事业、为安徽的经济建设和人才培养做出新的更大的贡献！我们欣喜地看到中国科学技术大学第八次党代会五年来所取得的巨大成就和在全国高等教育战线上的重要影响，我们坚信中国科学技术大学的明天会更加辉煌！

预祝大会圆满成功！

中共安徽省委教育工委
安徽省教育厅
2003年8月21日

4. 发来贺信的其他单位(排名不分先后)

中共北京大学委员会

中共复旦大学委员会

中共南京大学委员会

中共上海交通大学委员会

中共浙江大学委员会

中共西安交通大学委员会

中共哈尔滨工业大学委员会

中共中国人民解放军电子工程学院委员会

中共中国人民解放军炮兵学院委员会

中共合肥工业大学委员会

中共安徽大学委员会

中共安徽师范大学委员会

中共安徽医科大学委员会

中共安徽农业大学委员会

中共安徽中医学院委员会

中共安徽建筑工业学院委员会

中共安徽教育学院委员会

中共合肥学院委员会

中共中国科学院合肥物质科学研究院委员会

中共中国科学院研究生院委员会

中共中国科学院管理干部学院委员会

中国科学技术大学各民主党派

共青团中国科学技术大学委员会、学生会、研究生会

UNIVERSITY OF SCIENCE AND TECHNOLOGY OF CHINA YEARBOOK

六届一次教代会 文献

中国科学技术大学第六届教职工代表大会第一次会议开幕词

党委常务副书记、副校长 许 武

（2003 年 12 月 25 日）

各位代表，同志们：

新的一年即将来临，在这辞旧迎新之际，首先让我们祝愿学校一流研究型大学建设事业蒸蒸日上，祝愿全校师生员工在新的一年里取得更大的进步！

中国科学技术大学第六届教职工代表大会第一次会议，经过一段时间的紧张筹备，现在隆重开幕了。

本次会议的指导思想是：以邓小平理论和“三个代表”重要思想为指导，全面学习贯彻党的十六大和十六届三中全会精神，坚持质量优异、特色鲜明、规模适度、结构合理的办学方针，参与实施国家“985 工程”和中国科学院新时期发展战略，促进教育创新和科技创新，充分发挥教代会在学校改革与发展中的积极作用，调动广大师生员工特别是教学科研骨干参与民主办学的积极性，加强战略研究，为制定目标明确、重点突出、前瞻性强、便于操作的学校中长期发展规划献计献策，为创建一流研究型大学而努力奋斗。

本次会议将听取并审议校长工作报告，听取各位副校长的工作汇报，听取党委书记的重要讲话，进行教代会正常换届，调整并建立新的工作委员会，修订《中国科学技术大学教职工代表大会暂行条例实施细则》。

请各位代表以十六大精神和“三个代表”重要思想为指导，紧密围绕大会的主题和主要任务，切实履行自己的权利和义务，坚持民主集中制，对各项议程进行认真负责的审议和讨论，集思广益，群策群力，将这次大会开成民主团结的大会、加油鼓劲的大会。我相信，有广大师生员工特别是教学科研骨干的积极参与，这次会议一定能广泛反映民意，集中民智，进一步激发广大师生员工投身一流研究型大学建设的积极性、主动性和创造性，为学校中长期发展规划的制定和今后几年的建设与发展奠定良好的基础。

当前，我校正处于一流研究型大学建设的关键时期，建设与发展的任务十分繁重而艰巨。我们要继续深入学习贯彻十六大精神和“三个代表”重要思想，在新一届学校党政领导班子的带领下，进一步解放思想，统一认识，开拓创新，扎实工作，抓住难得的发展机遇，加快推进我校的各项建设事业，向着一流研究型大学建设的目标奋勇前进，为全面建设小康社会做出更大的贡献！

预祝大会圆满成功！

谢谢。

开拓创新 加快发展
努力开创一流研究型大学建设的新局面

——在中国科学技术大学第六届教职工代表大会第一次会议上的报告

校长 朱清时

(2003年12月25日)

各位代表、同志们:

中国科学技术大学第六届教职工代表大会第一次会议今天在这里隆重开幕了。这是学校新一届党政领导班子成立以来的第一次教职工代表大会,会议将围绕继续深入推进一流研究型大学建设这个主题,调动全校教职员工特别是教学科研骨干参与民主办学的积极性,集思广益,群策群力,加强战略研究和发展规划的制定,加快学校各项事业的改革与发展。现在,我代表学校行政领导班子,就一年来的校务工作和今后几年学校工作的总体思路,向大会作报告,请代表们审议。

一、一年来校务工作的简要回顾

2003年是党的十六大以后的第一年,是我国实施第三步发展战略中十分重要的一年。这一年,也是我校建设和发展史上具有重要意义的一年,学校党政领导班子顺利完成了换届工作,第九次党代会胜利召开。在保持学校各项工作稳步发展的同时,新一届党政领导班子经过集思广益和认真研究,明确了今后几年学校建设与发展的基本思路和主要任务。这些成绩主要体现在以下几个方面:

(一)深入学习贯彻十六大精神和“三个代表”重要思想,党建、德育和思想政治工作得到进一步加强

在党委的统一领导下,学校掀起学习贯彻十六大精神和“三个代表”重要思想的新高潮,认真贯彻落实第十二次全国高校党建工作会议和中国科学院2003年夏季党组扩大会议精神,积极开展创新文化建设,学校的党建、德育和思想政治工作得到进一步加强和改进,激发了广大师生员工参与学校建设和发展的主动性、积极性和创造性,增强了全校师生的凝聚力,为一流研究型大学建设奠定了坚实的思想、组织、作风和群众基础。关于这方面的工作,郭传杰书记将在讲话中具体阐述,我就不多讲了。

学校进一步完善党委领导下的校长负责制,坚持民主集中制原则,健全了党委全委会议、党委常委会议和校长工作会议的议事规则,规范了学校的管理与决策机制,加强了党政融合和沟通协调。党政领导班子从自身做起,推进校务公开和民主办学,不断改进工作作风,深入基层调查研究。特别是今年暑期召开的校务工作务虚会,深入研讨了学校的

发展战略和今后几年的工作计划。同时，结合机构改革，学校还明确了机关改进工作作风、提高管理水平的思路与措施，将进一步加强和改进机关管理与服务工作，建立和强化以服务对象为主体的考核制度。

（二）实施“十五”“211 工程”，积极探索新形势下贯彻“全院办校、所系结合”办学方针的新模式、新途径和新内涵

在“九五”“211 工程”建设取得显著成绩的基础上，我校“十五”“211 工程”建设得到国家的进一步支持，重点学科建设项目由“九五”期间的 6 个增至 11 个。项目可行性研究报告经上级有关部门审核，国家发展与改革委员会于今年 9 月正式批复立项，目前正在加紧组织实施。同时，在争取中国科学院、教育部、安徽省政府对我校实施新一轮重点共建和落实“985 工程”二期建设计划方面，也做了大量工作，中国科学院第四次科大发展工作会议将在明年适当时期召开。

此外，学校还积极发挥在中国科学院新时期教育工作发展战略中的作用，主动参与中国科学院知识创新工程试点全面推进阶段的工作，特别是积极探索新形势下贯彻“全院办校、所系结合”办学方针的新模式、新途径和新内涵，取得了积极进展。11 月 30 日，中国科学院在我校召开了“全院办校、所系结合”座谈会，会议提出了在新形势下贯彻“全院办校、所系结合”办学方针的初步思路和若干措施，要求院机关各部门和相关研究院所进一步重视并切实加强“全院办校、所系结合”工作。会上，我校和数学与系统科学研究院、上海生命科学研究院分别签署了全面合作协议，并首批聘请了北京空气动力学研究所的崔尔杰院士担任工程科学学院院长、福建物质结构研究所所长洪茂椿院士担任化学系主任、大连化学物理研究所所长包信和研究员担任化学物理系主任。

这次座谈会，对我校巩固和发展依托中国科学院的传统优势、加快一流研究型大学建设将产生重要的推动作用。学校有关部门为这次座谈会做了大量的筹备和组织工作，会议取得了圆满成功；会议期间，各院系与相关研究院所举行了对口交流，就加强结合与合作的具体形式和措施进行了探讨，并达成了许多共识。这些为将于明年召开的中国科学院第四次科大发展工作会议做了进一步的准备。

（三）加强重点学科建设，深化教学改革，人才培养质量进一步提高

我校学科建设在前几年取得丰硕成果的基础上，今年又有积极进展。在国家第九批学科申报中，我校新增 4 个一级学科博士学位授权点、2 个二级学科博士学位授权点；此外，还获准自行审批增列了 4 个硕士点，在原一级学科授权范围内自主设置了 16 个交叉学科博士、硕士点。至此，我校已拥有 17 个一级学科博士点，89 个二级学科博士点，105 个硕士点，博士点覆盖了我校绝大部分理工类专业。

一年来，学校进一步深化教学改革，新增教改立项 29 项，其中省级重点项目 5 项。积极推进本科教学计划和教学大纲的修订工作，重构了本科课程体系的框架结构，着重抓好本科教育与研究生教育的衔接贯通。试行学生个性化学习计划，完善学分制，尊重学生的学习兴趣和发展志向，允许部分符合条件的学生弹性安排在校学习年限，逐步放宽对专业选择的限制，共有 201 名学生重新选择了专业；同时，配套建立起本科生学习预警系统。学校还积极推动人才培养的校际合作交

流,首批选派了15名学生到香港科技大学交流学习一学期,收到非常好的效果。

在课程与教材建设方面,共支持重点课程建设72门,其中基地名牌课程7门、省级重点课程7门;新增教材立项39项;2本教材获教育部优秀教材二等奖,6本教材分别进入了教育部"百门精品教材建设计划"中的精品、立项和选题项目。教学实验室和公共教学设施建设得到进一步加强,新增了4000余万元的教学设备;完成世界银行贷款"高等教育发展"项目二期设备和图书采购计约90万美元;新建、改建了52个多媒体教室,全校所有大教室都已建成多媒体教室。此外,还加大教学质量监控与评估的力度,教学检查的课程覆盖面达90%。

学校重视加强以德育为核心、以创新能力培养为重点的全面素质教育,抓好"两课"改革,推进"三个代表"思想的"三进"工作,加强大学生文化素质教育基地和设施建设,丰富校园文化生活,积极开展学生心理健康教育和社会实践活动。大学生科技创新活动蓬勃开展,全年共完成"大学生研究计划"336项,177项结题,开设研讨班课程50多门。此外,还举办了大量著名学者和艺术家报告会、学术讲座及各种艺术欣赏活动,促进了学生政治素质、业务素质、创新能力和人文精神的协调发展。

学校进一步加强了"奖贷助补减"及社会资助等助学支撑体系建设,全年助学总金额预计突破1300万元。共有3770名学生分别获得25类奖学金共计392万元;筹措社会资助162万元,共有325名学生获得资助,其中国家奖学金到位金额67.2万元;获得600万元的国家助学贷款授信额度。此外,勤工助学、学费减免达172万元,年底之前还将对1600多名学生实施50万元的困难补助。

今年我校普通高等教育共招收新生3443人,其中研究生1581名,本科生1862人。本科新生质量继续保持在全国高校前列,研究生生源质量稳步提高。人才培养质量进一步提高,有3篇博士论文入选"全国优秀百篇博士论文";校本部本科毕业生中有77.4%被录取为国内外研究生,其中,向中国科学院所属研究院、所推荐免试研究生达201人,占学校2003年免试研究生总数的33%。毕业生就业状况也保持良好态势。

(四)科研基地建设取得重要进展,科技创新成果丰硕,科技产业稳步发展

为从整体上提升科技创新能力,增强持续竞争力,今年学校继续集中建设了一批重点科研基地。特别值得一提的是,经过近年来的持续努力,合肥微尺度物质科学国家实验室筹建工作最近取得重大进展,成为获科技部批准筹建的5个国家实验室之一,我校也因此成为全国惟一拥有2个国家实验室的单位。这将大大提升我校的科技竞争力,对学校的一流研究型大学建设和长远发展具有重要和深远的意义。目前,学校正在抓紧全面开展筹建工作,争取将该实验室建成在微尺度物质科学领域代表我国最高水平、具有国际知名度的科研与人才培养基地。

今年,国家同步辐射实验室二期工程联机总调取得重要进展,运行和开放等工作进一步改善,工程将于明年竣工验收。学校正积极推进该实验室成为国家纳米中心技术支撑体系的实验平台。火灾科学国家重点实验室被科技部委托国家自然科学基金委评估为优秀,并被评价为"已成为具有国际影响的火灾安全科技创新和高层次人才培养基地",将得到科技部的强化支持。此外,我校与日本SHINCRON公司合作建立了先进薄膜工艺与材料联合实验室;综合国力运行信息监测

系统研究中心建成安徽省高校人文社会科学重点研究基地，实现了我校省级人文社科重点研究基地零的突破；空间科学技术研究基地等7个跨学院、多学科交叉研究基地建设进一步加强。

截至12月初，我校共承担各类科技项目326项。在争取重大项目方面，我校共承担"973"项目19项，其中我校牵头负责2项，另有"973"前期预研项目2项；首次承担国家基金重大项目1项；中国科学院创新项目及人才项目29项，跨世纪优秀人才基金项目1项。学校还大力加强高技术研究，重点发展军工科研，共承担17项"863"项目，其中牵头负责1项军工科研一级课题。

在科研成果方面，今年我校在量子信息、单分子科学、人工合成金刚石及纳米化学、天然气优化利用、LAMOST光纤定位系统研制、激光推进、高级认知功能的核磁成像等研究领域取得重要进展，其中量子信息研究在我校东、西区之间建成6.4 km的量子保密通信演示系统，在量子保密通信的实用方面迈出重要步伐，同时在热原子系综的实验研究方面已经进入国际前列。今年我校有1项成果获国家自然科学二等奖；5项成果获安徽省科技奖励，其中重大科技成就奖、自然科学一等奖各1项，此外还获得其他4项奖励；郭光灿院士荣获"何梁何利基金科学与技术进步奖"。截至11月底，我校共申请职务专利75件，其中发明专利55件，实用新型专利20件；授权职务专利63件，其中发明专利35件，实用新型专利27件，外观设计专利1件。有1项发明专利荣获中国专利金奖。

根据科技部科技信息研究所发布的信息，2002年，我校以第一作者发表科技论文1907篇，其中SCI收录903篇，在全国高校中排名第5；EI收录382篇，排名第7；国际论文被引用1078篇2450次，排名第4；范洪义教授被SCI收录论文数和国际论文被引用篇数均列全国个人第一。据中国科学院文献情报中心统计，我校2001年在SCI高影响因子期刊等级区域发表论文149篇。

截至12月中旬，全校科研经费总计到款约2.13亿元，其中纵向项目1.407亿元、横向项目1431万元（不含科技实业总公司经费）。据不完全统计，今年我校共有96个项目获得国家自然科学基金资助，获资助经费3087万元，其中创新研究群体1个，获国家杰出青年基金资助3人，牵头负责重点基金项目6项，面上项目80项。

在科技产业工作中，学校以产权清晰、管理规范、规避风险、重点发展为目标，落实企业法人治理结构，解决国有出资人缺位和监管问题，维护投资者利益；同时，继续探索成果转化的良性发展机制，逐步清理无自主知识产权、已脱离学校成果转化价值链的企业，重点发展与成果转化良性互动、有发展前景的高科技企业。截至11月底，共签订各类横向技术合同194份，合同金额3577万元，到款2758万元。科技企业预计全年实现销售收入3.4亿元，利润总额1035万元，上交税金1700万元。

（五）大力吸引和培养高层次优秀人才，加强国际学术交流与合作，人才队伍建设成绩显著

今年是我校人才队伍建设丰收的一年，共有5名教授光荣当选为中国科学院院士，当选人数居全国高校和科研单位前列，也是我校1999年以来当选院士人数最多的一年。这标志着我校高层次学术队伍建设又取得了新的重要进展，进一步提高了学校人才队伍的竞争力和学术地位。同时，在"所系结合"工作中，学校又聘请了2名中国科学院院士。

目前,我校“两院”院士共有22人。

今年,我校有5名教授入选“长江学者奖励计划”特聘教授,8名教授入选中国科学院“百人计划”和“引进国外杰出人才计划”;分别有2位教师获首届全国和安徽省教学名师奖。截至目前,我校“长江学者奖励计划”教授、国家杰出青年基金获得者(包括B类)、“百人计划”和“引进国外杰出人才计划”入选者不重复计算共87人,这表明学校优秀年轻学术带头人队伍已初具规模,并显示出较强的活力。

为进一步加强对优秀年轻人才的培养工作,学校在认真调查研究的基础上,出台了《国家杰出青年科学基金后备人选培养计划》和《青年教师培养计划》,正在面向全校征求意见;这两个计划的实施,将加大力度支持优秀年轻人才的成长和后备人才的培养,支撑学校未来的长远发展。此外,今年学校还引进留学回国人员20余人,接收应届毕业生115人(其中博士和硕士学位获得者73人),教师培训工作也得到进一步加强,教师队伍的年龄结构、学历结构和专业结构进一步优化。同时,为切实加强教学工作,还将在主要基础主干课程和关键性专业基础课上设立“课程讲座教授席位”,以提高教学水平和质量。

学校还大力加强流动人才队伍建设,聘请“大师讲席”教授4名,以及名誉教授、客座教授等40余名;新增5个博士后科研流动站,使博士后流动站总数达到17个,涵盖了学校绝大多数理工类一级学科;在站博士后规模显著扩大,在站人数比去年同期增加50人,目前已达110人;有2名博士后荣获“中国科学院优秀博士后”称号,15名博士后获“中国博士后科学基金资助金”等基金资助。

一年来,学校邀请了200多名国(境)外专家学者来校访问讲学,其中包括诺贝尔奖和菲尔兹奖获得者等一批世界著名科学家以及世界著名大学校长;选派教职工出国访问、学习或开展合作研究与学术交流300多人次。学校特别重视青年教师和学生的国际交流,设立了国际会议基金,专门用以资助优秀青年教师和博士生参加国际会议,已资助12人;选派26名优秀研究生、本科生出境进行短期国际交流。举办了3个国际学术会议,特别是成功举办了东亚研究型大学协会第九届年会和第十三届理事会,这是该协会近年来规模最大、出席校长最多的一次会议,我本人很荣幸地当选为协会下届主席。学校还聘请外籍教授完整讲授一门专业新课,促进了双语教学,效果良好。

在深化人事制度改革方面,学校继续完善全员聘用合同制、岗位聘任制和岗位津贴制度,逐步健全绩效考评系统,强化竞争激励机制,激发教职工立足岗位多做贡献。目前,学校正在进行机构改革,推行新一轮按需设岗、公开招聘、竞争上岗、全员聘任的改革工作。目前,机关机构改革即将完成,院系、重点实验室和其他直属单位的机构改革也正在或即将逐步全面推进。

(六)公共服务体系和办学支撑条件建设得到进一步加强,校区扩建第一期工程顺利通过国家验收

在公共服务体系建设方面,正在进行二期建设的理化科学、生命科学、信息科学、工程与材料科学4个教学科研公共实验中心全年共提供约4.3万人次、20万机时的开放服务,测试样品数近12万个;学校还与惠普公司合作建设国内高校中规模最大、水平领先的高性能计算平台,部分设备已进入试运算。图书馆和网络信息中心建设工作也得到继续加强。

在校园基本建设方面，11 月 30 日～12 月 1 日，我校校区扩建第一期工程顺利通过了国家验收。该工程是“七五”期间国家重点建设项目，实际投资 1.5 亿多元，于 1998 年完工。今年，学校共完成基建投资 1.1 亿元，建筑面积共计 3.9 万平方米的基础科学教学实验中心、体育教学中心已交付使用，生命科学教学科研楼也将于明年秋季交付使用。此外，还完成了教室、学生宿舍等改造项目 70 多项，并对 140 多套周转房进行了维修改造；完成了黄山路至东校区 10 千伏供电线路及东区、北区变电所的增容改造；社会治安综合治理和校园环境继续保持良好，并被合肥市评为“卫生先进单位”。目前，学校正在抓紧进行东区新征土地的规划和研究生教学中心建设的前期准备工作，启动了流动人员公寓建设。同时，为较大幅度地解决教职工住房困难，学校正在争取中国科学院和省市政府的支持，集中力量建设“科大花园”住宅小区，目前已基本完成征地的前期准备工作。

此外，学校还加强招投标采购工作，共组织招投标采购 22 次，核减金额 335 万元；进一步加强了审计工作，共开展 341 项审计，审计金额 1.58 亿元，核减金额 912.5 万元。

总之，在即将过去的一年中，学校工作取得了较为明显的进展。这些成绩是全体师生员工艰苦奋斗、共同努力的结果。在这里，我代表学校领导班子全体成员向全校教职工表示崇高的敬意和衷心的感谢！

在取得上述成绩的同时，我们也应当清醒地看到，面对为实现全面建设小康社会的战略目标，面对国际高等教育与科技发展的激烈竞争，高等教育面临前所未有的巨大机遇和严峻挑战。与世界一流大学相比，我们的差距还很大；与国内一些著名大学相比，也存在很多不足；创建一流研究型大学的进程中还存在很多困难，需要全校上下按照学校既定的建设目标，继续艰苦奋斗，开拓创新，不断开创一流研究型大学建设工作的新局面。

二、今后几年的建设与发展思路

今后几年，正值我国全面建设小康社会、加快推进社会主义现代化的新阶段，处于国内外高等教育和科学技术加快发展的重要时期，也是对确立我国高校未来相对地位具有重要影响的关键时期。在此期间，国家将继续大力实施科教兴国和人才强国战略，推进国家创新体系建设；教育部将持续实施“211 工程”和“985 工程”；中国科学院在全面推进知识创新工程试点的同时，进一步提出要建成国家高级科技人才培养基地；安徽省也将全面实施科教兴皖战略，大力发展科技教育事业。因此，未来几年将是我校加快发展的一个新的重要战略机遇期，抓住各种机遇，解决存在的不足和问题，大力推进教育创新和科技创新，加快一流研究型大学建设步伐，是学校明年以及今后几年的中心任务。

根据对当前形势和任务的分析和研究，学校在今年暑期的校务工作务虚会和第九次党代会上，初步确立了明年和今后几年建设与发展的主要思路：以“三个代表”重要思想为指导，以制定学校的中长期发展规划为龙头，以人才队伍建设为根本，以探索新形势下的“所系结合”创新模式为契机，以创造良好的教育创新、科技创新的条件与环境为重点，持续不断地推进一流研究型大学建设。

（一）加快战略研究和中长期发展规划的制定，促进学校的可持续发展

明确的发展战略和总体规划是创建一流研究型大学的指南和蓝图，是实现可持续发展的基本保障。学校将一方面充分发扬民

主,科学集中,动员全校师生员工积极参与学校的战略研究和发展规划的制定工作,集思广益,群策群力;另一方面从校内外聘请一批具有高等教育和科技发展战略眼光的专家,参与发展规划的制定工作,使规划既具有可操作性,又具有战略性和前瞻性。

我校中长期建设与发展的战略研究和整体规划工作,将围绕国家战略需求和面向世界科技前沿,按照创建一流研究型大学和构建一流的教育创新和科技创新体系的要求,以事业发展、学科规划、科技布局、队伍建设、园区建设等为主要内容,明确今后10年到15年的奋斗目标、战略思路、实施步骤、工作重点和配套改革措施,为学校的长远建设和发展提供科学指导和政策依据。

(二)继续推进"985工程"建设,认真组织实施知识创新工程和"211工程"建设

从明年开始,我校将在院、部、省的共同支持下,以新一轮的三方重点共建为契机,启动实施"985工程"二期建设。"985工程"二期建设是学校今后几年的中心工作,学校将以世界一流大学为参照系,在总结一期工程建设成功经验的基础上,吸收、借鉴其他兄弟高校的先进做法,积极推进教育创新、科技创新、管理与运行机制创新,努力在人才培养、科学研究、学科和队伍建设、校园建设等方面取得有显示度的创新成就。

与此同时,学校还将按照中国科学院知识创新工程试点全面推进阶段的要求,认真组织实施知识创新工程试点工作;加强对"十五""211工程"项目建设的组织领导和管理工作,确保按计划完成建设任务,实现建设目标。

(三)积极探索在新形势下贯彻"全院办校、所系结合"办学方针的新途径、新模式和新内涵

"全院办校、所系结合"是中国科学院创办科大的成功探索,也是我校的传统特色和独特优势。中国科学院在前不久召开的"全院办校、所系结合"工作座谈会的基础上,明年还将召开第四次科大发展工作会议,支持学校的建设和发展。在这种新的形势下,学校要紧紧围绕中科院新时期教育工作发展战略,采取有效措施,积极探索贯彻和实施"全院办校、所系结合"的新模式,主动争取院有关部门和相关研究院所的支持,积极发挥"一校一院"在院教育发展战略中的核心作用,进一步加强各业务局和综合局对我校各项工作的业务对口指导关系。

同时,围绕人才培养和科学研究,我们要积极探索和寻求与相关研究院所之间新的结合点和合作模式,聘请相关研究院所负责人兼任我校院系行政或学术领导职务,加强双方在共建系科专业、联合培养研究生、共建研究中心和科研平台、联合举办讲习班和学科论坛、教学和人力资源共享等方面的合作,不断丰富和发展合作的形式和内涵;争取在北京等研究所较为集中的城市建立科教基地或窗口,为"所系结合"提供条件和保障。

(四)进一步深化教育教学改革,不断推进教育创新,提高人才培养质量

我校将以学生为中心,围绕中国科学院新时期教育工作发展战略和以"一校一院"为核心、以研究所为基础的高水平人才培养体系,努力推进人才培养观念、制度和方式等方面的教学改革和教育创新,致力于培养具有原始创新能力的研究型、技术开发型和掌握关键技术的人才,使之成为未来社会科技创新和经济发展的骨干和领军人物;同时,本着

“服务社会、人尽其才、量力而行、规范管理”的原则，调动学校教育资源，加强专业学位教育和继续教育，培养社会急需的实用性人才，为地方经济建设和社会发展做出贡献。

学校将坚持“基础宽厚实、专业精新活、培养全面素质和创新精神”的原则，全面深化面向未来的教育教学改革，探索建立创新型人才培养模式。以新形势下的“所系结合”为基础，实质性地推进教学与科研相结合，建立具有特色的创新性人才培养体系；改革研究生培养制度和方式，理顺本科生、研究生培养的连贯性，使培养过程更具科学性和先进性；加强本科生和研究生的基础知识教育，强化基础课程的基础性、思想性和创新性；提高人文和社会科学的教学水平；推进本科生专业结构调整，扩大专业交叉；大力开展“大学生研究计划”，提高学生的创新能力；在专业、课程、导师的选择上，给学生更大的自主权，激发学生主动学习的积极性，形成以学生为主体的培养观念。

（五）面向国家战略需求和世界科技前沿，深化科技体制改革，持续增强科技创新能力

高水平的科学研究是一流研究型大学的重要标志。我校的科技工作要紧紧围绕国家重大需求和世界科技前沿，以在国际前沿重要问题的探索和事关国民经济和社会安全的重大难题的解决上做出战略性、综合性的系统创新贡献为根本目标，不断深化科技体制改革，力争取得若干新的具有前沿领先水平的重要成果。

以合肥微尺度物质科学国家实验室建设为基础，积极构建生命科技、信息科技和工程科技等多学科交叉研究基地，与学校其他已建成的国家重点实验室等逐步形成园区式国家实验室的新格局和网络式管理的科技工作新模式。打破部门界限、实现资源共享，逐步建立面向全校、专管公用、设施先进的服务平台和稳定的技术支撑服务队伍，为教学科研工作提供优质服务。在科研工作中，我们还要狠抓创新团队培养，加紧培养年轻的顶尖科研帅才和重大科研项目的组织者及战略研究专家。

学校将积极对具有自主知识产权和核心竞争力的综合技术与系统集成的成果进行转化，并按照社会化专业分工和市场经济的原则，定位和规范科技实业总公司的运作，促进科技成果转化和科技产业的发展，为国家和地方经济发展做出实质性的贡献。

（六）调整学科布局，打造“精品”学科，构建教学与科研并重的一流学科体系

建设若干独具特色、具有国际一流水平的学科，构建教学与科研并重的一流学科体系，是我校建设一流研究型大学的核心。学校将以学科规划为龙头，坚持有所为有所不为和队伍建设、科学研究、人才培养协调发展等原则，在保持数、理、化、天、地等基础学科优势的同时，重点发展信息科技、生命科技、纳米材料科技和工程科技等学科，合理布局，进一步优化学科结构，促进学科协调发展。力争用 5 年到 10 年时间，建成若干具有国际先进水平的重点学科。

学校将通过“所系结合”，加强与中国科学院相关研究院所的学科共建，促进学科上的优势互补、资源共享和共同发展；巩固和扩大学科交叉的现有优势，进一步打破院系和学科界限，促进学科交叉，加强综合集成，培育和发展新的学科生长点；坚持教学与科研并重和突出重点的原则，围绕一流学科建设，全面提高人才培养质量和科学研究水平，提高办学效益。

(七)深化人事制度改革,大力加强师资队伍建设,营造人才辈出、人尽其才的良好环境

一流的师资队伍既是一流大学的标志,也是创建一流大学的根本保证。为此,要切实加强师资队伍建设,制定并实施灵活务实的人才引进和培养计划及政策措施,用好现有人才,稳定关键人才,引进急需人才,培养未来人才,努力做到人尽其才,才尽其用。争取用3年~5年的时间,引进、培养一批具有国际声望的拔尖人才,建设一支具有较强国际竞争力的师资队伍,同时稳定支持一批业务和思想素质好、有发展前景的博士和硕士;注重发挥国际学术交流和校友工作的优势,使部分杰出校友成为学校提高师资队伍水平的重要力量;利用"全院办校、所系结合"的优势,根据学校发展的需要,充分共享中国科学院相关研究院所的高层次人才资源。

学校将以人为本,进一步深化人事管理制度改革,完善分类评价体系,为教师营造一个良好的成才、育人和治学环境;完成新一轮人事和分配制度的改革,改革和完善合同聘用制,健全、强化竞争激励机制,加强人事管理工作的法制化建设,初步形成适应市场经济要求、符合高等教育规律的人事分类管理制度,提高学校人力资源效益。

(八)加强干部队伍和党风廉政建设,推进管理创新,建立适应一流研究型大学建设的管理和运行机制

坚持和完善党委领导下的校长负责制,加强领导班子建设、基层党组织建设和党风廉政建设,造就一支整体素质高、适应一流研究型大学建设要求的管理干部队伍。同时,加强现代大学制度建设,推进管理工作的制度化、信息化、服务化,使之适应并服务于教学科研事业的发展。

为完善校院系三级管理的运行机制,学校在加强宏观管理与调控的基础上,将对学院和机关进行目标管理,明晰校院系的责权利关系,推进管理重心下移。目前,学校正结合机关机构改革,强化机关的服务功能,建立以服务对象为主体的考核制度,促进工作作风和管理职能的转变。为支持一流研究型大学建设,学校将多渠道积极争取各种形式的办学资源,加强对各类办学资源的科学管理、合理配置、充分利用和规范运营,提高办学效益。

学校将继续坚持民主办学,促进依法治校,积极探索学校管理工作中学术权力和行政权力之间的平衡,充分发挥各类委员会和教代会的作用,鼓励教学科研骨干关心和参与学校的管理工作;全面推进校务公开,拓宽学校与广大师生沟通和交流的渠道,增加学校决策和管理工作的透明度。

(九)深化后勤社会化改革,加强一流的大学园区建设,创造良好的学习、工作和生活环境

后勤工作要坚持以社会化为改革方向,以提高管理水平和服务质量为核心,正确处理好经济效益和社会效益的关系,在从学校行政序列规范剥离后勤系统并逐步建立现代企业制度的基础上,规范和完善甲乙双方的合同管理,保持和促进后勤服务实体健康、稳定和可持续发展,建设具有中国特色、符合高等教育特点的优质、高效、诚信的新型大学后勤服务体系。

学校将完善校园建设规划和园区功能定位,完成东区新征土地的规划与研究生教学中心的建设;建设11万伏变电站;建设高质

量的“科大花园”住宅小区，缓解教职工的住房困难；对家属区、学生宿舍和新建人型建筑实行社区物业化管理，形成环境优美、功能配套、设施良好、管理先进的现代化大学园区。

各位代表、同志们，明年是国家启动“985工程”二期建设的第一年，做好明年的工作对学校今后几年以及长远的发展至关重要。学校党政领导班子将利用寒假召开校务工作会议，研究讨论明年的工作安排；下学期开学初，学校将召开全校中层干部大会，部署明年的工作。希望全校师生员工以“三个代表”重要思想为指导，认真贯彻第九次党代会和本次教职工代表大会精神，统一思想，振奋精神，扎实工作，开拓创新，做好明年的各项工作，加快一流研究型大学建设步伐，努力开创一流研究型大学建设的新局面！

最后，在新年即将来临之际，向各位代表并通过各位代表，向全校教职工致以新年的祝贺和良好的祝愿！谢谢大家。

以“三个代表”重要思想为指导 调动全校教职工的积极性和创造性 加快推进一流研究型大学建设工作

——在中国科学技术大学第六届教职工代表大会第一次会议上的讲话

党委书记　郭传杰

（2003 年 12 月 25 日）

各位代表、同志们：

在即将过去的一年里，我校一流研究型大学创建工作又取得了新的进展，党建与思想政治工作、教学和人才培养、科技创新、教师与干部队伍建设、管理与后勤服务工作等各项事业都取得了可喜的成绩。刚才，清时校长就过去一年学校的行政工作做了全面总结，并通报了今后几年学校建设与发展的基本思路，我完全赞同。在这里，我就一年来党委的主要工作做一个简要的回顾，同时就推进民主办学，调动全校教职工的积极性和创造性，加快创建一流研究型大学工作谈几点意见。

一、一年来党委工作的简要回顾

2003 年是我国全面建设小康社会的开局之年，在加快推进社会主义现代化的历史进程中具有十分重要的意义。今年 10 月召开的十六届三中全会通过了《中共中央关于完善社会主义市场经济体制若干问题的决定》，成为指导我国经济体制改革的纲领性文件。一年来，在以胡锦涛同志为总书记的新一届中央领导集体的号召和推动下，全党、全国掀起了学习贯彻十六大和“三个代表”重要思想的新高潮。在这一新的形势下，校党委坚持以“三个代表”重要思想为指导，紧紧围绕创建一流研究型大学这个中心,不断加强自身建设,加强和改进学校的党建、德育和思想政治工作,充分发挥党委的政治核心、领导核心和团结核心作用,有力地保障和促进了学校各项事业的改革、建设和发展。主要体现在以下几个方面:

(一)第九次党代会胜利召开,学校党政领导班子换届工作顺利完成,领导班子的组织建设、制度建设和思想作风建设得到加强

今年,党中央和中国科学院党组、安徽省委经过充分酝酿和慎重研究,在组织考察和民主推荐的基础上,对我校党政领导班子进行了换届。校党委配合上级党组织顺利完成了校级党政领导班子换届的有关工作。在此期间,经过精心组织和认真筹备,我校第九次党代表大会于今年 8 月胜利召开,选举产生了学校新一届党委会、常委会和纪律检查委员会,并明确了今后一段时期学校党的工作的指导思想、奋斗目标和主要任务。

新一届党政领导班子高度重视并切实加强制度建设,进一步完善了党委领导下的校长负责制,制定了党委全委会议、党委常委会议和校长工作会议的议事规则,强化了民主集中制的组织原则,对干部选任和财务预决算等重大问题,规范了议事和决策机制;党委还注意处理好党委领导与校长负责、集体领导与分工负责之间的关系,加强了党政融合和工作协调。在思想作风建设方面,党委重视发挥集体领导的作用,重要工作及时召开党委全委会研究讨论,并向院系领导通报情况,听取意见和建议;学校党政领导还深入基层,开展调查研究,努力形成务实高效、勤政廉洁的工作作风。

(二)加强了战略思考和规划研究工作,进一步明确了今后几年学校改革、建设与发展的思路、方针和战略举措

学校党政领导班子十分重视加强学校发展战略的思考和发展规划的研究,努力提高把握大局、谋划发展的能力。在暑期召开的校务工作务虚会和第九次党代会上,校党委和党政领导班子在调查研究和集思广益的基础上,进一步明确了学校今后几年改革、建设与发展的总体思路、方针和战略举措。这些思路、方针和措施,已分别向中国科学院党组和安徽省委省政府汇报,并得到了充分肯定和积极支持;特别是关于在新形势下探索贯彻“全院办校、所系结合”办学方针的新模式、新途径和新内涵的发展思路,不仅得到中国科学院领导和院有关部门的大力支持,受到许多研究院所的积极响应,而且很快取得了初步成果。

同时,结合国家和中国科学院制定中长期科技发展规划的要求,校党委正积极推动学校中长期发展战略规划的制定,包括学科建设规划、事业发展规划和校园建设规划。在机关改革、机构有所简并的情况下,学校还新成立了发展与规划研究室,旨在进一步加强发展战略和规划研究工作。

(三)深入开展学习、宣传和思想政治工作,加强学生的思想政治教育,创新文化和精神文明建设取得新的进展

学习贯彻十六大精神和“三个代表”重要思想,是今年全国、也是我校宣传思想工作的头等大事。校党委根据中央和上级党组织的统一部署,采取多种形式,深入开展了以十六大精神和“三个代表”重要思想为主要内容的理论学习和宣传教育活动,坚持用“三个代表”重要思想武装师生员工。在开展学习活

动中，党委始终坚持理论联系实际，用“三个代表”重要思想指导一流研究型大学建设和学校的各项具体工作，促进领导干部政治业务素质的提高和工作作风的转变，既要学深学透，更要落到实处。学校认真抓好“三个代表”重要思想“进教材、进课堂、进学生头脑”的工作，并将“三个代表”重要思想的学习从课堂向课外延伸，通过举办报告会、辩论赛、演讲比赛、文艺汇演、党史知识竞赛、征文等丰富多彩的形式，加强了对青年学生的宣传和思想教育工作。

党委继续加强创新文化和校园精神文明建设，丰富校园文化生活，积极发挥创新文化建设试点单位的带动效应，生命科学学院获首届中国科学院创新文化建设先进单位称号。结合“三个代表”重要思想的学习和创新文化建设，党委认真贯彻实施《公民道德建设实施纲要》，加强青年学生的国情教育，进一步加强了校园精神文明建设。学校还重视学生的心理健康教育，心理教育中心通过开设网站、校报专栏、课程和举办讲座等多种形式，开展学生心理健康教育。

此外，围绕创建一流研究型大学，并结合45周年校庆活动，党委还加强了学校的新闻宣传工作，努力展示在人才培养、科技创新、学科建设等方面的成功经验和成就，对内凝心聚力，振奋师生员工的精神；对外优化形象，为学校发展创造良好的外部环境。

（四）加强基层党组织建设和党风廉政建设，深化管理体制和机构改革，努力培养和造就高素质的管理干部队伍

基层党组织建设是学校党建工作的重要任务。目前，我校共设有6个分党委、28个党总支、10个直属党支部和193个基层党支部；共有党员3600多人（不含出国保留党籍的党员），其中，研究生党员960人，本科生党员794人。今年，我校有4个基层党组织被安徽省委组织部、宣传部、教育工委评为全省高校党建和思想政治工作先进基层党组织，12人被评为优秀共产党员、优秀党务工作者和优秀德育工作者。根据全国高校党建工作会议精神，党委今年加大了发展党员工作的力度，特别是积极吸收优秀中青年教学、科研骨干和青年学生入党。今年，全校共发展党员400多人，党员队伍结构进一步优化。

党委认真贯彻《中共中央关于加强和改进党的作风建设的决定》，切实加强党风廉政建设，加大了对领导干部工作的监督和考核力度。一年来，以党风廉政制度建设自查工作为基础，开展了多种形式的党风廉政宣传教育活动，开通了纪委、监察处主页，在副处级及以上领导干部中进行了廉洁自律情况登记，领导干部的廉政意识进一步加强；全面贯彻执行《关于实行党风廉政建设责任制的规定》，注重源头治理，重点加强对招生、大宗物资采购、建筑工程项目招投标和监理、验收及经费决算的监控。

为深化内部管理体制的改革，从10月开始，学校按照“党政融合、精简高效，责权明确、监管分离，以人为本、公开公正”的原则，进行机构改革。目前，机关管理机构由原来的22个精简至17个。同时，党委认真贯彻执行中共中央《党政领导干部选拔任用工作条例》和《中国科学技术大学中层党政领导干部选拔任用工作实施办法》，采用公开选聘和竞争上岗等形式，选拔院系和机关管理干部。目前，除个别岗位外，各学院常务副院长、机关各部门主要负责人的选聘工作已基本结束，副处级干部的招聘工作正在进行，一般管理岗位人员的招聘工作也将争取在寒假前完成。

此外，党委还根据中国科学院党组的部

署,针对安徽省经济建设与社会发展的需求,认真开展科技副职的选拔、推荐工作。今年共向地方选派了9位科技副职,是历年来选派科技副职人数最多的一年。

(五)统战工作取得显著成绩,老干部工作和工会、共青团等群团组织建设也得到加强

党委高度重视统战工作,积极发挥民主党派和无党派人士的积极作用,通过召开座谈会和情况通报会等形式,让他们知情出力,共商学校建设和发展大计,并对学校工作进行民主监督。同时,统战部门积极配合省级民主党派的换届,做好举荐工作。今年,我校有6人当选为民主党派中央委员,8人当选为民主党派省委主委和副主委,2人当选为民主党派省委的名誉主委和名誉副主委。同时,积极组织开展各级人大代表和政协委员的举荐工作,全校现有36人当选为各级人大代表和政协委员,其中全国人大代表3人、常委1人,全国政协委员4人、常委2人,安徽省人大代表4人、常委3人,安徽省政协委员15人、副主席1人、常委6人。

党委重视老干部工作,努力为老干部创造良好的生活和活动条件,老干部活动中心改扩建以后,活动场所面积增加了一倍。党委一直关心和重视工会、共青团和学生会、研究生会等群团组织的建设,积极支持它们在各自章程规定的范围内卓有成效地开展活动,并取得了可喜的成绩。团委、学生和教务等部门组织开展了丰富多彩、生动活泼的校园文化、课外科技创新和社会实践活动,如"五月风"科技文化节、学生社团文化节、青年志愿者活动、暑期社会实践等。

(六)"非典"防控工作卓有成效,社会治安综合治理工作继续加强,保持了校园安全和稳定

在今年的"非典"防控工作中,党委和学校党政领导班子高度重视,迅速应对,果断决策,精心组织,及时采取了一系列严密的防控措施;校医院医护人员和"非典"防控工作人员勇于奉献,各级党组织和学生工作系统积极行动,全校上下齐心协力,"非典"防控工作卓有成效,保证了学校教学、科研、管理工作和师生员工生活的正常秩序。目前,学校正根据国家和上级有关部门的统一部署,积极做好今冬明春的"非典"防控工作。

党委密切关注社会政治生活动态和各种社会思潮在师生员工中的影响,继续开展与"法轮功"的斗争,积极进行有针对性的帮教工作,维护了学校的安全与稳定。同时,坚持预防为主、防治结合的方针,加强了社会治安综合治理工作,认真落实各项安全防范措施,为一流研究型大学建设创造了良好的政治环境。

回顾即将过去的一年,在上级党组织的正确领导下,在全校各级党组织和广大党员的共同努力下,学校的党建、德育和思想政治工作都取得了积极进展,为学校各项事业的改革、建设和发展提供了可靠的组织保障,创造了良好的政治环境。与此同时,适应中央对高校党建工作的新要求和学校创建一流研究型大学的需要,学校党的组织建设、思想建设和作风建设都还有许多需要进一步加强和改进的地方,党委的政治核心、领导核心和团结核心的作用还需要进一步充分发挥。为此,校党委将继续坚持以"三个代表"重要思想为指导,围绕创建一流研究型大学这一中心任务,坚持群众路线,推进民主办学,进一步团结和凝聚全校党员和师生员工,充分调动广大师生员工的积极性和创造性,为创建一流研究型大学奠定坚实的群众基础,提供

不竭的动力源泉。下面，我就此专门谈几点意见。

二、关于推进民主办学的几点意见

群众观点是我们党的基本政治观点，群众路线是我们党的根本工作路线。坚持群众观点和群众路线，推进民主办学，充分调动和激发全校师生员工参与学校改革、建设和发展的积极性和创造性，既是创建一流研究型大学的根本要求，也是贯彻“三个代表”重要思想的具体体现。

在过去45年的办学历程中，我校广大师生员工一贯热爱学校、关心学校，积极参与学校的民主管理和民主监督，形成了浓厚的民主氛围和民主办学的优良传统。这是学校过去发展的成功经验，更是学校未来建设的重要“法宝”。在当前创建一流研究型大学的过程中，我们尤其需要继承和弘扬这种民主办学的优良传统，更好地调动和激发广大师生员工积极参与和支持学校建设与发展的积极性和创造性，团结和凝聚师生员工为实现创建一流研究型大学的目标而共同奋斗。今后，党委将从以下几个方面加强这方面的工作：

（一）进一步充分发挥教职工代表大会的作用，使其成为民主办学、民主管理和民主监督的重要形式

教职工代表大会是教职工群众行使民主权利、民主管理学校的重要形式，也是学校推行民主办学、民主管理和民主监督的重要形式。党委要进一步高度重视并积极发挥教代会在学校建设与发展中的重要作用，保障教职工依法参与民主管理的权利，不断完善以教代会为主体的民主管理和民主监督制度，充分发挥教代会联系群众和民主管理学校的重要作用。

为了使教代会能够更好地履行职能、发挥作用，本届教代会注重吸收教学、科研和管理骨干参加。在218名代表中，教师代表158名，占总数的72.48%，其中具有副教授及以上专业技术职务的教学、科研骨干137名，他们当中有125人为不担任各级领导职务的普通教师，占代表总数的57.34%，这些比例均高于往届。教代会代表构成的这些变化将提高教代会联系群众的广泛性和代表性，有利于提升教代会的质量，使其更好地行使民主管理和民主监督的职能。希望代表们不负全校教职工的重托，认真履行自己的职责，在会议期间和闭会期间都能以高度的责任感和主人翁姿态，关心学校的建设和发展，积极参政议政，对学校各方面的工作提出意见和建议，为学校的建设和发展出谋划策。

提案工作作为教代会的重要内容，是教职工代表参政议政、献计献策的重要形式，也是学校集思广益、改进工作的重要渠道。第五届教代会共收到提案322项，100%得到处理，满意和基本满意率达到77%，有力地推动了学校工作的改进，这次会议还将表彰其中的部分优秀提案。为促进学校一流研究型大学的创建工作，希望本届教代会的提案在保证数量的基础上，进一步提高质量，特别是在事关学校长远发展、办学方略等重大问题上，提供更多更好的建设性意见和建议，这也是本次教代会为什么增设一个发展与规划工作委员会的缘由。

（二）深入开展调查研究，促进学校决策和管理工作的民主化和科学化

除了充分发挥教代会的作用外，学校还将大兴调查研究之风，以提高决策和管理工

作的民主化和科学化。一方面,学校建设和发展中的很多问题,学校管理工作中的很多问题,都需要集中广大教职工的智慧加以解决;很多教职工对学校的教学、科研、学科和队伍建设、管理和后勤服务等工作,也有很多很好的意见和建议。但是另一方面,由于我们部分管理干部深入基层调查研究不够、听取群众意见不够,常常使决策缺乏民主化、科学化和效率低下,往往给工作造成被动,甚至带来损失。

因此,各级领导干部和管理人员要经常深入基层,认真开展调查研究,虚心听取群众意见和建议,集中广大师生员工的智慧和力量,不断改进各项工作,促进学校各项事业的改革、建设和发展。今后,党委将制定领导干部、特别是学校领导和机关管理干部深入基层调查研究的制度,使党的群众路线在学校工作中落到实处。

同时,学校还要特别重视发挥学术委员会、学位委员会、教学委员会等各类咨询审议机构和知名教授、民主党派和无党派知名人士等的作用,提高学校决策和管理工作的科学化水平,促进学校的教学、科研事业的发展。此外,还要充分利用校园网等渠道,建立快捷通畅的沟通交流机制,广泛听取师生员工对学校工作的意见和建议,并发挥网络思想政治工作的优势,引导和凝聚师生员工关心和积极参与学校的建设和发展。

(三)坚持以人为本,切实维护教职工的根本利益,认真解决群众关心的实际问题

关心群众、代表群众利益,是我们党全部工作的出发点和落脚点,也是贯彻“三个代表”重要思想的根本要求。对我们学校而言,就是要坚持以人为本,代表并维护广大教职工的根本利益,切实关心教职工的教学、科研工作和生活问题,为他们成长、成才和成就事业提供良好的条件与环境,并认真解决教职工在工作和生活中遇到的各种实际问题。这不仅是我们贯彻党的群众路线和实践“三个代表”重要思想的具体体现,而且也有利于充分调动教职工参与学校改革、建设和发展的积极性和创造性,增强学校的向心力和凝聚力,为创建一流研究型大学提供最根本的力量源泉。

坚持以人为本,关心和代表教职工利益,绝不是空洞的口号,必须十分具体地落实到学校工作的方方面面和解决各种实际问题上。比如,部分教职工住房困难问题,就是当前群众最关心、迫切需要我们加以解决的实际问题之一。为解决这一问题,学校正在省市政府的支持下,征地新建“科大花园”住宅小区;我们将在现有工作的基础上,进一步加大工作力度,尽快解决这一问题。此外,青年教工收入偏低、部分教师工作条件较差等问题,也需要随着学校事业的不断发展而尽快加以解决。

(四)进一步实行校务公开,强化民主监督,推动民主办学和一流研究型大学建设

推行校务公开是全心全意依靠广大师生员工办学的必然要求,不仅有利于规范学校管理工作,提高管理水平;而且有利于加强党风廉政建设,改善党群、干群关系;同时,作为民主办学的重要措施,也有利于充分发挥师生员工的主体作用,调动师生员工参与学校改革、建设和发展的积极性和创造性。

近年来,我校的校务公开工作在实践中逐步发展,不断走向制度化和规范化,并围绕学校中心工作和师生员工关心的热点问题,通过教代会、校园网等多种途径和方式,初步建立起了校务公开工作的组织管理和运行机

制。今后，还要继续推行校务公开，进一步健全制度，完善机制，拓宽途径，整合内容，创新方法，使校务公开工作更好地推动民主办学，更好地促进一流研究型大学建设。

三、关于近期工作的几点要求

第九次党代会和暑期校务工作务虚会，确定了今后几年我校党的建设的主要思路和任务，明确提出了创建一流研究型大学的发展目标。这里，我主要围绕近期学校党的工作和一流研究型大学创建工作提几点要求。

（一）继续深入学习和贯彻“三个代表”重要思想，进一步加强党的思想、作风和组织建设，推动一流研究型大学创建工作

深入学习贯彻“三个代表”重要思想，是我校今后一段时期宣传和思想政治工作的重要内容。前不久，中共中央召开了全国宣传思想工作会议，对学习贯彻邓小平理论和“三个代表”重要思想，巩固马克思主义在我国意识形态领域的指导地位，提出了明确要求。全校上下要认真学习和领会胡锦涛同志在会议上的讲话精神，把对“三个代表”重要思想的学习提升到新的高度。特别是要倡导理论联系实际的马克思主义学风，提高政治理论学习的自觉性、实效性和针对性。通过持之以恒的学习，一方面以“三个代表”重要思想指导学校的一流研究型大学建设工作；另一方面以加快推进一流研究型大学建设，来体现学习和贯彻“三个代表”重要思想的成果，形成“三个代表”重要思想学习与一流研究型大学建设互动互促的良性循环机制。

（二）加强新形势下的发展战略研究，支持学校行政领导班子完成学校中长期发展规划的制定工作

结合国家和中国科学院中长期科技发展规划工作，加强学校发展战略的研究，制定中长期发展规划，是当前学校面临的重要任务。校党委要大力支持和配合学校行政领导班子，按照创建一流研究型大学和构建一流教育创新及科技创新体系的根本要求，面向世界科技前沿和国家战略需求，组织学校发展战略的研究，完成新形势下学校中长期发展规划的制定工作。

学校发展战略和中长期建设规划，应以学科规划、事业发展规划和园区建设规划等为主要内容，明确今后 10 年到 15 年学校的战略目标、建设思路、实施步骤、工作重点和配套改革措施。这项工作的顺利开展，将为学校的长远建设和发展提供科学指导和政策依据，意义重大而深远。希望全校上下积极参与学校发展规划的制定工作，有关部门要认真组织，集思广益，切实做好这项工作。

（三）大力加强师资队伍建设，深化人事和分配制度改革，推进人事管理工作创新

优秀人才是学校发展的第一战略资源，师资队伍建设是创建一流研究型大学的一项根本任务。近年来，我校的人才队伍建设取得了可喜的成绩，特别是今年我们有 5 位教授当选为中国科学院院士，是学校师资队伍建设的重大进展。最近，党中央、国务院召开了我们党和新中国有史以来的第一次全国人才工作会议，按党管人才的原则，部署实施人才强国战略，这是一项具有重大历史意义和全局意义的战略决策。我校刚刚成立了优秀人才引进与管理工作领导小组，将加大优秀人才引进工作力度；同时出台了《国家杰出青年科学基金后备人才培养计划》（征求意见

稿),将进一步加强优秀年轻人才的培养工作。今后,我们要把培养、引进和稳定优秀人才继续作为学校的头等大事,采取多种切实有效的措施,进一步抓紧抓实。

在人事和分配制度改革方面,结合目前进行的机构改革,学校将全面推行新一轮的按需设岗、公开招聘、竞争上岗、全员聘任工作。在此基础上,将进一步改革和完善全员合同聘用制和岗位津贴制度,逐步健全绩效考评系统,发挥岗位津贴的激励作用,激发教职工立足岗位多做贡献;同时建立人事管理分类评价体系,加强人事管理工作的法制化建设,初步形成适应市场经济要求、符合高等教育规律的人事分类管理和分配制度,不断提高人力资源的效益。

(四)以机构改革为契机,努力建设高素质的管理干部队伍

一流的大学需要一流的管理。管理干部队伍是人才队伍的重要组成部分,建设一支德才兼备的高素质管理干部队伍,是创建一流研究型大学的重要组织保障。我们要通过改革,增强管理干部和管理人员的服务意识,提高工作效率。各级管理干部,特别是学校领导班子成员,要做勤政廉政的楷模,既要公道正派、心胸宽广,又要视野开阔、勇于开拓;既要具备胜任本职工作的能力,还要具有现代理念、战略思维和开拓创新的勇气与魄力。

目前,学校机构改革工作正在稳步推进,校党委将以此次机构改革为契机,大力加强管理干部队伍建设,积极吸收教学、科研骨干及其他优秀人才加入管理干部队伍,提升管理干部队伍的整体素质,建立一支工作水平较高、勇于开拓、爱岗敬业、结构合理的管理干部队伍。同时,加强学习,把干部培训工作作为一项重要任务抓紧抓好,努力提高现有管理干部队伍的领导能力、业务水平和思想政治素质,改进工作作风,把各级组织(包括基层党组织)建设成学习型组织。此外,要大力加强后备干部队伍建设,为年轻后备干部的成长创造必要的条件。与此同时,学校还要积极为国家和地方培养、输送优秀干部,包括继续做好科技副职的培养、选拔和举荐工作,使我校既成为国家高层次科技创新人才的摇篮,又成为重要的干部培养与输送基地。

前几天,刚刚闭幕的全国人才工作会议和组织工作会议非常重要。校党委将按照党管干部、党管人才的要求,认真学习贯彻这两个会议的精神,落实党的干部工作和人才工作政策,进一步做好我校的人才队伍和干部队伍建设工作,为创建一流研究型大学提供可靠的支撑与保障。

(五)以学生党建工作为龙头,加强对学生的全面素质教育

今年下半年召开的第十二次全国高校党建工作会议对新形势下的高校党建工作、特别是学生党建工作,提出了一系列新的要求。党委正在根据这次会议的精神,研究部署我校的学生党建工作。我们将按照这次会议的要求,切实加强和改进我校的学生党建工作,并以此为龙头,促进学生的全面素质教育。

在学生党建工作中,要坚持学生党建工作与思想政治工作及全面素质教育有机结合的原则;坚持党员发展数量、党员质量保证和党员作用发挥有机统一的原则;坚持学生党建工作与教工党建工作有机结合的原则;坚持"党建带团建,团建促党建,党建团建相结合"的原则;坚持党校教育、组织生活锻炼和自我教育相结合的原则;坚持全过程规范管理和全过程教育的原则。在条件成熟的情况下,实现高年级学生党支部建在班上的目标,

形成“一年级有党员、二年级有党小组、三年级有党支部”的学生党建工作新格局。

与此同时，党委将加强对学生党建工作的组织领导，制定学生党员发展规划，完善工作机制，加强部门协调配合，加强党校教育培训和网络建设，提高学生党支部的工作水平和组织生活质量。

（六）弘扬优良办学传统和校风，加强创新文化建设

我校在45年的办学历程中形成了“勤奋学习、红专并进、理实交融”的优良校风和“围绕国家目标、不断开拓创新”的优良传统，进一步弘扬这种优良传统和校风并不断注入新内涵，是实现一流研究型大学建设目标的内在需要。

因此，我校今后要以创新文化建设为基础，大力推进教育创新、科技创新、管理创新和文化创新。对现有办学理念进行整合，凝练出能体现我校特色和时代特征的“科大精神”；建立健全各项规章制度，规范师生员工的行为和道德，推进制度创新和运行机制创新；进一步完善园区建设总体规划，加大校园创新基地和基础设施建设力度，努力建设具有前瞻性的一流现代化大学园区；进一步加强图书馆、师生活动中心、现代艺术中心、博物馆、校史馆、宣传阵地等群众性文化活动与创新载体建设，逐步建立具有科大鲜明特色、健康向上的创新文化体系，营造出和谐健康的大学文化氛围，为一流研究型大学建设提供强大的精神动力。

（七）深入推进“全院办校、所系结合”，加快一流研究型大学建设步伐

“全院办校、所系结合”是中国科学院对我校实施的具有开创意义的办学方针，也是我校的显著办学特色和优势。在当前新的形势下，进一步推进“全院办校、所系结合”工作，对我校创建一流研究型大学具有重要意义。前不久，中国科学院在学校召开了“全院办校、所系结合”座谈会，推动了这项工作的开展。在会议取得初步成果的基础上，学校要继续围绕中国科学院新时期的教育工作发展战略，采取多种有效措施，积极探索贯彻“全院办校、所系结合”方针的新途径、新模式和新内涵，加快学校一流研究型大学的创建工作；同时争取中国科学院为“所系结合”的开展提供必要的条件。希望各院系高度重视这项工作，把它作为今后院系建设的一项重要工作抓紧抓好，要主动加强与院机关有关部门和院属研究院所的交流与合作，积极探索和寻找结合点与合作领域，并使这种合作落到实处，使双方通过合作真正实现优势互补，共同发展。

各位代表、同志们，当前，我们学校既面临着加快发展的重大机遇，也面临着激烈竞争和严峻挑战。希望全体代表围绕这次大会的主题，群策群力，集思广益，把这次大会开成民主求实、建言献策的大会，团结鼓劲、凝心聚力的大会。希望全校广大教职工高举邓小平理论伟大旗帜，以十六大精神和“三个代表”重要思想为指导，积极投身创建一流研究型大学的宏伟事业，与时俱进，开拓创新，为早日实现一流研究型大学的建设目标而努力奋斗！

最后，祝各位代表和全校师生员工新春愉快，工作顺利，身体健康，万事如意！

谢谢大家。

中国科学技术大学第六届教职工代表大会第一次会议纪要

(2003年12月26日六届一次教代会第二次大会通过)

一

2003年12月24日至26日,中国科学技术大学召开第六届教职工代表大会第一次会议(以下简称六届一次教代会)。本届教代会共有正式代表218人,特邀代表35人,列席代表72人。

在12月24日下午举行的预备会议上,代表们听取并通过了代表资格审查委员会副主任、党委副书记鹿明所作的第六届教代会代表资格审查报告,听取了鹿明副书记关于第六届教代会主席团、常务主席、常务副主席、秘书长、副秘书长名单的通报;听取了工会常务副主席龚建平关于第六届教代会筹备工作的汇报。

12月25日上午,六届一次教代会举行第一次大会。大会常务主席鹿明主持会议,大会常务副主席、党委常务副书记、副校长许武致开幕词,安徽省教育厅助理巡视员郝运福、中国教育工会安徽省委员会主席王昆奇,分别代表中共安徽省委教育工委、省教育厅和省教育工会致辞。会上,校长朱清时作了题为《开拓创新,加快发展,努力开创一流研究型大学建设的新局面》的工作报告;党委书记郭传杰作了题为《以"三个代表"重要思想为指导,调动全校教职工的积极性和创造性,加快推进一流研究型大学建设工作》的重要讲话,并传达了全国人才工作会议的主要精神;副校长许武、程艺、侯建国、李国栋、李定、王东进先后就分管工作向大会做了工作汇报。

12月25日下午和晚上,各代表团分别就上述校长工作报告、党委书记讲话、副校长的工作汇报和学校有关工作,进行了讨论,校领导、秘书长、校长助理分别参加了不同代表团的讨论。26日上午,大会常务主席鹿明主持主席团会议,听取各代表团负责人关于代表团讨论情况的汇报。

12月26日下午,六届一次教代会举行第二次大会,大会常务副主席、党委副书记、副校长李定主持会议。大会首先听取了各代表团代表的发言;然后,代表们就教职工关注的一些热点问题向有关校领导和部门负责人进行质询,有关校领导和部门负责人分别作出了解答。大会讨论并原则通过了《中国科学技术大学教职工代表大会暂行条例实施细则》(修订案);讨论并通过了本届教代会专门工作委员会的调整方案和各专门工作委员会的成员名单,顺利完成了教代会的换届工作;大会还对五届三次教代会的10项优秀提案进行了表彰。大会通过了由大会常务副主席、秘书长汪克强宣读的六届一次教代会会议纪要。大会常务副主席、副校长程艺致闭幕词。至此,六届一次教代会圆满完成各项议程,胜利闭幕。

会议期间,代表们还审议了第五届教代

会的书面工作报告和各专门工作委员会的书面工作报告，讨论了《关于加强和改进校部机关管理与服务工作的意见》(征求意见稿)，并审议了各学院、少年班、重点科研机构、直属单位和机关各部处室提交的年度工作总结。

二

会议期间，代表们以高度负责的主人翁责任感，认真听取并审议了朱清时校长的工作报告，认真听取了郭传杰书记的重要讲话，听取了各位副校长的工作汇报。代表们普遍认为，报告和讲话全面、客观地总结了2003年学校一流研究型大学建设取得的新进展，深入分析了学校面临的新形势和当前工作中存在的主要问题，阐述了学校今后几年改革、建设与发展的思路、方针和战略举措，内容翔实，思路清晰，体现了新一届党政领导班子求真务实、开拓创新的精神，令人鼓舞和振奋。对第五届教代会及其三个专门工作委员会的工作报告，以及各单位提交的书面工作总结，代表们也表示满意。

在讨论中，代表们对2003年的学校工作给予了充分肯定和高度评价。大家认为，2003年是学校建设和发展史上具有承前启后、继往开来意义的重要一年，第九届党代会胜利召开，党政领导班子顺利完成了换届工作。经过全校上下的共同努力，一流研究型大学建设取得了可喜成绩，党建与思想政治工作、教学改革和人才培养、科技创新、教师与干部队伍建设、管理与后勤服务等各项工作都取得了新的进展；中国科学院“全院办校、所系结合”座谈会成功召开，将对加快一流研究型大学建设产生重要的推动作用；新一轮机构改革工作正在稳步推进，将为提高学校的管理水平奠定基础。

代表们认为，适应全面建设小康社会的要求，紧紧抓住国内外高等教育和科学技术加快发展的重要机遇，主动迎接日益激烈的竞争和挑战，加快开创一流研究型大学的新局面，是学校当前和今后一个时期的中心工作，也是所有科大人的共同使命。为此，全校上下必须坚持以邓小平理论和“三个代表”重要思想为指导，以高度的使命感和紧迫感，进一步解放思想，开拓创新，抓住机遇，深化改革，全面加快学校各项事业的建设和发展。

三

会议期间，代表们围绕加快推进一流研究型大学建设这个主题，着重就学校战略研究和中长期发展规划、人才队伍建设、民主办学、教学科研改革、机构改革、校部机关的管理与服务工作、“全院办校、所系结合”工作、园区规划和办学条件改善、教职工住宅建设和后勤服务等有关工作进行了热烈讨论，提出了许多中肯的意见和建议。

(1)为实现学校的可持续发展，必须结合国家和中国科学院中长期科技发展规划的制定，按照创建一流研究型大学的根本要求，面向世界科技前沿和国家战略需求，充分发扬民主，认真组织开展学校发展战略的研究和中长期发展规划的制定工作，为学校的长远建设和发展提供科学指导和政策依据。

(2)人才是学校发展的第一战略资源，必须牢固树立以人为本的观念，制定并实施人才战略规划，把培养、吸引、稳定、用好优秀人才作为头等大事抓紧抓好，建设一支具有较强国际竞争力的师资队伍和优秀的管理队伍。要尊重劳动、尊重知识、尊重人才、尊重创造，为教职工成长、成才、成就事业创造良好的条件和环境；要树立科学的人才观，不拘一格选人才、用人才，加强政策引导和激励，充分发挥各类人才资源的效益，包括积极发挥离退休老同志、老教授的作用，使其老有所为、老有所学。

(3)要继承和弘扬我校民主办学的优良传统,坚持群众路线,推进民主管理,并使之经常化、制度化、规范化。要进一步切实发挥教代会民主管理学校的作用,加强校务公开,建立学校重大决策听取教职工意见的机制,建立校领导、机关管理干部和院系负责人深入基层调查研究的机制;同时建立良好的沟通机制,拓宽沟通渠道,更好地调动和激发广大师生员工参与民主管理、支持和参与学校建设与发展的积极性和创造性。要切实维护教职工的根本利益,及时认真解决教职工关心的各种实际问题。

(4)要继续深化教学、科研改革和学科建设,深入研究并建立科学、合理的评估体系,强化政策导向。要高度重视和加强教学工作,特别是基础课教学,激发教师特别是优秀教师承担教学工作的积极性,提高教学水平和人才培养质量;要重视提高学生的综合素质,加强学生的社会实践教育、思想道德教育和心理健康教育,以及人文精神的培养,丰富校园文化生活。在学科建设方面,在保持理科优势的同时,要加强对工科和管理及人文学科的建设和发展。要进一步加强公共实验中心等各类教学科研公共平台的建设与管理,改善教学和科研条件。要继续深化科研管理改革,强化科研绩效在科研工作评价体系中的导向作用。

(5)要深化内部管理体制改革,完善校院系三级设置、两级管理的运行机制,切实加强和改进校部机关的管理与服务工作,提高管理工作的效率;加强制度建设,增强管理工作的科学性;建立服务于教学、科研工作和基层单位的工作机制,增强管理工作的服务性。要采取有效措施,加强和改进学校各类资产的管理,积极开拓、合理配置和充分利用好各类办学资源。

(6)要采取有效的措施,切实加大"科大花园"住宅小区和东区北门外40余亩土地的规划和建设工作的力度,明确时间进度,千方百计地加快建设步伐,尽快缓解教职工住房和学校工作用房的紧张状况。在"科大花园"建设中,要充分征求广大教职工的意见和建议,由教职工代表参与规划论证和组织实施,把这件好事办实,实事办好。

(7)后勤工作要坚持社会化改革方向,以提高服务水平为核心,正确处理好经济效益和社会效益的关系;同时要提高后勤管理水平,建立适应一流研究型大学建设要求、符合高等教育特点的优质、高效、诚信的后勤管理与服务体系。

(8)要抓住机遇,积极争取落实"985工程"二期计划,推动中国科学院、教育部、安徽省政府对学校的新一轮重点共建。在争取中国科学院支持的基础上,探索贯彻"全院办校、所系结合"方针的新途径、新模式和新内涵,采取有效措施,主动加强与院属研究院所的交流与合作,探寻双方的结合点与合作领域,推进实质性的合作,真正实现优势互补,共同发展。各院系也应高度重视、积极推进、认真落实这项工作。

此外,代表们还就教代会自身建设、干部队伍建设、青年教师待遇和岗位津贴发放、专业学位教育和继续教育、研究生兼任助教、教学条件改善、教职工业余活动场所、"校园一卡通"管理、校友工作、附中建设等方面的工作,提出了许多具体的意见、建议和要求。会议共收到各类提案180件,充分体现了代表们高度的责任心和教职工对学校工作的关心与积极参与。会议提请校领导和有关部门对代表们在讨论和提案中反映的各类问题,认真进行研究,积极采取各种相应措施,切实加以解决。

四

在全体代表的共同努力下,会议达到了

统一思想、振奋精神、加强沟通、增进团结、明确任务、鼓舞干劲的目的。会议号召，全校师生员工要高举邓小平理论伟大旗帜，以“三个代表”重要思想为指导，全面贯彻党的十六大和十六届三中全会精神，进一步解放思想，振奋精神，扎实工作，开拓创新，更加富有成效地做好各项工作，为不断开创一流研究型大学建设的新局面而努力奋斗！

中国科学技术大学第六届教职工代表大会第一次会议闭幕词

副校长　程　艺

（2003 年 12 月 26 日）

各位代表，同志们：

在全体代表的共同努力下，中国科学技术大学第六届教职工代表大会第一次会议，圆满完成了各项议程和预定任务，即将闭幕了。

本次教代会听取并审议了朱清时校长的工作报告；听取了各位副校长的工作汇报；听取了郭传杰书记的重要讲话；顺利完成了教代会的正常换届工作，调整了工作委员会的设置和功能，保留提案委员会，撤销分房委员会，将其功能并入劳动保障工作委员会，同时根据学校建设与发展事业的需要，设立了发展与规划工作委员会；修订了《中国科学技术大学教职工代表大会暂行条例实施细则》。

本次大会，各代表团和各位代表在大会主席团的领导下，认真履行权利和义务，紧紧围绕会议主题，畅所欲言，各抒己见，就加快推进学校的一流研究型大学建设提出了许多宝贵的意见和建议，表现出高度的责任感和使命感。会议在总结一年来学校工作的基础上，分析了学校改革和发展面临的新机遇和新挑战，明确了今后几年建设与发展的基本思路。此次大会的成功召开，对进一步增强学校的凝聚力，激发师生员工的改革创新意识，加快改革与发展的步伐，将起到重要的推动作用。

新一届教代会的领导机构已经诞生，希望新机构和各工作委员会在校党委的领导下，不辜负全校师生员工的重托，完成好各自承担的工作任务，充分发挥教代会在促进民主办学、加强民主监督和推进学校建设与发展过程中的重要作用。

同志们，紧密围绕国家全面建设小康社会的战略部署，抓住国内外高等教育和科学技术加快发展的重要机遇，深化改革，开拓创新，加快推进我校的一流研究型大学建设，是摆在全校师生员工面前的重要任务。本次大会结束后，学校将采取有效措施，认真落实代表们提出的意见和建议，进一步加强和改进我们的工作。希望各位代表和全校师生员工以十六大精神和“三个代表”重要思想为指导，同心同德，凝心聚力，开拓创新，艰苦奋斗,加快推进学校的改革、建设和发展事业,不断开创一流研究型大学建设的新局面,努力为全面建设小康社会和中华民族的伟大复兴做出重大的创新贡献!

元旦、春节就要到了。在这里,我代表学校党政领导班子,向各位代表,并通过你们向广大师生员工致以节日的祝贺。祝愿大家新年愉快,身体健康,工作顺利,阖家幸福!

现在我宣布,中国科学技术大学第六届教职工代表大会第一次会议胜利闭幕!

UNIVERSITY OF SCIENCE AND TECHNOLOGY OF CHINA YEARBOOK

庆祝建校45周年文献

在郭永怀先生"两弹一星"功勋奖章捐赠暨首届郭永怀奖学金颁发仪式上的讲话

党委书记　郭传杰

（2003年9月18日）

尊敬的李佩先生，老师们、同学们：

今天，在我们科大庆祝45周年华诞之际，我们在这里隆重集会，是为了表达对我国杰出的科学家、中国共产党优秀党员、我校化学物理系首任系主任、"两弹一星"元勋郭永怀先生的怀念和崇敬。首先，请允许我代表学校，对专程从北京来到学校的李佩先生表示热烈的欢迎和衷心的感谢！

郭永怀先生是知名的空气动力学家和应用数学家。他1909年出生于山东荣成。1935年毕业于北京大学物理系，1940年赴加拿大多伦多大学应用数学系留学，只用短短半年时间就获得硕士学位。1941年到美国加州理工学院研究可压缩流体力学，1945年获博士学位。1946年起在康奈尔大学任副教授、教授共达10年。1956年，郭永怀先生毅然放弃了国外优厚的条件，举家回到祖国。此后，他历任中国科学院力学研究所副所长，中国力学学会副理事长、二机部第九研究院副院长等职务。1958年，郭永怀先生与钱学森先生等负责筹建中国科学技术大学力学和力学工程系、化学物理系，并出任化学物理系首任系主任。1968年，郭永怀先生由于飞机失事而牺牲。1999年9月18日，郭永怀先生被国家追授"两弹一星功勋奖章"，是所有23名"两弹一星"元勋中惟一的共和国烈士。

虽然郭永怀先生过早地离开了我们，但是他为国家的科技事业做出了不可磨灭的贡献，为我们留下了宝贵的精神财富。

1956年，我国开始制定1956～1967年科学技术发展远景规划，郭永怀先生担任科技规划力学专业组副组长，和周培源、钱学森、钱伟长等一道制定了力学学科的近期发展规划和远期奋斗目标，使我国力学学科得以从高起点起步，迅速站到了前沿。1958年，担任中国科学院力学研究所副所长的郭永怀和所长钱学森等一起制定了力学所"上天、入地、下海、工农业生产中的重大问题"这四个方面的发展方略，保证了力学所始终把主要力量放在解决国民经济和国防建设的中长期重大问题上。在高超声速空气动力学、电磁流体力学和爆炸力学等新兴力学学科的研究上，郭永怀先生开拓了新的领域，并取得了突出成就。可以说，郭永怀先生是中国近代力学事业的奠基人之一。

郭永怀先生对国家的突出贡献主要表现在他献身于"两弹一星"事业。郭永怀先生对我国发展航天技术和研制人造卫星的贡献主要包括四个方面：第一，积极提倡发展我国的航天事业；第二，参与发展航天事业的规划；第三，亲自参加重大课题的研究工作；第四，参与组织、领导中国科学院的人造卫星本体设计。在担任第二机械部第九研究院副院长期间，他凭借在爆炸力学、气体动力学、空气动力学、飞行力学等诸多学科领域的渊博知识，对内爆过程、结构设计、气动外形、环境试验等许多关键技术问题进行指导，为我国的原子弹、氢弹及其武器化、系列化呕心沥血，无私奉献。1964年10月16日，郭永怀先生在试验现场目睹了我国第一颗原子弹装置爆炸的壮观场面。1967年6月17日，我国第一颗氢弹爆炸成功。从第一颗原子弹到第一颗氢弹，美国人用了七年，前苏联人用了四年，而我们中国人只用了二年零八个月！1968年12月，郭永怀先生乘飞机从热核弹头发射试验基地回北京，不幸发生事故，郭永怀先生以身殉职，终年59岁。就在22天后，我国第一颗热核导弹又发射成功！

在兼任中国科学技术大学化学物理系系主任期间，郭永怀先生常常抽时间到师生中间去，了解教学情况和学习情况。他十分关心教学计划的安排，重视教学方法和学生的学习情况。郭永怀先生身体力行“科学与技术相结合、教学与科研相结合”的教育理念，他不仅强调大学低年级阶段至关重要的是打好基础，而且强调高年年级要加强新知识的学习，并有计划地安排学生到相关研究所实习，使他们及时了解最新成果和前沿课题，尽早接触科研实际，提高科研素质和创新能力。此外，郭先生还亲临教学第一线，为近代力学系讲授边界层理论等课程。郭永怀先生在对学生严格要求的同时，又通过言传身教，对学生无比慈爱，备加关怀，他经常把自己比作一颗石子，甘愿为青年人成长铺路搭桥。他教给一代代弟子的，不仅是丰富的科学知识，还有严谨的学风和深厚的爱国情怀。

早在西南联大求学期间，出于强烈的爱国激情，郭永怀先生放弃了自己喜爱的光学专业，改学航空工程，立誓要为我国的军事科学奋斗终生；从康奈尔大学归国前夕，为了不让研究成果留给敌视新中国的美国人，郭先生将自己积累十余年的知识和技术学据记在脑中，然后将书稿投入火中焚毁；飞机失事临难的最后一瞬间，他与警卫员抱在一起，用身体夹住了装有宝贵科研资料的公文包……高尚的情操，壮丽的人生，正如党中央在授予“两弹一星功勋奖章”的决定中所指出的那样，郭永怀先生是“人民共和国的功臣，是老一辈科技工作者的杰出代表，是新一代科技工作者的光辉榜样”。从郭永怀先生身上表现出来的伟大的爱国主义精神，永远值得我们敬仰，永远值得我们学习！我们缅怀郭先生，学习郭先生，就是要学习他对科学事业孜孜以求的探索精神和创新精神，学习他朴实无华、严谨求实的治学态度，学习他胸怀祖国、无私奉献的赤子情怀！

现在，可以告慰郭永怀先生的是，他当年的学生们正在科技发展的前沿领域和国家战略需求的事业中，发挥着科技尖兵、骨干的作用；他所关心、呕心沥血的中国科学技术大学也正在一步一个脚印，弘扬老一辈科学家开创的优良风气，向着一流研究型大学的目标昂首迈进！

今天，郭永怀先生的夫人李佩教授，以84岁的高龄亲自护送“两弹一星”功勋奖章来到中国科学技术大学，将奖章捐赠给学校，这是学校的光荣，是全体科大人的光荣！学校为此专门设立了郭永怀奖学金，就是为了表达对郭永怀先生的纪念和景仰，表达对李先生的感谢和崇敬。希望首届郭永怀奖学金获得者和全校同学，能够以郭永怀先生的崇高品格和科学精神为楷模，发扬我校优良的学风和校风，勤奋学习，红专并进，理实交融，为祖国的科技事业不懈追求，为中华民族的伟大复兴而努力奋斗！

祝同学们学习进步，事业有成！祝李佩先生身体健康，万事如意！

在中国科学技术大学校史馆开馆仪式上的讲话

校长　朱清时

（2003年9月19日）

各位嘉宾，老师们、同学们：

明天，中国科学技术大学将迎来她的建校45周年华诞，对于海内外所有科大人来说，这是一个同贺共庆的日子。为了回顾45年的创业历程，展现“科大精神”，缅怀历代科大人对学校建设与发展所做出的业绩，展示辉煌的办学成就，学校在45周年校庆之际筹建了这座校史馆并举办校史展览。今天，我们在这里隆重举行校史馆开馆仪式。首先，我谨代表中国科学技术大学向亲临开馆仪式的各位嘉宾表示热烈的欢迎！向长期以来一直关心、支持学校建设与发展的海内外校友和社会各界人士表示衷心的感谢！向全校师生员工表示诚挚的谢意！

中国科学技术大学是新中国成立后，由党中央、国务院亲手创办的一所新型大学，从建校之日起就肩负着为国家培养急需的尖端科技人才，推进我国科学技术现代化的重任。自1958年建校以来，学校一直得到了党中央、国务院和老一辈科学家的亲切关怀，在中国科学院、教育部和安徽省委省政府的领导和社会各界的支持下，取得了辉煌的办学成就。45年来，中国科大始终秉承“我创新，固我在”的理念，自觉围绕国家战略需求，面向世界科技前沿，艰苦创业，自强不息，开拓创新，追求卓越，谱写了我国教育史和科学史上的精彩华章！45年来，一批批园丁在此辛勤耕耘，挥洒才情，传承科技文明的薪火；数万学子在此勤学苦读，磨砺才智，潜修经世致用的本领。莘莘学子们满怀豪情，从这里走向社会，迈向世界。今天，中国科学技术大学已发展成为国家高质量人才培养和高水平科学研究的重要基地，是我国在国际上最有影响的大学之一；同时，科大人正奋力拼搏，朝着建设质量优异、特色鲜明、规模适度、结构合理的一流研究型大学不断迈进！

历史是文化与精神的永恒依托，是薪火传承、继往开来的不竭动力，是宝贵的精神遗产。作为培育高层次人才的重要园地的大学，尤其需要历史的沉淀与底蕴的积累，以及在此基础上精神的升华和内涵的深化，这对大学的发展至为重要。相比其他许多大学，科大建校时间虽然不长，但其历史内涵却十分丰富。科大45年的历史既是全体科大人艰苦奋斗、创新开拓的创业史，也是科大人无私奉献、勉力为国的爱国史；从某种角度说，它还是一部新中国科教事业飞速发展的见证史！

本次校史展主要以史实和史料为根据，以图文与实物相结合的形式，按照时间顺序反映科大45年的发展历程，展现科大的精神与内涵。“前世不忘，后世之师”，校史馆和校史展览不仅是对广大师生进行爱国爱校教育的良好形式，而且对营造奋发向上的育人环境将产生积极的推动作用,同时也能够成为宣传学校的新窗口。相信通过校史展览,我们一定能够更好地继承和发扬科大的优良传统,弘扬老一辈科学家严谨治学、献身祖国科教事业的科学精神和崇高品质,加快推进学校的一流研究型大学建设事业!过去的历史,需要我们去了解;而将来的历史,正等待我们去创造。让所有科大人更加紧密地团结起来,为建设更加美好的科大而共同努力!

谢谢大家。

在“思源”碑揭幕仪式上的讲话

党委书记　郭传杰

(2003年9月18日)

各位校友,各位嘉宾,老师们、同学们:

在全校师生员工和海内外校友喜迎建校45周年的日子里,我们在这里隆重举行“思源”碑揭幕仪式。首先,我代表学校向长期以来以各种形式关心和支持学校建设和发展事业的广大校友和社会各界表示衷心的感谢,并向今天参加仪式的各位嘉宾和校友表示热烈的欢迎!

刚才李国栋副校长介绍了“思源”碑的由来和缘起,龚惠兴院士代表校友发表了情真意切的讲话,从中我深切感受到广大校友、全校师生员工以及社会各界对学校的深切关心与热爱之情。这是“科大精神”的重要组成部分,是学校宝贵的精神财富,并将成为学校不断前进的强大精神动力。

今天,我们利用45周年校庆之际,在校园内树立“思源”碑,既是对校友、师生员工和社会各界捐资办学的永恒纪念,并表达学校对他们的崇高敬意和真诚感谢;也是为了缅怀历史,不忘前贤,更好地继承和发扬科大人爱国荣校的优良传统,培育思源固本、继往开来的文化,教育、激励广大青年教师和学生,从这座丰碑的文化内涵和精神价值中吸取营养与动力,不断开创学校一流研究型大学建设新局面!

科大45年的发展史,是一部科大人众志成城、艰苦奋斗、开拓创新、追求卓越的创业史。当前,学校正在为创建一流研究型大学而努力奋斗。刚刚召开的学校第九次党代会,明确提出了今后一个时期学校建设、改革和发展的战略目标、主要任务和基本思路。为了实现学校的建设和发展目标,我们比过去任何时候都更加需要依靠广大海内外校友的关心、支持和参与,依靠全校师生员工的精诚团结和共同努力。我们衷心希望广大海内外校友以更加饱满的热情,通过各种渠道和灵活多样的形式,积极参与和支持母校的建设与发展,为母校创建一流研究型大学做出新的更大的贡献。我们也号召全校师生员工更加团结一致,凝心聚力,积极投身到学校的新一轮建设、改革和发展事业中来,为实现创建一流研究型大学的目标而努力奋斗。我们相信，有广大校友的鼎力帮助，有全校师生员工的团结奋斗，有社会各界的大力支持，我们一定能早日实现建设一流研究型大学的目标。

各位校友，老师们，同学们，让我们以 45 周年校庆作为新的起点，继往开来，开拓进取，以更加矫健的步伐，坚定不移地朝着一流研究型大学的目标奋力前进！

谢谢大家。

在庆祝建校 45 周年郭沫若书法展开展仪式上的讲话

校长　朱清时

（2003 年 9 月 19 日）

各位嘉宾，老师们、同学们：

在这 45 周年校庆的喜庆日子，为纪念先师，激励后人，我们在这里隆重举行中国科学技术大学主要创建者、首任校长郭沫若先生书法展开展仪式。首先，请允许我代表中国科学技术大学，向专程前来参加开展仪式的郭老女儿郭庶英校友和各位嘉宾，表示热烈的欢迎和衷心的感谢！

郭沫若先生是著名的文学家、历史学家、学者，是中国现代史上的一位文化巨匠，新文化运动的主将。郭老不仅在文学、历史学、古文字学等广阔的学术领域成就卓越，影响深远，而且在现代书法史上占有重要地位。郭老的书法成就与他的学养一脉相通，他从 20 世纪 20 年代末期开始致力于古文字研究，以字辨史，借史鉴今，不仅创立了古文字研究的科学模式，而且通览历代书法，谙熟了祖国文字和书体的演进轨迹。正缘于此，郭老的书法凝聚着深厚的学养，具有丰富的文化底蕴。他的书法以行草见长，笔力爽劲洒脱，运转变通，韵味无穷；其楷书作品虽然留存不多，却尤见功力，气贯笔端，形神兼备。郭老的书法既重师承，熔百家之长，又多创新，有独创之功，将诗词创作和书法艺术相结合，于翰墨间注入醇厚的文化底蕴和鲜明的时代气息，具有强烈的个性色彩，充分表现出一位伟大诗人和一代文豪的气质与风范，具有很高的艺术价值和文献史料价值，为中国现代书法史增添了独放异彩的篇章，被世人誉为“郭体”。

郭老是中国科学技术大学的主要创建者，校筹备委员会主任。自 1958 年建校起担任校长达 20 年，在他的领导下，中国科学院贯彻“全院办校、所系结合”的方针，全力支持科大建设，学校逐渐形成了“勤奋学习、红专并进、理实交融”的优良校风和开明、开放、兼容不同学派的民主学术氛围，建立了培养新兴、边缘、尖端科技人才的新型教育体制，为学校的长远发展奠定了坚实的基础，做出了重大的贡献。郭老留给我们的，不仅是一个有形的生机勃勃的科大，更是一种艰苦创业、自强不息、开拓创新的精神以及“勤奋学习、红专并进、理实交融”的优良校风。郭老所留给我们的宝贵财富，激励了一代代科大人奋斗不息、开拓不止，永远是中国科大奋勇前行的巨大动力，是中国科大从一个辉煌走向另一个辉煌的根本！

今后10到20年，将是我国经济、社会和科技、教育发展的重要战略机遇期，也是我校创建一流研究型大学的关键时期，学校既面临着巨大的挑战，更有加快发展的良好机遇。今后几年，学校将围绕国家战略需求，面向世界科技前沿，进一步探索依托中国科学院、贯彻“全院办校、所系结合”办学方针的新途径、新模式和新内涵，努力建设一支符合一流研究型大学要求、具有较强国际竞争力的师资队伍，不断推进教育创新、科技创新和管理创新，全面加快改革、建设和发展步伐，为在2018年建校60周年前后实现一流研究型大学的建设目标奠定良好的基础。在这个过程当中，我们尤其要继承和弘扬郭沫若老校长所开创的优良传统，共同肩负起建设好中国科大的历史使命，开创一流研究型大学建设的新局面！

最后，再次感谢各位嘉宾莅临我校！

谢谢大家。

在微软“长城计划安徽行”开幕式暨庆祝中国科大建校45周年学术报告会上的讲话

校长 朱清时

(2003年9月17日)

各位领导，各位专家，老师们、同学们：

值此中国科大建校45周年之际，微软“长城计划安徽行”开幕式在我校举行，微软亚洲研究院的领导和专家光临我校并将做精彩的学术报告，我校师生员工都感到非常高兴。我谨代表中国科学技术大学并以我个人名义，向微软亚洲研究院的领导、专家们表示热烈的欢迎！

长期以来，中国科大与微软亚洲研究院携手合作，广泛交流，在人才培养、科研开发、软件学院建设、实验室建设等方面，都开展了卓有成效的合作，建立了密切的关系。微软亚洲研究院作为微软公司在美国本土以外设立的第二个基础性科研机构，也是微软公司在亚太地区设立的惟一基础性科研机构，人才荟萃，研发能力突出，科技成果丰硕。微软亚洲研究院在面向亚洲、服务全国的同时，一直关心和支持我校的建设与发展，特别是在信息科技方面，给予了我校较大的支持。微软亚洲研究院刚成立不久，首任院长李开复博士即访问我校，此后，张亚勤院长、沈向洋副院长、张宏江副院长以及许多专家多次光临我校访问，通过多种途径帮助我校信息学院建设和信息科技发展，并在此基础上成立了“微软—科大智能计算研究中心”。科大的许多毕业生加盟了微软亚洲研究院。

2002年6月，微软公司和教育部联合签署《中国教育部与微软公司合作备忘录》，在我国最著名的5所高校启动“长城计划”，该计划旨在通过共建软件学院、共同培养一流的软件人才，推动中国计算机教育事业发展，提升中国计算机基础研究水平，科大荣幸地成为这5所高校之一。该计划由微软亚洲研究院和教育部高教司共同执行。2002年，我校软件学院成立，很荣幸地邀请到校友、微软亚洲研究院院长张亚勤博士担任学院名誉院长。在此，我谨代表学校，对微软亚洲研究院给予我校的大力支持表示衷心的感谢！

信息科技作为当今科技发展的热点领域，在世界新技术革命中处于核心和先导地位，无论是对其他领域科学技术的发展，还是对世界经济、社会发展以及人类生活，都具有十分重要的作用。我国也已确定"优先发展信息产业，在经济和社会领域广泛应用信息技术"，"坚持以信息化带动工业化，以工业化促进信息化"的方针。鉴于信息科技的上述重要作用，我校近年来在一流研究型大学建设中，面向国家重大需求和世界科技前沿，将信息科技放在优先发展的重要领域，通过整合和凝聚相关力量，开展了一系列卓有成效的工作，在学科建设、人才培养、科研与开发等方面都取得了有一定显示度的成绩。我们希望今后进一步加强与微软亚洲研究院的全面合作，建设好软件学院；同时，也希望微软亚洲研究院的领导和专家一如既往地关心和支持我校信息科技的发展，相信我们的合作前景一定会更美好！

最后，再次感谢微软亚洲研究院的领导、专家对我校建设与发展的热切关心和大力支持！

谢谢大家。

在45周年校庆邮展暨合肥市优秀邮集展开展仪式上的讲话

党委副书记　鹿　明

（2003年9月17日）

各位嘉宾，老师们、同学们：

值此中国科大建校45周年之际，我们在这里举办45周年校庆邮展暨合肥市优秀邮集展，这为校庆更增添了喜庆的色彩。首先，请允许我代表中国科学技术大学，向专程前来参加今天开展仪式的省、市邮协领导和各位来宾，表示热烈的欢迎！

集邮是一项高雅的文化活动。"方寸纳四海，集邮博古今"。集邮及观赏邮集，如同阅读一部百科全书，不仅可以历阅历史，拓展知识，而且可以从精美的邮票中获得艺术的享受与灵感，陶冶情操，促进精神的升华。邮票本身就是一种文化，这从世界各国对邮品的高度重视中、从越来越多的人对它的喜爱就可以生动体现出来。因此，集邮及邮展不仅是一项个人的爱好，更是弘扬祖国优秀文化、推动先进文化发展的有效载体，也是加强精神文明建设的有效形式。

对于高等学校来说，举办邮展以及其他具有较高文化内涵和美感的展览，是丰富校园生活、对学生进行文化素质教育的重要形式。在45周年校庆之际,我们举办此次邮展,相信一定能为广大学生的文化素质教育提供一个内容丰富、生动形象的课堂,也一定能丰富教职工的业余生活,得到大家的喜爱。欢迎社会有关方面以后继续在我校举办多种形式的展览。我也希望今后学校有关部门多举办一些类似的展览,以丰富校园生活,提升校园文化,陶冶师生情操,激励师生员工以更加良好的精神状态和饱满的热情,积极投身到学校的建设与发展中来,为学校一流研究型大学建设做出更为出色的成绩!

最后,再次感谢各位嘉宾的光临!

谢谢大家。

中国科学技术大学庆祝建校45周年活动一览表

时间		活动名称	地点	主持人	参加人员	承办单位
9月12日	16:30	丘成桐奖学金颁奖典礼暨丘成桐教授报告会(几何:魅力与应用)	大礼堂	朱清时	面向全校师生	党政办 数学系 学工部(处)
9月17日	14:00	微软“长城计划安徽行”开幕式暨庆祝建校45周年学术报告会 1.沈向洋副院长学术报告(探寻纹理基原:纹理分析与合成) 2.“深蓝”之父许峰雄学术报告(软一硬之间:从深蓝到消费计算)	西活礼堂	程 艺	面向全校师生	党政办 信息学院
9月18日	15:00	45周年校庆邮展暨合肥市优秀邮集展开展仪式	东活三楼		嘉宾、师生	工 会
	19:00	潘建伟教授报告会(量子态叠加原理及其应用)	教二楼2321室		面向全校师生	理学院
	8:30	“思源”碑揭幕仪式	“思源”碑前	李国栋	嘉宾、校领导、师生代表	党政办 基建办 校友总会办

续上表

时间		活动名称	地点	主持人	参加人员	承办单位
9月18日	8:30	李世鹏校友学术报告（可伸缩视频编码：机遇与挑战）	西活报告厅		面向全校师生	信息学院
		张高博士学术报告（微软软件开发过程）				
	10:00	郭永怀先生“两弹一星”功勋奖章捐赠暨首届郭永怀奖学金颁发仪式	大礼堂	侯建国	嘉宾、部分校领导、师生代表	宣传部 党政办 学工部（处）
	15:00	庆祝建校45周年校友座谈会	办公楼第一会议室	郭传杰	校友代表、部分校领导、师生代表	党政办 校友总会办
	19:00	“泽平杯”《我的科大，我的梦想》演讲比赛	西活报告厅		面向全校师生	团委 学生会
	19:30	金色的花瓣——学生艺术团音乐会	大礼堂		嘉宾、师生	团委
9月19日	9:00	校史馆开馆仪式	东活六楼	侯建国	嘉宾、校领导、师生代表	档案馆 党政办
	10:30	庆祝建校45周年郭沫若书法展开展仪式	东活五楼	侯建国	嘉宾、校领导、师生代表	人文学院
	14:30	大学校长报告会： 1.清华大学顾秉林（建设世界一流大学的思考与实践） 2.台湾大学陈维昭（如何迈向世界一流大学——台大的努力方向）	水上报告厅	朱清时	面向全校师生	外办 党政办 学工部（处）
	14:30	庄小威校友学术报告（Visualizing infection of single influenza viruses and folding of single RNA enzymes）	西活礼堂		面向全校师生	生命学院
	19:30	激情岁月——建校45周年庆典文艺晚会	大礼堂		嘉宾、师生	工会

续上表

时间		活动名称	地点	主持人	参加人员	承办单位
9月20日	8:30	东亚研究型大学协会第9届年会暨第13届理事会会议	东活五楼会议室		会议代表	外办
	全天	中国物理学会年会暨颁奖仪式	外商活动中心			年会筹委会
	14:30	宣昌能校友学术报告（对冲基金业的发展、监管框架及其对我国的借鉴意义）	南区报告厅		面向全校师生	商学院
		黄运成博士学术报告（中国证券市场形势分析和展望）				
9月21日	9:00	蒋华校友学术报告（艰辛创业，迎接挑战）	大礼堂		面向全校师生	招就办 学工部(处)
9月22日	16:00	大学校长报告会： 香港科技大学朱经武（高温超导与氢——新世纪最理想的能源传输系统）	水上报告厅	朱清时	面向全校师生	外办 党政办 学工部(处)
		翁征宇校友学术报告（凝聚态物理和高温超导理论）	物理系会议室		面向全校师生	物理系
9月17～22日每晚19:00		45周年校庆正版电影文化推广周	西活礼堂		面向全校师生	团委 学生会
9月4～19日		2003年全国女子足球联赛（第三阶段，安徽赛区）	东区足球场			体育教学部
9月19～30日		安徽省第十届大学生运动会“联通杯”篮球比赛暨CUBA选拔赛	东区和南区体育馆			体育教学部

除上表所列外，部分院系和有关部门还组织和举办了其他一些内容丰富、形式多样的学术性和群众性庆祝活动。

UNIVERSITY OF SCIENCE AND TECHNOLOGY
OF CHINA YEARBOOK

重要文件

中国科学技术大学党委2003年工作要点

（党[2003]01号）

2003年党委工作的指导思想是：以邓小平理论和“三个代表”重要思想为指导，继续深入学习、宣传、贯彻党的十六大精神，紧紧围绕创建一流研究型大学和实施中国科学院知识创新工程的中心任务，正确把握改革、发展与稳定之间的关系，加强与改善党委对学校工作的领导，加强与改进党建、德育和思想政治工作，解放思想，开拓进取，不断开创学校各项工作的新局面。

（一）以邓小平理论和“三个代表”重要思想为指导，深入学习、宣传、贯彻党的十六大精神，坚持不懈地抓好理论武装工作

各基层党组织要按照党委的统一部署，认真组织党员和教职工的理论学习工作。要在前一阶段学习的基础上，将十六大精神的学习活动引向深入。要组织分专题深入学习活动，结合各单位实际，采取灵活多样的方式，增强学习效果。

领导班子和领导干部要全面深刻地领会十六大报告的精神实质，对十六大报告中论述的重大问题进行认真学习和深入研讨，力求学深学透，融会贯通，发挥好示范和表率作用，带动师生员工的学习。校党政中心组学习会要进一步弘扬理论联系实际的马克思主义学风，促进理论学习与改革创新实践的有机统一，增强学习的针对性和实效性；坚持与完善院系处级单位党政领导班子学习会制度，结合基层实际，加强调查研究，总结新鲜经验，研讨改进时政与理论学习的方式方法。

继续深化“两课”教学改革，扎实推进“三个代表”重要思想和十六大精神的“三进”工作。鼓励“两课”教师开展形式多样的教改实践，突出重点，讲出特色，增强灵活性、适应性和有效性；党委有关部门要积极配合，认真组织学生干部、学生骨干的理论学习与培训工作。

继续发挥人文与社会科学研究人才的优势，组织力量对学习贯彻“三个代表”思想和十六大精神以及当前一些重大理论热点问题进行深入研究，召开2003年度思想政治工作研讨会，开展优秀思政工作理论成果评比表彰。

（二）加强基层党组织建设，积极配合上级部门做好校级党政领导班子换届工作

各级党组织要充分发挥政治核心、团结核心作用，增强稳定意识、大局意识和责任意识，特别要认真做好换届期间的安全稳定和思想政治工作，确保学校各项工作顺利进行、有序开展。

进一步推进基层党组织建设。结合学校改革发展实际，进一步理顺和规范基层党组织设置，做好基层党组织的换届改选工作；健全分党委书记联席会议制度，经常性地研讨、解决基层党建和思想政治工作中的重大问

题;充分调研校院系三级管理模式下基层党建实践,总结交流经验,建立健全规范,加强研讨,不断提高基层党建的总体水平;加强基层党支部建设,指导、支持基层党支部积极主动地开展丰富多彩的组织活动,把党建工作的重心放到基层。

进一步做好在优秀青年教工和大学生中发展党员的工作。进一步完善发展党员工作的各个环节,规范程序,完备手续,定期检查督促各分党委、党总支发展学生党员工作,保证发展党员的质量;认真组织入党积极分子培训以及其他各类培训工作,支持各院系、团委办好业余党校,拓宽培训领域,扩大培训覆盖面,创新培训内容与形式,使培训工作进一步规范化、制度化。

(三)推进干部选拔任用制度改革,建设高素质的干部队伍

举办专题学习培训班,认真学习贯彻中央组织部《党政领导干部选拔任用工作条例》和《中国科学技术大学中层党政领导干部选拔任用工作实施办法》,进一步落实党员、干部和群众对干部选拔任用的知情权、参与权、选择权和监督权;结合实际,在干部选拔任用、教育管理、监督与考核等工作中,不断配套相关措施,形成择优进入、严格监督、有效激励、正常退出的制度,形成富有生机活力、有利于优秀人才脱颖而出的选人用人机制,努力实现学校干部工作的科学化、民主化、制度化,建设高素质的干部队伍。

结合校级领导班子换届和机关机构改革,做好机关部处领导班子的换届调整工作,推动竞聘上岗和轮岗交流工作,促进干部年轻化;加强院系领导班子建设,努力把院系党政领导班子建设成为团结带领广大师生开展两个文明建设的坚强核心;进一步完善干部考核相关政策,做好年度干部考核工作。

做好选拔和培养后备干部工作。通过民主推荐和组织考察,发现和选拔一批德才兼备、实绩突出、有发展潜力的后备干部,采取教育培训等多种形式提高他们的理论水平和实际工作能力,努力建立一支数量充足、结构合理、素质优良的后备干部队伍。

积极做好科技副职干部的选派工作。

加强党校建设,充分发挥党校的阵地和熔炉作用。继续举办新上岗处级干部培训班和其他专题培训班,在总结以往干部教育培训工作经验的基础上,继续抓好干部的思想政治教育、党性教育、知识更新和业务培训,进一步提高干部素质。

(四)进一步加大宣传工作力度,深化德育与思想政治工作

坚持团结、稳定、鼓劲和正面宣传为主的方针,进一步做好宣传工作。把深入学习、宣传、实践“三个代表”,学习宣传十六大精神,推进一流研究型大学建设作为宣传工作的主线,同时配合领导班子换届、“985 工程”验收等重点工作的要求,充分利用广播、网络、文化长廊等宣传阵地进行积极的舆论准备和思想引导,努力营造健康向上、奋发进取的良好氛围;继续加大对外宣传工作的力度,为一流大学建设营造良好的社会舆论环境;贯彻中国科学院党组关于开展创新文化建设的精神,继续加强我校创新文化试点单位工作,督促落实创新文化建设项目,不断推进具有我校特色的大学创新文化建设。

高度重视并努力做好德育与思想政治工作,全面推进素质教育,不断提高青年大学生的思想文化素质、创新创业精神和社会适应能力。继续探索网络思想政治工作,进一步加强网络舆论引导和动态监控,提高在关键

话题讨论中的“意见主导能力”、敏感话题讨论中的“终结话题能力”,从舆论源头上消除不稳定因素;继续探索新形势下学生管理的新模式和新途径,加强学生社区的管理工作,完善学生宿舍楼层文化活动室建设,鼓励各院系和学生社团充分利用已建成的楼层文化活动室开展文娱活动、社区活动和自我教育活动;把楼层活动室建设与学生自购电脑管理结合起来,提供新的网络资源利用和管理平台;以新建的东西区百米文化长廊为阵地,为各院系展示学生工作风采、开展工作交流、文化交流提供舞台;加强对学生的校纪校规、校风学风教育以及安全防范意识教育;颁布实施《中国科学技术大学学生工作条例》,全面施行《班主任工作手册》,提高对班主任的激励力度,细化对班主任工作监督、考核、反馈的评估体系,加强班主任和学生工作干部理论、业务培训,促进班主任工作规范化、制度化和信息化;进一步探索、完善学生学业、生活、心理、思想状况等方面的监控机制,密切关注学生中的弱势群体和特殊群体,准确把握动态,协同配合,完善措施,有针对性地开展帮扶和引导工作,促进大学生全面健康成才;开展系列化、高品位的新生入学教育和毕业教育活动,努力搭建新生教育、学习中教育、毕业教育等相互配套、纵横结合的在校教育体系;适应新形势,理顺部门管理关系,加强研究生教育管理,结合研究生学术道德建设等,有针对性地开展教育活动,提高教育管理效果。

(五)深入开展党风廉政建设和反腐倡廉工作

加强理想信念和廉洁从政教育,筑牢抵御腐蚀的思想道德防线。认真学习胡锦涛总书记在西柏坡考察时发表的重要讲话,教育全体党员和领导干部务必保持谦虚谨慎、不骄不躁的作风和艰苦奋斗的作风,自觉抵制安于现状、浮躁浮夸、急功近利的不良思想和作风,自觉抵制贪图享乐、铺张浪费的不良思想和作风,以谦虚谨慎、艰苦奋斗的精神做好各项工作。

继续推进校务公开,加强民主管理和民主监督。督促落实招待费向教职工代表大会报告的制度;巩固实行财务“收支两条线”的成果,对财务代管经费的开支情况进行专项检查,并对经费使用中出现的问题认真研究整改;继续加强对物资采购工作和基建、维修改造和装修的发包工作的监督检查;继续加强各类招生工作执法监察,杜绝徇私舞弊现象的发生;认真做好信访举报工作,解决好群众关心的热点问题;加大查办违纪违法案件的力度,促进党风进一步好转。

继续全面贯彻党风廉政建设责任制,提高各级领导班子对党风廉政建设的认识,增强执政意识、忧患意识、责任意识。纪委要深入基层,加强对党风廉政建设责任制实施的监督检查。

(六)继续做好统战工作,加强对工会、教代会和共青团的领导

以民主党派为重点,继续做好党外知识分子工作,进一步发挥民主人士和无党派人士在学校教学、科研、管理等方面的作用。加强对民主党派的政治领导,积极支持民主党派加强自身建设。充分发挥人大代表、政协委员参政议政的作用,为高水平大学建设知情出力。认真落实党的侨务政策,做好海外统战工作。

认真发挥工会与教代会的积极作用。贯彻十六大关于“坚持和完善职工代表大会和其他形式的企事业民主管理制度,保障职工的合法权益”的精神,召开六届一次教代会,认真做好代表换届及教代会工作机构的换届工作。充分发挥东区师生活动中心的作用,

大力促进精神文明建设,努力推进教职工业余文化生活的多样化,筹建教工艺术团。

关心和支持共青团的建设,以"服务大局和服务青年相结合"的指导思想统领工作。针对新形势下团员青年思想中出现的新的热点、焦点和难点问题,开展以邓小平理论、"三个代表"重要思想和十六大精神为核心的思想政治教育;健全完善各级团学组织,启动团学组织的学习型组织建设工作,确立组织学习目标,建立知识共享系统;加强校学生会和校研究生会的社区委员会建设,重点规范并支持学生理论实践类、文化艺术类和学术科技类社团建设,组建学生艺术团,支持其开展工作发挥作用;优化工作机制,推进项目运作,以"五月风"科技文化节和"社团文化节"为龙头,采用广大团员青年喜闻乐见的形式,开展丰富多彩的学生文化、艺术、科技、体育等活动,营造浓郁的校园文化氛围;着眼于学生科技创新能力和素质的培养,大力开展学生课外学术与科技活动,重点做好第八届"挑战杯"全国大学生课外学术科技作品竞赛的参赛组织工作;优化社会实践、青年志愿者活动和科技、文化、卫生"三下乡"活动机制;推进素质拓展计划的实施。

中国科学技术大学2003年工作要点

(校字[2003]1号)

2003年,国家将启动二期"985工程",同时也是"十五""211工程"全面建设的第一年。抓住机遇,做好今年的工作,对学校的长远建设与发展具有十分重要的意义。今年学校工作的指导思想是:深入学习、贯彻和落实十六大精神和"三个代表"重要思想,认真贯彻中国科学院2002年冬季党组扩大会议和2003年度工作会议的精神,紧紧围绕"十五""211工程"建设和二期"985工程"的实施,深入推进高水平大学建设,积极开展知识创新工程试点工作,深化改革,开拓创新,进一步提高教育质量和办学效益。

一

(一)把学习贯彻落实十六大精神和"三个代表"重要思想与一流研究型大学建设紧密结合起来,为推进一流研究型大学建设奠定坚实的思想基础和作风保障

党的十六大为全党和全国人民提出了全面建设小康社会的奋斗目标,并把建立比较完善的现代国民教育体系作为全面建设小康社会的目标之一,摆在优先发展的战略地位。因此,学校要加强党建、德育和思想政治工作,动员广大师生员工把深入学习、贯彻和落实十六大精神和"三个代表"重要思想与推进一流研究型大学建设紧密结合起来,统一思想,提高认识,认清学校改革与发展面临的良好形势和严峻挑战,增强责任感和使命感,坚持两个"务必",发扬艰苦奋斗的优良作风,开拓进取,加快发展。同时,配合上级组织认真

做好学校党政领导班子换届工作,确保学校各项事业持续稳定发展。继续加强创新文化建设和精神文明建设,发扬善于创新、勇于创新的优良传统,努力开创学校工作的新局面。

(二)以二期"985工程"和"十五""211工程"建设为契机,积极争取中国科学院、教育部和安徽省对我校的进一步重点共建,继续深入推进一流研究型大学建设

争取中国科学院、教育部和安徽省三方对我校建设与发展的支持,是一流研究型大学建设和长远发展的重要保障。在全面回顾和系统总结前一阶段一流研究型大学建设工作的基础上,要积极争取落实中国科学院、教育部和安徽省三方对我校新一轮的重点共建,继续落实中国科学院知识创新工程试点对我校一流研究型大学建设的各项支持。

高度重视,精心组织,认真做好迎接"985工程"一期建设的验收评估工作。加强对"985工程"二期和"十五""211工程"建设工作的组织与领导,完善和实施"十五""211工程"建设方案,认真做好"985工程"二期建设规划,深入推进一流研究型大学建设。

建设一流研究型大学,需要在做好自身各项工作的基础上,广泛争取和吸纳社会办学资源,拓展发展空间。在搞好校本部建设的同时,进一步积极探索与地方合作办学的新途径和新模式。

(三)按照建设一流研究型大学的要求,进一步深化教育教学改革,加强重点学科建设,全面提高教学水平和人才培养质量

(1)启动"研究生教育创新工程"的立项申报工作。积极推进硕士研究生招生考试改革,根据学校师资情况,确定招生规模,确保生源质量。修订研究生培养方案,完善培养计划和教学大纲,启动建设研究生课程网络教育平台,进一步提高研究生培养质量。

(2)继续加强重点学科建设,组织第九批新增硕士点、博士点和一级学科博士学位授权点的申报工作。采取灵活多样的途径和形式,加强与国内外研究机构特别是与中国科学院合肥物质科学研究院及各研究院、所合作培养研究生的工作。召开专业学位工作研讨会,完善、规范专业学位培养与管理工作。

(3)进一步加强招生工作,根据高考制度改革及时间提前的情况,制定相应对策,加大招生宣传力度,做好自主选拔录取的试点工作,以学院或学科群组织"宽口径"招生,确保生源质量。加强招生工作的管理,完善规章制度。积极开展就业指导服务,加强毕业生就业工作的信息化建设。

(4)根据教育部的部署,实施"教学质量与教学改革工程",召开本科教学工作会议。建立和完善本科生自主选择专业和个性化学习计划制度。建立本科生学习预警系统,并结合个性化学习计划实施。

(5)扩大实施大学生研究计划,在中国科学院相关院所等研究机构建立大学生研究计划基地。建立并完善大学生科技创新活动的实施、管理和评价机制,将大学生科技创新活动纳入正常的教学活动之中。

(6)完成世界银行贷款"高等教育发展"项目第二期采购设备的安装、验收等工作。完成院级实验教学中心的组建,制定教学实验室建设规划,深化实验课程体系改革。进一步完善现代教育技术软硬件平台及其运行、管理和维护机制。

(7)加强各类学生的管理工作,继续推进教风、学风和考风建设,强化教学和考试管

理。制定实施《中国科学技术大学促进教学工作发展奖励办法》和《中国科学技术大学教学事故认定与处理办法》。

(四)深化科技体制改革,增强争取科技资源、承担重大科研项目以及取得有显示度科研成果的能力,提高学校的科研综合实力和学术地位

(1)进一步发挥校学术委员会的学术指导作用,定期开展前瞻性科技战略研究和学术交流。积极参与国家及有关省部委"十五"重大、重点科研计划等各类科研计划任务的立项建议和申请组织工作。加强与国家各有关部门的联系,拓展科技资源来源渠道。

(2)根据合理布局、强化特色、突出重点、建设基地的原则,凝练科技目标,促进学科交叉联合,推动科研结构调整,加强项目、基地(群体)、人才、成果一体化建设。继续推动基础研究,提升原始性科学创新和突破性技术创新的能力;大力加强高技术研究,重点发展军工科研特别是航天领域等方面的高技术研究。

(3)加强科研基地的建设与管理,按照三个层次(国家、省部、学校)、五个类别(国家、省部、学校、校企、校际)实施科研基地建设计划,建设一批重点科研基地,提升科研基地的研究水平。

(4)完成国家同步辐射实验室二期工程的安装、调试、试运行和指标测试,努力达到工程预期指标要求,光源整体投入运行,各线站完成调试并开展实验,争取年底竣工验收。

(5)建立健全科研管理体系,完善科研管理制度,加强科学道德建设。制定科研项目(课题)经费管理办法,逐步实行成本核算;逐步建立准确评价科研绩效的指标体系,加大科研绩效管理力度;加强各级各类成果奖的申报组织工作。

(6)进一步加强知识产权保护、科技合同管理以及专利工作;加强科普和学报工作,努力把学报办成"精品"期刊。

(五)进一步加强师资队伍建设,重点做好高层次优秀人才的培养和引进工作,深化人事管理制度改革,建设高素质的教职工队伍

(1)根据国家和中国科学院有关精神,结合学校实际情况,制定 2003 年～2005 年师资队伍建设行动纲要,使师资队伍建设与重点学科建设有机结合。继续和各学院一起认真做好教育部"长江学者"、中国科学院"百人计划"的招聘工作,协助组织好 2003 年国家杰出青年基金申报工作。认真做好"两院"院士增选的组织推荐和材料准备等工作。

(2)继续推进用人制度和分配制度改革,修订人员管理条例,强化以岗位聘任为重点的用人制度和以绩效考核为依据的分配制度;加强人事管理的信息化建设。

(3)制定双聘合一的教师专业技术职务、非教师专业技术职务、职员等系列岗位设置方案和聘任办法,完善各系列职务聘任工作。

(4)加强流动人才队伍建设,完善"大师讲席"制度,加大"大师讲席"制度的宣传力度,做好聘请校外专家短期来校讲学、合作研究等工作。

(5)做好 2003 年度博士后流动站设立新站的申报工作,争取使我校博士后流动站覆盖到所有符合条件的一级学科。同时稳步提高博士后在站人员数量,改善博士后工作、生活条件。

(6)加强青年教师培训工作,做好在职进修和出国进修人员的选派工作;继续做好选留优秀毕业生补充师资队伍等日常工作。

（六）建设一流的教学、科研公共服务体系，推进信息化建设与管理工作，加强国内外学术交流与合作，促进一流研究型大学建设

（1）继续推进理化科学、生命科学、信息科学、工程与材料科学 4 个教学科研公共实验中心的建设和管理。筹建第五个公共服务平台——高性能计算中心。

（2）加强图书馆、校园网络和档案馆等公共服务体系建设，提高服务水平。恢复东区图书馆，对图书资料馆藏布局进行合理调整，加大投入。

（3）加强信息化管理，完善校园“一卡通”系统；积极参与中国科学院的信息化建设，为正式启动学校 MIS 系统做好准备；推进学校信息化管理和办公自动化建设。

（4）积极开展国内外学术交流与合作，重点加强与国际著名高校和知名学者的交流与合作，特别是教师、学生层面上的学术交流和远程教育方面的合作；完善专家评议制度。加强与海内外校友和各地校友分会的联系。

（5）积极、稳妥地做好留学生和港澳台学生工作，扩大招生规模，逐步建立适合我校特点的留学生管理和培养体系。

（七）加强科技企业的规范化管理，积极发展科技产业，促进科技成果转化和产业化

（1）继续规范科技产业管理体制，探索建立退出机制，学校有计划地从已成熟的规模企业和非科技型企业中退出，企业逐步与学校脱钩。全校科技产业销售年收入实现 6 亿元。

（2）加强对科大创新的管理和监督，推动科大创新与科大辰信的股权合作；进一步做好科大讯飞、科大集成、科大立安、科大辰信、科大擎天数码等骨干企业的改制和转制工作，培育上市梯队。

（3）发挥学校人才资源和科技资源优势，加强科技产业基地的管理和建设，促进规模化发展；进一步加强校地、校企合作，承担若干项有显示度的大型科技合作项目。

（八）继续推进后勤社会化改革，切实加强校园规划和基建管理工作，维护校园安全和稳定，为一流研究型大学建设提供强有力的支撑和保障

（1）继续推进后勤社会化改革，加强后勤管理、监督和保障服务工作，完善后勤契约管理制度，提高后勤管理和服务的水平与效率。建立教职工住宅区和学生宿舍区的社区服务体系，实行物业化管理。

（2）落实中国科学院专项基建经费计划，完成基础科学教学实验中心、生命科学教学科研楼、体育教学中心、西区体育场改造等项目建设。做好西区一期建设工程的验收和近两年竣工项目的验收与移交工作。

（3）抓紧实施东区北门外 2.9 公顷（40 余亩）土地的规划和建设，做好国际学术交流中心、研究生教育大楼以及西区科技大楼等项目的规划、设计等前期准备工作；加快征地进程，成立房地产公司，年内做好“科大花园”住宅小区建设的前期准备工作。

（4）完成工作用房的调整分配工作，实行并完善工作用房有偿使用制度；逐步对现有工作用房进行维修改造，更新和改善工作条件。

（5）继续做好家属区住宅楼采暖安装工程建设；启动二期电改造工程，实行电能计量收费管理；扩建东西区学生浴池；做好校医院搬迁工作，提高医疗服务水平，抓好计划生育工作。

(6)加强校园安全稳定和环境整治工作,落实安全工作责任制,完善安全防范措施;结合创新文化建设进一步美化、绿化、净化校园,创造安全、文明、高雅的校园环境。

(九)继续推进结构性调整,完善校院系三级管理体制,进一步转变工作作风,提高管理水平

(1)在总结经验的基础上,进一步完善校院系三级管理体制,建立健全各类规章制度,切实发挥学院在教学、科研工作中的统筹协调与管理职能。继续做好经济技术学院的结构调整工作。

(2)进一步改进工作作风,特别是要增强管理人员的敬业精神、服务意识和责任感;深化机关管理工作的改革,强化综合协调职能,提高管理水平和工作效率;加强对管理干部的教育和培训,继续做好离退休干部工作。

(3)实行预算管理制度,编制学校综合预算分配计划,强化财务预算的约束力;加强财务管理,坚持收支两条线,合理调配资金,保障学校建设事业的发展。加强校有资产的管理工作和审计工作,改进物资采购工作,优化资源配置。

二

2003年,学校的建设与改革任务十分繁重和艰巨。全校上下要同心同德,群策群力,开拓创新,真抓实干,确保各项工作的落实,完成各项建设与发展任务。

在全面做好各项工作的同时,学校今年将集中力量,着重做好以下10个方面的工作:

(1)把学习贯彻落实十六大精神和“三个代表”重要思想与一流研究型大学建设紧密结合起来,为推进一流研究型大学建设奠定思想基础和作风保障。

(2)以二期“985工程”和“十五”“211工程”建设为契机,积极争取中国科学院、教育部和安徽省对学校的进一步重点共建,继续深入推进一流研究型大学建设。

(3)推进硕士研究生招生考试改革,针对高考制度改革和考试时间提前的情况,加强本科生招生工作,确保各类学生的生源质量。

(4)进一步调整科研结构,凝练科技目标,加强科研基地建设,促进学科交叉联合,提高科研综合实力和学术地位;力争国家同步辐射实验室二期工程年内竣工验收。

(5)进一步大力加强高层次优秀人才的培养和引进工作;强化以岗位聘任为重点的用人制度和以绩效考核为依据的分配制度,改革专业技术职务聘任办法。

(6)继续推进理化科学、生命科学、信息科学、工程与材料科学4个教学科研公共实验中心的建设和管理,筹建高性能计算中心。

(7)积极开展国内外学术交流与合作,重点加强与国际著名高校和知名学者的交流与合作,特别是教师、学生层面的交流和远程教育方面的合作。

(8)抓紧组织实施东区北门外2.9公顷(40余亩)土地的规划和建设,做好国际学术交流中心和研究生教育大楼的规划设计等前期准备工作。

(9)加快征地进程,成立房地产开发公司,落实“科大花园”住宅小区建设的各项准备工作。

(10)建立教职工住宅区和学生宿舍区的社区服务体系,实行物业化管理。

中国科学技术大学党委2003年下半年工作要点

（党[2003]010号）

2003年下半年党委工作的指导思想是：以邓小平理论和“三个代表”重要思想为指导，继续深入学习、宣传、贯彻党的十六大精神，紧紧围绕创建一流研究型大学的中心任务，正确把握改革、发展与稳定之间的关系，加强与改善党委对学校工作的领导，加强与改进党建、德育和思想政治工作，解放思想，开拓进取，不断开创学校各项工作的新局面。

（一）以“三个代表”重要思想为指导，坚持不懈地抓好理论武装工作

党委宣传部门要制定周密而切实可行的理论学习计划，各基层党组织要按照党委的统一部署，认真组织党员和教职工的理论学习工作，将“三个代表”重要思想的学习活动引向深入。

各级领导班子和领导干部要做学习实践“三个代表”的表率，要按照胡锦涛总书记在“三个代表”重要思想理论研讨会上的重要讲话的要求，全面深刻地领会“三个代表”重要思想的精神实质，力求学深学透，融会贯通，发挥好示范和表率作用，带动师生员工的学习。

校党政中心组学习会要进一步弘扬理论联系实际的马克思主义学风，促进理论学习与改革创新实践的有机统一，增强学习的针对性和实效性；坚持与完善院系处级单位党政领导班子学习会制度，结合基层实际，加强调查研究，总结新鲜经验，研讨改进时政与理论学习的方式方法。

继续深化“两课”教学改革，扎实推进“三个代表”重要思想和十六大精神的“三进”工作。鼓励“两课”教师开展形式多样的教改实践，突出重点，讲出特色，增强灵活性、适应性和有效性；党委有关部门要积极配合，认真组织学生干部、学生骨干和其他优秀群体的理论学习与培训工作。

继续发挥人文与社会科学研究人才的优势，组织力量对学习贯彻“三个代表”思想和十六大精神以及当前一些重大理论热点问题进行深入研究。

召开2003年度思想政治工作研讨会，开展优秀思想政治工作理论成果评比表彰。

（二）加强战略研究，支持行政领导拟订总体发展规划

根据一流大学建设需要，以国家正在制定中长期科技发展规划为契机，配合中国科学院战略规划的实施和教育部“985工程”二期计划等的出台，积极支持校长开展战略规划的制定工作，组建相关机构，充分调研，发挥广大师生员工的聪明才智，群策群力，力争在年内初步完成该项工作。

（三）加强领导班子建设，推进干部制度改革，建设高素质的干部队伍

进一步完善党委领导下的校长负责制，

修订、完善党委全委会、党委常委会、校长工作会制度,加强党政协调沟通。认真贯彻中共中央《党政领导干部选拔任用工作条例》,严格落实《中国科学技术大学中层党政领导干部选拔任用工作实施办法》。进行新一轮机构改革,完成中层干部换届的工作,实行按需设岗、公开招聘、竞争上岗。实施干部轮岗、交流、任期和辞职制度,试行干部"上挂"和"下挂"办法。建立以服务对象为主体的考核制度。

坚持民主办学,促进依法治校,建立和健全各类委员会并充分发挥其作用,拓宽学校与广大师生沟通和交流的渠道。

进一步做好离退休干部与教师的工作,积极做好科技副职干部的选派工作。

(四)进一步推进基层党组织建设

结合学校改革发展实际,进一步理顺和规范基层党组织设置,健全分党委书记联席会议制度,经常性地研讨、解决基层党建和思想政治工作中的重大问题。充分调研校院系三级管理模式下基层党建实践,加强对企业党建等问题的研讨,总结交流经验,建立健全规范,加强研讨,不断提高基层党建的总体水平。加强基层党支部建设,指导、支持基层党支部积极主动地开展丰富多彩的组织活动,把党建工作的重心放到基层。

进一步做好在优秀青年教工和大学生中发展党员的工作,完善发展党员工作的各个环节,规范程序,完备手续,定期检查督促,保证发展党员的质量。认真组织入党积极分子培训以及其他各类培训工作,支持各院系、团委办好业余党校。

(五)加大宣传工作力度,开展创新文化建设

整合校内宣传资源和力量,加强队伍建设,借重社会新闻力量,加大宣传工作的整体策划和组织,努力提高宣传工作水平。

坚持团结、稳定、鼓劲和正面宣传为主的方针,把深入学习、宣传、实践"三个代表",学习宣传十六大精神,推进一流研究型大学建设作为宣传工作的主线,完善"三个代表"重要思想学习和"走进十六大"主页的建设与维护,同时配合"985 工程"验收等重点工作的要求,充分利用广播、网络、文化长廊等宣传阵地进行积极的舆论准备和思想引导,努力营造健康向上、奋发进取的良好氛围。继续加大对外宣传工作的力度,为一流大学建设营造良好的社会舆论环境。

贯彻中国科学院党组关于开展创新文化建设的精神,继续加强我校创新文化试点单位工作,督促落实创新文化建设项目,不断推进具有我校特色的大学创新文化建设。

(六)加强学生工作,深化德育与思想政治工作

根据国际国内局势,就师生普遍关注的热点问题邀请著名专家学者、校领导作专题报告,并充分利用报告厅、网络、文化长廊、楼层文化活动室等阵地,做好形势政策教育工作,引导学生正确认识国际国内形势,了解国家大政、方针、政策。结合本科和研究生新生特点,编写具有针对性的教育材料,加强以校情校史、校园文化、校纪校规教育为主要内容的新生教育。

贴近学生健康成长需要,继续完善学生学习、生活、心理和思想认识等方面的四个预警及援助体系,制定出具体的实施细则,准确把握学生特殊群体动态,协同配合,完善措施,有针对性地开展帮扶和引导工作,促进大学生全面健康成才。

加强学生工作队伍和制度建设,努力提高学生工作队伍工作水平和能力,改善队伍年龄、知识结构,推进工作规范化、制度化和

信息化。颁布实施《中国科学技术大学学生工作条例》，全面施行《班主任工作手册》。修订班主任工作条例，提高班主任待遇，细化对班主任工作监督、考核、反馈的评估体系。继续探索新形势下学生管理的新模式和新途径，加强学生社区的管理工作。

充分发挥网络作为反映大学师生思想状况的晴雨表、促进大学民主管理的推进器、推动大学生素质教育的大课堂和开展正面宣传教育的新阵地的重要作用，坚持“宽严适度，教育、引导与管理相结合，网上网下相结合”的原则，继续深入探索利用校园网络开展思想政治工作、建设网络主流文化的工作。

建立完善校园突发事件应对机制，提高反应速度，增强应对能力。突发事件的应对重在防范，要及时通过基层党务、学生工作队伍，以及学生骨干、网络等途径了解、把握突发事件线索和迹象，并努力控制其发展，尽量把突发事件控制和化解在萌芽状态。

（七）加强党风廉政建设，进一步推进校务公开

严格执行《党政领导干部选拔任用工作监督检查办法》，实施用人失察失误追究制度。全面贯彻党风廉政建设责任制，制定并试行“党风廉政建设责任制责任报告制度”。

在党员干部中开展“艰苦奋斗、廉洁从政”主题教育。加大查处违法乱纪案件的力度，抓好廉洁自律规定的落实。在运行体制上将管理和监督职能分离，加强对招生、基建、维修和采购等工作的监督。完善重大事项和重要干部任免的决定程序，实行领导干部述职述廉制度，健全重大事项报告制度、质询制度和民主评议制度。

加强信访举报工作，进一步推进校务公开，从源头上预防和治理腐败。进一步落实“收支两条线”规定，严禁私设“小金库”，建立账外账。继续做好清查拖欠公款工作，对拖欠的大额公款进行跟踪调查。实行财务公开，对中层干部进行离任审计。

（八）继续做好统战工作，加强对工会、教代会和共青团的领导

继续做好党外知识分子工作，进一步发挥民主人士和无党派人士在学校教学、科研、管理等方面的作用。加强对民主党派的政治领导，积极支持民主党派加强自身建设。及时让人大代表和政协委员了解校情，充分发挥他们参政议政、民主监督和与地方政府沟通的作用。召开各民主党派科大主委会议，听取意见，研究工作，改进统战工作，更好地为党外人士服务。认真落实党的侨务政策，做好海外统战工作。

认真发挥工会与教代会的积极作用。贯彻十六大关于“坚持和完善职工代表大会和其他形式的企事业民主管理制度，保障职工的合法权益”的精神，做好教代会代表换届及工作机构换届，召开六届一次教代会，筹备召开校工会第七次会员代表大会。做好校庆45周年职工文艺演出及校庆邮展等工作，举行“纪念毛泽东诞辰110周年”全校教职工歌咏比赛活动。充分发挥东区教工活动中心的作用，大力促进精神文明建设，努力推进教职工业余文化生活的多样化，组建教工艺术团。

关心和支持共青团的建设，以“服务大局和服务青年相结合”的指导思想统领工作思路。针对新形势下团员青年思想中出现的新的热点、焦点和难点问题，开展以邓小平理论、“三个代表”重要思想和十六大精神为核心的思想政治教育。加强团内民主集中制建设，制定并执行校团委、学生会例会等制度。深化团学组织的“学习型组织”建设，确立组织学习目标，建立知识共享系统，试行院系团组织考评办法；举办第四届“学生社团文化

节”，支持团总支开展系周活动，采用广大团员青年喜闻乐见的形式，开展丰富多彩的学生文化、艺术、科技、体育等活动，营造浓郁的校园文化氛围；重点做好第八届“挑战杯”全国大学生课外学术科技作品竞赛的参赛组织工作，举办第三届创业计划竞赛。

关于印发《中国科学技术大学2003年暑期校务工作务虚会纪要》的通知

(党[2003]08号)

各院、系、直属单位，机关各部、处、室：

2003年8月12日～15日，学校召开了暑期校务工作务虚会。会议的主要任务是：以“三个代表”重要思想为指导，以创建一流研究型大学为中心，学习和贯彻中国科学院2003年夏季党组扩大会议精神，研究和讨论今后四年学校建设、改革与发展的基本思路，部署本学年度的校务工作。

这次会议是在我国进入全面建设小康社会和加快推进社会主义现代化的新阶段、全党兴起学习贯彻“三个代表”重要思想新高潮的形势下，在我校第九次党代表大会召开之前和党政领导班子换届过程中，新老领导群策群力、全校上下集思广益的一次重要会议。会议在学习“三个代表”重要思想和中国科学院2003年夏季党组扩大会议精神的基础上，结合国家全面建设小康社会的战略需求和国内外教育改革与科技发展的新形势，认真分析了我校创建一流研究型大学面临的新机遇和新挑战，深入研讨了今后几年学校工作的战略目标、主要任务、基本思路和政策措施，初步形成了新一届学校党政领导班子的任期目标；并对本学年度的学校重点工作进行了研究和部署。因此，这次会议对学校本学年度和今后几年的改革、建设和发展具有很强的指导意义，对学校的长远建设和发展也具有承前启后、继往开来的重要意义。

现将《中国科学技术大学2003年暑期校务工作务虚会纪要》予以印发，请各单位结合学校第九次党代会精神，认真组织传达和学习，并根据本单位实际认真贯彻落实，不断开创一流研究型大学建设工作的新局面。当前，尤其要按照第九次党代会和这次务虚会确定的今后几年学校工作的基本思路，精心筹划，认真组织，扎扎实实地做好本学年度的各项工作，确保各项工作任务的完成，为今后几年的改革、建设和发展开个好头。

特此通知。

中共中国科学技术大学委员会

中国科学技术大学

2003年9月1日

中国科学技术大学
2003年暑期校务工作务虚会纪要

2003年8月12日～15日，中国科学技术大学召开了暑期校务工作务虚会。会议的主要任务是：以“三个代表”重要思想为指导，以创建一流研究型大学为中心，学习和贯彻中国科学院2003年夏季党组扩大会议精神，研究和讨论今后四年学校改革、建设与发展的基本思路，部署本学年度的校务工作。

会议分两个阶段召开，在学习“三个代表”重要思想和中国科学院2003年夏季党组扩大会议精神的基础上，结合国家全面建设小康社会的战略需求和国内外教育改革与科技发展的新形势，认真分析了我校创建一流研究型大学面临的新机遇和新挑战，深入研讨了今后几年学校工作的战略目标、主要任务、基本思路和政策措施，初步形成了新一届学校党政领导班子的任期目标；并对本学年度的学校重点工作进行了研究和安排。现将这次会议的主要内容纪要如下。

一

8月12日，党委书记郭传杰主持召开全校干部大会，校领导、正副秘书长、校长助理，校学术委员会和学位委员会正副主任，部分老领导，各院系、实验室、直属单位和机关各部处室主要负责人出席了会议。会上，中国科学院人事教育局副局长杨星科作了题为《发扬“全院办校、所系结合”传统，在建立和完善我院教育体系过程中，搭建科学与教育的桥梁》的报告；党委书记郭传杰、校长朱清时就学校今后一段时期的建设与发展工作，分别作了题为《实践“三个代表”，创建一流科大——关于我校发展的一些思考》和《今后几年学校行政工作的基本思路》的报告。

杨星科在报告中围绕中国科学院“办大教育”的战略部署，就我校的建设与发展，特别是充分发挥我校在中国科学院建设“国家高级科技创新人才培养基地”中的重要作用作了阐述。他首先简要回顾了我校“创新立校”的历史，充分肯定了学校为中国科学院教育事业所做的历史性贡献。他强调，要继续弘扬“全院办校、所系结合”的办学传统，把科大的教育优势和中国科学院在科研支撑体系等方面的优势结合起来，彰显科大建设一流研究型大学的优势和特色。

杨星科强调，科大在中国科学院建设国家高级科技创新人才培养基地中具有独特优势和不可替代的作用。一方面，科大作为中国科学院培养未来人才的主体，是中国科学院可持续发展的重要保障，办好“一校一院”，充分发挥培养未来人才与培养社会人才并举的教育功能，是中国科学院建设国家高级科技创新人才培养基地的重要内容；另一方面，科大在教育方面积累了丰富经验，并探索出了教育与科研相结合的成功模式，在教学实践中是科研与教学紧密结合的纽带，在体制结构上是中国科学院从科学迈向教育的桥梁。这些对推动中国科学院研究生教育的整体发展、促进中国科学院网络式研究生教育体系早日纳入国民教育体系，都具有十分重要的作用。他希望科大充分发挥教学和教育管理的优势，为中国科学院国家高级科技创新人才培养基地建设做出积极贡献。

杨星科还指出，为提升中国科学院的教育职能，科大应建设一支没有围墙束缚、与中国科学院整体发展战略相符合、能胜任一流研究型大学建设的师资队伍。他说，路甬祥院长等院领导对科大的师资队伍建设和吸引人才工作非常关心和重视。科大的人才队伍应成为教育与科研相结合的实践者，为提升中国科学院的教育功能做贡献。他希望学校充分利用“百人计划”等人才计划，吸引和培养并重，广泛吸引海外校友回校授课，大力推进人事制度改革，建立符合市场经济规律的人力资源管理新体制。

郭传杰在《实践“三个代表”，创建一流科大》的报告中，从分析研究型大学的使命入手，深入剖析了“三个代表”重要思想与创建一流研究型大学的内在联系，强调要以“三个代表”重要思想指导一流大学建设。他在高度提炼科大独特办学经验和特色的基础上，强调我校应坚持“我创新、故我在”和“追求卓越”的精神理念、“围绕国家目标、不断开拓创新”的使命以及建设一流研究型大学的抱负。

郭传杰还结合国内外经济、科技和教育发展以及中国科学院知识创新工程的新形势，分析了我校创建一流研究型大学面临的新机遇和新挑战，提出了学校建设与发展的基本思路和措施。他指出，全校上下要紧紧抓住各种机遇和有利条件，以“十六大”精神和“三个代表”重要思想为指导，围绕创建一流研究型大学的目标，坚持“质量优异、特色鲜明、规模适度、结构合理”的办学方针，发挥“全院办校、所系结合”的传统优势，明确“立足合肥、胸怀全国、面向世界”的办学原则，构建“以创新为核心、提高全面素质”的科教体系，形成效率与公平、激励与约束相互配套的政策，加快学校建设和发展步伐。

关于学校今后一段时期的重点工作，郭传杰指出，要加强对发展战略的研究，制定学校发展总体规划；加强“全院办校、所系结合”，促进学科交叉与教研结合，建立以提高人才创新素养和科技创新水平为核心的科教创新体系；以校园创新文化建设为载体，构建全面素质教育体系；以人为本，构建高水平师资队伍；推进人事制度、分配制度和管理系统改革，加强制度创新；加强政策引导，加大开源节流，增强经济实力；建设一流的学校园区和后勤服务体系；拓展视野，扩大开放，加强宣传，树立科大良好外部形象；加强和改善党的工作，建好领导班子和管理骨干队伍；始终把握好发展、改革与稳定之间的关系，保持学校的健康持续发展。

朱清时在报告中简要回顾了前五年的学校行政工作。他指出，虽然过去五年学校的各项事业都上了一个台阶，但各项工作中尚存在一些制约学校进一步发展的深层次问题，必须通过深化改革和加强队伍建设予以解决。关于今后几年学校工作的基本思路，他强调指出，要把人才队伍建设放在首位，借鉴北京大学人事制度改革的经验和中科院知识创新工程的做法，稳步推行人事制度改革，逐步建立严格、有效的竞争机制，做到人尽其才。他认为，中国科学院是学校的大后方和母体，只有坚持和弘扬“全院办校、所系结合”的办学方针和传统，主动与中国科学院紧密结合，才能建立一支在国内具有压倒优势的教师队伍，这是继续办好学校的关键。

在培养创新型人才方面，朱清时表示，必须继续深化教学改革，推广新生入学后重新双向选择专业的做法；继续扩大“大学生研究计划”，培养学生的创新能力。关于学科建设和科研基地建设，集中建设一些大型公用实验平台，是培育原创性成果的重要举措，学校将进一步建设好理化、生命、信息、工程与材料、高性能计算和同步辐射应用6个公共实验平台；继续整合物理、化学、材料科学等有关力量，努力创建合肥微尺度物质科学国家实验室；抓好生命科学、信息科学等学科建设和其他科研基地建设。关于后勤与基建工作，朱清时强调，要进一步深化后勤社会化改革，高质量地建设好“科大花园”住宅小区、研究生教育大楼和国际学术交流中心等重点工程。

8月12日下午，党委书记郭传杰还主持召开了部分老领导、校学术委员会和学位委员会正副主任座谈会。学校领导班子全体成员认真听取了老同志、学术领导等对学校建设与发展的意见和建议，他们本着对学校事业的高度责任感和使命感，畅所欲言，建言献策，提出了许多宝贵的意见和建议。

二

8月13日～15日，郭传杰书记、朱清时校长先后主持召开专题研讨会议，重点研讨今后几年学校工作的基本思路和本学年度的重点工作。副校长程艺、王东进、侯建国、李定、李国栋分别就教育改革与发展、科研工作、人事师资和外事工作、管理创新和领导班子建设、深化后勤改革等5个专题做了报告，在对国内外一流大学的相关工作进行调研的基础上，根据我校建设和发展的总体目标，针对学校目前的基本情况和存在的主要问题，提出了今后几年改革与发展的一系列思路和措施。在此基础上，会议就今后几年学校改革、建设与发展的基本思路进行了深入研究，初步统一了思想，形成了共识，明确了工作任务和目标。校领导、正副秘书长、校长助理、党办和校办主任参加了专题研讨，郭传杰书记、朱清时校长在8月15日上午的总结性讨论中分别讲了话。

会议强调，本届党政领导班子任期的四年，正值我国全面建设小康社会、加快推进社会主义现代化的新阶段，处于国内外高等教育和科学技术深化改革、加快发展的重要时期，也是对确立我国高校未来相对地位具有重要影响的关键时期，因此，将是我校历史上一个新的重要发展机遇期。今后四年的学校工作，必须以“三个代表”重要思想为指导，以制定学校的中长期发展规划为龙头，以人才队伍建设为根本，以探索新形势下的“所系结合”创新模式为契机，以创造良好的教育创新、科技创新的条件与环境为重点，持续不断地推进一流研究型大学建设。

（一）加强战略研究和学校中长期发展规划的制定工作，促进学校的可持续发展

国家中长期科学和技术发展规划和中国科学院中长期科学和技术发展规划的制定和实施，对我校未来的发展具有重要的指导意义。加强学校发展战略的研究和总体规划的制定工作，不仅是我们当前面临的一项十分重要和紧迫的任务，而且对学校的可持续发展具有深远意义。为此，一方面要充分发扬民主，科学集中，动员全校师生员工参与学校的战略研究和发展规划的制定工作，集思广益，群策群力；另一方面要从校内外聘请一批具有高等教育和科技发展战略眼光的专家，参与我校发展规划的制定工作，使规划既具有可操作性，又具有战略性和前瞻性。

中长期建设与发展的战略研究和整体规划工作，要围绕国家战略需求和面向世界科技前沿，按照创建一流研究型大学和构建一流的教育创新和科技创新体系的要求，以事业发展、学科规划、科技布局、队伍建设、园区建设等为主要内容，明确今后10年到15年的奋斗目标、战略思路、实施步骤、工作重点和配套改革措施，为学校的长远建设和发展

提供科学指导和政策依据。

(二)积极探索贯彻"全院办校、所系结合"办学方针的新途径、新模式、新内涵

"全院办校、所系结合"是中国科学院创办科大的成功经验,也是我校的传统特色和独特优势。在当前新的形势下,紧紧抓住中国科学院办大教育的契机,采取有效措施,主动探索贯彻和实施"全院办校、所系结合"方针的新模式,发挥我校在中国科学院教育体系中的优势,巩固和发展我校在高等教育界的特色和优势,是我校提高教育科研水平和核心竞争力的重要措施。

为此,要进一步理顺并确定我校相关院系与中国科学院各业务局的业务对口指导关系;发挥"一校一院"在中国科学院教育发展战略中的核心作用,加强相互之间的积极配合;同时,围绕人才培养和科学研究,寻求与中国科学院相关研究所之间的新的结合点和合作模式,根据需要逐步聘请相关研究所负责人或学科带头人来校兼任院系行政或学术领导职务,加强双方在学科共建、联合培养研究生、共建研究中心、联合举办讲习班和学科论坛、教学和人力资源共享等方面的合作,并不断丰富和发展新的合作内涵;在北京等研究所较为集中的城市建立固定的科教基地或窗口,为"所系结合"提供保障。

(三)推进"985工程"二期计划的落实,认真组织实施知识创新工程和"211工程"建设

积极争取中国科学院、教育部和安徽省政府对学校建设和发展的进一步支持,推动新一轮三方重点共建协议的签署,启动并认真组织实施我校的"985工程"二期建设。同时,按照中国科学院知识创新工程试点全面推进阶段中期工作的要求,认真组织实施学校承担的知识创新工程试点任务。进一步加强对"十五""211工程"项目建设的组织领导和管理工作,确保按计划完成建设任务,实现建设目标。

(四)继续深化教学改革,不断推进教育创新,进一步提高人才培养质量

人才培养工作是大学的根本任务,深化教学改革,推进教育创新,培养出一流的创新人才,是我们建设一流研究型大学的关键。根据我校实际,必须围绕中国科学院办大教育和以"一校一院"为核心、以研究所为基础的高水平人才培养体系的战略目标,努力推进人才培养观念、制度和方式等方面的教学改革和教育创新。要以新形势下的"所系结合"为基础,实质性地推进教学与科研相结合,建立具有特色的创新性人才培养体系;改革研究生培养制度和方式,理顺本科生、研究生培养的连贯性,使培养过程更具科学性和先进性;加强本科生和研究生的基础知识教育,强化基础课程的基础性、思想性和创新性;提高人文和社会科学的教学水平;推进本科生专业结构调整,扩大专业交叉;大力开展"大学生研究计划",提高学生的创新能力;在专业、课程、导师的选择上,给学生更大的自主权,激发学生主动学习的积极性,形成以学生为主体的培养观念。

(五)面向国家需求和科学前沿,深化科技体制改革,增强科技创新能力

科技工作要紧紧围绕国家重大需求和世界科技前沿,要在国际前沿重要问题的探索和事关国家经济建设和社会安全的重大难题的解决上做出战略性、综合性的系统创新贡

献，力争取得若干新的具有前沿领先水平的重要成果。以合肥微尺度物质科学国家实验室建设为基础，积极构建生命科学、信息科学技术和工程技术等多学科交叉研究基地，与学校其他已建成的国家重点实验室等逐步形成园区式国家实验室的新格局和网络式管理的科技工作新模式。打破部门界限、实现资源共享，逐步建立面向全校、专管公用的服务平台和稳定的技术支撑服务队伍，为教学科研工作提供优质服务。根据不同类型科研工作的规律和特点，完善科技工作评价体系，建立相应的政策激励机制。

同时，对学校通过承担国家重大科研项目形成的具有自主知识产权和核心竞争力的综合技术与系统集成的成果进行转化；并按照社会化专业分工和市场经济的原则，定位和规范科技实业总公司的运作，促进科技成果转化和科技产业的发展。

（六）加强学科建设，打造“精品”学科，构建教学与科研并重的一流学科体系

学科是人才培养、科学研究和队伍建设的基础，加强学科建设，构建教学与科研并重的一流学科体系，是我校建设一流研究型大学的核心。要以学科规划为龙头，坚持围绕国家战略需求和面向世界科技前沿，坚持有所为有所不为，坚持队伍建设、科学研究、人才培养协调发展等原则，在保持数、理、化、天、地等基础学科优势的同时，重点发展信息科技、生命科技、纳米材料科技和工程科技等学科，合理布局，进一步优化学科结构。要通过“所系结合”，加强与中国科学院相关研究所的学科共建，促进学科上的优势互补、资源共享和共同发展。要巩固和扩大我校学科交叉的现有优势，进一步打破院系和学科界限，促进学科交叉，加强综合集成，培育和发展新的学科生长点。要坚持教学与科研并重和突出重点的原则，围绕一流学科建设，全面提高人才培养质量和科学研究水平，提高办学效益。

（七）改革人事管理制度，加强师资队伍建设，营造人才辈出、人尽其才的环境

一流的创新人才队伍是建设一流研究型大学的根本保证。为了适应国内外高等教育改革的新形势和我校教学科研事业发展的要求，必须深化人事管理制度的改革，切实加强师资队伍建设，进一步制定并实施灵活务实的人才引进和培养计划及政策和措施。同时注重发挥国际学术交流和校友工作的优势，使部分杰出校友成为学校提高师资队伍水平的重要力量；另一方面利用中国科学院“全院办校、所系结合”的优势，根据学校发展的需要，充分共享中国科学院相关研究所的高层次人才资源，建设一支具有较强国际竞争力的师资队伍，并培养一批具有国际声望的拔尖人才。

以人为本，改革人事管理制度，为教师营造一个良好的成才、育人和治学的环境；基本完成新一轮人事和分配制度的改革，改革和完善合同聘用制，进一步强化竞争和激励机制，加强人事管理工作的法制化建设，初步形成适应市场经济要求、符合高等教育规律的人事分类管理制度，提高学校人力资源效益。

（八）加强领导班子和干部队伍建设，推进管理创新，建立适应一流研究型大学建设的管理和运行机制

坚持和完善党委领导下的校长负责制，加强领导班子和基层党组织建设，认真贯彻中共中央《党政领导干部选拔任用工作条

例》,改革干部培养、选拔和任用工作,造就一支高素质的管理干部队伍。实行按需设岗、公开招聘、竞争上岗,实施干部轮岗、交流、任期和辞职制度,试行干部“上挂”和“下挂”办法,为后备干部的成长创造条件。学校在加强宏观管理与调控的基础上,对学院和机关进行目标管理。完善校院系三级管理,明晰校院系的责权利关系,推进管理重心下移;推行机关机构改革,强化服务功能,建立以服务对象为主体的考核制度,促进工作作风和管理职能的转变。坚持民主办学,促进依法治校,探索学校管理工作中学术权力和行政权力之间的平衡,充分发挥各类委员会的作用,拓宽学校与广大师生沟通和交流的渠道,吸引教学科研骨干关注和参与管理;加强现代大学制度建设,推进管理工作的制度化、信息化、服务化,使之适应并服务于教学科研事业的发展。

(九)加强党风廉政建设,推进校务公开和民主办学,完善监督和制约机制

严格执行《党政领导干部选拔任用工作监督检查办法》,实施用人失察失误追究制度。坚决落实领导干部廉洁自律的规定,全面贯彻党风廉政建设责任制,加大查处违法乱纪案件的力度,严惩腐败分子。在运行体制上将管理和监督职能分离,加强对招生、基建、维修和采购等工作的监督。强化领导班子内部监督,完善重大事项和重要干部任免的决定程序。改革和完善党的纪律检查工作,发挥行政监察和审计等职能部门的作用。实行责任制报告制度和领导干部述职述廉制度,健全重大事项报告制度、质询制度和民主评议制度。全面推进校务公开,增加学校决策和管理工作的透明度,促进民主办学。吸收更多的教学、科研骨干参加教代会,提升教代会的代表性和权威性,充分发挥教代会的民主监督作用。

(十)弘扬优良传统和校风,加强新闻和宣传工作,推进校园创新文化建设,强化学生德育与思想政治工作

坚持和弘扬我校的优良传统和校风,根据新的形势和创建一流研究型大学的新要求,加强校园创新文化建设。充分利用并整合校内外各类宣传资源,加强公共关系和新闻与宣传工作,形成开放、开明、友好的外部社会环境,树立学校的良好外部形象,增强学校的吸引力和凝聚力。正确处理改革、发展、稳定之间的关系,营造有利于教育创新和科技创新的良好氛围,促进学校的稳定健康持续发展。认真研究新形势下学生思想活动和发展的新特点,继续探索并不断完善对学生学业、生活、心理、思想状况等方面的调查了解和调控机制,密切关注学生中的特殊群体,有针对性地做好学生德育和思想政治工作,着力加强学生心理素质、社会公德和法律意识的培养;进一步加强和改进学生管理工作,探索社区化学生管理的新模式。

(十一)深化后勤社会化改革,加强园区规划和基本设施建设,创造良好的学习、工作和生活环境

在从学校行政序列中规范剥离后勤系统并逐步建立现代企业制度的基础上,规范和完善甲乙双方的合同管理,保持和促进后勤服务实体健康、稳定和可持续发展,建设具有中国特色、符合高等教育特点和需要的优质、高效、诚信的新型大学后勤服务体系。完善园区规划和校园功能定位,依据国家房改政策和市场机制,建设高质量的“科大花园”住

宅小区,完成东区新征土地的规划与研究生教育大楼的建设,建设11万伏变电站,对家属区、学生宿舍和新建大型建筑实行社区物业化管理,使校园基础设施和办学基本条件有一个根本性改变。建立和完善校园突发事件应急处理机制和工作体系,保障校园安全稳定和教学科研工作的正常秩序。

(十二)积极争取多渠道支持,深化财务管理制度的改革,充分发挥各类办学资源的效益

积极争取国家有关部门、地方政府、社会各界和海内外校友对学校建设和发展的支持,多渠道争取和扩大各种形式的办学资源。加强对各类办学资源的规范管理、充分利用和有效运营,科学管理和合理配置各类办学资源,对内强化成本核算,对外开拓办学资源。财务工作在加强规范化管理的同时,要进一步深化财务管理制度的改革,合理地调配和使用经费,充分发挥办学经费的使用效益。

三

在明确今后四年学校改革、建设和发展的基本思路的基础上,会议还着重研究了本学年度学校工作,提出了以下工作要点。

(1)建议中国科学院召开第四次科大发展工作会议,进一步理顺和疏通各院系与中国科学院各业务局之间的业务对口关系,初步形成新形势下"所系结合"新模式的基本框架,逐步聘请相关研究所负责人或学科带头人来校担任行政或学术职务,实质性地推动学科共建、联合开展科研和人才培养等工作;在继续为研究所提供高质量教育服务的同时,为各研究所的研究生教育进入国民教育体系积极发挥桥梁和纽带作用。

(2)启动学校发展战略研究和总体规划的制定工作。按照一流研究型大学建设目标的要求,坚持"目标明确、措施到位、重点突出、协调发展"的原则,制定涵盖科学研究、人才培养、队伍建设,注重学科交叉,符合本校特点和具有前瞻性、战略性的学科建设发展规划。

(3)加强教学改革和创新。加强本科生、研究生创新能力的培养;顺应国家对研究生培养制度的改革和中国科学院办大教育的战略需要,改革研究生培养制度;探索本科生、硕士生、博士生连贯性培养模式;基本形成本科生和研究生完整的课程体系;调整本科专业结构,扩大专业交叉,加强工程技术类专业,根据我校具体情况,调整部分专业的招生规模和教学重心。

(4)本着"服务社会、量力而行、人尽其才、规范管理"的原则,逐步开展专业学位教育、继续教育等各类社会急需的实用型人才的培养,加强对上述各类教育培养计划和过程的管理,分别制定相应的质量标准;探讨各类培养制度的创新,特别是软件学院的创新运作机制。

(5)在加强现有科研基地建设的同时,抓紧推进合肥微尺度物质科学国家实验室的建设和试运行,建立和逐步完善相应的管理规章制度,为学校科研工作构筑高起点的发展平台。

(6)继续完善教学科研公共服务体系的建设和管理,按照资源共享、专管公用的原则管理大型仪器设备;采取有效政策和措施,建立和稳定一支精干和高水平的技术支撑队伍。学校的大型实验中心要在满足为教学科研提供优质服务的同时,努力提高水平,争取纳入国家计量标准与认证体系。

(7)聘请校内外专家组成新一届校学术委员会,逐步形成与国际接轨的学术评估程

序和标准;将探索世界科技前沿和满足国家重大需求作为学校科技工作的主要目标,建立和完善学校网络式科技管理的新模式。

(8)完成定编定岗工作,推行人员分类管理,优化教师及其他各类人员的结构;实施优质优酬的有限期合同用人与用工制度,加强人员聘用的制度建设,推进人事管理工作的法制化。

(9)强化引进与培养教学、科研骨干人才的措施与政策,启动"杰出青年科学基金人才培养计划";完成优秀年轻人才专业技术职务的评聘工作。

(10)进行新一轮机构改革和岗位聘任,调整和优化机关和部门设置,完成中层干部的换届招聘工作,实施干部轮岗、交流和任期制度,提高管理干部的素质。

(11)深化管理运行机制的改革,健全管理规章制度,明确校院系责权利界限,推进机关管理职能的转变,完成学校管理信息系统的建设,试行教授秘书制,对毕业生离校手续实行现场办公。

(12)进一步完善并确定校园总体建设规划,明确 4 个校区的功能定位;做好"科大花园"住宅小区和研究生教育大楼的基建前期准备工作。

(13)在全校范围内实施工作用房和水电等收费制度的改革;着手建设高水平的社区服务体系,完成校园安全视频监控系统和西区 10KV 供电扩容工程建设;建立校园应急处理机制和体系。

(14)加强后勤用工制度改革和规范化管理,后勤服务集团全面实行全员劳动合同聘用制;开展培训工作,提高后勤服务的标准和质量。

(15)完成后勤社会化改革中管理模式和运行机制的转变,理顺体制、资产和人事关系;按照现代企业制度的标准,着手建设多中心服务实体,实行全成本核算。

(16)在继续加强财务规范化管理的同时,改革科研经费管理和使用办法,强化成本核算,科学合理地调配和使用经费。

四

这次校务工作务虚会是在我国进入全面建设小康社会和加快推进社会主义现代化的新阶段、全党兴起学习贯彻"三个代表"重要思想新高潮的形势下,在我校第九次党代表大会召开之前和党政领导班子换届过程中,新老领导群策群力、全校上下集思广益的一次重要会议,对学校今后几年的改革、建设和发展具有很强的指导意义,对学校的长远建设和发展也具有承前启后、继往开来的重要意义。

会议指出,今后 10 年到 20 年,是我国经济和社会发展的重要战略机遇期,也是高等教育和科学技术改革与发展的重要战略机遇期。抓住当前面临的重要机遇,主动迎接激烈竞争的严峻挑战,加快各项事业的改革和创新,对学校到 2018 年建校 60 周年前后实现一流研究型大学的建设目标,具有重要和深远的意义。同时,会议强调,做好今年的工作对顺利推进今后几年的改革和发展具有开局和奠基的重要作用,必须精心筹划,认真组织,扎扎实实地做好本学年度的各项工作,确保各项工作任务的完成。

会议号召,全校广大师生员工要以"三个代表"重要思想为指导,认真贯彻中国科学院 2003 年夏季党组扩大会议和即将召开的我校第九次党代会精神,认清形势,统一思想,振奋精神,鼓足干劲,按照这次会议确定的今后几年学校工作的基本思路,深化改革,加快发展,为开创一流研究型大学建设的新局面不断做出新贡献!

关于郭传杰、汤洪高同志职务任免的通知

(中委[2003]193 号)

中共中国科学院党组：

5 月 14 日请示收悉。中央批准：郭传杰同志兼任中国科学技术大学党委书记，免去汤洪高同志的中国科学技术大学党委书记职务。

中共中央

2003 年 5 月 22 日

关于郭传杰等同志职务任免的通知

(科发党字〔2003〕41 号)

中共中国科学技术大学委员会：

经中共中央批准(中委〔2003〕193 号)，郭传杰同志兼任中国科学技术大学党委书记，免去汤洪高同志的中国科学技术大学党委书记职务。

中共中国科学院党组

2003 年 5 月 26 日

关于朱清时同志任职的通知

（国人字[2003]78号）

中国科学院：

国务院2003年5月25日决定，朱清时继续担任中国科学技术大学校长。

中华人民共和国国务院

2003年5月25日

关于朱清时同志任职的通知

（科发人任字〔2003〕35号）

中国科学技术大学：

经国务院2003年5月25日决定（国人字〔2003〕78号），朱清时同志任中国科学技术大学校长。

中国科学院

2003年5月26日

关于许武同志任职的通知

（科发党字〔2003〕103 号）

中共中国科学技术大学委员会：

经研究，决定许武同志任中国科学技术大学党委常务副书记。

中共中国科学院党组

2003 年 11 月 6 日

关于许武同志任职的通知

（科发人任字〔2003〕89 号）

中国科学技术大学：

经研究，决定许武同志任中国科学技术大学副校长（兼，任期至本届班子届满）。

中国科学院

2003 年 11 月 6 日

关于程艺等同志职务任免的通知

(科发人任字〔2003〕44号)

中国科学技术大学:

经研究,决定:

程艺、侯建国、李国栋、李定、王东进同志任中国科学技术大学副校长(任期4年);

免去金大胜(兼)、范维澄、王广训、高文(兼)同志中国科学技术大学副校长职务。

中国科学院

2003年6月18日

关于金大胜、韩移旺同志任职的通知

(科发人任字〔2003〕71号)

中国科学技术大学:

经研究,决定:

金大胜、韩移旺同志任中国科学技术大学巡视员(副局级)。

中国科学院

2003年9月5日

关于学校领导班子成员工作分工的通知

（党[2003]013 号、党字[2004]2 号）

各分党委、党总支、直属党支部，各院、系、直属单位，机关各部、处、室：

经党委常委会议研究决定，对学校领导班子成员工作分工如下：

党委书记郭传杰：主持并全面负责学校党委工作。

校长朱清时：在校党委的领导下，主持并全面负责学校行政工作，履行学校法定代表人的职责。

党委常务副书记、副校长许武：协助党委书记负责学校党委日常工作，主持党校工作，负责干部培训；协助校长负责推进“全院办校、所系结合”和校地合作工作，会同分管副校长负责学校园区规划和重大基建项目。分管党政办公室。

副校长程艺：协助校长负责研究生和本科生教学、招生与就业指导及其他各类教育工作。分管教务处、研究生院、学生工作处、继续教育学院等。

副校长侯建国：协助校长负责人事师资、外事工作和港澳台事务、校友工作。分管人事师资处、外事办公室等，联系校友总会。

副校长李国栋：协助校长负责后勤服务和校园建设工作、校园综合治理、计划生育工作。分管后勤管理处、保卫处、人武部、基建办、后勤服务集团、校医院、附中等。

党委副书记、副校长、纪委书记李定：协助党委书记负责组织、统战和纪检工作；协助校长负责发展规划、监察审计工作。主持纪委工作，分管党委组织部、统战部、离退休干部工作办公室、监察审计处、发展与规划研究室等。

副校长王东进：协助校长负责科学技术研究、实验室建设与管理、知识产权管理、科技产业与开发。分管科学技术处、科技实业总公司等，联系国家同步辐射实验室。

党委副书记鹿明：协助党委书记负责思想政治工作和创新文化建设、宣传、学生管理工作。分管党委宣传部（新闻中心）、学生工作部等，联系工会、团委。

秘书长汪克强：协助党委书记和校长协调学校党政各部门的工作和学校的对外联络事务，负责党委书记和校长委托的其他工作。兼任党政办公室主任，分管档案馆、博物馆、接待中心、汽车队等，联系北京教学与管理部。

校长助理窦贤康：协助校长管理教学、科研公共支撑服务系统的建设与运行。分管图书馆、网络中心、公共实验中心、出版社、印刷厂、机械厂等。

校长助理尹登泽：协助校长管理学校财务和固定资产。分管财务处、校产管理处等。

特此通知。

中共中国科学技术大学委员会

中国科学技术大学

2004 年 2 月 25 日

关于校部机关机构调整的决定

（党[2003]015 号）

各分党委、党总支、直属党支部，各院、系、直属单位，机关各部、处、室：

为适应创建一流研究型大学的需要，按照党政融合、精简高效、责权明确、监管分离的原则，合理设计校部机关的组织结构，理顺职能关系，提高工作效率，提升校部机关的管理与服务水平，建立高效、协调、规范运转的机关党政管理和服务体系，在广泛调研和征求意见的基础上，经校党委常委会议研究决定，对校部机关的机构设置进行调整。现将校部机关机构调整方案公布如下：

（一）调整后的机关机构设置（排名不分先后）

（1）党政办公室；

（2）党委组织部、党委统战部（合署办公）；

（3）党委宣传部、新闻中心（合署办公）；

（4）党委学生工作部、学生工作处（合署办公）；

（5）纪律检查委员会、监察审计处（合署办公）；

（6）研究生院；

（7）校学位委员会办公室（挂靠研究生院）；

（8）教务处；

（9）科学技术处；

（10）人事师资处；

（11）外事办公室、港澳台事务办公室（合署办公）；

（12）离退休干部工作办公室；

（13）财务处；

（14）校产管理处；

（15）后勤管理处；

（16）保卫处、党委人民武装部（合署办公）；

（17）发展与规划研究室（机关直属单位）。

（二）部分工作职能的调整

（1）原招生与就业指导办公室的工作职能并入学生工作处；

（2）原西区办公室、南区办公室的工作职能并入党政办公室；

（3）原校长办公室所属的知识产权管理职能划归科学技术处；

（4）后勤管理处的房产管理职能划归校产管理处；

（5）将机关各部处室的部分服务职能分离出来，组建机关综合服务中心、学生服务中心、外事服务中心，分别挂靠党政办公室、学生工作处、外事办公室；

（6）将财务处的部分会计核算职能分离出来，组建核算中心。

调整后的机关各单位工作职责将在机构改革完成后确定并公布。

中共中国科学技术大学委员会

中国科学技术大学

2003 年 11 月 20 日

关于认真学习《“三个代表”重要思想学习纲要》，兴起学习贯彻“三个代表”重要思想新高潮的通知

（党宣[2003]01 号）

各分党委、党总支、直属党支部：

最近，中共中央印发了《“三个代表”重要思想学习纲要》（以下简称《纲要》），并发出《通知》要求认真组织学习，在全党兴起一个学习贯彻“三个代表”重要思想新高潮。认真贯彻中央精神，组织好《纲要》的学习，对于进一步深入学习贯彻“三个代表”重要思想，具有重要作用。全校各级党组织要在前一段学习贯彻十六大精神的基础上，采取各种形式，认真组织干部群众，特别是党员领导干部进行学习，以加深对“三个代表”重要思想的理解，在我校兴起学习贯彻“三个代表”重要思想的新高潮。

《纲要》从阐述“三个代表”重要思想是对马克思列宁主义、毛泽东思想和邓小平理论的继承和发展，是我们党必须长期坚持的指导思想开始，到展开“三个代表”重要思想的主要内容，最后强调用邓小平理论和“三个代表”重要思想武装全党，为全面建设小康社会、实现中华民族伟大复兴而努力奋斗，对“三个代表”重要思想进行了比较全面准确的阐述。学习《纲要》，对于更好地理解“三个代表”重要思想这一系统的科学理论，把“三个代表”重要思想的学习贯彻引向深入，具有重要的推动作用。

深刻领会学习贯彻“三个代表”重要思想，就要牢牢把握“三个代表”重要思想的历史地位和指导意义，始终坚持解放思想、实事求是、与时俱进，毫不动摇地坚持党的基本理论、基本路线、基本纲领和基本经验，为实现全面建设小康社会目标而奋斗，坚定不移地抓好发展这个党执政兴国的第一要务，促进社会主义物质文明、政治文明和精神文明协调发展，最广泛、最充分地调动一切积极因素，不断为中华民族的伟大复兴增添新力量，始终做到立党为公、执政为民，大力加强和改进党的建设。

在兴起学习贯彻“三个代表”重要思想新高潮活动中，全校各级党组织要认真组织干部群众研读江泽民同志《论“三个代表”》、《论党的建设》和《江泽民论有中国特色社会主义（专题摘编）》等一系列重要著作，把《“三个代表”重要思想学习纲要》作为重要辅助材料，既从整体上深刻领会“三个代表”重要思想，又分专题展开深入研讨。要制定分专题的学习计划，通过报告会、读书会、专题讲座、交流座谈等多种形式抓好学习，使广大党员干部和师生员工对“三个代表”重要思想的时代背景、实践基础、科学内涵、精神实质和历史地位的认识上达到新的高度，把思想和行动进一步统一到邓小平理论和“三个代表”重要思想上来，把智慧和力量进一步凝聚到实现十六大确定的各项任务上来。通过学习贯彻“三个代表”重要思想，进一步树立与时俱进、开拓创新的良好精神状态；通过学习贯彻“三个代表”重要思想，着力解决本部门影响发展的突出矛盾和问题，促进改革发展，维护社会稳定；通过学习贯彻“三个代表”重要思想，切

实解决群众生产生活中的困难和问题;通过学习贯彻“三个代表”重要思想,落实“两个务必”,按照“八个坚持、八个反对”的要求,认真解决本部门党的建设和干部作风中存在的问题。紧密团结、同心协力,解放思想、实事求是,与时俱进、开拓创新,为全面建设小康社会、开创中国特色社会主义事业新局面而努力奋斗。

兴起学习贯彻“三个代表”重要思想新高潮,关键是理论联系实际,重点是党员领导干部。领导机关和领导干部要学在前面、用在前面,做持久学、深入学的表率,成为学以致用、用有所成的模范。要将理论学习和我校一流大学的创建实际结合起来,和教学、科研、管理、服务各项工作结合起来,党员干部要带头学习好、运用好“三个代表”重要思想,在理论联系实际上做出表率,在认真贯彻“三个代表”重要思想的根本要求、不断实践“三个代表”上取得新的成效,以带动群众的学习。

全校各级党组织要深刻认识学习《纲要》、兴起学习贯彻“三个代表”重要思想新高潮的重大意义,按照党委的部署与要求,把这项工作摆上重要议事日程,制定周密计划,切实抓紧抓好,引导广大党员干部、师生员工把学习贯彻“三个代表”重要思想的活动引向深入。

特此通知。

中共中国科学技术大学委员会
2003 年 6 月 20 日

关于在全校进一步兴起学习贯彻“三个代表”重要思想新高潮的通知

(党宣[2003]02 号)

各分党委、党总支、直属党支部:

党的十六大召开以来,特别是今年 6 月,中共中央发出了在全党兴起学习贯彻“三个代表”重要思想新高潮的通知以来,我校党委下发了《关于认真学习〈“三个代表”重要思想学习纲要〉,兴起学习贯彻“三个代表”重要思想新高潮的通知》,全校各级党组织按照校党委的要求,深入开展了十六大精神和“三个代表”重要思想的学习宣传教育活动,广大师生员工对“三个代表”重要思想有了新的认识。7 月 1 日,在中央有关部门召开的“三个代表”重要思想理论研讨会上,胡锦涛同志就进一步学习贯彻“三个代表”重要思想提出了明确要求。根据党中央和中国科学院党组有关要求精神,现就在全校进一步兴起学习贯彻“三个代表”重要思想新高潮的有关问题通知如下:

(一)充分认识进一步兴起学习贯彻“三个代表”重要思想新高潮的重大意义,深刻领会“三个代表”重要思想的基本精神

党的十六大把“三个代表”重要思想同马

克思列宁主义、毛泽东思想、邓小平理论一道,确立为党必须长期坚持的指导思想,实现了我们党指导思想上的又一次与时俱进。“三个代表”重要思想是十六大的灵魂,也是贯穿十六大的一条主线。全校各级党组织要充分认识进一步兴起学习贯彻“三个代表”重要思想新高潮的重大意义,按照中国科学院党组和学校党委有关文件的要求,把学习贯彻“三个代表”重要思想作为本学期理论学习的主要内容,作为当前和今后一个时期学校的一项重要政治任务。

(二)理论联系实际,在学习的深度广度和实效上下功夫

学习贯彻“三个代表”重要思想,要进一步深化对“三个代表”重要思想的时代背景、实践基础、科学内涵、精神实质、历史地位的认识,对全面贯彻“三个代表”重要思想关键在坚持与时俱进、核心在坚持党的先进性、本质在执政为民的认识上达到新高度。学习贯彻“三个代表”重要思想既是一个理论问题,更是一个实践问题。全校各级党组织要始终保持与时俱进、拓宽创新的良好精神状态,紧密结合我校实际,认真查找、分析思想观念上存在的差距和工作中存在的问题,坚定信心,振奋精神,拓宽视野,不断总结新经验,探索新路子,开创新局面。要以“三个代表”重要思想为指导,认真落实中国科学院2003年夏季党组扩大会议精神、我校第九次党代会精神和校务工作务虚会精神,积极实施新时期的发展战略,促进我校各项工作的全面发展,不断开创我校一流研究型大学建设的新局面。要通过学习贯彻“三个代表”重要思想,着力解决本单位本部门影响发展的突出矛盾和问题,解决群众困难,促进改革发展,维护社会稳定。

(三)本学期要有步骤、分专题地开展“三个代表”重要思想的学习活动

本学期内,党政中心组带头,全校各级党组织采取自学和集中学习交流相结合的方式,分专题开展“三个代表”重要思想和中国科学院、学校有关文件的学习。(具体学习安排见附件)

(四)采取丰富多彩的形式,在全校进一步兴起学习贯彻“三个代表”重要思想新高潮

(1)校党委拟于10月、11月邀请专家到校为学校中层干部和师生作2场学习贯彻“三个代表”重要思想的专题辅导报告,并充分发挥网络功能,上载中央宣讲团报告录像等有关资料到学习研究“三个代表”主页,供学习参考。

(2)各分党委、党总支、直属党支部的学习活动要结合本单位、本部门实际,采用读书会、交流会、专题论坛、录像报告等生动活泼的形式展开,加强针对性,提高实效性。

(3)根据学生特点,适应学生需求,发挥学生理论社团的积极作用,通过报告、演讲、征文、实践等形式,组织好学生的理论学习活动。

(4)12月份召开我校思想政治工作研讨会,本次研讨会的主题是:学习贯彻“三个代表”,推进一流研究型大学建设。通过研讨会,交流学习经验,汇报、展示学习成果,集思广益,总结经验,发现问题,找出对策,研究讨论如何全面贯彻“三个代表”重要思想,为开创我校一流研究型大学新局面而扎实做好理论学习和宣传思想工作。

(五)加强“三个代表”重要思想的理论研究和“三进”工作

有关“两课”教学研究单位要制定计划,

狠抓落实，加强“三个代表”重要思想的理论研究，加大研究力度，提高研究水平。通过教师进修、培训和教材修订等方式提高课程教学水平，并探索新形式，努力将“三个代表”重要思想的学习从课堂教学向课外学习实践活动延伸，努力做到理论与实际、思想和行动相统一，积极推进“三个代表”重要思想进课堂、进教材、进学生头脑。

（六）加强对学习活动的领导和督促检查

在学习贯彻“三个代表”重要思想过程中，各单位领导干部要发挥带头和表率作用，要带头学习、带头思考，带头运用、带头实践。各单位要根据学校党委部署，周密安排本单位的学习计划，推动学习活动扎扎实实开展。各单位的学习计划书面报校党委宣传部，学习情况总结应于12月15日前书面交校党委宣传部。

特此通知。

中共中国科学技术大学委员会
2003年9月25日

中国科学技术大学2003年下半年理论学习安排计划(供参考)

学习时间	学习内容	学习目的	学习材料	学习形式
2003年9月	专题之一：学习胡锦涛总书记在“三个代表”重要思想理论研讨会上的讲话	1. 充分认识在全党兴起学习贯彻“三个代表”重要思想新高潮的重大意义 2. 深刻领会“三个代表”重要思想基本精神 3. 充分认识学习贯彻“三个代表”重要思想要着力解决实际问题，指导创建一流研究型大学的实践	1. 胡锦涛：在“三个代表”重要思想理论研讨会上的讲话 2.《“三个代表”重要思想学习纲要》	以《“三个代表”重要思想学习纲要》为主要学习内容，集中学习与自学相结合，原则上每月安排一次集中学习，每次一个单元时间。建议围绕一个专题，指定部分同志做专题发言，并进行集中讨论
2003年10月	专题之二：“三个代表”重要思想的科学内涵和精神实质	1. 牢牢把握“三个代表”重要思想的历史地位和指导意义 2. 始终坚持解放思想、实事求是、与时俱进 3. 毫不动摇地坚持党的基本理论、基本路线、基本纲领和基本经验 4. 为实现全面建设小康社会目标而奋斗 5. 坚定不移地抓好执政兴国第一要务 6. 促进社会主义物质文明、政治文明和精神文明协调发展 7. 最广泛最充分地调动一切积极因素 8. 始终做到立党为公、执政为民 9. 大力加强和改进党的建设	1. 江泽民《论“三个代表”》 2.《“三个代表”重要思想学习纲要》 3. 胡锦涛：在“三个代表”重要思想理论研讨会上的讲话	
2003年11月	专题之三：贯彻“三个代表”重要思想，推进一流研究型大学创建	1. 统一思想认识，把智慧和力量凝聚到实现十六大确定的各项任务上来，围绕全面建设小康社会的奋斗目标和重大部署，结合学校实际，形成发展思路，制定发展措施，推动各项工作取得新进展，打开新局面 2. 树立与时俱进、开拓创新的良好精神状态。查找思想观念和精神状态上存在的差距，振奋精神，开阔视野，不断推进理论创新、制度创新、科技创新、文化创新以及其他各方面的创新 3. 着力解决影响发展的突出矛盾和问题，深入调查研究，集中民意，集思广益，提出解决问题的措施和办法，促进改革、发展、稳定 4. 切实解决广大师生员工工作、学习和生活中的困难和问题，努力实现好、维护好、发展好人民群众的根本利益 5. 落实“两个务必”，按照“八个坚持、八个反对”的要求，认真解决党的建设和干部作风中存在的突出问题	1. 十六大报告 2. 新党章 3. 江泽民《论“三个代表”》 4.《“三个代表”重要思想学习纲要》 5.《江泽民论有中国特色社会主义(专题摘编)》 6. 江泽民《论党的建设》 7. 胡锦涛：在“三个代表”重要思想理论研讨会上的讲话 8. 中国科学院2003年夏季党组扩大会精神 9. 郭传杰：在中共中国科学技术大学第九次代表大会上的报告	
2003年12月				
2004年1月				

关于开展贯彻十六届三中全会精神专题学习活动的通知

(党宣[2003]03 号)

各分党委、党总支、直属党支部,机关各部、处、室:

在全党和全国兴起学习贯彻“三个代表”重要思想新高潮的重要时刻,党中央召开了十六届三中全会,作出了《中共中央关于完善社会主义市场经济体制若干问题的决定》,这对全面建设小康社会、加快推进社会主义现代化建设,具有重大的现实意义和深远的历史意义。全校各级党组织要认真组织广大党员和师生员工,结合我校创建一流研究型大学和发展战略,结合本部门的工作实际,认真学习贯彻党的十六届三中全会精神,锐意进取,深化改革,不断开创一流研究型大学建设新局面。

现将开展贯彻十六届三中全会精神专题学习活动有关工作通知如下:

一、学习时间要求

全校各级党组织要切实加强对学习活动的领导,在理论学习安排计划的基础上,着重开展十六届三中全会精神的学习。各分党委、党总支、直属党支部要紧密结合本单位的实际,制定周密的学习计划,把学习贯彻十六届三中全会精神落到实处,在寒假前至少安排一到两次集中学习。

二、主要学习内容与思考要点

(一)主要学习内容

(1)《中共中央关于完善社会主义市场经济体制若干问题的决定》;

(2)《从党的十一届三中全会到十六届三中全会》;

(3)三中全会精神解读:深化经济体制改革的历史性决策;

(4)选看辅导报告:《进一步完善社会主义市场经济体制的目标与任务》(主讲:中央党校教育长兼经济学部主任、教授、博导 李兴山);《建立现代企业制度和深化国有企业改革》(主讲:中央党校经济学部微观经济学教研室主任、教授 韩保江);《关于分配体制改革的若干问题》(主讲:中央党校经济学部副主任、教授 赵振华)。

(二)思考要点

(1)为什么说十六届三中全会的召开具有重大的现实意义和深远的历史意义?十六届三中全会有哪些创新?

(2)我国经济体制改革面临的形势和任务。进一步巩固和发展公有制经济,鼓励、支持和引导非公有制经济发展的意义?

(3)新形势下为什么要完善市场体系、规范市场秩序?为什么要继续改善宏观调控,加快转变政府职能?深化金融改革的意义和重要性。

(4)为什么完善社会主义市场经济体制必须加强和改善党的领导?积极推进就业和分配体制改革,完善社会保障体系的重要性有哪些?怎样深化科技教育文化卫生体制改革,对一流大学的建设有何意义?

三、学习要求

(一)领会精神实质

解放思想、实事求是、与时俱进,是马克思主义的精髓,也是我们认识新事物、适应新形势、完成新任务的根本思想武器。学习贯彻十六届三中全会精神,必须深刻领会和牢牢把握科学内涵和精神实质,不断在实践中探索前进。同时,要与学习贯彻邓小平理论紧密结合起来,与“十六大”精神和兴起学习贯彻“三个代表”重要思想新高潮活动紧密结合起来,与一流研究型大学建设和我校各项改革与发展工作紧密结合起来。

(二)结合实际工作,注重实效

各分党委、党总支、直属党支部在安排学习活动时,要紧密结合本单位、本部门实际,切忌走过场。通过学习,使广大师生员工进一步认清科技创新和知识创新工程以及一流研究型大学建设面临的形势和任务,牢记使命,凝聚共识,增强信心,推动工作。通过学习,着力解决本单位、本部门影响发展的突出矛盾和问题,解决群众困难,促进改革发展,维护社会稳定。

(三)集中学习与自学相结合,深入研讨

各分党委、党总支、直属党支部要结合本单位改革、发展实际,采取多种多样的学习方式,如自学和集中学习交流相结合的方式,或者采用读书会、交流会、专题论坛、专家答疑、录像报告等生动活泼的形式,不断提高学习效果。在学习过程中,要充分发动群众,集思广益,围绕“怎样建设一流研究型大学”和“全院办校、所系结合”等重大问题以及本单位、本部门的改革发展方向与目标展开研讨。

(四)领导要做学习的表率

学习贯彻十六届三中全会精神,各级领导干部要发挥带头和表率作用,要带头学习、带头思考,带头运用、带头实践。

宣传部门要制订周密的学习计划,尽快编印十六届三中全会专题学习资料,并在“学习、贯彻‘三个代表’重要思想”网站开设专题学习版块,同时安排必要的专家辅导报告,并会同有关部门就理论与时政学习情况进行必要的检查和督促。

特此通知。

中共中国科学技术大学委员会
2003年12月17日

关于召开2003年党政领导干部民主生活会的通知

(党组[2003]06号)

各分党委、党总支、直属党支部,机关各部、处、室:

按照安徽省委组织部《关于召开全省市厅级单位党员领导干部民主生活会的通知》(组通字[2003]64号)和安徽省委教育工委皖教工委函[2003]143号通知要求,结合我

校实际,现将我校召开2003年党政领导干部民主生活会的有关事宜通知如下:

(一)民主生活会的主题

以马列主义、毛泽东思想、邓小平理论和"三个代表"重要思想为指导,深入贯彻落实党的十六大精神,紧密联系一年来思想和工作实际,认真查找并深刻剖析领导班子和领导成员在思想政治建设和党性党风方面存在的突出问题。通过开展党内严肃认真的批评和自我批评,切实解决突出问题,不断提高领导班子解决自身问题的能力,增强凝聚力和战斗力。

(二)民主生活会的时间安排

各单位党政领导干部民主生活会应在本学期结束前进行,校级党员领导干部民主生活会将于2004年1月中旬召开。

(三)民主生活会的范围

校级党员领导干部,院、系、实验室党政领导干部,直属单位党政领导干部,机关各部、处、室党政领导干部(由机关党总支统一安排)。

(四)民主生活会对照检查的内容

(1)学习和贯彻"三个代表"重要思想、党的十六大、十六届三中全会精神的情况;

(2)学习和贯彻执行中共中央《党政领导干部选拔任用工作条例》和《中国科学技术大学中层党政领导干部选拔任用工作实施办法》(党[2002]07号)情况;

(3)检查《关于以"三个代表"重要思想为指导,加强和改进作风建设的若干意见》(党[2002]03号)落实情况;

(4)检查中央纪委二次全会提出的领导干部廉洁从政五项规定及贯彻落实党风廉政建设责任制情况。

(五)开好民主生活会的要求

(1)认真组织学习,广泛征求意见。按照中共中央、中共安徽省委和省委教育工委的有关要求,民主生活会前,要认真组织学习、研读党的十六大报告、十六届三中全会决定以及干部选拔任用、加强作风建设和廉政建设等方面文件精神。民主生活会召开前,要在一定范围内通报会议的主题和时间,广泛听取群众意见和建议。同时,征求本单位群众对校级领导班子和校级党员领导干部的意见和建议(纪委将组织人员到各单位听取群众意见和建议)。

(2)认真开展批评与自我批评。各级党组织主要负责人要切实履行好民主生活会第一责任人的职责,带头开展批评与自我批评。党政领导干部要根据民主生活会的主题,认真准备发言提纲,深刻进行自我剖析,敢于查找和正视问题,对一年来的工作、学习、思想和作风等进行认真对照检查。

(3)重视整改措施的落实。民主生活会要着重解决领导班子和个人思想方面存在的主要问题,对群众反映的突出问题和生活会上检查出来的问题,要逐一落实整改,不断提高民主生活会的质量。

(4)各单位民主生活会总结材料应于寒假前报送校党委组织部,校级党员领导干部民主生活会按照上级要求报送有关材料。

特此通知。

中共中国科学技术大学委员会
2003年12月8日

印发《关于加强和改进校部机关管理与服务工作的意见》的通知

(校办字[2003]41号)

各分党委、党总支、直属党支部,各院、系、直属单位,机关各部、处、室:

在认真调研和广泛征求意见的基础上,经六届一次教职工代表大会讨论和审议,并报校党委常委会议讨论通过,现将《关于加强和改进校部机关管理与服务工作的意见》予以印发施行。

校部机关工作是学校管理工作的重要组成部分,加强和改进机关管理与服务工作是建设一流研究型大学的重要内容。在当前新的形势下,学校要求机关各部门认真贯彻和落实《关于加强和改进校部机关管理与服务工作的意见》,机关干部群众牢固树立和实践为教学、科研工作和学校事业发展服务的管理理念,进一步改进工作作风,增强服务意识,提高机关管理与服务工作的效率和水平;同时,希望全校广大师生员工进一步关心和支持机关的管理与服务工作,增进相互理解,加强工作监督,共同推动机关管理与服务工作的改进和提高。

特此通知。

中国科学技术大学
2003年12月30日

关于加强和改进校部机关管理与服务工作的意见

校部机关(以下简称"机关")工作是学校管理工作的重要组成部分,加强和改进机关的管理与服务工作是建设一流研究型大学的重要内容。长期以来,机关干部群众为加强学校的管理工作、服务教学科研事业和促进学校的建设与发展做出了积极贡献。在当前新的形势下,为更好地适应创建一流研究型大学的需要,必须进一步加强和改进机关管理与服务工作,牢固树立和实践为教学、科研工作和学校事业发展服务的管理理念,改进工作作风,增强服务意识,提高工作效率,提升管理水平。为此,就当前加强和改进机关管理与服务工作提出以下意见。

(一)健全规章制度,规范管理行为

(1)结合机关机构改革,理顺职能关系,明确各部门工作职责和主要工作流程,向全校公布,以规范管理行为,并便于工作监督。按照校务公开的要求,机关各部门凡应当公开的工作事项均应及时公开。

(2)根据工作需要,逐步建立健全各部门工作的规章制度;协调各部门制定的规章制度中的统一和衔接问题。

(3)完善法律顾问制度,使其由学校工作层面向各部门工作层面深入,使机关管理工作进一步适应市场经济条件下的法制要求。

(4)组织制定学校章程,从根本上规范学校的管理行为,促进依法治校。

(二)改进服务工作,改善机关形象

(5)加强机关党组织建设,以机关各级党组织为主渠道,开展以“管理就是服务”为主题的宣传教育活动,强化机关工作人员的服务意识和理念。

(6)加强对机关管理与服务工作的监督和考评,建立以服务对象为主体的机关部门考评体系及相应的工作规范,形成对机关管理与服务工作进行监督的长效机制。

(7)配合机构改革,将部分服务面较宽的服务性和事务性岗位从机关管理序列中分离出来,组建机关综合服务中心、学生服务中心和外事服务中心,加强规范化管理,提高服务工作的效率和水平。

(8)为切实解决部分师生员工在机关办事程序繁琐、耗时较多、难度较大的问题,对一些跨部门的工作事项,实行首办部门负责制,并逐步建立和完善相应的工作机制。

(9)加强机关各部门与基层单位和服务对象的沟通与交流,一方面,吸收基层单位和服务对象的要求和建议,不断改进机关工作;另一方面,通过增进相互了解,达到相互理解和相互支持。

(三)加强机关协调,完善工作机制

(10)建立机关部门负责人联席会议制度,由秘书长主持,经常性通报学校工作,交流部门工作,研究交叉工作,加强部门之间的沟通了解和工作配合,提高机关工作的协调性。受校领导委托,秘书长对一些跨部门工作事项和学校重大活动进行专题协调。

(11)探索建立机关部门与基层单位之间的工作协调关系,为基层单位提供方便高效的机关管理与服务,并推动学校决策的贯彻落实和基层工作的协调开展。

(12)以党政办公室为枢纽,改进机关日常工作的协调,及时解决机关部门工作协调中遇到的困难和问题。

(四)强化催办督办,提高工作效率

(13)机关各部门应及时贯彻并落实校党委和行政的决策精神和工作部署,并加强对基层单位工作的检查督促、指导和服务。

(14)对机关部门承办的学校工作、受理的基层请求事项,实行限时办理制度,确有客观原因难以按时办结的应有解释和答复。

(15)结合 URP(University Resource Program)计划和办公自动化建设,促进机关管理信息资源共享,提高机关管理和服务系统的工作效率,同时为院系管理系统和师生员工提供信息服务。

(五)开展工作调研,提高队伍素质

(16)机关各部门应围绕学校建设与发展规划的制定和本部门的中心工作,积极组织开展专题调研,努力为校领导提供建设性工作建议和战略性政策意见。

(17)建立并实施校领导、机关部门负责人深入基层调研制度,在教学、科研一线解决具体问题,研究重大问题,并探索一定的机制和形式使其经常化、制度化。

(18)加强对机关干部和管理人员的培训,开设“管理论坛”,邀请上级和学校领导、校内外管理专家、学院领导、机关部门主要负责人等举行报告和讲座,一方面进行宏观和战略层面上的工作指导,并结合学校实际进行工作交流和研讨;另一方面开阔机关工作人员的视野和思维,提高机关队伍的素质和水平。

关于成立中国科学技术大学苏州研究院的决定

(校人字[2003]25号)

各院、系、直属单位,机关各部、处、室:

根据中国科学院科发人教字[2003]268号和教育部教研函[2003]3号文件精神,学校经研究并与苏州市人民政府协商,决定成立“中国科学技术大学苏州研究院”(以下简称苏州研究院)。

苏州研究院是中国科学技术大学和苏州市人民政府共同建设的非赢利性研究机构,具有独立法人资格。研究院实行董事会领导下的院长负责制。董事会是研究院的决策机构,董事会人员由双方委派。院长、副院长经双方协商后由董事会任命。

苏州研究院基本宗旨是:参与地方科技产业建设,进行科技成果转化,为地方和企业培养各类急需的实用型人才,促进经济建设和社会发展。

苏州研究院可根据当地社会经济发展的需要,通过与企业合作等多种模式,吸引国内外企业、研发机构或个人,在研究院内建立与苏州市产业结构紧密相关的研发(R&D)机构和基地,同时促进我校科技成果的转化,支持和帮助地方提升产业的科技含量,提高经济竞争力。

苏州研究院可作为我校工程硕士特别是软件工程硕士和工商管理硕士等人才培养的实习基地;同时,开展各类非全日制教育,为地方和企业培养急需的实用型人才。

中国科学技术大学

2003年10月9日

关于成立中国科学技术大学上海研究院的决定

(校人字[2003]24号)

各院、系、直属单位,机关各部、处、室:

根据中国科学院科发人教字[2003]268号和教育部教研函[2003]3号文件精神,学校经研究并与上海市南汇区人民政府协商,决定成立“中国科学技术大学上海研究院”(以下简称上海研究院)。

上海研究院是中国科学技术大学和上海市南汇区人民政府共同建设的非赢利性研究

机构,具有独立法人资格。研究院实行董事会领导下的院长负责制。董事会是研究院的决策机构,董事会人员由双方委派。院长、副院长经双方协商后由董事会任命。

上海研究院基本宗旨是:参与地方科技产业建设,进行科技成果转化,为地方和企业培养各类急需的实用型人才,促进经济建设和社会发展。

上海研究院可根据当地社会经济发展的需要,通过与企业合作等多种模式,吸引国内外企业、研发机构或个人,在研究院内建立与上海市产业结构紧密相关的研发(R&D)机构和基地,同时促进我校科技成果的转化,支持和帮助地方提升产业的科技含量,提高经济竞争力。

上海研究院可作为我校工程硕士特别是软件工程硕士和工商管理硕士等人才培养的实习基地;同时,开展各类非全日制教育,为地方和企业培养急需的实用型人才。

中国科学技术大学
2003年10月9日

关于党委办公室和校长办公室合署办公的通知

(校人字[2003]15号)

各院、系、直属单位,机关各部、处、室:

经校党委常委会议研究决定,党委办公室和校长办公室合署办公,对内统称校党政办公室。

特此通知。

中国科学技术大学
2003年8月30日

关于成立中国科学技术大学博物馆的通知

(校人字[2003]16号)

各院、系、直属单位,机关各部、处、室:

为进一步丰富校园文化生活,促进学生的全面素质教育,加强校园创新文化建设,经校长工作会议研究决定，成立中国科学技术大学博物馆。科学史与科技考古系副主任张居中同志兼任负责人。

特此通知。

中国科学技术大学

2003 年 9 月 8 日

关于中国科学技术大学“十五”“211 工程”建设项目可行性研究报告的批复

（发改社会[2003]1142 号）

中国科学院：

你院与教育部联合报来的《关于报送〈中国科学技术大学“十五”期间“211 工程”建设项目可行性研究报告〉的函》（科发人教字[2002]382 号）及其附件收悉。根据国务院批准的《“211 工程”总体建设规划》和《国家计委、教育部、财政部关于“十五”期间加强“211 工程”项目建设的若干意见》的精神，参考中国国际工程咨询公司评估意见，经研究并商财政部，现批复如下：

一、原则同意所报《中国科学技术大学“十五”“211 工程”建设项目可行性研究报告》（以下简称“可研报告”）。

（一）项目名称：中国科学技术大学“十五”“211 工程”建设项目；

（二）建设地点：安徽省合肥市中国科学技术大学校内；

（三）建设单位：中国科学技术大学。

二、中国科学技术大学“十五”“211 工程”的总体建设目标是，以重点学科建设为核心，以培育一流人才和师资队伍建设为根本，全面推进理论创新、制度创新、科技创新和教育创新，通过继续重点建设，进一步提高教育质量和学科建设、科学研究、师资队伍、学校管理的水平和办学效益，充分发挥培养高层次创造性人才、发展科学文化技术、解决国家和地方经济建设和社会发展重大问题的作用，保持学校特色和整体水平国内领先地位，为把中国科学技术大学建设成为世界知名的高水平研究型大学奠定全面而坚实的基础。

三、中国科学技术大学“十五”“211 工程”建设的主要任务包括：重点学科建设、公共服务体系建设和师资队伍建设。具体为：

（一）以重点学科建设为核心，重点建设数学、天文及理论物理中的重大问题，微尺度物质电子态、自旋态的控制与应用，化学反应的本质及选控，地球圈层相互作用的环境效应，蛋白质网络与细胞活动，多尺度复杂系统力学，带电粒子物理和同步辐射应用，火灾科学与安全工程，先进功能材料和相关技术，量子通信与信息新技术，可再生洁净能源等 11 个重点学科建设项目，加强学科布局结构调整和交叉综合，构建适应新世纪学科发展趋势的，优势突出、特色鲜明、结构优化、协调发展的高水平研究型大学学科体系。

（二）公共服务体系建设的主要任务是，

重点建设计算机网络、数字图书馆、公共实验中心等3个建设项目，提高文献资料管理和信息服务的水平，实现资源的合理配置和共享，形成为学校教学、科研和管理提供高效服务运行环境。

（三）师资队伍建设的任务是，培养和引进并重，加强培养具有国内外一流水平的名师名家，加大引进优秀中青年学科带头人和拔尖人才工作力度，调整优化教师队伍结构，深化人事制度改革，创新内部管理机制，形成一支师德高尚、业务精湛、创新力强、结构优化、富有活力的，与世界知名高水平大学相适应的教师队伍。

四、中国科学技术大学“十五”“211 工程”建设总投资 27 200 万元，其中：中央专项资金 9 000 万元（国家发展改革委安排 4 500 万元、财政部安排 4 500 万元），中国科学院配套资金 9 200 万元，中国科学技术大学自筹资金 9 000 万元。在总投资中，用于重点学科建设及装备 18 400 万元，用于公共服务体系建设 4 700 万元，用于师资队伍建设 2 800万元，预留不可预见费 1 300 万元。各建设项目投资构成见附件一。全部资金 4 年安排，具体分年度投资安排及用向按附件二《中国科学技术大学“十五”“211 工程”建设项目年度投资安排表》执行。“211 工程”建设资金按有关管理办法严格管理，单独核算，中央专项资金必须专款专用，超支不补。超计划执行所需资金由中国科学技术大学筹措解决。

五、原则同意可研报告提出的仪器设备装备计划。中国科学技术大学“十五”“211 工程”建设项目仪器设备购置投资估算 13 323万元（其中拟购进口设备约 500 万美元），拟购单台件价值 10 万元以上设备132台件（含单台件价值 160 万元以上设备 11 台）。具体实施采购计划时，可在保证拟购设备性质、用途不变和充分调研比对的基础上，根据市场的变化和仪器设备性能的发展，对设备型号作合理调整，以求实现最佳性能价格比和投资效益。

六、“211 工程”建设项目为依法必须进行招标的项目，要严格按照《中华人民共和国招标投标法》、《中华人民共和国政府采购法》等法律法规和相关部门规章，规范招标投标行为。招标投标工作原则上应委托具有相应资质的招标代理机构以公开招标方式进行。少数拟自行招标的项目须向我委备案。

七、委托你院根据上述原则，审批中国科学技术大学“十五”“211 工程”具体项目初步设计和工程概算。

八、要加强对中国科学技术大学“211 工程”建设的管理。请你院按照国家重点建设项目管理办法和建设项目人责任制的有关规定，对各项目建设进行检查和监督，保证各项投资及时到位，确保项目顺利实施和实现可研报告中确定的效益目标。请严格按上述原则实施该校“211 工程”建设，项目执行中如遇到重大问题，由你院会同我委、教育部、财政部研究解决，并请及时向我委及有关部门报送项目年度进展报告和项目完成后的总结性报告。

附件：1. 中国科学技术大学“十五”“211 工程”建设项目投资构成表

2. 中国科学技术大学“十五”“211 工程”建设项目年度投资安排表

3. 中国科学技术大学“十五”“211 工程”建设项目招标投标事项核准意见

国家发展与改革委员会

2003 年 9 月 8 日

附件 1：

中国科学技术大学“十五”“211 工程”建设项目投资构成表

单位：万元

项 目 名 称	总 投 资						主要用途	
	合计	中央专项资金			主管部委	学校自筹资金	拟购设备购置费	其他
		小计	发改委	财政部				
总 计	27200	9000	4500	4500	9200	9000	13323	13877
一、重点学科建设项目	18400	7700	3850	3850	3000	7700	10742	7658
1. 数学、天文及理论物理中的重大问题	1200	600	300	300		600	50	1150
2. 微尺度物质电子态、自旋态的控制与应用	1400	700	350	350		700	600	800
3. 化学反应的本质及选控	1400	700	350	350		700	430	970
4. 地球圈层相互作用的环境效应	1400	700	350	350		700	962	438
5. 蛋白质网络与细胞活动	1400	700	350	350		700	1280	120
6. 多尺度复杂系统力学	1400	700	350	350		700	700	700
7. 带电粒子物理和同步辐射应用	1400	700	350	350		700	785	615
8. 火灾科学与安全工程	1200	600	300	300		600	975	225
9. 先进功能材料和相关技术	1400	700	350	350		700	700	700
10. 量子通信与信息新技术	1400	700	350	350		700	770	630
11. 可再生洁净能源	1200	600	300	300		600	610	590
12. 整体学科建设及绩效滚动经费	3600	300	150	150	3000	300	2880	720
二、公共服务体系建设项目	4700	1300	650	650	3400		2581	2119
1. 计算机网络建设	1000	400	200	200	600		386	614
2. 数字图书资料建设	1200	400	200	200	800		195	1005
3. 公共实验中心建设	2500	500	250	250	2000		2000	500
三、师资队伍建设	2800				2800			2800
四、预留不可预见费	1300					1300		1300

附件 2：

中国科学技术大学“十五”“211 工程”建设项目年度投资安排表

单位：万元

项 目 名 称	合 计	中央专项资金		主管部委	学校自筹资 金
		发改委	财政部		
总投资	27200	4500	4500	9200	9000
2002 **年投资安排**	5367			1867	3500
其中：重点学科建设	3494			500	2994
公共服务体系建设	567			567	
师资队伍建设	800			800	
预留不可预见费	506				506
2003 **年投资安排**	11633	2200	4000	2733	2700
其中：重点学科建设	8614	1882	3422	1000	2310
公共服务体系建设	2029	318	578	1133	
师资队伍建设	600			600	
预留不可预见费	390				390
2004 **年投资安排**	5979	1300	300	2778	1601
其中：重点学科建设	3572	1112	257	833	1370
公共服务体系建设	1176	188	43	945	
师资队伍建设	1000			1000	
预留不可预见费	231				231
2005 **年投资安排**	4221	1000	200	1822	1199
其中：重点学科建设	2720	856	171	667	1026
公共服务体系建设	928	144	29	755	
师资队伍建设	400			400	
预留不可预见费	173				173

附件3：

中国科学技术大学“十五”“211工程”建设项目招标投标事项核准意见

	招标范围		招标组织形式		招标方式		不采用招标方式
	全部招标	部分招标	自行招标	委托招标	公开招标	邀请招标	
勘　察							
设　计							
建筑工程							
安装工程							
监　理							
仪器设备	√		√	√	√	√	
重要材料							
其　他							

审批部门核准意见说明：

核准。

请严格按照《中华人民共和国招标投标法》、《中华人民共和国政府采购法》等法律法规和相关部门规章，规范招标投标行为。招标投标工作原则上应委托具有相应资质的招标代理机构以公开招标方式进行。少数拟自行招标的项目须向我委备案。

国家发展和改革委员会
二〇〇三年九月八日

关于批准北京凝聚态物理等5个国家实验室筹建的通知

教育部、中国科学院：

你们上报拟组建的北京凝聚态物理国家实验室、合肥微尺度物质科学国家实验室、武汉光电国家实验室、清华信息科学与技术国家实验室、北京分子科学国家实验室具有很好的基础和条件，经研究，决定批准这5个国家实验室开始筹建。

各筹建实验室可挂牌“××国家实验室(筹)”。国家实验室实行国家相关部门、地方乃至社会力量共同建设、共同支持、共同管理的新体制。科技部将积极筹措经费，支持国家实验室建设。教育部“211工程”、“985工程”，中国科学院“知识创新工程”等要对国家实验室建设予以重点支持。鼓励地方、企业等以多种方式参与国家实验室建设。

国家实验室在原有国家重点实验室等相关实验室的基础上整合重组相关资源建设，筹建期间，原有国家重点实验室、部门重点实验室等实验室名称可继续使用。国家实验室建成验收后，原有国家重点实验室、部门重点实验室等实验室建制将撤销。

中华人民共和国科学技术部

2003年11月25日

（注：此文件收入本年鉴时有删节）

附件：

批准筹建的5个国家实验室名单

序号	国家实验室名称	依托单位
1	北京凝聚态物理国家实验室	中国科学院物理研究所
2	合肥微尺度物质科学国家实验室	中国科学技术大学
3	武汉光电国家实验室	华中科技大学等单位
4	清华信息科学与技术国家实验室	清华大学
5	北京分子科学国家实验室	北京大学 中国科学院化学研究所

中国科学技术大学校区扩建第一期工程项目建设总结报告

（2003 年 11 月）

中国科学技术大学是中国科学院所属的一所以前沿科学和高新技术为主、兼有以科技为背景的管理和人文学科的综合性全国重点大学，1958 年 9 月创建于北京，首任校长由郭沫若兼任。它的创办被称为“我国教育史和科学史上的一项重大事件”。建校后，中国科学院实施“全院办校，所系结合”的办学方针，学校紧紧围绕国家急需的新兴科技领域设置系科专业，创造性地把理科与工科即前沿科学与高新技术相结合，坚持教学与科研、理论与实践相结合，注重基础课教学，宽口径培养新兴、边缘交叉学科的尖端科技人才，得到迅速发展，建校第二年即成为最年轻的全国重点大学。

1970 年初，中国科学技术大学由北京迁至安徽省合肥市。学校的新校址为原合肥师范学院和原安徽省银行干部学校（东区、北区）两处，全部校舍面积仅 6 万 m^2。由于在搬迁过程中，仪器设备和图书资料遭到严重破坏，使正常的教学和科研工作受到很大的影响。为此，中国科学院领导一直十分关心改善学校的办学条件，竭尽全力支持学校在合肥的重新建设。到 20 世纪 80 年代初期，学校的校舍面积虽然已达 20 多万 m^2，但从数量上看仍然严重不足，种类不配套，基础教学实验课尚有 15％无法开设，专业实验教学用房尚缺 50％以上，严重地影响了学校的进一步发展。之后，在中国科学院和教育部的高度重视和共同努力下，国务院（84）国函字 56 号和国家计委（86）1046 号文，正式批准中国科学技术大学列入“七五”期间国家重点支持的 10 所大学之一。中国科学技术大学校区扩建第一期工程也正式开始实施。

一、工程概况

1. 建设依据

（1）1986 年 6 月 19 日国家计划委员会《关于中国科技大学校区扩建第一期工程设计任务书的批复》（计科〔1986〕1046 号）；

（2）1986 年 11 月 6 日国家计划委员会《关于中国科技大学扩建工程总体规划及初步设计的批复》（计基〔1986〕2250 号）；

（3）1991 年 4 月 24 日国家计划委员会《关于中国科技大学扩建工程调整投资概算问题的批复》（计科技〔1991〕521 号）；

（4）1994 年 4 月 29 日中国科学院《关于调整我院科技大学校区扩建工程可行性研究报告的批复》（科发计复字〔1994〕0035 号）；

（5）1994 年 8 月 25 日中国科学院《关于调整中国科学技术大学扩建工程初步设计及概算的批复》（科发建复字〔1994〕0089 号）；

（6）2003 年 9 月 23 日中国科学院《关于再次调整中国科学技术大学校区扩建工程（一期）项目初步设计概算的批复》（科发建

复字〔2003〕355号)。

2. **建设地点及建设内容**

校区扩建第一期工程共有40余个单体建筑及水、电、路等总体配套项目,分布在学校东、西、北3个校区,其中:东校区有行政办公楼、医院、食堂等;西校区有图书馆、教学楼、力学楼、电子楼、生物楼、食堂、学生公寓等;北校区主要为教职工住宅。

3. **学校规模**

根据中国科学院科发计字〔86〕0225号文的核定,中国科学技术大学的在校生规模为6300人(其中:本科生4500人,研究生1500人,代培生300人);教职工的编制为3800人(包括教学人员、专职科研人员、国家同步辐射实验室人员及其他辅助人员),其中流动编制100人。

4. **设计、施工及审计**

为加快校区扩建第一期工程建设,西校区(新校区)的总体规划和设计工作由华东建筑设计研究院承担,东校区的规划和其他一些单体设计分别由合肥市规划设计研究院、安徽省建筑设计院、南京工学院设计院、科大设计室、三联设计室等单位设计。

校区扩建第一期工程是国家重点建设项目,同时也被安徽省列入重点建设项目,安徽省建筑工程总公司下属的第一、第三建安公司和工业设备安装公司承建了其中的主体项目施工,另外中铁四局建筑处、安徽湖滨建安公司、巢湖建安公司和六安建安公司也承担了一些单体工程的建设。

校区扩建第一期工程的工程决算由中国建设银行合肥市支行负责工程造价审计。安徽正信会计师事务所负责校区一期扩建工程的财务审计。

校区扩建第一期工程于1987年1月开工,1998年全部竣工。

二、项目完成情况

(一) 工艺设计

根据学校分为东、西、北3个校区的实际情况,为统一规划,严格功能分区,为使工艺设计满足学校教学、科研多方面要求,学校在批准的建筑面积和投资限额的前提下,进行了综合平衡下的工艺设计,对相近实验条件的实验室进行归类,尽量建通用实验室,以适应因学科发展实验室不断改造的需要。

在工艺设计过程中,学校组织了相关技术人员,在中国科学院相关部门的大力支持下,进行了大量的国内外工艺调研,资料收集等工作。1985年5月学校又组织基建代表团去日本、香港两地考察学习;之后又深入到各个相关系、部、处、室,在听取各系各学科所属教学科研人员对工艺设计的要求与意见的基础上,按照建设的可实现条件进行归纳和整理,形成初步工艺资料,然后多次召开座谈会、讨论会对初稿进行讨论和修订。根据批准后的工艺要求,于1986年1月编写了《中国科技大学校区扩建第一期工程工艺书》,作为设计单位进行规划和建筑施工设计的依据。

总体规划设计完成后,还举行了总体规划审定会和审定论证会。规划审定会由中国科学院主持,中科院相关职能部门和专家参加,并邀请了安徽省和合肥市的规划、建管、消防、环保等部门和设计院有关专家参加,形成了审定会会议纪要。单体工程施工设计是在总体规划经批准后进行的。

校区扩建第一期工程总体规划设计和单体功能设计,基本上体现了总体布置紧凑,功能分区明确的要求。尤其是新校区形成的教学实验区、学术交流活动区和学生生活区，三区用环形道和林荫道构成有机的整体，建筑物之间以步行系统为核心进行高低错落组合，形成一系列丰富的围合空间，营造了一个安静、新型的学术交流和人际交往的学习、工作环境，体现了现代高等学府的风格和一个微型科学城的缩影。

（二）建安工程

校区扩建第一期工程是国家重点建设项目，安徽省也将该项目列为安徽省重点工程，并由当时的邵明副省长亲任该重点工程领导小组组长，在安徽省重点建设工程办公室的统一协调下，一期扩建工程主体建筑于1987年1月开工。

学校对于校区扩建第一期工程建设非常重视，首先在校内选派、调整基建领导班子，配备了建筑、结构、水、暖、电、预决算、财务、材料的专业技术人员。并建立总工艺师、总工程师技术负责制，制定工程管理各项规章制度。其次，针对校内教学、生活设施紧缺的现状，为尽快发挥建设项目效益，学校将全部建设内容认真安排，按照轻重缓急的要求，首先启动了西区学生宿舍、食堂、教学楼等项目建设，保证该批次工程在第二年即投入使用，从而缓解教学及生活设施方面的压力。由于资金等方面的原因，校区扩建工程于1998年全部竣工。累计竣工各类校舍面积167 845m^2，其中：教学实验用房75 978m^2；学生生活用房23 421m^2，教工住宅39 370m^2，行政福利房配套用房29 076m^2。另外，还完成了校区道路9 470延长米，计48 713m^2；围墙2 130延长米；铺设高压电缆5 780m；动力照明电缆27 690m；架设通讯广播电缆7 040m；安装路灯149套；铺设给水管道（含消防）7 132m，排水管道6 612m，供暖管道12 976m，安装管道煤气1 426户。另外，学校与合肥市政府、合肥市供电局共同出资新建黄山路变电所，还出资委托合肥市建委新建了学校东区大门口的金寨路地下通道。

校区扩建第一期工程建设前后长达12年之久，由于项目建设过程中消防及环保的要求与现在的规定有所不同，未委托质量监督，为确保质量，今年，我校又重新委托合肥市消防、环保和房屋质量鉴定部门对上述项目中的各建筑物进行鉴定检查。通过鉴定和检查，验证了各建筑物的质量良好，无重大质量缺陷，针对消防设施方面存在的问题，学校筹措了近200万元的经费，进行了认真的整改，消除了安全隐患。

（三）材料及设备

1. “三材”

1987年1月，校区第一期扩建工程的初步设计申报的“三材”总量为：钢材11 709吨，木材13 120m^3，水泥66 319吨。由于当时尚有部分工程的施工图未出齐，为了不影响工程进行，中国科学院基本建设局有关领导会同国家物资总局领导和专家来我校进行现场检查，暂定：钢材9 500吨，木材8 000m^3，水泥55 000吨。由于1988年～1989年期间，钢材和水泥的订货率较低，国家物资总局给予了一定数量的指标弥补。截止1989年底，国家物资总局累计下达：钢材指标12 210吨，木材指标9 900m^3，水泥55 400吨。钢材实际订货及消耗量为11 346吨，木材实际订货及消耗量为9 900m^3，水泥实际订货量为53 060吨，实际消耗为54 100吨（另由中国科学院调剂1 040吨）。同年底，国家物资总局〔1989〕物基重字76号文批准对我校“三材”核消。

2. **土建设备**

校区扩建第一期工程中的土建通用设备由学校组织工程技术人员、物资采购人员以及院系的科研人员，在进行调研的基础上确定设备的厂家和价格，然后交施工单位进行订货。第一期工程土建通用设备共订货408台（套），其中：空调、通风类（含冷却塔）93台（套）；变配电类197台（套）；供水设备（含锅炉）100台（套）；电梯（含提升机）18台（套），累计完成了经费投资880.03万元。

校区扩建第一期工程采购的这批土建通用设备中，仍在使用的有258台（套），已报废99台（套），待报废的有51台（套）。

3. **教学仪器设备（5万元以上教学设备）**

教学仪器设备由学校实验设备处与各系实验室共同负责采购，在考察调研的基础上进行设备订货。校区扩建第一期工程的教学仪器设备累计订货31台（套），计51件（其中：进口设备7台（套），计18件），累计完成投资500.16万元。这批教学仪器设备到货后即投入安装、调试，为我校培养高素质人才和产生有显示度的科研成果发挥了很好的作用。

校区扩建第一期工程采购的这批仪器设备中，仍在使用的有18件，已报废的有24件，待报废的有9件。

（四）财务执行情况

校区扩建第一期工程经批准调整后的概算总投资为15229.98万元，其中：国家投资14628.22万元（含1985年前征地投资1187万元），单位自筹601.76万元；建设资金实际到款15229.98万元，其中国家拨款14628.22万元，单位自筹拨款601.76万元。

工程累计完成投资15229.98万元，其中：建筑安装工程11023.57万元、设备1380.19万元（土建通用设备880.03万元、教学仪器设备500.16万元），待摊1891.38万元，转出投资917.07万元，其他投资17.77万元。交付使用资产占总投资93.98%。

同时，为解决北京户口职工退休住房，原概算中有100万国家投资计划直接下达到我校北京研究生院，用于购买老有所归住房。2003年批准调整概算予以调减。

校区扩建第一期工程建设周期长，子项目多，给财务管理带来了一定难度。在中国科学院有关部门的指导、帮助和建行的监督、支持下，我校采用对工程决算实行“三审”（即工程负责人初审、专职预决算人员复审、建行终审）的有力措施，全体基建人员的通力合作，不仅保证了校区扩建第一期工程的顺利竣工，而且在提高投资效益、降低工程成本、节约投资等诸方面均取得显著效果。在建设期间，接受国家审计署、安徽省审计厅、中国科学院监察审计局等单位多次来校审计，均没有发现重大违纪现象。

按照中国科学院的要求，我校还专门委托安徽正信会计师事务所对一期扩建工程财务竣工决算报告审计，审计意见认为“中国科学技术大学一期扩建工程竣工财务决算报表符合《国有建设单位会计制度》及有关规定要求，在所有重大方面公允地反映了一期扩建工程的资金来源、运用、结余、项目成本及交付使用资产情况”。

（五）档案资料

基建档案是整个基建工程项目从立项，可行性研究、初步设计、施工到竣工使用全过程应当保存的各类文件资料，是反映工程建设面貌的重要依据和真实写照。由于校区扩建第一期工程建设周期长，工程项目多，涉及范围广，特别是学校原基建部门的领导和档案管理人员变动频繁，2000年5月，基建工程档案由基建处移交校档案馆，档案馆配备了2名档案员专门负责对包括一期工程在内的基建文档进行整理。2003年3月，学校为迎接中国科学院对我校一期扩建工程的验收，成立了5个相应专业的验收准备小组，其中档案小组由学校档案馆馆长亲自牵头，档案小组在中国科学院、合肥市城建档案馆领导、专家的指导下，按照原国家教委颁发的《高等学校档案实体分类与高等学校档案工作规范》进行了分类整理，对缺少的资料，到有关部门进一步查找；对不规范的资料，进行了完善整改。经过数月的努力，校区扩建第一期工程52子项目共形成档案1597卷，声像档案11卷。结合档案管理规范化、现代化的要求，为了便于检索利用，我校还将所有案卷目录，输入校案馆计算机档案信息管理系统，使一期扩建工程的项目档案的完整性、准确性、系统性、安全性和科学性诸方面基本符合验收要求。

校区扩建第一期工程档案除校档案馆保存一套外，还移交合肥市城建档案馆一套，移交中国科学院档案馆卷内目录一份。

三、投资效益

校区扩建第一期工程的建成，为学校提供了近17万m^2的校舍，其中包括：5万m^2的实验楼，1.1万m^2的教学楼，1.6万m^2的图书交流中心楼，从而缓解了学校迁至合肥后教学科研用房紧缺的情况，初步解决了制约科大发展的瓶颈问题。

校区扩建第一期工程完成后，学校的人才培养规模得到了稳定发展。本科生的招生规模从1987年的600名左右，扩大到1999年的1800名（近几年一直稳定在这个规模）；研究生招生规模有了更大发展，1987年研究生招生368名，到2003年研究生招生已达2229名。另外，每年还为中国科学院所属研究院所代培研究生500名～800名。学校现有9个学院、23个系和少年班，39个本科专业，国家重点学科19个，17个一级学科博士学位授权点，89个二级学科博士学位授权点，105个硕士学位授权点，已具备培养学士一硕士一博士完整的教育体系，成为中国科学院高素质人才重点培养基地。

校区扩建第一期工程的完成，为提高学校的科研水平打下了坚实的基础。目前国家同步辐射实验室、火灾科学国家重点实验室、理化科学中心已成为国内一流的科研中心。

学校一直承担了很多国家级重大科研课题，每年发表大量高水平的科研论文。根据国家科技部公布的资料显示，我校发表的SCI论文数，每年都排在全国高校第3名～第5名之间；发表的高影响因子论文数连续位居全国高校首位。1987年～2002年，学校获得了一大批科研成果奖励，其中国家级奖28项，中国科学院，其他部委奖180项。近5年来，我校还新增了13位院士。

总之，校区扩建第一期工程的实施为学校进一步的发展奠定了坚实的基础，提供了良好的物质条件。

四、经验与体会

1. 各级领导的高度重视，地方政府大力支持，是校区第一期扩建工程顺利完成的可靠保证

国家从发展我国教育事业，培养高科技人才的战略高度，将我校列入重点建设院校；原国家计划委员会于1987年将我校校区扩建第一期工程列为国家重点项目纳入管理，为工程的顺利进行奠定了基础。

安徽省政府将该扩建工程列为安徽省重点工程，还专门成立了由邵明副省长任组长，省计委、建委主任任副组长的中国科学技术大学重点工程领导小组，并得到了省及合肥市各级领导部门的大力支持。在安徽省重点建设工程办公室的统一协调下，为学校的扩建工程创造了良好的条件：如征地拆迁，安排一流的施工队伍，对学校实行各种优惠政策，减少报批手续，减免费用等等。

中国科学院综合计划局、基本建设局的各位领导和专家，全力以赴地对扩建工程进行指导和帮助，解决种种困难，对学校的扩建工程给予了极大的支持，如：工艺论证，规划审定，资金到位，工程进度，“三材”指标，科学院各有关部门之间的协调等，这些都大大促进了该工程建设的进程。

2. 西区（新校区）的总体规划是一次成功的实践

西区（新校区）建设是校区扩建第一期工程的主要建设内容，新征土地 54 公顷(800 余亩，含国家同步辐射实验室用地)。学校在中国科学院的大力支持下，认真调研，对规划设计反复论证、比较后，决定选用华东建筑设计院的西区总体规划方案。经过十多年的建设，当年的农田已变成了美丽的校园，基本实现了功能分区合理、建筑布局新颖，具有时代感，为今后发展留有充分用地的园区规划目标。

1999 年 7 月，中国科学院、教育部、安徽省人民政府三方签署重点共建中国科学技术大学的协议；2001 年，中国科学技术大学全面进入中国科学院知识创新工程序列；2003 年 11 月中国科学院又将在科大举行“全院办校，所系结合”专题座谈会，探讨新形势下“全院办校，所系结合”的新途径、新模式、新内涵……这些不仅充分肯定了我校特别是近几年来所取得的辉煌成就，而且预示着学校美好的未来。今后，我校将进一步深化改革，大胆创新，努力做好学校的各项工作，加速推进一流研究型大学建设。

中国科学技术大学校区扩建第一期工程项目国家验收意见

2003 年 12 月 1 日，国家发展和改革委员会委托中国科学院（以下简称“中科院”）在中国科学技术大学（以下简称“科大”）主持召开了“中国科学技术大学校区扩建第一期工程”（以下简称“一期工程”）项目国家验收会议。国家验收委员会由国家发展和改革委员会、财政部、中科院、部分大学、安徽省、合肥市等有关部门的领导和专家组成。国家验收委员会听取了建设单位、设计单位、施工单位的报告和该项目初步验收委员会的验收意见，查验了工程现场，查阅了文件、图纸等档案资料，经过认真审议，形成如下意见。

一、工程概况

该项目于 1986 年 6 月 19 日由国家计划委员会批准立项，被列为“七五”国家重点工程项目。历经数次调整，中科院以科发建复字〔2003〕355 号文确认了该项目总建筑面积 167845m^2，总投资 15 229. 98 万元，其中国家投资 14628.22 万元，自筹资金 601.76 万元。该项目从 1987 年开始实施，1998 年全部竣工并投入使用。

二、验收依据

1. 1986 年 6 月 19 日国家计划委员会《关于中国科技大学校区扩建第一期工程设计任务书的批复》（计科〔1986〕1046 号）；

2. 1986 年 11 月 6 日国家计划委员会《关于中国科技大学扩建工程总体规划及初步设计的批复》（计基〔1986〕2250 号）；

3. 1991 年 4 月 24 日国家计划委员会《关于中国科技大学扩建工程调整投资概算问题的批复》（计科技〔1991〕521 号）；

4. 1994 年 4 月 29 日中科院《关于调整我院科技大学校区扩建工程可行性研究报告的批复》（科发计复字〔1994〕0035 号）；

5. 1994 年 8 月 25 日中科院《关于调整中国科学技术大学扩建工程初步设计及概算的批复》（科发建复字〔1994〕0089 号）；

6. 2003 年 9 月 23 日中科院《关于再次调整中国科学技术大学校区扩建工程（一期）项目初步设计及概算的批复》（科发建复字〔2003〕355 号）；

7. 1997 年 5 月 22 日中科院《关于印发〈中国科学院基本建设项目（工程）竣工验收各专业验收要点及竣工验收有关事项的通知〉》（科发建字〔1997〕0227 号）；

8. 国家和地方颁发的验收规范及有关规定。

三、验收意见

1. 该项目已按照原国家计划委员会、中科院批准的建设规模和内容，于 1998 年全部建成并投入使用。项目包括教学科研用房、学生公寓等 11 个子项目和 28 个配套项目，竣工总面积 167845m²。

2. 该项目设计合理，基本符合教学科研工作的要求，达到了一期工程建设目标。

3. 该项目施工管理规范，工程质量合格，符合消防、环保等规范要求。

4. 该项目的设备选型满足设计要求，管理基本符合规范。

5. 该项目在财务管理上，严格执行国家财政法规和会计制度。经审计，竣工财务决算符合《国有建设单位会计制度》及有关规定。该项目实际完成投资 15229.98 万元，其中，非经营性转出投资 917.07 万元，交付使用资产价值 14312.91 万元。

6. 该项目文件材料收集归档基本齐全，共形成档案 1608 卷。案卷整理基本符合要求，分类清楚，使用方便。

7. 该项目取得了明显的投资效益，科大西区初具规模，从根本上缓解了科大教学科研用房紧缺的状况，解决了制约科大发展的瓶颈问题，为科大的发展，特别是实施“211 工程”和进入“985 工程”奠定了坚实的基础。

综上所述，验收委员会认为，中国科学技术大学校区扩建第一期工程项目已按照原国家计划委员会、中科院批准的建设规模建成，设计合理，经济适用，工程质量合格，符合消防、环保等规范要求，运行情况良好，总体上达到了当时国内高校较高的水平，取得了较好的投资效益。

国家验收委员会一致同意该项目通过国家验收。

中国科学技术大学校区扩建
第一期工程项目国家验收委员会
2003 年 12 月 1 日

附件：

中国科学技术大学校区扩建第一期工程项目验收委员会

	姓　名	单　　位	职务/职称
主　任	白春礼	中国科学院	副院长/院士
副主任	施尔畏	中国科学院	秘书长/研究员
委　员	吴玉和	国家发改委投资司	处长
	任志武	国家发改委高技术司	处长
	朱秀俊	国家发改委国家投资项目评审中心	高工
	张　新	财政部教科文司科学处	副处长
	王燕民	国家档案局经济科技档案司	处长
	张世民	上海交通大学	副校长/教授
	李志强	四川大学	副校长/教授
	韩江洪	合肥工业大学	副校长/教授
	蒋协助	中科院办公厅	主任
	李志刚	中科院综合计划局	局长/研究员
	刘　毅	中科院人事教育局	局长/研究员
	彭玉水	中科院监察审计局	局长
	孔繁文	中科院基本建设局	局长
	刑淑英	中科院基本建设局	总工程师/高工
	韩　晖	华东建筑设计研究院	副书记
	郑德尧	安徽省建工集团有限公司	副总经理
	段超良	中国建设银行安徽省分行	副行长
	奚智宝	合肥市公安消防支队	支队长
	吴　峻	合肥市环境保护局	副局长
	葛　斌	合肥市建筑业管理局	总工程师
	王爱华	合肥市规划局	局长
	张顺涛	合肥市城建档案馆	副馆长
	孙　浩	合肥市房屋安全鉴定办公室	副主任
	朱清时	中国科学技术大学	校长/院士

中国科学技术大学建设发展工作协调会议纪要

（中共安徽省委办公厅2003年第4号，2003年10月23日印发）

2003年9月8日，中共安徽省委副书记张平主持召开中国科学技术大学建设发展工作协调会议。科大党委书记郭传杰、校长朱清时，省委副秘书长方一本，省政府副秘书长、办公厅主任梁热，省教育厅厅长陈贤忠，省科技厅厅长唐承沛，省发展计划委员会副主任李明，合肥市委副书记、市长郭万清，合肥市委副书记孙志刚，科大党政领导班子其他成员等出席了会议。会议听取了科大关于教学、科研、管理、党建和思想政治工作情况，今后几年建设发展的目标任务，服务安徽经济社会发展的基本思路等方面的汇报，强调科大既要围绕国家重大战略需求和面向世界科技前沿，创建一流研究型大学，同时又要贴紧安徽，服务省、市现代化建设，为安徽经济社会快速发展做出应有贡献。会议要求，省、市及各有关部门要大力支持，积极为科大的发展创造良好的外部环境。现纪要如下：

（一）统一认识，努力支持科大建设发展

科大是我国高质量人才培养和高水平科学研究的重要基地，是国际上有影响的大学，也是我省高等教育的重要组成部分，在科教兴皖、人才强省，特别是在确立合肥市作为全国科教基地的地位、塑造我省区域形象、扩大影响力和增强吸引力等方面具有十分重要的作用。支持科大发展是服务全国大局的需要，更是加快我省发展的需要。省、市及有关部门要进一步提高认识，全力以赴支持科大创建一流研究型大学。

（二）抓好落实，认真解决科大建设发展中的相关问题

省、市及有关部门要把科大的发展看作是自己的事业，转变作风，主动服务，真正把国家和省里各项支持政策落到实处，帮助协调解决科大发展过程中的实际问题。要把支持科大创建一流研究型大学纳入经济社会发展规划，制定有关扶持政策和措施。省政府继续与中国科学院和教育部重点共建科大，支持科大“985工程”二期建设。合肥市要把科大校园建设列为城市建设重点项目，纳入城市建设总体规划，并尽早出台有约束力的规范性文件，对东西校区之间地带进行规划控制；支持“科大花园”住宅小区建设工作尽快落实，并给予政策优惠；支持科大实施电力增容工程，解决学校电力供应和保障能力不足的问题；积极协调尽快解决省建一公司和常青镇光明纸箱厂占地不还而影响科大校园规划建设的问题，以及国家同步辐射实验室南围墙外的环境问题，努力为科大建设与发展创造良好条件。

（三）加强合作，充分发挥科大在安徽经济社会发展中的作用

加强省校合作既是科教兴皖的需要，也

是科大加快发展的需要。要充分发挥科大在国内外交流广泛、凝聚力强的优势，促进我省招商引资和引进人才工作；发挥科大师资力量的优势，为我省培养更多的高素质人才；发挥科大科教资源雄厚的优势，促进优质资源共享，为省属高校和科研机构提供支持和服务；发挥科大科研力量强、科技人才多的优势，加大科研合作和科技攻关力度，帮助解决我省经济建设中的重大技术难题；发挥科大科技成果和科技服务水平优势，力争更多的科技成果在我省实现转化和产业化；发挥科大技术和人才支撑作用，鼓励校办高新技术企业、研发机构和科技项目进城入园，带头促进高校间的合作交流，不断推动合肥科教城的建设发展。

（四）齐心协力，共同营造科大建设发展的良好环境

省、市各有关部门要支持科大进行教育创新和科技创新，与科大相互配合，建立和完善校园突发事件应急处理机制和工作体系，切实保障学校的政治稳定、校园的安全稳定和教学科研工作的正常秩序。科大要进一步加强学校党建工作，加强对师生特别是青年学生的教育，有针对性地做好思想政治工作，切实维护安定团结的政治局面和社会稳定。

（五）落实责任，建立促进科大建设发展的协调组织和工作制度

成立省、校协调领导小组，省委副书记张平为组长，省委常委、常务副省长任海深和副省长蒋作君为副组长，科大党委书记郭传杰、校长朱清时，合肥市委副书记、市长郭万清参加，及时沟通、研究、解决科大创建一流研究型大学工作中涉及到的重大问题。成立省、校协调工作小组，省委副秘书长方一本为组长，省政府副秘书长张良庆为副组长，省发展计划委员会、教育厅、科技厅、财政厅、国土资源厅、建设厅、地税局等省直有关单位，合肥市委、市政府和科大的负责同志参加，及时协调处理科大建设和发展中的一些具体问题。科大要成立相应机构，抓紧研究制定学校发展规划和校园建设规划，在加强学科建设、思想政治工作、日常管理等基础性工作的同时，主动与省、市党委政府及有关部门进行沟通协调，形成合力，力争早日实现创建一流研究型大学的目标。

关于科大花园建设用地有关问题的会议纪要

（合肥市人民政府2003年专题会议纪要第73号，2003年9月9日印发）

2003年7月24日上午，倪虹副市长主持召开“科大花园”建设用地协调会。

会议认为，省委领导、市政府主要领导十分关心中国科学技术大学的建设与发展，多次到科大现场办公并就科大建设用地问题作出重要指示。为落实省市领导指示精神，

必须尽快妥善解决好“科大花园”建设用地问题。会议确定：

一、同意将桐城南路以西、水阳江路以南、高压走廊控制线以北、铁路专用线以东约8公顷（合120亩）土地和科大南区南围墙以南、桐城南路以东、美菱大道以西、高压走廊控制线以北约3.4公顷（合50亩）土地作为“科大花园”建设用地。（其中临美菱大道约1.3公顷（合20亩）土地由科大代征后交常青镇作为拆迁恢复用地，但要符合市里统一规划。）

二、根据市规划局、中国科学技术大学与供电部门协商的结果，将桐城南路东西两侧科大用地范围内高压走廊控制线向南分别减少至52米，以增加科大建设用地的面积。

三、中国科学技术大学同意不再征用市政府办公厅2003年第20号会议纪要确定的包河区常青镇仰光村王下份鱼塘的约15.3公顷（合230亩）土地。

四、中国科技大学要抓紧时间办理新征建设用地的各项手续，包河区、常青镇、市规划局、国土资源局、建委等单位和部门要积极配合，做好服务工作。

参加会议的单位、人员：市政府李世华，包河区朱敏，常青镇政府王业坤，市规划局王爱华、高国忠、段大庆、汪路，市国土资源局李先璋，中国科学技术大学李国栋、杨文铸、范成高、朱显灵、王来成、卜华松等。

关于支持中国科学技术大学开展大学生研究计划的通知

（人教字［2003］57号）

院属各有关单位：

中国科学技术大学是我院所属的惟一一所高等学校，建校45年来，在“全院办校、所系结合”的教育方针指导下，为中国科学院和国家培养了大批优秀的高水平人才。为了进一步提高人才培养质量，中国科学技术大学在本科生中实施了“大学生研究计划”，其目的是通过该计划，使学生在理论知识和基本技能学习的同时，有目的地参与科研活动，在教师和研究人员的指导下从事科学研究，培养创新意识，激发探索未知的好奇心，培养大学生的交流能力、独立工作能力和团队合作精神，使所学的知识得到巩固和提高。三年来，“大学生研究计划”取得了良好的效果，在此基础上，该校希望扩大“大学生研究计划”规模，选派部分学生到我院相关的研究所开展“大学生研究计划”。

为进一步提高中国科学技术大学本科生的培养质量，鼓励中国科学技术大学的本科生积极报考院属各研究所的研究生，结合我院知识创新工程全面推进阶段科技创新人才战略的实施，希望院属各研究所积极支持中国科学技术大学开展“大学生研究计划”。现将有关事宜通知如下：

（1）大学生培养是我院人才培养体系的重要组成部分，“大学生研究计划”是提高中国科学技术大学本科生培养质量的重要举措，各单位应给予高度重视，积极组织，大力支持。

（2）“大学生研究计划”的实施由中国科学技术大学的院系与我院相关的研究所直接联系，相关研究所应根据本通知的要求为“大学生研究计划”提供和创造必要的条件，指派相关研究人员担任大学生的指导教师。原则上“大学生研究计划”的指导教师应由副研究员及其以上专业技术职务的研究人员担任。

合作双方应研究和商定每年接受大学生的人数、课题方向及实践和研究任务、学生管理等相关事宜，形成相关院所支持中国科学技术大学“大学生研究计划”的协议，并将协议报送人事教育局备案。

（3）中国科学技术大学主要选派已进入大学三年级第二学期以后的学生开展“大学生研究计划”，学生每年在双方商定的时间内进行为期 2 至 3 个月的实践和研究学习。“大学生研究计划”的科研任务可以结合指导教师的科研项目确定，也可以是旨在培养大学生科研能力的其他任务。

（4）对于执行“大学生研究计划”成绩优秀的学生，经指导教师推荐，其“大学生研究计划”的工作可作为该学生的本科毕业论文（设计）。“大学生研究计划”结束后，经指导教师和学生双向选择，也可将“大学生研究计划”转为本科生毕业论文，时间可适当延长。

学生毕业后，符合学校相关免试资格和研究所需要的大学生，中国科学技术大学将推荐该免试生到研究所攻读硕士学位研究生。

（5）学生在相关研究所进行“大学生研究计划”和做毕业论文期间，其学生管理应纳入学生所在研究所的学生管理体系中。

（6）中国科学技术大学的学生在相关研究所开展“大学生研究计划”和做毕业论文期间，其必需的开支由中国科学技术大学负担，研究所应在住宿和研究经费方面提供必要的支持，其住宿标准可低于研究生的标准。

学生和指导教师可以按照中国科学技术大学校内的有关规定参加优秀大学生研究计划和毕业论文评奖，研究所应当给予担任“大学生研究计划”的指导教师核算一定的工作量。

中国科学院人事教育局
2003 年 8 月 28 日

关于整合理学院物理学科的决定

（校教字［2003］1 号）

各院、系、直属单位，机关各部、处、室：

为进一步完善校、院、系三级管理体制，推动结构性调整，促进学科建设和发展，2003 年 2 月 24 日校长工作会议研究决定，同意理学院物理学科的整合方案：

1. 将近代物理系和天文与应用物理系的理论物理学科整合至近代物理系；

2. 将物理系和天文与应用物理系的凝聚态物理学科整合至物理系；

3. 成立物理教学实验中心，统一规划和管理理学院的物理教学实验，隶属天文与应用物理系。

中国科学技术大学

2003年2月26日

关于中国科学技术大学2003年成人高等教育新生收费标准的批复

（科发人教函字［2003］59号）

中国科学技术大学：

你校《关于我校2003年成人高等教育新生收费标准的请示》（校继字〔2003〕2号）收悉。经研究，同意你校2003年成人高等教育新生收费标准。现批复如下：

（一）脱产班

1. 学费

专科起点本科：计算机、电子类专业：4800元/（生·学年）；

其他专业：4500元/（生·学年）；

高中起点本科：4200元/（生·学年）；

重修重考课程：60元/学分。

2. 住宿费

（800元～1000元）/（生·学年）。

（二）夜大学班

学费：专升本：2000元/（生·学年）。

（三）函授班

学费：专升本：1800元/（生·学年）。

（四）现代远程教育

专科起点本科，采用学分制业余学习形式，学制3年，总共90学分～100学分。

入学报名费：50元/生；

入学考试费（3门课）：60元/生；

学费：面向社会招生：每生每学年不超过3000元；

面向行业委托培养：每生每学年不超过3500元；

重修重考课程：60元/学分。

因故退学的学生退费标准为：开学后10周内退学的学生，退学费全额的75%；一学期内退学的学生，退学费全额的50%；超过一学期的不予退费。

（五）高等教育自学考试

1. 自考助学班学费

脱产班：（2800元～3200元）/（生·学年）；

业余班：（1400元～1600元）/（生·学年）。

2. 自学考试实验费

(80 元～100 元）/门课。

3. 自学考试论文指导与实习费、答辩费

500 元/人。

（六）各类短训班及高层次继续教育班

根据办班层次及实验投入情况，按（5 元～12 元）/学时收取培训费，（30 元～50 元）/人收取报名费。

中国科学院人事教育局

2003 年 3 月 7 日

关于东区师生活动中心等新建大型建筑实行物业管理的通知

（校后字［2003］17 号）

各院、系、直属单位，机关有关部、处、室：

为加强学校工作用房的管理，合理配置和使用现有工作用房资源，经校长工作会议研究决定，东区师生活动中心等新建大型建筑今后一律实行全成本核算的物业管理办法。现将有关事项通知如下：

（1）各新建大型建筑内的所有使用部门或单位的水电费，均按实际发生额由使用部门或单位支付。

（2）各新建大型建筑内的所有使用部门或单位应按学校的工作用房收费办法，向学校缴纳房屋使用租金。

（3）各新建大型建筑内的所有使用部门或单位应与相关建筑的社区管理办公室签订合同，按规定向相关建筑的社区管理办公室缴纳社区管理费；社区管理办公室应向建筑内的使用部门或单位提供各种周到、便捷的服务。

（4）学校责成后勤管理处与相关建筑的社区管理办公室签订合同，由相关建筑的社区管理办公室按合同规定履行各自的管理职责。

（5）其他现有建筑内的工作用房参照本通知执行，具体管理办法另行制定。

特此通知。

中国科学技术大学

2003 年 7 月 14 日

关于学校汽车队进一步深化改革的若干意见

（校办字［2003］36号）

各有关单位：

学校汽车队从2001年以来，在管理和运行机制方面进行了改革，有效地促进了服务工作的改进。目前，校园巴士系统已经建立起较好的管理和运行机制，服务水平有较大提升。为了进一步深化汽车队管理体制和运行机制的改革，现提出以下意见。

（一）指导思想和原则

适应学校创建一流研究型大学的要求，坚持为教学科研和管理工作服务、为师生员工服务的宗旨，按照社会化改革的方向和企业化运行的模式，逐步建立起在学校支持下自我积累、自我发展的管理和运行机制，形成优质服务、安全运行、规范管理、良性发展的校园公共交通和学校公务活动交通服务与保障体系。

（二）功能定位与业务分类

汽车队作为公共服务与后勤支撑系统的组成部分，是学校直属单位，由秘书长分管。主要业务性质分以下几种类型：

（1）校园巴士专职保障校区间的公共交通服务，不承担任何其他业务。

（2）为学校层面上的各类公务活动（大型活动、接待等）和校领导、“两院”院士的公务活动提供交通服务。

（3）在保障学校公务活动的基础上，为机关部门、基层院系和师生员工的工作和生活提供必要的交通服务。

（4）在满足校内需求的前提下，有选择地承接校外服务工作。

（三）人员管理

（1）汽车队原则上不再新增固定人员编制；因工作需要增加人员时，与校外有资质的汽车公司签订合同聘用，形成校内固定人员和校外聘用人员相结合、自主聘用与社会化聘用相结合的人员管理机制，逐步降低长期人员的成本，规范人员管理，减少用人风险。

（2）学校固定编制人员除岗位津贴外，享受学校正式职工待遇。校园巴士以外的固定编制职工的劳务津贴等其他待遇，非固定编制的所有人员经费，由汽车队从有偿服务收益中列支，学校不再承担其他任何人员费用。

（3）汽车队内部按照逐月报表、单车核算的方式进行成本核算，按照按劳取酬、优劳优酬、奖优罚劣、强化绩效的原则，统一实施内部分配和奖惩。

（四）财务管理

（1）校园巴士：运行经费（含车辆更新、人员经费和日常维持）由学校承担，纳入学校财务预算，经费收支由学校财务统一管理，接受学校监督。

（2）其他业务：实行有偿服务、成本核算、自主运行、自负盈亏。汽车队重新制定收费标准，经学校批准后执行。严格执行

“收支两条线”的规定，接受学校财务的统一管理与监督。

（五）车辆更新

（1）校园巴士的车辆更新由汽车队根据实际需要提出计划，报学校审批后执行。

（2）少量的学校重要活动和接待用车、校领导和“两院”院士公务用车，由党政办公室和汽车队联合提出更新计划，报学校审批后执行。

（3）其他车辆的更新由汽车队自主安排。汽车队每年从有偿服务收益中按一定比例提取经费，设立车辆更新基金，统筹安排车辆更新计划。

（4）汽车队所有车辆均纳入学校固定资产统一管理。

（六）其他有关工作

（1）学校有关部门应积极支持汽车队的改革，指导并及时帮助解决改革中出现的有关具体问题。

（2）汽车队根据本意见制定和完善各项改革措施和相应的内部管理制度，确保各项改革措施的贯彻和落实。

（3）汽车队应坚持“安全第一、服务至上”的工作要求，在现有工作的基础上，进一步加强内部管理，不断提高服务水平。

中国科学技术大学
2003 年 12 月 2 日

关于设立基础科学教学实验中心楼管理办公室的通知

（校人字［2003］27 号）

各院、系、直属单位，机关各部、处、室：

为加强对基础科学教学实验中心楼的管理，提高其使用效益，学校经研究，决定设立基础科学教学实验中心楼管理办公室（无行政级别），挂靠后勤管理处。

特此通知。

中国科学技术大学
2003 年 10 月 27 日

年鉴

UNIVERSITY OF SCIENCE AND TECHNOLOGY OF CHINA YEARBOOK

规章制度

中国科学技术大学党委全委会议事规则

（2003年9月4日第九届党委第二次全委会审议通过）

（党[2003]011号，2003年9月8日）

第一条 为贯彻落实《中国共产党普通高等学校基层组织工作条例》，加强党委对学校工作的统一领导，全面贯彻党的教育方针，推动我校改革和事业发展，结合我校实际，制定本规则。

第二条 党委全委会由党委书记或其委托的副书记主持召开。每学期至少召开一次，如遇重大问题可随时召开。根据会议内容，可安排有关同志列席，或召开党委全委扩大会。

第三条 党委全委会必须有2/3以上组成人员出席方可举行。对重大问题表决时，赞成人数超过应到会委员半数以上的方能生效。

第四条 党委全委会的主要议题范围：

（一）传达和讨论中共中央、中共安徽省委、中国科学院党组、安徽省委教育工委的有关指示，提出贯彻执行意见；

（二）讨论和研究有关加强党建、德育和思想政治工作问题；

（三）听取和审议党委常委会及学校行政负责人关于党的工作、学校建设、改革发展等重要问题的报告；

（四）讨论和研究工会、共青团、学生会等群众组织和教职工代表大会有关问题；

（五）讨论和研究统一战线工作；

（六）其他需由党委全委会讨论和研究的问题。

第五条 党委全委会议题由党委常委会提出。列入议题的内容由分管副书记组织有关部门准备。一般提前一天将会议时间、地点、议题通知参加和列席会议的人员。

第六条 因故不能出席的，会前要请假。由党委指派专人负责向因故未出席党委全委会的党委委员传达会议决定的事项。

第七条 党政办公室负责党委全委会的会务工作，做好会议记录，必要时编发会议纪要。

第八条 本规则自印发之日起施行。

中国科学技术大学党委常委会议事规则

(2003 年 9 月 4 日第九届党委第二次全委会审议通过)

(党[2003]011 号,2003 年 9 月 8 日)

一、总　　则

第一条　为贯彻落实《中国共产党普通高等学校基层组织工作条例》、《中华人民共和国高等教育法》,加强党委对学校工作的统一领导,全面贯彻党的教育方针,推动我校改革和事业发展,确保决策科学化、民主化、规范化,结合我校实际,制定本规则。

第二条　中国科学技术大学党委常委会议(以下简称"党委常委会")是校党委对学校重大问题进行集体研究和决策的会议,由党委常务委员(以下简称"常委")组成,常委享有表决权。党政办公室主任列席会议。根据工作需要,可吸收有关人员列席会议。

第三条　党委常委会由党委书记或由其委托的党委副书记主持召开。原则上两周召开一次。

二、议 事 范 围

第四条　党委常委会的主要议事范围:

(一)学习、贯彻、执行党的路线、方针、政策,坚持社会主义办学方向,研究决定贯彻落实的方案和重大措施;

(二)按照从严治党的方针,研究、决定党的思想、组织、作风建设中的重大问题,讨论决定党内奖励和处分;

(三)研究战略,审定规划,讨论决定学校改革、发展基本管理制度,以及教学、科研、行政管理等工作中的重大问题,保证以培养人才为中心的各项任务的完成;

(四)研究决定学校德育、思想政治工作中的重大问题;

(五)按照党管干部的原则,讨论决定学校内部组织机构的设置和内部组织机构负责人的人选;

(六)研究工会、共青团、学生会等群众组织和教职工代表大会有关重要问题;

(七)研究统一战线工作,对民主党派的基层组织实行政治领导;

(八)讨论决定和处理重大突发性事件;

(九)其他需由党委常委会集体研究决定的问题。

第五条　纪委、党委各职能部门、群团组织和常委在自己分管工作职权范围内可以解决或协调解决的日常工作问题,不列入党委常委会议题。

三、议事程序与要求

第六条　提出议案的单位或领导在议案提出之前应认真研究和论证,形成简明的书面材料,填写《党委常委会议议题表》,经主持人同意后,列入会议议题。会议议题至少提前一天通知与会常委。对特别重要或复杂的议题,提前向会议组成人员通报内容和拟处理方案。

第七条　坚持重大问题集体充分讨论,

并注意提高会议效率，与会人员应按规定的议题议事，一般不得临时动议。

第八条 党委常委会必须有2/3以上组成人员出席方可举行。讨论研究议题一般先由提出议题的与会领导或单位负责人报告情况，然后进行讨论，按照民主集中制原则形成决议，必要时用举手表决的方式进行。

对干部任免等重大问题进行表决时，赞成人数超过应到会成员半数以上方能生效。

对于有重大意见分歧暂不能作出决定的议题，应暂缓作出决定。

个人对会议决议如有不同意见，可以保留(或向上级反映)，但无权修改或否决会议决议。

四、会议纪律

第九条 党委常委会组成人员应在时间和精力上予以保证。与会人员应按时到会并签到，因故不能参加者应事先向主持人请假。

第十条 加强组织纪律，严格保密制度。会议议决事项，除按规定履行职责及授权传达外，其他与会人员无权外传会议议事及决议情况，不得发表与常委会议不一致的意见。对干部调整、任免谈话，由会议统一安排授权，未经授权不得随意谈话，违者造成影响应追究其责任。

第十一条 党委常委会议事凡涉及与会者自身利益和亲属关系等情况时，有关人员须回避。

五、决议的传达与督办

第十二条 党委常委会议决事项，由会议主持人授权口头传达或以文件、会议纪要等形式编发传达，学校各单位必须执行和服从。

第十三条 党委常委会议决事项，按照集体领导、分工负责的原则，由分管校领导负责组织落实。党政办公室在党委常委会的授权下，负责决议的督办和执行情况的反馈工作。

第十四条 党政办公室负责党委常委会的会务工作，主要包括：搜集、汇总议题，报会议主持人审定；会议通知；会议记录；编发会议纪要和相应文件，交主持人审定、签发。

第十五条 本规则自印发之日起施行。

中国科学技术大学校长工作会议议事规则

(2003年9月4日第九届党委第二次全委会审议通过)

(党[2003]011号，2003年9月8日)

一、总　　则

第一条 根据《中国共产党普通高等学校基层组织工作条例》和《高等教育法》的规定，学校实行党委领导下的校长负责制，为贯彻落实党的教育方针，确保学校教学、科研、行政、管理等各项任务的完成，促进管理与决策的科学化、民主化、规范化，结合我校实际，制定本规则。

第二条 校长工作会议是校行政领导班子对学校行政工作重要事项进行讨论研究和处理的重要会议。

第三条 校长工作会议由校长或校长委托的副校长召集和主持。参加成员为校长、副校长、正副秘书长、校长助理和党政办公室主任。邀请党委、纪委负责同志参加。根据议程需要,可请有关人员列席会议。

第四条 校长工作会议原则上每两周举行一次,如遇重大、急办事项可随时举行。

二、议 事 范 围

第五条 校长工作会议的议事范围:

(一)根据办学宗旨和实际办学情况的需要,拟订学校改革和发展规划,报党委常委会议讨论决定;制定学校年度工作计划,以及保障规划和计划实施的各项具体规章制度,并组织实施;

(二)研究决定教学、科研、思想品德教育、产业、机关管理、后勤服务等各项校务工作中的重要事项,并组织实施;

(三)拟订内部组织机构的设置方案,并报党委常委会议决定;根据党委常委会议的讨论决定,对内部行政组织机构负责人进行任免;

(四)讨论决定聘任与解聘教师以及内部其他工作人员,对学生进行学籍管理并实施奖励或者处分;

(五)拟订年度经费预算方案,报党委常委会议批准后组织执行,保护和管理校产,维护学校合法权益;

(六)讨论决定其他需要校长处理的工作。

三、议事程序与要求

第六条 校长工作会议议题由校长或校长委托的副校长确定。凡提请校长工作会议讨论的问题,须填写《校长工作会议议事登记表》,报会议主持人审定后列入议题。未经审定的议题,一般不临时增加。

第七条 校长工作会议的议题及有关材料,应提前通知并发至与会人员,以便做好议事准备。提出议题前,有关部门必要时应提供书面材料,明确需讨论的事项及决策参考建议或意见。

第八条 议事过程一般由提出议题的到会成员就议题作出简要说明,列席会议的有关部门人员可作必要的情况汇报,与会成员就此发表意见,最后由主持人在民主讨论的基础上科学决策,形成议事结论。

四、会 议 纪 律

第九条 校长工作会议成员因故不能出席时,要向主持人请假,同时可对议题事先提出书面意见和建议。会后可由主持人或党政办公室主任向其转告本次会议议事情况和结果。

第十条 校长工作会议议事凡涉及与会者自身利益和亲属关系等情况时,有关人员须回避。校长工作会议凡涉及保密事项,要严格纪律,不得泄密。违者造成影响应追究其责任。

五、决议的传达与督办

第十一条 校长工作会议议决事项,由会议主持人授权口头传达,或以文件、会议纪要等形式编发传达,学校各单位必须执行和服从。

校长工作会议议决事项,按照集体领导、分工负责的原则,由分管校领导负责贯彻落实;党政办公室及时收集执行情况反馈给分管校领导。

第十二条 在情况发生变化,原决议或决定确实不宜执行时，应提交校长工作会议复议。特殊情况下可由校长征求有关校领导意见后，对决议或决定进行调整，但必须在下次校长工作会议上通报。

第十三条 校长工作会议的会务工作由党政办公室负责。

第十四条 本规则自印发之日起施行。

中国科学技术大学“十五”“211工程”建设项目实施管理办法

（校研字[2003]2号，2003年4月14日）

为进一步加强“十五”“211工程”建设项目的管理，保证建设项目顺利实施，充分发挥建设资金效益，促进学科“上质量，上水平”，根据原国家计委、财政部、教育部及中国科学院有关文件精神，特制定本管理办法。

第一条 中国科学技术大学“十五”“211工程”建设项目法人组织代表学校对“211工程”建设项目进行领导，对“211工程”项目建设实施中的重大问题作出决策和部署。

第二条 学科建设办公室负责“十五”“211工程”项目建设的具体实施与管理，日常管理工作包括专项资金的具体安排、项目的年度自评以及国家对项目的各类评估和项目完成的验收组织等。

第三条 为协调项目建设实施中的重要问题，保证项目建设的顺利进行，各子项目应成立项目领导小组；项目建设实行项目负责人负责制，项目负责人应对项目建设实施过程中的经费使用、设备购置等重大问题负责。

第四条 “十五”“211工程”建设项目专项资金实行单独核算，专款专用，在财务处单独设立账户，任何部门和单位不得截留、挪用和挤占。专项资金的管理遵照《中国科学技术大学“十五”“211工程”建设项目专项资金管理办法》执行。

第五条 凡使用“十五”“211工程”建设项目专项资金购置的仪器设备等固定资产，均应纳入学校固定资产的统一管理，合理使用，认真维护。仪器设备购置和管理办法遵照《中国科学技术大学“十五”“211工程”建设项目仪器设备购置与管理办法》执行。

第六条 年度末，各项目单位须撰写项目年度执行报告，向学校“十五”“211工程”建设项目法人组织详细汇报当年的项目完成情况，包括项目的建设进度、初步效益及资金的使用与管理情况等。项目法人组织就各子项目建设进展情况进行年度评估。

第七条 为强化项目建设的过程管理和绩效激励机制，更好发挥建设资金的效益，项目建设采取集中投入、分期实施、奖惩结合的滚动式管理办法。年度评估时，对于任务完成情况良好、效益显著的项目，在计划经费基础上追加投入；对于任务完成情况一般、效益不显著的项目减少计划经费投入；对于管理混乱、效益低劣的项目将停止投入，直至终止建设。

第八条 本管理办法自印发之日起施行。

第九条 本管理办法由学校“十五”“211工程”建设项目法人组织负责解释。

中国科学技术大学“十五”“211工程”建设项目专项资金管理办法

(校研字[2003]3号,2003年4月14日)

第一章 总 则

第一条 为加强“十五”“211工程”建设项目专项资金(以下简称“专项资金”)的管理,保证项目顺利实施,充分发挥资金的使用效益,根据原国家计委、财政部、教育部、中国科学院有关文件精神,特制定本管理办法。

第二条 专项资金包括原国家计委、财政部所拨的中央专项资金、中国科学院配套的专项资金、学校自筹和子项目建设单位自筹安排的专项资金。

第三条 学校“十五”“211工程”建设项目法人组织(以下简称“项目法人组织”)负责制定专项资金的管理办法,统筹安排使用专项资金,并对建设项目的实施、资金的投向以及经费的使用效益等实行全过程监督和评估。

第四条 专项资金实行项目负责人负责制,各子项目负责人对各自分管项目专项资金使用的全过程负责。

第五条 学科建设办公室负责专项资金的具体安排。

第六条 财务处负责专项资金的财务管理及会计核算。

第七条 专项资金实行单独核算,专款专用,任何部门和单位不得截留、挪用和挤占。

第二章 预算与决算管理

第八条 根据原国家计委、财政部、教育部和中国科学院的要求,专项资金除在学校总的预决算中反映以外,还必须单独编报预算、决算。

第九条 预算管理

1. 各子项目建设单位应根据建设目标和建设任务,编制子项目年度建设计划和年度资金预算方案,并报项目法人组织审核;学科建设办公室根据项目法人组织审定的年度建设计划和年度资金预算方案分别下达专项资金指标给各子项目;财务处根据批准的预算安排,并按照国库支付的管理办法予以使用,按每个子项目分别核算。

2. 根据原国家计委、财政部、教育部和中国科学院的要求,学科建设办公室应建立严格的项目经费使用档案,对每一个确立执行的项目应备有完整和详尽的论证、评审资料,以备核查。

3. 专项资金预算一经审定下达,必须严格执行,特殊情况需调整计划,须上报批准。

第十条 专项资金年度预算应确保按期完成,如遇特殊情况,未完成的资金经批准后,可结转下年度继续使用,但不得挪作他用。

第十一条 决算管理

年度末,各子项目建设单位应及时编制年度资金预算执行情况报告(其内容包括:专项资金的预算执行情况、资金的使用效益、资金的管理情况等),并附有文字说明,报送学科建设办公室审核。

第三章　支出管理

第十二条　专项资金主要用于支持学校重点学科建设和公共服务体系建设。经费开支范围包括为完成该项目所必须开支的业务费(主要包括:材料购置费、水电费、邮寄费、通讯费、交通费、租赁费、差旅费、培训费等)、设备购置费、国际学术交流费、人才培养费、队伍建设费、实验室维修费等,其中中央专项资金主要用于项目的设备购置、专用材料购置和实验室维修费用以及引进人才的业务费用等。

第十三条　专项资金的开支标准和会计核算按国家有关财务会计的规定执行。

第十四条　专项资金不得用于以下开支:各项罚款、奖金、捐款、还贷、赞助、对外投资以及与"十五""211 工程"建设项目无关的其他开支。

第四章　财务管理与监督

第十五条　项目法人组织委托学科建设办公室会同财务、审计等部门根据有关规定对各子项目建设单位资金使用、物资设备管理等情况,每年进行定期评估。

第十六条　各子项目建设单位应保证按规定用途使用资金,并建立资金管理责任制,由专人审批各项支出,对所管资金使用的合法性、合理性和有效性全面负责。

第十七条　"十五""211 工程"建设项目执行过程中,因各种不可抗力造成的损失,10 万元以下的,须逐级上报上一级单位审核核销;10 万元以上的须报教育部"211 工程"办公室审批核销。对由于主观原因造成损失的,应追究有关单位和责任人责任。

第十八条　所有与专项资金有关的各级领导、项目负责人和财会人员,都应自觉维护国家财经纪律,同时接受有关上级主管部门和财政、审计、纪检监察等部门的监督和检查,发现问题,及时纠正。

第五章　附　　则

第十九条　本管理办法自印发之日起施行。

第二十条　本管理办法由学校"十五""211 工程"建设项目法人组织负责解释。

中国科学技术大学"十五""211 工程"建设项目仪器设备购置与管理办法

(校研字[2003]4 号,2003 年 4 月 14 日)

仪器设备购置与管理是"十五""211 工程"建设的一项重要工作。为加强仪器设备管理,充分发挥仪器设备的使用效益,确保高质量地完成建设任务,特制定本办法。

第一章　仪器设备购置

第一条　使用"十五""211 工程"专项资金购置仪器设备,应遵守国家有关招标、采购工作的政策、法规。

第二条 学校“十五”“211 工程”建设项目法人组织与各子项目建设单位签订的项目计划任务书,是仪器设备购置的依据。子项目建设单位应按项目计划任务书和拨款额度,制定年度实施方案,填写“10 万元以下设备购置审批表”和“10 万元以上大型仪器设备购置审批表”,经学科建设办公室审核后执行。

第三条 校产管理处依据学校“十五”“211 工程”建设项目法人组织批准的设备购置计划,会同子项目建设单位进行采购。

第四条 各子项目建设单位应严格按照批准的采购计划和采购方式使用经费,实行专款专用,超支自负。

第五条 所购仪器设备与原批准的项目计划任务书有较大变更,应事先报学科建设办公室,经批准后方能采购;对于单台(件)超过 160 万元以上的大型贵重仪器设备,须报经教育部“211 工程”办公室批准,方可购置。

第六条 凡在政府采购范围内的采购项目应按政府采购实施办法执行。

第七条 仪器设备购置的具体办法遵照《中国科学技术大学采购工作管理暂行规定》(校监字[2001]01 号)执行。

第二章 仪器设备管理

第八条 凡使用“十五”“211 工程”建设项目专项资金购置的仪器设备等固定资产,均应纳入学校固定资产的统一管理,合理使用,认真维护,并以专用标牌标识。

第九条 仪器设备到货后,各子项目建设单位应按合同规定及时验收并填写验收记录。凡数量、质量或技术指标达不到合同规定的,应及时索赔。

第十条 大型仪器设备经验收合格后,各子项目建设单位应及时完成技术档案建档程序,并制定操作、使用、维护、保养规程。

第十一条 各子项目建设单位应认真做好大型仪器设备的使用、维护、维修记录,定期做好仪器设备的校验和标定。

第十二条 大型贵重仪器设备实行专管共用,鼓励多种形式的开放使用,学校“十五”“211 工程”建设项目法人组织每年应对各子项目所购大型贵重仪器设备的管理与使用率进行评估,以充分发挥该类仪器设备的使用效益。

第三章 附 则

第十三条 本管理办法自印发之日起施行。

第十四条 本管理办法由学校“十五”“211 工程”建设项目法人组织负责解释。

中国科学技术大学教学事故认定与处理办法

(校教字[2003]2 号,2003 年 3 月 31 日)

为加强教风建设,强化教学过程管理,防范并及时、有效地处理各类教学事故,保障教学工作的科学性、规范性和严肃性,维护正常的教学秩序,进一步提高教学质量,根据教育部有关文件精神并结合我校实际情况，特制定本办法。

一、适用范围

本办法适用于本科生教学、研究生教学和继续教育教学活动，其教学活动的主管部门分别为教务处、研究生院培养处和继续教育学院。

二、教学事故的认定

教学事故是指教师、教学辅助人员、教学管理人员或教学管理部门在所承担的教学活动中由于直接或间接的责任，导致影响正常教学秩序、教学进程和教学质量的消极事件。教学事故依据其发生的情节和后果的严重程度，分为一般教学事故和重大教学事故。对于不可抗拒的自然因素、突发性侵害等原因，影响教学秩序、教学进程和教学质量的消极事件，或非教学过程中发生的学生伤害事件，不列入教学事故范畴。

（一）一般教学事故

在较短时间、较小范围内造成轻微消极影响的教学事故属于一般教学事故。各学院应根据自身的情况制定一般教学事故的认定办法，报相关教学主管部门审核批准后实施。

（二）重大教学事故

重大教学事故包括：

（1）教师在教学过程中散布违反国家法律和党的基本路线和政策、违背社会主义精神文明和教书育人基本宗旨的言论，在学生中造成恶劣影响的。

（2）教师未按规定程序办理手续而擅自停课（含实验、实习课程）、缺课、调课、减少教学大纲规定的教学内容和学时，或非不可避免的原因而迟到、早退20分钟以上（含20分钟）的。

（3）教师未经教学主管部门和院（系）分管教学负责人同意，擅自变更课表中确定的教学时间或地点，导致大多数学生误课，影响正常教学进程的。

（4）教师未经院（系）分管教学负责人同意擅自找他人代课，由此导致教学效果很差，严重影响教学质量的。

（5）研究生指导教师因出国或其他原因，连续半年以上不在学校，又未做出妥善安排，导致研究生无人指导，造成不良影响的。

（6）因教师或有关工作人员在课堂教学过程中错误指导、擅离职守等原因，造成学生在教学、实践或实验活动中受到严重伤害或学校公共财产损失达1000元以上的。

（7）教师或其他有关人员考前泄露试题内容的。

（8）教师出错考题且考前未能发现；或考试时不按时到场，迟到长达20分钟以上；或不按时提供足量试卷，导致考试延误、中断或失效的。

（9）主（监）考人员未严格执行《中国科学技术大学考试管理规定》，导致考场秩序混乱；或放任学生作弊，严重影响考试结果公正的。

（10）任课教师、辅导教师或有关工作人员遗失学生试卷，致使考试成绩无法确定，严重损害学生权益的。

（11）任课教师考试后未按规定时间报送学生考试成绩，以致严重影响后续学籍和成绩管理系统运行的。

（12）教师或教学管理人员擅自改动学生成绩；或出具与事实严重不符的学位证书、学历证书、学籍证明、成绩证明或发给不应该获得学位证书、毕业证书的学生相应证书等，对学校声誉造成不良影响的。

（13）教师上课时间使用手机、传呼机或接听私人电话的。

(14)发生教学事故后,知情不报,甚至隐瞒、庇护教学事故,造成严重后果的。

(15)事故责任人在一个学期内发生两次或两次以上一般教学事故的。

(16)其他人为因素,导致教学秩序、教学进程和教学质量受到严重影响的。

三、教学事故的认定程序与处理

(1)教学事故发生后,有关当事人、责任人或知情人应及时向相关教学主管部门报告,并采取积极措施,尽量减少、降低事故造成的损失和影响。

(2)直接或主要责任人应及时填写《教学事故报告与认定表》,并作出书面检查交所在单位,所在单位应尽快提出处理意见,连同上述材料报送相关教学主管部门;《教学事故报告与认定表》也可以由知情人填写。

(3)对于一般教学事故,由相关教学主管部门领导签发处理意见,对事故责任人在本院(系)内进行通报批评、教育直至扣发一定数额的岗位津贴。

(4)对于重大教学事故,教学主管部门及相关院系应成立教学事故认定与仲裁小组,具体负责对事故情况进行调查、审核并提出处理意见,经学校批准后,由人事师资部门视情节轻重对事故责任人分别予以全校通报批评、扣发岗位津贴、调离、行政处分直至解聘。

(5)教学事故认定后,若事故责任人对事故认定和处理有不同意见,可以向学院或学校有关职能部门提出申诉。

本办法自印发之日起施行,由教务处、研究生院、继续教育学院、人事师资处共同负责解释。

中国科学技术大学
硕士研究生招生复试工作试行办法

(2003 年 1 月 13 日校长工作会议讨论通过)

(校研字[2003]1 号)

第一章 总 则

第一条 为规范和加强硕士研究生招生的复试工作,做到客观、公正、公平、公开,根据《教育部关于做好 2003 年招收攻读硕士学位研究生工作的通知》(教学[2002]13 号)的有关精神,特制定本试行办法。

第二条 硕士研究生招生考试包括初试和复试两部分。初试由教育部统一组织,复试由学校组织。复试是研究生招生工作中的一个重要环节,重点考察学生掌握知识的广度和深度及其综合素质和能力。

第二章 复试分数线和复试人数

第三条 划定复试分数线的原则:根据各学科当年计划招收硕士研究生的人数并结合初试的实际情况,本着宁缺毋滥、保证质量的原则分别划定各学科当年的复试分数线。

第四条 复试分数线包括初试各科目的

总成绩分数线和单科成绩分数线，考生必须同时达到这两项分数线方符合复试资格。

第五条 参加复试人数原则上为该学科当年统考招生人数(招生总数减去已接收的推荐免试生人数)的120%左右，实行差额复试。如某些学科考生偏少，参加复试的人数可少于上述比例。

第六条 各学科当年复试分数线划定后将于复试日期的12天之前在学校研究生院网站(http://gradschool.ustc.edu.cn)上公布。

第三章 复试的内容与形式

第七条 复试包括两部分内容：专业课综合考试和面试。

第八条 专业课综合考试为笔试，时间3小时，满分200分。试题内容应涵盖与考生报考专业所对应的本科专业主要专业课的基本内容，不得与初试内容重复。

第九条 各专业课综合考试试题内容覆盖范围于每年3月1日在学校研究生院网站上公布。

第十条 面试主要考查考生的综合素质和能力，满分100分。

第十一条 同等学力考生的复试内容除专业课综合考试和面试外，还必须加试两门本科主干课程，且加试科目不得与初试科目相同。加试科目于每年3月1日在学校研究生院网站上公布。加试方式为笔试，每门课程的考试时间为3小时，满分为100分。考生每一门加试科目成绩均须达到60分以上(含60分)方可考虑是否录取。

第四章 复试工作的组织实施和程序

第十二条 各学院成立复试工作领导小组，负责本学院的复试工作。领导小组由3人～5人组成。

第十三条 招收硕士研究生的各专业均需成立复试小组，每个复试小组应不少于3人，且均需具有副教授及以上专业技术职务(本专业领域)。有子女或亲属参加复试的教师不能参加复试小组。

第十四条 复试工作程序

(1)各院、系及其他硕士研究生培养单位根据研究生院确定的复试名单，对考生的《报考攻读硕士学位研究生情况登记表》、身份证、学历证书(原件)和经该生毕业院校教务部门盖章的本科成绩单(同等学力考生提供专科成绩单及本科课程进修成绩单)进行审核。

(2)研究生院统一组织全校的专业课综合考试。专业课综合考试的命题和阅卷工作参照初试的相关工作程序进行。同等学力考生的加试也由研究生院统一组织。

(3)各复试小组对参加复试的考生进行面试。

第十五条 复试工作要做到客观、公正、公平、公开。复试小组成员在复试时不得承诺考生能否录取。

第十六条 各系(包括招收研究生的实验室、中心)根据考生初试成绩、复试成绩(包括专业课综合考试与面试两部分成绩)进行排序，并结合考生大学本科阶段学习成绩(同等学力考生参考其专科阶段学习成绩及本科进修成绩)在本单位的统招人数限额内提出初步录取意见，报研究生院审批。

第五章 其　　他

第十七条 各学科、专业招收硕士研究生人数将按照学校整体发展规划和学科建设的需要，根据国家正式下达的招生计划确定。招生简章中所列各专业招生人数仅供参考。

第十八条 推荐免试研究生的复试按照教育部的规定在全国硕士研究生入学考试统一报名前完成,不参加本试行办法规定的复试。

第十九条 对泄漏试题内容或者在复试工作中有其他徇私舞弊行为的人员,将根据国家有关法律、法规和学校的有关规定予以处理。

第六章 附 则

第二十条 本试行办法自校长工作会议通过之日起施行。

第二十一条 本试行办法由研究生院负责解释。

中国科学技术大学 工程硕士专业学位授予实施细则(暂行)

(校学位字[2003]5号,2003年11月5日)

根据国务院学位委员会《工程硕士专业学位设置方案》、《关于制定在职攻读工程硕士专业学位研究生培养方案的指导意见》和《中国科学技术大学学位授予实施细则》的有关规定,制定本实施细则(暂行)。

一、资格审查

工程硕士专业学位的申请资格由校学位委员会办公室(以下简称"校学位办")结合申请人的培养计划负责审定。

遇有下列情况之一者,不受理其学位申请:

(1)在校集中学习期间受到记过以上(含记过)处分;

(2)攻读学位期间有违法、犯罪等记录;

(3)自取得学籍之日起5年内未修满规定学分;

(4)考试作弊或有剽窃他人学术成果行为。

二、课程学习和考试要求

(1)申请人必须在规定期限内完成2门公共学位课程(第一外国语、政治)的学习,并通过由学校组织的学位过关考试;

(2)申请人应完成总学分不低于32个学分的课程学习与考试,其中专业必修课程的加权平均成绩应达到优良(75分)以上;

(3)若属教育部下达计划内录取者,专业必修课程成绩未达上述要求,但每门课程成绩均在60分以上,并取得规定的学分者可允许参加论文(设计)答辩;答辩通过者,准予毕业,但不能申请学位。

三、学位论文(设计)要求

工程硕士学位论文(设计)选题应直接来源于生产实际或有明确的生产背景和应用价值,可以是一个完整的工程技术项目策划、工程设计项目或技术改造项目,可以是技术攻关研究专题,也可以是新工艺、新设备、新材料、新产品的研制与开发。

工程硕士学位论文(设计)应在我校导师和工矿企业或工程部门具有副高及以上专业技术职务的专家的共同指导下,由攻读工程硕士专业学位者本人独立完成,应有新见解、先进性和一定的技术难度，能表现出作者具备综合运用所学基础理论和专业知识、技能解决工程实际问题的能力。学位论文（设计）的正文不少于3万字。学位论文（设计）基本完成后，由双导师负责对论文（设计）的学术性、真实性和规范性进行预审。预审未通过者，不能进入论文（设计）的评阅和答辩。

四、学位论文（设计）评阅

工程硕士研究生完成学位论文（设计）后，送交所在教学培养单位，由教学培养单位集中到校学位办领取、填写《学位申请书》等相关表格后，统一报送校学位办进行资格审查和办理论文（设计）送审手续。校学位办应聘请两位专家对论文（设计）进行评阅（评阅人须具有副高及以上专业技术职务，其中应有1名来自工矿企业或工程部门的专家，并对工程硕士论文（设计）的要求有所了解）。论文（设计）评阅时间应不少于15天。论文（设计）评阅人建议名单由导师提出，各教学培养单位复议后报校学位办批准聘请。申请人导师不得为论文（设计）评阅人。

《论文（设计）评阅意见书》由校学位办统一寄送和回收，申请人及导师不得参与。论文（设计）评阅人名单应对申请人保密，评阅意见及有关材料应密封传递。

论文（设计）评阅过程中如有一位评阅人持否定意见，则由校学位办再增聘一位评阅人进行评阅；如两位评阅人均持否定意见，则本次学位申请无效。

五、学位论文（设计）答辩

工程硕士研究生学位论文（设计）评阅通过后，由各教学培养单位集中向校学位办申请答辩。论文（设计）答辩由校学位办委托各教学培养单位统一组织，集中进行。如有特殊情况需单独答辩者，应经各教学培养单位同意后，报校学位办批准。

答辩委员会组成建议名单由教学培养单位征询导师意见后提出，报校学位办批准。校学位办有权调整答辩委员会组成人员。答辩委员会应由3名以上本工程领域和相关工程领域的具有副高及以上专业技术职务的专家组成。成员中须有1名来自工矿企业或工程部门的具有副高及以上专业技术职务的专家，并对工程硕士论文（设计）的要求有所了解。答辩委员会主席应由教授（或相当专业技术职务的专家）担任。

答辩委员会成员应出席论文（设计）答辩会和答辩委员会会议，在答辩前必须审阅论文（设计），答辩时进行提问和参加投票表决，未出席的委员不得委托他人或以通讯方式投票。

答辩委员会根据论文（设计）水平以及答辩情况等进行综合评价，以无记名投票方式表决，获全体委员2/3以上（含2/3）同意，方可作出建议授予工程硕士学位的决议。论文（设计）答辩不合格者，经答辩委员会讨论同意，可作出在一年内修改论文（设计）后允许其重新答辩一次的决议；若答辩委员会未作出修改论文（设计）、重新举行答辩的决议，或申请人逾期未完成论文（设计）修改，或重新答辩仍不合格者，以后不再受理其学位申请。

六、学位授予

工程硕士学位论文（设计）答辩通过后，由各教学培养单位统一向校学位办提出学位申请，申请时需按校学位办的要求提供有关材料，以供校工程硕士专业学位分委员会和校学位委员会审议。

校工程硕士专业学位分委员会应按照专业学位授予标准，坚持原则，严格把关，对学位申请者的情况进行全面审查，综合评价，并以无记名投票方式表决，获参加投票人数2/3

以上(含 2/3)同意,方可作出建议授予工程硕士学位的决议。

校学位委员会原则上每年 12 月召开全体会议,对工程硕士学位申请人的学位授予进行审议,并以无记名投票方式对工程硕士学位申请人按所属工程领域进行集体投票表决,获参加投票人数 2/3 以上(含 2/3)同意,方可作出授予工程硕士专业学位的决定。

学位获得者名单由学校发文公布,同时颁发工程硕士专业学位证书。

本实施细则经校学位委员会审议通过,由校长工作会议批准实施。

本实施细则解释权和修改权属校学位委员会。

中国科学技术大学 博士生导师退休后返聘实施办法

(校研字[2003]7 号,2003 年 6 月 17 日)

为使博士生导师退休后仍能发挥学术才能,鼓励他们为我校一流研究型大学建设做出新的贡献,学校将对博士生导师退休后实行返聘,使他们继续从事博士生的指导工作。博士生导师退休后的返聘实施办法如下:

一、返聘条件

(1)在本学科领域学术造诣较深,具有较高的学术地位,仍然活跃在科研第一线。

(2)曾指导过多名博士研究生,具有丰富的研究生培养经验。

(3)身体健康,精力充沛。

(4)目前承担国家或省部级科研项目,科研经费充足。

(5)有关院系有返聘需求,并能提供必要的教学科研条件。

二、返聘程序

退休后的原博士生导师如需返聘,可由系向学院提出申请,各学院根据工作岗位的实际需要、本院系的条件、申请者实际指导博士生的情况以及科研工作的现状提出返聘意见,报校学位委员会办公室;研究生院根据学科发展需要和返聘条件予以审核批准。

三、返聘受理时间和要求

即将退休的博士生导师应根据校学位委员会办公室公布的博导年龄要求在退休前提出返聘申请,与在岗博士生导师资格审查同时进行。已退休的博士生导师也应于在岗博士生导师资格审查前提出申请。返聘的博士生导师可继续独立招收博士生,并将招生计划刊登在学校博士生招生简章上。返聘的博士生导师在指导博士生期间,应按在岗博士生导师要求履行培养博士生的职责,除不可抗拒的因素外,一般不应中止返聘;如确需中止,应与所在院系充分协商,妥善安排好学生的学业。

四、返聘待遇

返聘的博士生导师指导博士生所需的教学科研条件,由返聘院系提供。返聘的博士生导师享受返聘酬金,其数额根据其指导的博士生数确定。返聘酬金的一半从返聘的博士生导师的科研经费中列支，另一半从研究生教育的相关经费中筹措。

五、其他有关规定

对中国科学院各研究院所已在我校上岗的兼职博士生导师，如科研经费充足、且仍活跃在本学科前沿，可适当放宽聘任上岗年龄。

本实施办法由研究生院负责解释。

本实施办法自发布之日起施行。

中国科学技术大学促进科技工作发展奖励办法

（校科字[2003]2号，2003年3月20日）

为激励科技人员从事科学研究的积极性，增强学校的科研综合实力，提高学校的学术地位，促进学校科技事业加快发展，推动一流研究型大学创建工作，特制定本办法。

第一条 获国家最高科学技术奖、省部级重大科技成就奖（含中国科学院杰出科技成就奖）的集体或个人，在享受各级有关规定奖励的同时，学校给予配套奖励，其中10%用于奖励其所在学院或部门。

1. 获国家最高科学技术奖的，学校以其所获国家奖额的2倍给予配套奖励；

2. 获省部级奖的，学校以其所获奖额给予等额配套奖励。

第二条 以我校作为第一完成单位获国家和省部级自然科学奖、技术发明奖、科学技术进步奖的科技成果，在享受各级有关规定奖励的同时，学校给予配套奖励，其中10%用于奖励其所在学院或部门。

1. 获国家一、二等奖的，学校以其所获国家奖额的2倍给予配套奖励；

2. 获省部级一、二、三等奖的，学校以其所获奖额给予等额配套奖励。

第三条 我校作为第二、三、四完成单位与其他单位共同获国家和省部级自然科学奖、技术发明奖、科学技术进步奖的科技成果，在享受各级有关规定奖励的同时，学校给予配套奖励，其中10%用于奖励其所在学院或部门。

1. 获国家一、二等奖的，学校分别以其所获国家奖额给予等额配套奖励；

2. 获省部级一、二、三等奖的，学校分别以其所获省部级奖额的50%给予配套奖励。

第四条 获国家国际科学技术合作奖的，学校以国家科学技术奖二等奖奖额的30%，配套奖励申报部门；获省部级技术合作类奖的，学校以省部级科学技术奖二等奖奖额的20%，配套奖励申报部门。

第五条 我校教职工以本校为第一作者单位在国内外重要科技刊物上发表科技论文或发表的科技论文被重要数据库收录的，学校给予奖励。

1. 在英国《自然》杂志（*Nature*）或美国《科学》杂志（*Science*）上发表的科技论文，每篇论文奖励研究经费25000元、奖金10000元；

2. 在中国科学院文献情报中心公布的影

响因子高区期刊上发表科技论文并被 SCI 收录的,每篇论文奖励 1 000 元;被 SCI、EI 收录的科技论文,每篇论文奖励 400 元;被 ISTP 收录的科技论文,每篇论文奖励 150 元;在国内期刊上发表科技论文且被中国科技论文与引文数据库(CSTPC)收录的,每篇论文奖励 150 元,其中,在我校学报上发表科技论文的,每篇论文奖励 200 元。本条款中的每篇论文只按最高奖额奖励一次。

第六条 我校教职工以本校为第一作者单位发表科技论文数在年度统计中列分类学科第一名,或被引用篇(次)数在年度统计中进入全国前 10 名者(以国家科技部委托的信息部门所发布的报告为准),学校给予奖励。

1. 个人发表科技论文数为学科类第一名者,每人奖励研究经费 25000 元、奖金 5000元;

2. 单篇科技论文的被引用次数在年度统计中名列全国第一、二、三名者,每人分别奖励研究经费 25 000 元、15 000 元、10 000 元,奖金分别为 5000 元、4 000 元、3 000 元;进入全国第四至第十名者每人奖金 2 000 元;

3. 被引用篇(次)数在年度统计中名列全国第一、二、三名者,每人分别奖励研究经费 25 000 元、15 000 元、10 000 元,奖金分别为 5000元、4 000 元、3 000 元;进入全国第四至第十名者每人奖金 2 000 元。

第七条 以我校为第一承担单位且我校教职工为第一负责人,承担国家 973 项目、国家自然科学基金重大项目以及经费在 500 万元以上(含 500 万元)的国家 863 项目、国家攻关项目、国防军工项目,以其项目间接费用的 40%奖励所在课题组用于科技发展事务;以我校为第一承担单位且我校教职工为第一负责人,承担其他国家科技计划项目、基金项目和省部级重大、重点等重要项目,以其项目间接费用的 20%奖励所在课题组用于科技发展事务(本奖励每学期办理一次)。

第八条 以我校为第一承担单位且我校教职工为第一负责人,从其他企事业单位获得的总研究经费(不含设备费)在 100 万元以上(含 100 万元)的横向科技项目,以其项目间接费用的 30%奖励所在课题组用于科技发展事务;总研究经费(不含设备费)在 100 万元以下、10 万元以上(含 10 万元)的横向科技项目,以其项目间接费用的 20%奖励所在课题组用于科技发展事务(本奖励在项目结题后发放,每学期办理一次)。

第九条 学校鼓励各学院、国家实验室及国家重点实验室等积极争取各类科技项目,以其上一年度到款科研经费总额(不含外拨经费及校内资源经费)的 1%作为奖励,用于本学院、国家实验室及国家重点实验室等的科技发展事务(本奖励每年第一季度末办理)。

第十条 学校鼓励各课题组使用各类课题经费购置科研仪器设备。凡使用已结题的科研经费购置作为学校固定财产的仪器设备(以校产管理处器材保管入库凭证为准),金额在 10000 元(含 10000 元)以上的,学校按购置金额的 20%予以配套。

第十一条 各类奖励的个人所得税缴纳由获奖人按国家有关规定执行。

第十二条 获得各类奖励的个人或部门如在科技论文发表、科学技术奖励申报中存在剽窃、抄袭、仿冒、篡改等欺骗行为,一经查出,立即取消其获得的奖励,并按照学校有关规定予以严肃处理。

第十三条 本办法自印发之日起施行,由科技处负责解释。

中国科学技术大学

科技项目(课题)经费使用管理暂行办法

(2003年2月24日校长工作会议讨论通过)

(校办字[2003]4号)

为进一步加强和规范科技项目(课题)经费的管理,遵循责、权、利相结合的原则,有效合理地使用科研经费,提高资金使用效益,根据国家有关财务规章制度和国家科技计划实施课题制管理的规定,结合我校的实际情况,特制定本暂行办法。

第一条 凡以学校名义承担的各类项目(课题),其经费属于学校年度经费收入预算的组成部分,应纳入学校财务核算和管理,任何部门和个人不得将上述经费汇入其他财务账号。

第二条 项目(课题)经费到账后,项目(课题)负责人、科技处、财务处应相互配合,尽快办理项目(课题)指标卡。任何人不得违反国家课题制管理的规定,随意分立指标卡。

第三条 学校逐步对科技项目(课题)实行成本核算。对纵向项目(课题)提取5%的间接费用、4%的燃料及动力费和1%的公用图书资源建设费;对横向项目(课题)提取8%的间接费用、4%的燃料及动力费和1%的公用图书资源建设费。

根据批准的预算书、合同书(协议书),需向外单位转拨的协作研究费用及横向科技项目设备代购费,学校不提取上述各项费用,财务处根据协作研究任务书(合同书、协议书)办理专用指标卡。

第四条 项目(课题)经费的使用实行项目(课题)负责人负责制。项目(课题)负责人应确保各项经费支出符合国家的有关财经法规,严格按照项目(课题)的预算内容和批准额度执行。如发生违规违纪行为,项目(课题)负责人应承担相关法律、行政责任。

项目(课题)经费的各项支出,应取得合法的票据,实报实销;对于野外作业不能取得正式报销凭证的,可由经办人员出具情况说明,经项目(课题)负责人审核签字后报销。

项目(课题)经费不得用于支付各种罚款、捐款、赞助、投资等项支出,不得用于各种福利性支出或国家规定禁止列入的其他支出。

第五条 项目(课题)负责人负责指标卡的管理及日常支出的审批。使用额超过1万元(含1万元)的或项目(课题)负责人直接经手的经费支出,应经所在单位科研负责人审核;5万元以上的经费支出,还必须经科技处审核。

第六条 需要向外单位转拨协作研究经费时,使用人应向财务处提供协作研究合同书(协议书)或经科技处审核后的转拨经费清单。

第七条 项目(课题)负责人应按照批准的预算书、合同书(协议书)和相关管理办法,按总量控制使用人员(劳务)费,并根据实际科研情况按月领取发放。

合同书(协议书)中未明确人员费额度的横向科技项目,提取人员(劳务)费不得超过到款额的20%。

根据批准的预算书、合同书(协议书),需向外单位转拨的协作研究费用及横向科技项目设备代购费,不得列支人员(劳务)费。

如人员(劳务)费发生超支领取情况,其超支部分从项目(课题)负责人工资或岗位津贴中扣除(不退回个人所得税税金)。对情节严重的责任人学校辅以行政处分。

第八条 因项目(课题)研究目标、重大技术路线或主要研究内容的调整,以及不可抗力造成的意外损失等原因,对项目(课题)资助经费预算造成较大影响时,项目(课题)负责人必须按程序上报主管部门。未经主管部门批准,项目(课题)负责人不得擅自更改经费预算。

第九条 由学校资助的各类项目(课题),学校不提取间接费用、燃料及动力费、公用图书资源建设费,项目(课题)组也不得列支人员(劳务)费。

第十条 纳入纵向项目(课题)配套经费预算的横向科技项目,专门列账纳入纵向项目(课题)管理。

第十一条 项目(课题)组和相关个人应承担纳税义务和所有相关费用,包括为合同对方单位代购设备费用应交纳的增值税、未获省科技厅免税认证的横向科技项目经费应交纳的营业税、提取人员(劳务)费应交纳的个人所得税等。

第十二条 项目(课题)研究结束后,项目(课题)负责人应会同财务处清理账目,根据批准的项目(课题)经费预算和实际支出,如实编报项目(课题)经费决算,由财务处和科技处审核签署意见并存档后上报上级主管部门。

第十三条 结题报告及经费决算书批准通过后,结余经费应在3个月内办理经费分配。除国家另有规定外,结余经费全部作为科研发展基金。其中学校提取10%用于组织科技项目,学院(实验室)提取10%作为用于组织科技项目和绩效奖励,其余80%由项目(课题)负责人掌握。纵向项目(课题)用于研究成果的整理、项目(课题)预研究不得低于结余经费的60%,用于科研绩效奖励不得高于结余经费的20%。

第十四条 对未能如期完成的项目(课题),学院(实验室)须提交调查报告查实原因,对无故未能如期完成的项目(课题),科技处将报请学校主管领导批准后,通知财务处冻结该负责人的相关项目(课题)的研究经费,并报项目(课题)主管部门。

第十五条 遵照课题管理责任追究制度的规定,对上级主管部门审查存在问题的经费开支,学校将追究项目(课题)负责人责任并以行政手段予以纠正;构成犯罪的,依法追究刑事责任。

第十六条 本办法如有与国家有关政策法规或规定抵触之处,均按国家政策法规或规定执行。

第十七条 本办法由科技处与财务处负责解释。

第十八条 本办法经校长工作会议通过后施行。

中国科学技术大学
科技项目(课题)经费预算管理暂行办法

(2003年2月24日校长工作会议讨论通过)

(校办字[2003]5号)

为进一步加强和规范科技项目(课题)经费的管理,有效、合理地完成科技项目经费预算工作,提高资金使用效益,根据国家有关财务规章制度和国家科技计划实施课题制管理的规定,结合我校的实际情况,制定本暂行办法。

第一条 项目(课题)负责人应按照各类项目(课题)有关规定,本着实事求是、精打细算的原则,编制切合实际的项目(课题)经费(包括专项经费和配套经费)预算。预算主要包括项目(课题)研究的直接费用、间接费用和协作研究费用。

第二条 项目(课题)经费中的直接费用指项目(课题)研究过程中耗用的可以直接计入课题成本的费用。直接费用包括人员费、设备费、国际合作与交流费、业务费(含材料费、燃料及动力费、外协测试化验与加工费、出版物与文献费、信息传播与知识产权事务费、会议费等)、修缮费及其他直接费用。

人员费是指直接参加项目(课题)研究的人员支出的劳务费用。除项目(课题)主管部门另有规定外,各类纵向项目(课题)人员费均按项目(课题)总经费的5%列入专项经费预算;企事业单位委托的横向科技项目也必须编制人员费预算。学校自行组织的科技项目(课题)中不得安排人员费预算。

设备费是指研究过程中发生的仪器、设备、样品、样机购置和试制费用,以及设备的运费、安装调试费用。

国际合作与交流费是指研究过程中项目(课题)组人员的出国费用及外国专家来华的工作费用。项目(课题)组成员出国考察的开支标准按现行外事经费管理制度执行,包括旅费、伙食费、住宿费和其他费用。外国专家费用的资助标准按现行外事经费管理制度执行,包括工资、差旅费用、公杂费用和其他费用。国家科技计划项目(课题)、国家自然科学基金项目(课题)及各省(部、委)所立项目(课题)必须按相关主管部门规定的国际合作与交流费比例列入专项经费预算;学校自行组织的科技项目中原则上不安排国际合作与交流费预算。

材料费是指研究过程中需要消耗的各种原材料、辅助材料、低值易耗品、元器件、试剂、实验动物、部件、外购件、包装物的原价、运输、装卸、整理等费用。

燃料及动力费是指研究过程中需支付的水、电、汽、燃料等费用。在计量收费条件未成熟前,原则上不得少于专项经费的4%列入专项经费预算。

外协测试化验与计算、加工费是指研究过程中委托外单位协作进行测试、化验、计算、加工等所支付的费用。不包括将项目(课题)部分研究开发工作委托给外单位所支付的协作研究费用。

出版物与文献费、信息传播与知识产权

事务费是指研究过程中需要支付的出版费及书籍购买费、资料费、文献检索费、入网费、通信费，专利申请与维持费以及知识产权顾问费等各项费用，其中专项经费的 1% 由学校专项用于公用图书资源建设。

会议费是指研究过程中需要组织召开及参加的审查会、咨询会、论证会及学术交流等各种会议发生的费用。

修缮费是指研究过程中所用固定资产的安装费、维护费、修理费等，包括设备安装、调试及零星土建工程费，以及直接为项目(课题)研究所发生的房屋建筑物修缮费、实验室改装费及设备维修费。

其他直接费用是指除上述各项费用以外、包括差旅费和专家咨询费在内的其他直接研究费用。国家自然科学基金项目固定人员加班费等，按不高于基金委规定的流动人员劳务费的 2/3 列入专项经费中其他直接费用预算。

第三条 间接费用是指学校为组织和支持课题研究而发生的难以直接计入课题成本的各项费用。包括：课题研究过程中使用现有仪器设备的使用费、房屋(包括办公用房、实验室等)占用费、学校管理职能部门直接为课题服务的管理服务人员的人员费及其他行政管理费用。各类纵向科技项目(课题)的间接费用按照项目(课题)专项经费的 5% 列入专项经费预算；企事业单位委托的横向科技项目按照项目经费 8% 预算。

第四条 协作研究费用是指存在协作研究的子课题，将协作研究工作委托给学校以外的其他单位所发生的支出，原则上外协费不能超过项目(课题)经费的 40%(上级主管部门组织整合的项目(课题)例外)。

第五条 除学校所立项目(课题)、相关的横向科技项目、课题组自有经费(如结余经费、未指定具体任务的人才基金项目(课题)经费)及项目(课题)主管部门允许的项目(课题)经费外，其他项目(课题)经费不得列入配套经费预算。

第六条 凡不符合财税字[1999]273 号文件中免税条件的横向科技项目，应预算营业税税金或增值税税金。

第七条 项目(课题)预算书必须提前 3 天报经财务处和科技处审核后上报项目(课题)主管部门。

第八条 对项目(课题)主管部门政策法规允许收取的间接费用(管理费)、燃料及动力费等，若项目执行时未列入批准的预算计划，学校将从项目(课题)负责人结余经费、人员费等可列支的经费和其他收入中收取。

第九条 项目(课题)负责人应自觉遵守国家的有关财经法规和项目(课题)主管部门的相关管理办法。

第十条 本办法如有与国家有关政策法规或规定有抵触之处，均按国家政策法规或规定执行。

第十一条 本办法由科技处与财务处负责解释。

第十二条 本办法经校长工作会议通过后实施。

项目(课题)经费预算说明

预　算　科　目	说　　　明
一、经费支出	
(一)直接费用	
1. 人员费 固定人员 流动人员	纵向项目按总经费的5%列入专项经费预算(有明文规定的除外),固定人员指相对于学生、离退休人员等流动人员的研究组成员
2. 设备费 购置试制	单价5万元以上设备列清单
3. 国际合作与交流费 课题组成员出国费用 外国专家费用	国家基金项目按相关规定列入预算;学校自立项目不列;其他项目根据相关管理规定按实际需要预算。外国专家费用的资助标准按现行外事经费管理制度执行,包括工资、差旅费用、公杂费用和其他费用
4. 业务费 材料费 燃料及动力费 外协测试化验与加工费 出版物/文献/信息传播/知识产权事务费 会议费	不少于专项经费4%列入专项经费预算 学校扣专项经费1%,专项用于公用图书资源建设 含组织或参加学术会议的费用
5. 修缮费	
6. 其他直接费用	国家基金项目固定人员加班费等按流动人员劳务费的2/3列入专项经费预算;有人员费的项目原则上不安排加班费
(二)间接费用	纵向项目按专项经费的5%、横向项目按经费的8%预算
(三)协作研究费	将部分研究工作委托给学校以外的单位发生的支出,原则上不能超过项目经费的40%(上级主管部门组织整合的项目例外)
二、经费来源 1. 专项经费 2. 从其他渠道获得的配套经费	经费为专项经费和从其他渠道获得的配套经费总和

注:(1)所有在学校财务立账的纵向项目(课题)必须编制预算书(表)。

(2)项目(课题)经费预算编制以项目主管部门要求为准,例如:表格、条目及控制比例。

(3)项目(课题)主管部门未明文规定或要求不明确时,按学校管理办法执行。

(4)项目(课题)一旦批准执行,严格按批准的项目(课题)经费预算书(表)管理,不得擅自更改经费预算计划。

中国科学技术大学
公共活动场所和设施管理暂行办法

(校办字[2003]34 号,2003 年 10 月 31 日)

为进一步规范和加强学校公共活动场所和设施的管理,维护良好的校园环境和正常的工作、学习与生活秩序,充分利用有限的办学资源为本校教学、科研、管理工作和师生员工服务,特制定本暂行办法。

一、本暂行办法所指的公共活动场所和设施,主要包括大礼堂、东区师生活动中心、西区学生活动中心、水上报告厅和各类会议室、教室、体育场馆和其他具有类似功能的公共活动场所及设施。

二、学校授权校产管理处会同有关部门,与负责管理上述公共活动场所和设施的单位(以下简称“管理单位”)签订委托管理协议。各管理单位分别根据委托管理协议制订相应的管理与服务规定,并履行管理和服务的职能与义务。

三、上述公共活动场所和设施主要用于本校教学、科研、管理工作和满足师生员工的活动需要,原则上不对校外单位和个人提供服务。校内单位因教学、科研、管理等活动需要,可按照上述公共活动场所和设施的管理与服务规定申请使用。

四、各管理单位未经学校批准,不得擅自将负责管理的活动场所和设施租借给校外单位或个人使用,否则将追究管理单位负责人的责任。少数校外单位或个人因特殊情况需要使用上述公共活动场所和设施,须向管理单位提出书面申请,明确具体用途、使用时间、参加人员等有关事项,由管理单位酌情提出建议意见,提交党政办公室报请相关校领导审批。

五、上述公共活动场所和设施经批准对校外单位和个人提供服务,管理单位必须负责确保活动场所和设施的完好及维持校园治安、卫生、交通等秩序;承办大型活动时,必须与学校治安保卫等有关单位和部门取得联系和配合,必要时要提请学校有关部门统一协调。

六、实行物业管理的公共活动场所和设施一律实行全成本核算,对校内外使用单位和个人一律实行收费制;暂未实行物业管理的公共活动场所和设施,对校内单位和个人使用仍采用现行办法,对经批准使用的校外单位和个人一律实行收费制。收费标准由管理单位提出建议,经校产管理处和财务处审核确定,并按规定办理收费许可申报和审批手续。

七、上述公共活动场所和设施的财务管理严格实行收支两条线制度,所收取的各项费用一律上交学校财务;管理活动场所和设施的成本费用(含日常管理与服务、基本维修、设备购置等相关费用)另行提出预算,报学校批准。根据校务公开工作的要求,各管理单位每半年公布一次财务收支情况。

八、本暂行办法经校长工作会议审议批准后印发施行,由党政办公室负责解释。

中国科学技术大学
校园一卡通运行费用分担办法(试行)

(校网字[2003]2号,2003年12月15日)

为保证“校园一卡通”(以下简称“一卡通”)系统正常运行,提高使用效率,根据有关规定和一卡通系统实际运行状况,特制订本试行办法。

一、一卡通运行费用分担依据

(1)《中国科学技术大学校园一卡通系统运行和管理规定(暂行)》(校网字[2002]1号)第三章第十二条“商户必须按规定支付校园一卡通系统设备使用费、电子转账费和结算单据费,根据双方的约定定期进行账务清算和核查”。同时,经校长工作会议研究,决定将上述的“结算单据费”改为“结算费”。

(2)中国人民银行《银行卡业务管理办法》第四章第二十四条“商业银行办理银行卡收单业务应当按下列标准向商户收取结算手续费......(二)其他行业不得低于交易金额的1%”。

(3)使用一卡通的所有收费用户和商户年均交易额。

(4)校园卡系统正常运行所需费用预算和分担测算。

二、一卡通运行费用分担原则

以卡养卡、良性循环,合理分担、促进发展。

三、一卡通运行费用分担办法

(1)所有使用终端收费机的用户按月支付电子结算费(含电子转账费),该费用为交易额的0.7%。由一卡通管理结算中心按月通知用户。

(2)使用一卡通管理结算中心提供的终端收费机的用户,按月支付设备使用维护费,每台(件)20元/月,每年按10个月计;单台(件)月交易额不足1000元的按5元/月计。该费用由用户在支付电子结算费时一起支付。

(3)使用自购设备的用户,需要一卡通管理结算中心代理维护的,按月支付设备维护费,每台(件)5元/月,设备零配件另算。该费用由用户在支付电子结算费时一起支付。

(4)非经营性单位使用一卡通管理结算中心提供的终端收费机、门禁机、通道机、巡更机、手持机、读写器、车载机等设备,按年支付设备使用和维护费,每台(件)为50元/年。

(5)使用自购设备的非经营性单位,需要一卡通管理结算中心代理维护的,支付设备维护费,每台(件)为30元/年,设备零配件另算。

四、一卡通运行费用的支付

用户在收到通知30天之内转账到一卡通管理结算中心在学校财务的相关户头,逾期未按规定支付分担费用的,一卡通管理结算中心应该再通知一次,用户在15天内补缴。用户不缴纳分担费用的,一卡通管理结算中心将不予结算,停止用户使用设备。

五、一卡通运行费用的使用

(1)各用户分担的费用全部上交学校财务核算,设立单独 DA 类户头,指定专人负责。

(2)严格执行收支两条线的原则,在校财务处的监管下,将分担费用完全用于一卡通的日常运行。

(3)运行费用的收取和支出情况半年向分管校长助理、秘书长和财务处报一次,并向分担费用的用户公布。

(4)上述各项收入仍不够运行的部分由学校补贴,补贴经费划入一卡通管理结算中心维持户头。

六、其他费用

(1)新增一卡通收费、门禁、巡更、身份识别、查询、通道、车载等应用的使用单位,自行承担设备费用和连接到最近的一卡通专网的布线施工费用等。

(2)使用单位需要变更设备安装地点的应向一卡通管理结算中心申请移机,并承担相应的移机手续费和材料费。

本办法自印发之日起施行,由网络信息中心负责解释。

UNIVERSITY OF SCIENCE AND TECHNOLOGY
OF CHINA YEARBOOK

其他文献

在中国科学技术大学干部、教授大会上的讲话

中共中央组织部副部长　沈跃跃

（2003年5月28日，根据录音整理，未经本人审阅）

同志们：

我今天到中国科学技术大学，主要是受中央领导同志的委派，宣布党中央、国务院关于中国科学技术大学主要领导职务变动的决定。

（宣布中共中央和国务院关于中国科技大学主要领导职务变动的决定，此处从略）

中国科技大学党委和行政领导班子均已任期届满，这次对学校主要领导职务的调整，是中央从工作需要出发，经过慎重研究以后作出的决定，是一次正常的新老交替，也是正常的职务变动。汤洪高同志因为年龄原因，曾多次向组织上提出辞去党委书记的职务，考虑到中国科技大学的情况，中组部尊重并同意了汤洪高同志的请求。中央做出决定后，我们分别找了郭传杰、汤洪高、朱清时同志谈话，他们都表示坚决拥护中央决定，认真做好工作的交接。

这些年来，科大领导班子高举邓小平理论伟大旗帜，以“三个代表”重要思想为指导，认真贯彻落实党的路线、方针、政策，抢抓机遇，与时俱进，开拓创新，妥善处理改革、发展和稳定的关系，经受了各种风浪的考验，保持了学校的稳定和各项事业的健康发展。经过全校师生员工的共同努力，学校的“211工程”和“985工程”顺利实施，发展步伐明显加快，综合办学实力显著增强，在人才培养、教学科研、学科建设、队伍建设和基本建设等方面都取得了可喜的成果。这些成绩的取得，是中国科学院党组和安徽省委正确领导的结果，也是与社会各界的关心、支持和帮助分不开的，同时还凝结着汤洪高和朱清时同志等校领导班子成员及全校广大师生员工的心血和汗水。

汤洪高同志在中国科技大学工作了13年，担任过党委书记和校长。他政治上强，政策理论水平高，努力实践“三个代表”重要思想，坚持社会主义办学方向。他思想解放，注意以改革与发展统揽全局，推进学校的各项工作。他领导经验丰富，组织协调能力较强，重视领导班子和干部队伍建设，使学校的党建、思想政治工作和精神文明建设不断得到加强。他坚持民主集中制，注意发挥党政班子的集体智慧，充分调动大家的积极性，努力倡导宽松和谐的工作环境。他谦虚宽容，待人诚恳，作风深入，经常到教学一线了解教师和学生的思想状况，关心年轻人的健康成长。他作风正派，要求自己严格，在广大教职工中威信较高。汤洪高同志虽然不再担任党委书记职务，但他作为科大的老领导，将继续关心和支持学校的工作。

对新任党委书记郭传杰同志，大家可能都比较了解，因为他是中国科学院的党组副书记，这里我也向大家作一个简单的介绍。郭传杰同志是湖北浠水人，1944年9月出生，1967年9月参加工作，1975年8月加入中国共产党，武汉大学化学系元素有机专业

毕业，研究员。他长期在中国科学院工作，曾经担任中国科学院科技政策局和计划局副局长、院党组办公室和新闻办公室主任、副秘书长兼学部综合办公室主任和中国科学报社社长、总编辑等职。1997 年 9 月，任中国科学院党组副书记。

郭传杰同志政治上成熟，政策理论水平较高，能够结合实际贯彻党的路线、方针、政策，努力实践“三个代表”重要思想。他熟悉党务工作和知识分子工作，尊重知识，尊重人才，坚持两手抓，善于抓班子、带队伍，有较强的宏观驾驭能力和组织领导能力。他思路开阔，思维敏捷，有创新精神；作风民主，为人正派，生活简朴，要求自己严格，在干部、群众中有较高威信。他虽然没有在科大工作过，但多次到科大来，对学校情况比较了解，也有深厚的感情。这次组织上任命他兼任科大党委书记，他顾全大局，克服一切困难，坚决服从中央的决定，表现出了较强的党性和组织观念。中央认为，郭传杰同志作为中国科学院党组副书记兼任科大党委书记是合适的，对学校发展和班子建设是有利的。

朱清时同志担任校长 5 年来，在党委的领导下，与校行政班子成员一起，认真贯彻党的教育方针和科教兴国战略，着力加强学科建设和教学科研工作，使学校的整体实力得到提升，在国内外的影响不断扩大。我们在科大听取意见时，大家对朱清时同志 5 年来的工作成绩给予了充分肯定。我们相信朱清时同志在新的任期内，一定会不辜负大家的期望，发扬成绩，把工作做得更好。

我们更加相信郭传杰、朱清时同志一定会和校领导班子团结一致，在全校广大教职员工的积极配合、大力支持下，努力开拓，积极进取，使科大各项事业在现有的基础上继续发展，再创辉煌。

同志们，党的十六大对教育工作提出了新的更高的要求。前不久召开的中央政治局会议专门研究了人才工作，进一步强调了人才是第一资源和人才强国战略。对科大来说，落实好科教兴国和人才强国战略，培养一批又一批的能为实现全面建设小康社会服务，符合建设中国特色社会主义事业所需要的合格人才，是时代赋予的重任和历史使命。科大建校 45 年，经历三次创业，已经发展成为国内外享有较高声誉的著名学府，所担负的责任光荣而艰巨。希望校党委、校行政领导班子进一步贯彻好党的教育方针，切实做到“两手抓”，既要大力推进学校的改革与发展，又要努力维护学校的稳定；既要重视业务工作，又要注重队伍建设；既要抓好教学科研管理，又要重视思想政治教育和人才的综合素质培养。要落实好党委领导下的校长负责制，通过建立制度，制定规范，明确职能，保证党委在学校的核心地位和领导作用。书记要掌好舵，同时支持校长履行好自己的职责。要坚持民主集中制原则，按照集体领导、民主集中、个别酝酿、会议决定的要求办事，重大问题集体讨论决定，做到思想统一、步调一致。要不断加强领导班子的思想作风、工作作风和学风建设、制度建设，班子成员要相互信任、相互支持、团结一致，带领全校广大师生，继续发扬“勤奋学习、红专并进、理实交融”的优良校风，不断增强掌握和运用现代科学知识的能力，不断增强民族自尊心、社会责任感和报效祖国的坚定信念，在以胡锦涛同志为总书记的党中央领导下，高举邓小平理论伟大旗帜，全面贯彻“三个代表”重要思想，沿着党的十六大指引的方向，同心同德，艰苦奋斗，努力实现建设高水平大学的奋斗目标，为国家和安徽省的经济建设，为全面建设小康社会和中华民族的伟大复兴做出新的贡献。

在中国科学技术大学干部、教授大会上的讲话

全国人大常委会副委员长、中国科学院院长　路甬祥

（2003 年 5 月 28 日）

同志们：

刚才沈跃跃同志代表党中央、国务院宣布了中国科学技术大学主要领导同志变动的决定，充分肯定了学校过去几年的工作和汤洪高、朱清时同志的贡献，对学校领导班子和全体师生员工提出了希望和要求，我都赞同。

过去几年来，汤洪高、朱清时同志和校党委、校行政班子高举邓小平理论伟大旗帜，努力实践“三个代表”重要思想，始终把握社会主义办学方向，全面贯彻党的教育方针，认真执行党中央、国务院以及院党组、中央各有关部委和安徽省委省政府的工作部署和安排，团结带领全校师生员工，紧紧抓住并努力创造发展机遇，开拓创新，艰苦创业，在人才培养、科学研究、师资队伍建设、校园与校风建设等方面都取得了很大成绩。人才培养质量稳步提高，科技创新能力显著增强，教学科研条件明显改善，综合办学实力大幅提高，一流大学建设进展顺利，师生精神面貌和思想观念发生可喜变化，学校在国内外的影响进一步扩大，呈现出良好的发展态势。

院党组对科大的工作是满意的，看到科大的进步和发展，我们感到由衷的欣慰和高兴。在此，我谨代表院党组对科大所取得的成绩表示衷心的祝贺！对汤洪高、朱清时同志和校党政领导班子为科大所做的贡献表示衷心的感谢！向工作在教学、科研、管理、后勤一线的全体师生员工表示崇高的敬意和亲切的慰问！

由于年龄原因，汤洪高同志不再担任科大党委书记，中央决定由郭传杰同志兼任。传杰同志是十分适合的人选。我与传杰同志共事近十年，了解他的人品、修养和作风。他政治上敏锐坚定，具有较高的理论修养和政策水平，善于把党的路线、方针和政策与我院工作实际相结合，创造性地开展工作。他来自科研第一线，经历了科研管理和党务工作多个领导岗位，积累了丰富的党务和科研管理领导工作经验，具有较强的战略思维能力、驾驭全局能力和组织协调能力。他在院党组中分管党务和干部工作，善于做思想政治工作，作风民主，公道正派，严于律己，宽厚待人，得到院内外同志的好评。传杰同志还十分注意学习和思考，具有较高的科学文化素养和造诣，在创新文化建设上见解独到。我相信，传杰同志出任科大党委书记，一定能够与清时同志和科大的师生员工一起，共同谱写科大发展新的华章。

科大是新中国成立后由我院创办的一所大学。党的三代领导集体都对这所大学给予了高度重视和亲切关怀。周恩来、聂荣臻等老一辈无产阶级革命家和郭沫若、严济慈等科学前辈亲切关怀和亲手创办了这所大学。邓小平同志多次关心科大的改革和发展，批示“科技大学办得较好，年轻人才较多，应予扶持”，并指示“科学院要把科技大学办好”。

江泽民同志、胡锦涛同志等都曾到科大视察工作。1998 年 6 月，江泽民同志为科大建校 40 周年题词："面向二十一世纪，建设一流大学，培育一流人才"，指明了科大在新世纪、新时代的建设目标和前进方向。所有这些，不仅体现了党的三代领导集体对科大的关心和支持，也反映了科大在国家教育和科学事业发展中的重要地位。

中国科学院党组对科大的建设和发展一直是高度重视的，始终把科大作为科学院和国家的高级人才培养基地，作为我院出成果、出人才的重要方面。传杰同志作为院党组副书记，兼任科大党委书记，并且将主要精力放在科大工作上，这既是中央的要求，也是院党组支持科大发展的一项举措。我院将继续加强对科大的支持，支持科大第三次创业，支持科大创建世界一流大学的努力。

改革、发展、稳定，领导班子是关键。无数事实证明，领导班子强不强、团结不团结、得力不得力、工作是否有创造性，将在很大程度上决定一个单位事业的兴衰。在科大新一届领导班子即将组成之际，我想提几点希望：

一、要始终以"三个代表"重要思想为指导，坚持正确的办学方向，贯彻党的教育方针，讲政治、讲大局、讲团结、讲实干，遵循教育科研规律，明确学校发展战略，坚持提高教育质量、科研水平和办学效益，努力建设质量优异、特色鲜明、规模适度、结构合理的一流研究型大学。

二、要坚持并完善党委领导下的校长负责制。按照党委总揽全局、协调各方和党管干部的原则，形成政治核心，支持校长依法对学校教育、科研、后勤行使行政领导职权，处理好党委与行政、教代会、共青团、工会、学生会等的关系，形成各方协调配合，积极性、主动性和创造性得到充分发挥的工作局面。加强与完善党委常委会议和校长办公会议制度建设，贯彻民主集中制原则，健全工作制度和议事规则，形成合理分工、密切配合的工作机制。

三、要加强学习，搞好班子的思想理论建设，理论联系实际，提高领导工作能力与水平。校领导班子必须拓宽战略视野，提高理论思维、战略思维和科学判断形势发展和市场与社会需求的能力，不断提高总揽全局的能力。坚持按客观规律办事，抓住机遇加快发展，开拓创新。善于处理各种矛盾，协调不同利益关系，克服各种困难，不断提高应对多种挑战的能力。认知国情，立足大局，面向世界，面向未来，坚定不移地贯彻党的路线、方针、政策，结合教学科研实际，创造性地开展工作。

四、办好学校，人才是关键。要在学校继续大力弘扬尊重知识、尊重人才，尊重科学、尊重创造，惟贤是举、惟才是用、人才辈出的良好风气和氛围。要进一步加强干部队伍建设，按"四化"方针建设一支能担当重任、经得起风浪考验的高素质干部队伍。坚持在教学科研的改革创新实践中考察和识别干部，把那些德才兼备、实绩突出和群众公认的优秀人才及时选拔到关键领导岗位上来。加大培养选拔优秀青年干部的力度。以提高素质、优化结构、改进作风和增强团结为重点，把学校各级领导班子建设成为坚决贯彻"三个代表"重要思想、坚定不移地推进改革发展稳定的坚强领导集体。

同志们，党的十六大确立了全面建设小康社会，加快推进社会主义现代化的战略目标，提出了造就数以千万计的专门人才和一批拔尖人才的战略任务。实现这一战略任务，教育和科技事业任重而道远。未来 10 年是我国现代化建设的关键机遇期，也是世界科技突飞猛进、高等教育面临重大变革和发展的关键历史时期。今年 9 月，科大将迎来建校45周年华诞。科大作为国家重点建设的大学之一，既面临发展的新机遇，也面临发展的新挑战。我衷心希望科大在新一届班子的领导下，高举邓小平理论和“三个代表”伟大旗帜，继承和发扬“勤奋学习、红专并进、理实交融”的校风，倍加顾全大局，倍加珍视团结，倍加维护稳定，与时俱进，开拓创新，全校一心，团结奋斗，扎实工作，努力完成高质量人才培养、高水平科学研究和高层次社会服务的三大任务，进一步加强与经济建设和社会发展的紧密结合，以质量与服务求发展，以水平与贡献求提高，为实现一流大学的建设目标，为安徽省经济社会的发展，为国家科技教育事业的发展，为我国社会主义现代化建设不断做出新的重要贡献。

谢谢大家！

在中国科学技术大学干部、教授大会上的讲话

中共安徽省委副书记兼秘书长　王明方

（2003年5月28日）

尊敬的路甬祥副委员长、沈跃跃副部长，各位老师、同志们：

今天的会议，对于新世纪、新阶段中国科学技术大学的发展进步具有重要的意义。对党中央、国务院关于中国科学技术大学主要领导职务任免的决定，对刚才路甬祥副委员长、沈跃跃副部长的重要讲话精神，我们完全拥护。借此机会，我代表安徽省委、省政府，对中国科学院、中国科学技术大学多年来给予安徽的帮助和支持表示衷心的感谢！

改革开放以来，特别是党的十三届四中全会以来，科大在党中央、国务院的关怀和中国科学院的领导下，高举邓小平理论伟大旗帜，以“三个代表”重要思想为指导，认真贯彻党的路线、方针、政策，围绕创建一流大学的目标，主动迎接国内外科技、教育和社会经济发展的挑战，大力推行各项改革和结构性调整，在教学、科研、管理等各方面取得了一系列重要成就，已经发展成为一所以前沿科学和高新技术为主、兼有以科技为背景的管理和人文学科的综合性全国重点大学，成为国家高质量人才培养和高水平科学研究的重要基地，为国家同时也为我们安徽省的经济社会发展培养了大批高素质人才，提供了大量科技成果，做出了重要贡献。

科大这些年来的快速发展和深刻变化，就学校自身来说，是校党政班子团结和带领广大师生员工共同努力的结果。汤洪高、朱清时同志作为学校党政主要负责人，对科大的改革、发展、稳定发挥了至关重要的作用。刚才路甬祥副委员长和沈跃跃副部长对汤洪高、朱清时同志给予了客观、高度的评价，我们都完全赞同。这里还要特别提到，汤洪高同志作为中共安徽省委五届候补委员，六届、七届委员，他十分关心安徽的物质文明、政治文明和精神文明建设以及党的建设工作，尤其是十分关心安徽的教育和科技事业的发展。在他和朱清时同志的关心推动下，科大与我省之间的合作日益加强，省校关系日益密切，科大在我省经济社会发展中发挥着越

来越重要的作用。中国科技大学的优异成绩和汤洪高同志的优秀品格，使他在安徽各级领导干部中，特别是在广大教师和科技工作者中得到了广泛尊重。在此，我们向汤洪高同志致以崇高的敬意。由于年龄原因，汤洪高同志不再担任科大的领导职务，我们仍然欢迎他继续关心和支持安徽的各项工作。

中央决定中国科学院党组副书记郭传杰同志兼任中国科技大学党委书记，朱清时同志继续担任科大校长，这充分体现了中央和中国科学院对科大的高度重视。我们热烈欢迎郭传杰同志到科大、到安徽工作，对传杰同志兼任科大党委书记、清时同志继续担任科大校长表示热烈的祝贺！我们相信在郭传杰、朱清时同志和科大新一届领导班子的带领下，科大的各项事业一定会不断开创新的局面，安徽省和科大的合作一定会在现有的基础上不断迈上新的台阶，结出更加丰硕的成果。

中国科技大学坐落在安徽，为安徽增添了夺目的光彩，也是安徽的宝贵财富。我们将按照刚才路甬祥副委员长和沈跃跃副部长的讲话精神，进一步落实好中国科学院、教育部和安徽省政府已经签署的重点共建中国科技大学的协议，进一步完善政策，加大支持力度，努力在科大的基础设施建设、校园周边环境治理、师生员工生活后勤保障等方面做好服务工作，为科大创建一流研究型大学创造良好的外部条件。同时，我省也将进一步发挥好作为科大科研成果转化基地的作用，切实加强与科大在科技成果转化、人才培养等各方面的合作，努力促进省校共同发展、共同进步。

最后，衷心祝愿中国科学技术大学在创建一流研究型大学的进程中不断创造新的辉煌！

谢谢大家！

在中国科学技术大学干部、教授大会上的讲话

郭传杰

（根据录音整理，2003 年 5 月 28 日）

尊敬的各位领导、各位老师，同志们：

上午好！

刚才沈跃跃副部长宣读了中央决定。从这一刻起，我就马上荣幸地成为中国科学技术大学这个大家庭的一员了。沈副部长、路院长、王副书记都作了重要讲话，对学校的发展做出了明确指示，提出了更高的要求。这些都充分体现了党中央以及安徽省、中国科学院领导对中国科技大学的高度重视、热情关怀和殷切期望。在此，请允许我代表学校领导班子和全体师生员工向参加会议的各位领导和嘉宾表示衷心的感谢！向汤洪高同志多年来为中国科学技术大学的发展所做出的重大贡献表示崇高敬意和衷心感谢！

今天，这么多重要领导和贵宾齐聚科大，参加大会。作为校龄最短的一个科大人，我为很快就分享了中国科技大学的巨大荣誉感到非常高兴，心中也充满了不安。在我的记忆中，过去几年里，我曾先后 5 次跨进科大的校门。每当我漫步在科大优美校园的时候，

总有一种敬佩、庄重和羡慕的情感。我想,那是因为中国科大这个金字品牌,它凝聚着共和国和中国科学院第一代领导人高瞻远瞩,45年前创办这所名牌大学的历史辉煌;这个品牌凝结着几代科大人三次创业的艰辛劳动和卓越奉献;这个品牌象征着成功与光荣,它展示了科大人在人才培养和科技前沿创新等方面所取得的骄人成就。最近两天,我在网上到科大浏览了一下。仅在5月份,我们科大就有量子通信实验、神经递质研究中的伽玛氨基丁酸以及在STAR国际合作里的飞行时间谱仪等3项具有世界水平的工作。所以说,中国科大这个品牌的确是金字品牌,随着岁月延伸,这个品牌积淀的底蕴会越加丰厚,含金量会越来越高。

与前5次来科大不同,这一次我是在各位领导的带领下走进校园的。除了刚才讲的几点感受以外,又增加了两点新的感受。一是在21世纪中国现代化的进程中,在全面建设小康社会这个重要的战略机遇期,党中央、国务院以及国家有关部门和安徽省对中国科大提出了更高的要求,寄予了更殷切的希望;二是我个人肩头压上了一份光荣又重大的责任,我感到承担这份责任的沉重以及难承重负的一种惶恐。实话实说,对这项任务,我没有丝毫思想准备。不过,在已成现实的情况下,我以自己的人格和科大人的责任感向各位保证,在今后的工作中,我定当尽心竭力,鞠躬尽瘁!请大家相信。因为这既是党性的要求,也是我本人的性格。至于怎么做,除了"虚心学习、认真调研"这八个字以外,此时此刻,我还真说不出一二三来,也更不会讲什么豪言壮语。

学习什么呢?学习十六大精神和中央关于教育工作的方针政策,学习汤洪高同志等老领导、老同志的宝贵工作经验,学习各位老师、员工们的创新、创业精神,同时认真调研,把握好改革、发展和稳定的关系。讲政治、讲正气、讲团结、讲实干,以"三个代表"重要思想为指导,在教育部、安徽省和中国科学院的领导下,和朱清时校长一道,团结带领全体科大人,继承优良传统,与时俱进,开拓创新,把中国科大早日建设成为世界一流大学,为国家科技创新体系建设,为我国教育、科技事业的发展,为国家和安徽省的经济建设与社会进步做出更大贡献,共同开创中国科技大学更加美好的未来!

我期盼大家的理解、支持,更请大家热情监督。

谢谢!

在中国科学技术大学干部、教授大会上的讲话

朱清时

(2003年5月28日)

各位领导、老师们、同志们:

刚才中共中央组织部沈跃跃副部长宣布了党中央和国务院关于我校党政主要领导的任免决定并作了重要讲话,全国人大常委会副委员长、尊敬的路甬祥院长对我校的工作做了重要指示,王明方副书记代表安徽省委、

省政府作了重要讲话。

党中央和国务院的决定和以上三位领导的讲话,体现了以胡锦涛同志为总书记的党中央和国务院对科教兴国与人才培养的高度重视,以及对我们中国科技大学的高度重视和殷切期望。我代表全校师生员工对党中央、国务院和中组部、中国科学院、安徽省的各级领导对我校的关心与支持,表示衷心的感谢!我们将团结一心,众志成城,把学校建成一所名副其实的一流大学,不辜负各级领导对我们的期望。

我们热烈欢迎郭传杰同志任我校党委书记。郭传杰同志长期担任领导工作,有丰富的工作经验。他党性强,作风正派,严于律己。我们相信在以他为书记的校党委的领导下,学校的各项工作一定会充满生机和活力,一定能为全国和安徽的教育、科技和经济发展做出更大的贡献。

我衷心感谢全校师生员工和上级领导对我的信任和支持。在过去 5 年中,我担任校长职务,大家在给予充分肯定的同时,也提出了一些宝贵的批评和建议。我接受大家的意见。在新的一届任期中,我将在校党委的领导下,兢兢业业地履行《高等教育法》所规定的校长职责,努力使学校的发展达到一个新的高度。

最后,请允许我代表全校师生员工向汤洪高同志表示衷心的感谢!他从 1990 年来到科大后,在长达 13 年的时间中,连续三届担任学校的主要领导,为学校的稳定和发展做出了重要贡献。现在,他已当选为全国人大常委,在新的重要岗位上继续为党和国家工作。我们相信,他在新的岗位上一定能做出新的重要贡献;学校新一届领导班子一定能在上届领导班子取得的成绩的基础上,在中国科学院党组和安徽省委的领导下,把科大办得更好。

谢谢大家!

在中国科学技术大学干部、教授大会上的讲话

汤洪高

(2003 年 5 月 28 日)

各位领导、各位老师,同志们:

在今天这个重要的大会上,中央组织部副部长沈跃跃同志宣布了中央和国务院关于郭传杰同志担任我校党委书记、朱清时同志继续担任校长的决定。对此,我坚决拥护。在全国上下万众一心抗击非典型肺炎的严峻时刻,中央组织部、中国科学院和安徽省委在这里召开会议,宣布这样一个决定,全国人大常委会副委员长、中国科学院院长路甬祥同志,安徽省委书记、省人大常委会主任王太华同志等,专程莅临大会指导。这些充分体现了党中央、国务院和上级领导对我校领导班子建设、对学校建设和发展事业的高度重视和亲切关怀。

岁月无情,人生易老,这是自然界的客观规律。当前我校正处于建设一流研究型大学

的关键时期，需要更加年富力强的同志来领导这一繁重的建设任务。我本人由于年龄原因，已不再适合继续担任学校主要领导职务，因此，多次向上级请求辞去党委书记职务。我很感谢中央批准了我的请辞，也非常感谢领导们刚才在讲话中对我们学校和我本人工作的肯定。

4月中旬，中央组织部干部三局夏崇源副局长一行，会同中国科学院、安徽省委组织部的领导，专程来我校进行干部考察。经过民主推荐，中央决定任命郭传杰同志担任党委书记，朱清时同志连任校长。这是全校师生员工的众望所归，也是上级组织和领导对他们的充分信任。郭传杰同志在中国科学院担任领导职务，是我校的老领导，也是师生员工的老朋友，他有着从基层部门到中国科学院长期从事党务工作的丰富经验，具有很强的组织管理能力、领导能力和严谨扎实的工作作风。朱清时同志是国内外知名学者、中国科学院院士，他年富力强，思想开拓创新，有着5年来从事校长工作的经验，是继续担任校长职务的合适人选。我本人完全相信，郭传杰书记和朱清时校长一定能够更好地领导广大师生员工，把我校创建世界知名的高水平研究型大学的工作推向前进。我期望学校在他们的领导下，经过师生员工的共同努力和团结奋斗，早日实现江泽民同志1998年为我校提出的“建设一流大学，培育一流人才”的宏伟目标。

我从1990年到科大工作，至今已有13年的时间。13年来，我与前后三届学校党政领导班子成员一起，团结和带领师生员工，共同致力于学校的建设和发展。现在，我从学校领导岗位上退居二线以后，仍然担任全国人大常委会委员职务，除了做好这个工作，还要继续从事一些科研和教学工作。今后，学校只要需要，我会尽我所能，继续为学校服务，为一流大学建设做贡献；同时，也将继续为安徽省的建设和发展，为中国科学院的建设和发展做贡献。

目前，全国上下在以胡锦涛同志为总书记的党中央的坚强领导下，团结一致，众志成城，非典型肺炎防治工作卓有成效。在过去的一个多月中，我校也在党中央和安徽省委省政府的领导下，全力防范非典，确保全校师生员工的身体健康和校园稳定。为阻止和防范非典型肺炎侵入校园，学校采取了一系列行之有效的措施，全校师生员工都能给予理解并积极配合。现在全国的疫情虽有所缓解，但仍不能放松，在这关键时刻，我们要进一步防患于未然，坚决打赢这场战争，让党和国家放心。我相信，经过这场考验，我们祖国的明天一定会更加美好，我们全面建设小康社会的奋斗目标一定能如期实现。

最后，我想借此机会，向路甬祥副委员长、王太华书记、沈跃跃副部长，向中央组织部、中国科学院、安徽省委省政府、教育部和安徽省委教育工委等上级部门的领导，表示我最衷心的感谢，感谢大家对我校建设事业和我本人工作的关心与支持！我尤其要向全校的师生员工和海内外校友，表示我最衷心的感谢，感谢大家多年来对我本人工作所给予的信任、鼓励、支持和帮助。当然，我在担任学校领导职务的十多年中，也有不少工作上的错误和不足，希望上级组织和同志们予以指正。同时，我也还有不少未能完成的工作，相信新一届学校党政领导会继续完成，并做得更好。

我再次向莅临大会的各位领导和同志们，并通过大家向全校师生员工表示最诚挚的谢意！

全国人大常委会副委员长、中国科学院院长路甬祥在听取学校工作汇报时的讲话

(2003年5月28日,根据录音整理,未经本人审阅)

刚才听了洪高和清时同志介绍科大过去5年的发展,给了我一个比较全面的了解。这5年,科大各方面都取得了显著的进步,教育质量、科研水平、园区建设、国内外的影响等方面都取得了很大发展。在学校干部、教授大会上我也说了,来合肥前,院党组进行了讨论,大家一致认为,对科大上一届以汤洪高同志、朱清时同志为首的领导班子的工作是满意的,对科大同志们在新的第三次创业期间艰苦奋斗、创新开拓的精神非常钦佩,表示崇高敬意。如果要我说一点的话,我还是给大家说说形势。

党的十六大确立了全面建设小康社会、加快推进社会主义现代化的奋斗目标。中央的领导同志,从上一届的江泽民总书记到本届的胡锦涛总书记都反复强调,今后的10年到20年,是我国社会主义现代化建设的关键时期。从科学院方面讲,这也是国家科技创新体系建设的一个关键时期。现在,国务院正在抓紧制定我国中长期科技发展规划,科技部以及中央有关部委已经非常明确,下一步科技体制改革的总体思路还是加快和加强国家创新体系建设,加速提升科技创新能力,为全面建设小康社会、加快推进社会主义现代化建设,为国家经济和社会发展提供强有力的科技支撑。这个话从表面看来,大家过去都听说过。但是,我们在参加讨论的时候都明确感觉到,过去一般提科技与经济的结合,现在看来光这么提还不够。经济固然是中心,是基础,但是社会发展也很重要,这一点上下都形成共识了。SARS就是一个社会发展问题。公共卫生防御体系的建设,医疗卫生的创新,看来是关系到13亿人的健康和经济社会持续发展很重要的方面。

当然,社会发展还有国家安全问题,包括国防安全、能源安全、粮食安全、信息安全、健康安全、生态安全等等,这些背后都隐含着重大的、不断发展的科技需求和人才需求。今后的10年到20年,我相信既是我国高等教育改革发展的关键时期,也是面临重大变革的关键时期。教育部提出"面向21世纪教育振兴行动计划",要普及九年制义务教育,发展高中教育,大力发展高等教育,建设一批高水平的研究型大学,尤其要建设若干所世界一流大学。当然,建设世界一流大学的目标并不一定是10年、20年能够完成的,但是这10年、20年是打基础、排序的重要时期。在这10年、20年里,学校会往确定的方向前进,在中国高等教育体系中所处的层次与地位基本上也会确定。这是第一个形势。

第二个形势就是世界科技在继续突飞猛进地发展。当前,生命科学明显酝酿着新的重大的突破。人类的基因组计划已经基本完成,重要的农作物和重要的包括致病的生物体的基因组研究工作也基本完成。下一步可能是后基因时代、信息生物学时代。而且生态环境建设,人和自然的协调发展越来越迫切,越来越关系到人类社会的可持续发展。

特别像中国这样人口稠密、高速发展中的大国，这个问题显得特别突出。所以，新的经济、社会发展也拉动了科技的发展。能源问题也是如此，石油能源据一般估计，今后30年、50年、最多70年左右，就基本耗尽了。所以必须寻找可替代能源，发展可再生能源；必须开发安全、高效、可靠的核能，从长远来看，可能要发展可供商业化的聚变反应。这些都要求我们在科技方面做出新的探索和贡献。农业也是如此。过去农村、农民、农业是国家的基础和命脉，农村主要是提供全国人民温饱的必需品。但是现在国家已跨越温饱，基本实现了小康，并正向全面建设小康社会迈进，而且东部发达地区最少有两三亿人要率先实现全面小康。这样对农产品的需求就体现出多样化、高质量，不光营养好，口感和味道也要好。农业发展也要与环境保护相协调，要发展生态农业，减少农业发展对土壤、水、大气的污染。这个问题不是技术环节所能完全解决的，必须改革农业体制，加强农业科技。农业科技的重点是发展精准农业、节水农业和高效农业，我们科学岛(指中国科学院合肥物质科学研究院——编者注)上现在做的信息化农业，就是其中的一种需要。

国防也是如此。我们都爱好和平，希望和平统一祖国，不希望战争。现在和平与发展这个世界大趋势没变，但从局部来看是动荡的。而且前苏联解体后，世界走向多极化，一段时间里出现了一极超强的局面。一极超强是不稳定的结构，从力学的观点来看，多极是比较稳定的。在强权政治、极端主义、极端宗教势力和恐怖主义抬头的形势下，我国要坚持以经济建设为中心，创造一个良好的国际环境，除了通过外交、经济融入到世界的主流，逐步在全世界树立一个负责任的发展中大国形象之外，很关键的还是要有相应的国防能力，走精兵之路。从伊拉克战事表现出来的情况看，军事也在变革，目前已不再是机械化军事时代，而是信息化军事时代。打仗首先要保证信息权，而信息权又必须以制空权为保证。现在的战争牵涉到整个国家的综合国力和科技能力，不仅前线在打，网络也在打。这其中涉及大量的科技、信息、材料和全球定位问题。同时，不光要掌握大气层的气象、气候的变化，还要掌握空间气候的变化，否则就不能克敌制胜，不能应对这种挑战。

科大建校45年就能发展到目前的样子，是值得骄傲的。科大不仅培育了很多高水平的人才，取得很多很好的成果，而且形成了优良的校风。我们是不是要很好总结一下，为什么我们能走到这一步？我们还存在什么问题？对应国家的发展需求和战略机遇，在世界科技迅猛发展的大趋势下，我们的学科结构是不是还要做进一步调整？学科结构当然不能天天调、日日调，但是我们要不断审视社会需求以及与科技前沿的差距，然后适时地进行调整。我在高等学校工作过，知道学科结构调整是不太容易的，要做出一些比较大的改变比较难，因为大学的学科结构从内部来看往往是一个保守系统，因为它存在了，一些人就希望用这个锅继续炒这个菜。学科结构的调整，需要学校领导班子、学术骨干从大局和学科发展规律出发考虑问题，需要领导班子有很清醒的头脑，学术带头人要不断研讨，同时校内要形成不断开拓、与时俱进的氛围和办学思想。刚才听了清时同志的汇报，我觉得学校的学科结构总体来讲是好的，注意到了科学技术前沿，同时适当地引入了一些管理和人文科学。

第三个形势是我国高等教育和科技创新体系的发展。最近5年，以及今后的10年、20年，我看也是构成中国科技创新体系整体结构和现代高等教育体系结构的一个关键时期，我们科大在中国的高等教育体系中要找准自己的定位和角色,同时又要参考和学习世界上办得成功的学校。我比较赞成学校1998年确定的十六字方针(即“质量优异、特色鲜明、规模适度、结构合理”——编者注),科大不一定要在规模上与别人比,规模大有规模大的难处,管理、资源等相对要比较分散。我们还是要走规模适度、强调质量、结构优化、办出特色的道路。Caltech不是搞得很好吗,MIT比Caltech大一点,也不错。前几年我访问过法国巴黎的物理化学学校,它的规模比我们学校还要小,但是出了5个诺贝尔奖获得者,居里夫人曾在那里工作过并发现了镭元素。这个学校现在还保持比较好的教育传统。当然我们不能办得那么小,我们中国人多,还是要承担起培养大批优秀人才的责任。

科大还有一个很好的优势:既是大家公认的中国高层次大学当中的一员,又是中国科学院的一员。那么,新时期怎样发挥好“全院办校、所系结合”的传统,把科学院的人才优势、高水平科研工作的优势和科大的教育优势更好地结合起来。我觉得一方面可以“请进来”,就是把科学院一些优秀的一线科研人员请过来做seminar,做讨论,这是可能的,不光科大可以做,院行政上也可以推,要求研究所这么做,使科研和教育相结合;另一方面可以“派出去”,就是对高年级学生采取学校和研究所共同指导做论文的办法,提高水平。当然校内的研究力量也要发展,这已经有了一定的优势。

科大从来就有很好的传统,重视科学前沿,尊重知识,尊重人才。所以我在学校干部、教授大会上讲,科大要继续弘扬尊重知识、尊重人才,尊重科学、尊重创造的传统,要惟贤是举,惟才是用,只要是贤人(也就是德才兼备的意思),我们就把他放到重要的岗位上,当然不一定都在党政领导岗位上,放在学术领导岗位上,他就能发挥作用。只要是人才,即使个性上有点偏颇,也不要求全责备,要发挥他在科学研究上的特长。对国内外优秀的人才、校友,我看要有目标、有重点地吸引,一个个地做工作,为他们创造条件。尤其要支持优秀青年人才的成长,发挥老科学家的传、帮、带作用。许多科学史上重大的创新都是在年轻时代做出的,当然也有例外。现在像数学、物理、化学、生命科学领域的突出成绩几乎都是年轻人做的。今年4月25号是双螺旋结构模型建立50周年纪念日,做这模型的两个人当时都很年轻,一个30岁刚刚出头,一个20多岁,一个实际上相当于在学研究生,一个相当于博士后,钱也不多。这说明年轻人也能做出划时代的贡献。爱因斯坦在做相对论的时候也很年轻。所以科大要继承优良传统,不断开拓创新,重视人才。搞科技就要培养人,搞创新就要尊重人的创造力,这是最重要的。当然我在学校干部、教授大会上也讲了,领导班子很重要,制度建设很重要,这是问题的另外一个方面。

科大这几年的发展,科学院是很高兴的,我们对科大未来的发展充满信心。前天在火车上,传杰同志还没有真正上任就开始对我做工作了,他说对科大这么好的学校,党组要积极支持,在道义上、经济上、人才上要不断支持。我今天向各位表个态,我们一定全力支持。但是,传杰同志刚才也说了,一个学校要发展,外因是重要的,但内因更重要,是要争取的。只有把领导班子搞好了,把发展战略与思路搞对头了,有了一批人才,我们就会得到社会各方面的认同和支持,不光是科学院的支持,还包括教育部、科技部、国家自然科学基金委、安徽省委省政府的大力支持。

现代社会已经是一个以市场经济为基础的社会,竞争的观念和择优配置资源的观念已成为基本的定律,与过去不太一样;这实际上也是自然界的规律，自然界就是优胜劣汰，当时达尔文就揭示了这个规律。实际上，凡实行市场经济的国家在各方面都要遵守这个规律，包括选拔干部，就是看绩效，看素质，看群众是否公认，这实际上也包含着引入合理的竞争规律。科大只要坚持现在的发展势头和方向，得到各方面的支持，得到科学院更进一步的大力支持，我觉得是没有问题的。科大新的领导班子，在引进人才、基本建设、对外合作方面只要提出来合理、可行的计划，我们一定全力地配合，全力地促使成功和发展。

今后的5年、10年对科大的发展很关键，如果这5年、10年发展得不好，以后再要追赶也是可能的，但是就会比较困难，因此科大要紧紧抓住今后5年、10年的良好机遇，继承优良传统，不断开拓创新，我相信科大会早日实现建设一流研究型大学的奋斗目标！

再次感谢汤洪高同志13年对科大做出的重大贡献，也感谢朱清时同志以及在座各位为科大建设和发展做出的贡献，同时衷心祝愿传杰同志、清时同志以及新一届领导班子共同努力，把科大推进到一个新的发展阶段！

（党政办公室整理）

全国人大常委会副委员长、中国科学院院长路甬祥与学校部分中青年教学、科研和管理骨干座谈会纪要

（2003年5月28日）

5月28日下午，全国人大常委会副委员长、中国科学院院长路甬祥与我校部分中青年教学、科研、管理骨干举行了座谈，会议由朱清时校长主持。安徽省委副书记、常务副省长张平，省人大常委会副主任黄岳忠，省政府副省长田唯谦和中国科学院基础科学局局长金铎、办公厅副主任潘教峰、人事教育局局长助理刘松林参加了座谈，我校党委书记郭传杰、党委副书记兼副校长金大胜参加了座谈会。

会上，在谈到校园建设问题时，路甬祥院长指出，一方面我们要加大投入，一方面要请好的建筑师对科大进行好的建筑规划，无论是单体的还是校园整体的。通过逐步改造，使得校园内的每个建筑不一定都豪华，但都是精品，富有文化气息。

关于仪器设备问题，路甬祥院长指出，学校要对仪器设备做总体考虑，要把一些可能的资源，通过规划，尽量整合起来，实现资源共享。科学院积极鼓励与创新科学思想相关联的仪器的创新，专门从仪器设备费中定出大约20%的比例，用于鼓励与创新科学思想相关联的创新仪器的建设。

关于住房问题，路甬祥院长指出，“科大花园”要在省、市政府的支持下，我们一起努力来加以推动。现在全国各地青年知识分子的住房都已有大幅度改善，科大地处合肥，要引进优秀人才，住房是个大问题。要利用住房改革的机制，加上政府给予一定的支持与优惠，抓紧时间把它搞起来。

在谈到力学学科时，路甬祥院长指出，力学本质上是个应用学科，一方面要考虑前沿问题，另一方面中国今后10年、20年，甚至更长时间，大规模的基础设施建设中还有大量的力学问题要解决。力学虽然表面上看起来很传统，但传统领域也可以发展新方法。现在不是力学发展势头非常好的时候，各大学都存在同样的问题，科大力学怎样发展，搞出一定的特色来，还要很好地研究。

关于"百人计划"、"引进国外杰出人才"问题，路甬祥院长指出，以后科学院优秀人才引进的经费不搞平均主义，主要重点支持优势的单位、优秀的人才。像科大这样的单位引进"百人计划"、"引进国外杰出人才"不要受名额数量的限制，只要对象是优秀的，学科发展是符合科大重点发展方向的，院里就予以积极支持。在引进人才方面，还要注意一下整体结构。"长江学者"、"百人计划"都是重要的，但是还要再吸收一部分本校和外校培养的优秀博士后、博士生、硕士生，把这些有发展潜力的青年人才吸收到学校来加以培养；同时，对于在国际上已经很出名的，但是一下子又回不来的优秀人才，要采取灵活的措施，可以采用"两头走"、"来回走"的办法，为学校所用。但是最关键、最核心的是要有一批扎根科大的高水平科研骨干。

关于教学问题，路甬祥院长指出，优秀学者还是要上基础课，量可以适当少一些。中国的教育传统以及国际上一些著名学府，特别是欧洲一些国家，教授都要承担课程。

在听了教学、科研、管理骨干的代表发言后，路甬祥院长最后指出，听了各位的发言，很感动，大家在科大这个环境中，在各自的岗位上都做出了突出的成绩和贡献，而且精神面貌都很好，对以后的发展充满了信心。大家也反映了存在的问题，如住房、公共仪器平台等方面的问题。科学院有义务、有责任帮助科大改善不足的方面，创造一个好的环境，安徽省也会积极支持科大下一步的发展。

学科的竞争与发展，学校的发展，在中国和世界科技发展的环境当中，客观上存在一个竞争的过程，资源的配置更多的是向优势单位倾斜。科学院反复强调资源配置的原则不是统筹兼顾，哪里有困难就帮助哪里，而是哪里发展得好、哪里有改革创新的思想、哪里有优秀人才，我们就优先支持这个单位的发展。科大的优势我们都看到了，听了各方面的介绍，印象更加深刻了，院里将努力做好对科大的支持工作。同时，希望科大不断分析世界科技前沿发展的态势，不断把握经济与社会发展的需求，找到科技创新工作的着力点。中国作为一个发展中国家，哪怕是一个发达国家，科技创新总是要有所为有所不为，不可能什么都做，而是必须是社会有重大需求的，必须是科学上有价值的工作，这是我们要寻找的切入点。

科学院在人才问题上的基本思想还是要相对集中，形成团簇效应、集聚效应，在某一些单位某一些领域或重点领域里相对集中地引进培养一批优秀人才，而且通过培养研究生、接收访问学者，包括吸收一部分博士后、进修生的办法，使得科学院不光成为科学研究基地，也成为高级人才的培养基地。科大作为优势单位，在这方面可以发挥独特的作用。高层次人才培养，往往是切磋学问，并不是单向输出的，有很多新学术思想的碰撞，这对推动我们自身研究水平的提高很有好处。

科学院作为一个自然科学与高技术研究中心，现在正在实施知识创新工程。我们过去就有"全院办校、所系结合"的传统，在新时期怎么贯彻、弘扬这个传统，可以作些思考。能否可以双向地做些定期或不定期的小型的seminar或请一些讲座教授，这种形式比较有效。大型的会议从全世界来看是需要的，但是大型会议有时候收获并不是很大,相反的,深入讨论可能收获更大些。人数不多,开个讨论班,大家好好在一起集中讨论共同关心的问题,会出不少新思想。现在我们跟国外比,往往 original 的思想、科学思想、创新活动相对比较少。我觉得这跟我们缺乏一种更加宽松更加自由的学术交流环境可能也有关。当然,也有人认为跟教育有关,我们的灌输实在太多,老师管得太多。这一点科大可能比其他高校好一些。希望大家继续探索,继续实践,能够在今后几年再找出一条道路来,使科大现有的优势能够更好地发扬,同时培养出更年轻的人才。

大家都有体会,从取得博士学位,到出去做博士后,从事研究工作,再到领导一个群体,这是一个渐进的过程。在这个过程中,需要有人指导、提携、理解和推动。所以我们也要用同样的态度和精神来发现、培养、提携更年轻的优秀人才。一个优秀的博士生,如果导师的指点很得法,他在研究生期间就可以做出一流水平的工作,这已被许多历史经验所证明。

同时,我们希望国家各个部门都能够把全国的科技力量、教育机构看成是一个整体,建立一个公平、公开、公正的竞争环境和客观、科学的评价体系。评价出来做得好的,理所当然的要多支持,做得差的就要改进。科学院创新工程两年一评估,评估的结果与资源配置适当挂钩。一个国立研究机构,一个教育机构,如果没有客观公正的评价体系,没有追兵在后面的话,慢慢的就会停顿下来,就会依靠原来的已经取得的地位而忽视自己效率的提高,忽视认识与研究目标的更新。所以必须要建立起校内与校外的评价体系,而且跟资源配置要适当地挂钩。我们希望通过这样的努力,建立合理的机制,使得大家都能够加快创新发展的步伐,使得学术界一方面有宽松的环境,一方面能够引入合理的竞争机制,得以不断地发展。让我们来共同探索这个规律,努力把科大的第三次创业搞得更加成功。

科学院的知识创新工程在 2004 年要向国家汇报,2006 年以后要转成第三阶段,即发展提高阶段。我们希望在 2004、2005 年向中央汇报的时候,其中也有科大做的值得向国家讲一讲的内容,不要很多,有那么一二三项,我们就非常之感谢。

座谈会上,叶向东、李晓光、陈仙辉、窦贤康、陆夕云、谢毅、龚为民、鹿明、向守平等中青年教学、科研、管理骨干代表纷纷发言,一方面,大家对科学院给予我校的大力支持表示衷心的感谢;另一方面,大家也就学科建设、人才引进、实验仪器设备建设、科研经费的投入、校园规划、住房建设等问题,提出了很好的意见和建议,恳切希望继续得到科学院的大力支持和帮助,努力把我校建设成为一流研究型大学,实现学校第三次创业的宏伟目标。

(人事师资处整理)

中国科学院"全院办校、所系结合"座谈会纪要

(科发人教函字〔2004〕8号)

2003年11月30日,中国科学院(以下简称"中科院")在中国科学技术大学(以下简称"科大")召开"全院办校、所系结合"座谈会,就新形势下贯彻"全院办校、所系结合"办学方针的新途径、新模式和新内涵进行了深入探讨。中科院副院长白春礼参加会议并作重要讲话。中科院秘书长施尔畏、副秘书长何岩等院领导及有关业务局、综合局和近50个院属研究院所的领导和专家,科大校领导和各院、系、重点实验室及机关各部、处、室负责人,共计150余人参加了会议。会议由中科院党组副书记、科大党委书记郭传杰主持。

一

朱清时校长首先汇报了学校的工作。他简要回顾了科大事业发展的历史与成就,介绍了学校的学科建设情况,并就今后几年学校的建设与发展思路,特别是做好新形势下的"全院办校、所系结合"工作谈了学校的意见和建议。

在听取科大工作汇报后,白春礼副院长作了重要讲话。他对科大建校45年的办学成就给予了充分肯定和高度评价,指出办好科大,支持科大的一流研究型大学建设,是中科院义不容辞的责任。他说,科大是为适应新中国经济和国防建设的需要,培养国家急需的尖端科技人才,由我院以创新模式创办的一所新型社会主义大学。在"全院办校、所系结合"办学方针的指引下,经过几代师生员工的艰苦创业和无私奉献,科大探索出教育与科技相结合、教学与科研相结合等一系列具有创新精神和前瞻意识的改革创新举措,迅速发展成为国家高质量人才培养和高水平科学研究的重要基地,被国家列为重点建设世界先进水平的一流大学(985工程)的9所高校之一,成为我国在国际上具有较大影响的大学之一。同时,科大还是我院培养高级科技创新人才的重要基地和培养未来人才的主体,是我院教育与科技紧密结合的综合性科学研究和人才培养重要基地,是我院教育与科技有机结合的主要桥梁和纽带,是我院出成果、出人才的重要摇篮。因此,科大不仅在我国高等教育界占有重要的地位,是实施科教兴国、人才强国战略的方面军,而且在我院的整体架构和战略部署中占有十分重要的地位,中科院将一如既往地大力支持科大的建设与发展。

白春礼强调,作为国家在科学技术方面的最高学术机构和全国自然科学与高新技术的综合研究和发展中心,中科院肩负着开展创新性科学研究和培养高级科技创业人才的双重使命。院党组从国家第三步发展战略目标和全面建设小康社会的大局出发,在研究科学院未来发展时确定,要面向国家重大战略需求和世界科学前沿,发展和完善以"一校一院"为核心、以研究所为基础的高水平科技

创新人才培养体系，将我院建设成为国际上著名的、以科技创新与人才培养紧密结合为特色的综合性科研机构，建设成为我国具有国际先进水平的科学研究基地、培养和造就高级科技人才的基地和促进我国高技术产业发展的基地，成为国内外公认的国家科技知识库、科学思想库和科技人才库。科大在中科院新时期教育工作发展战略中具有十分重要的地位。

白春礼指出，为实现我院的上述发展目标，必须进一步推进"全院办校、所系结合"，积极探索新形势下实施这一方针的新途径、新模式和新内涵。科研与教育的紧密结合代表着一种先进的发展潮流与理念，符合教育创新、科技创新以及更高意义上的知识创新的规律。通过"全院办校、所系结合"模式，一方面，科学院能够有效地整合、集成全院资源，充分发挥各个研究院所的科技优势，支持科大快速发展；科大在与研究院所的结合中，能及时将最新的科技成果和科学前沿融入教学，保证人才培养的高质量。另一方面，科大良好、成熟的大学文化氛围可以弥补研究院所在这方面的不足，研究院所能够在与科大的结合与共同培育人才中激发科技创新的活力。此外，科大具有丰富的人才培养经验，本科教学成熟度高，人才培养质量高，能够源源不断地向研究院所输送优秀的研究生生源，并为研究院所提供教育支持。总之，"全院办校、所系结合"，可以使我院优秀的科技和教育资源得到了充分的挖掘、利用和整合，有利于创新性人才的培养，有利于增强科研工作的活力，有利于重大科技成果的生成，有利于持续推进教育创新和科技创新，对科大、研究院所的发展和全院的知识创新工程试点工作具有十分重要的战略意义。他要求院机关有关部门、各研究院所和科大齐心协力，做好新形势下的"全院办校、所系结合"工作，为全面建设小康社会源源不断地输送创新性科技成果和高级科技创新人才。

在详细听取代表们的发言后，白春礼副院长做了总结讲话，对做好"全院办校、所系结合"工作提出了明确的希望和要求。第一，研究院所与科大要进一步加大合作力度。研究院所与科大有着现实的合作需求、广阔的合作领域和强烈的合作愿望，应在更广泛的领域内积极主动地开展合作。科大也应在争取外来资源方面加大工作力度。第二，要把握好结合点，扎扎实实地推进研究院所和科大的合作。要找准恰当的结合点，这是双方开展高效合作的前提。合作可以是"强强联合"，使我院在某一领域迅速达到国内领先，甚至跻身国际前沿，形成"一枝独秀"之态；也可以是优势互补，发展新兴领域，实现协同、协调发展，形成"百花齐放"之势。

白春礼强调，大力支持科大的发展对中科院来说责无旁贷。院里将按照知识创新工程试点和我院新时期教育工作发展战略的要求，积极指导科大制定发展规划，继续积极支持科大的人才队伍和科研基地建设，加强对合肥微尺度物质科学国家实验室建设的指导和支持。他表示，对于科大在队伍建设、科学研究、实验室建设、科研仪器设备等方面取得的成就，院里将按研究院所同等对待，作为各相关业务局的工作绩效。各业务局要把科大的相关研究领域和项目作为各自的业务管理范畴，建立顺畅的科研任务申请渠道，实行科研业务归口管理，积极为科大参与院内科研项目的竞争提供相关信息，并在政策上给予指导。

白春礼指出，研究院所和科大的合作领域很宽广，包括：共同建设系科专业或学科、设计人才培养方案，联合培养本科生和研究生；相互开放实验室，共同申报和承担课题，共建科研基地、实验室、大科学工程；实行学术领导和研究人员的交叉、互聘，等等。科大应逐步加大向研究院所推荐优秀免试研究生工作的力度，保持合理的推荐比例，为研究院所提供优秀的研究生生源；研究院所应接纳更多的科大本科生做毕业论文。他希望合肥物质科学研究院与科大加强合作和探索，为科大与其他研究院所的合作提供一个模式。

白春礼强调，各研究院所和科大应以“三个代表”重要思想为指导，卓有成效地推进“全院办校、所系结合”，为全面建设小康社会做出重大的创新贡献。今后凡是有利于科大和研究院所发展，凡是有利于中科院知识创新工程试点工作，凡是有利于国家长远发展和全面建设小康社会的措施，院里都会全力支持。

二

在座谈会上，科大分别与数学与系统科学研究院、上海生命科学研究院签署全面合作协议，双方将在学科建设、人才培养、学术合作与交流、共建系科专业等方面开展全方位的合作。

科大党委书记郭传杰在会上宣布了学校聘任北京空气动力学研究所崔尔杰院士、福建物质结构研究所所长洪茂椿院士、大连化学物理研究所所长包信和研究员分别担任工程科学学院院长、化学系主任、化学物理系主任的决定，朱清时校长向与会的洪茂椿院士颁发了聘书。

三

代表们围绕新形势下进一步推进“全院办校、所系结合”工作，以“一家人”的态度，在座谈会上进行了充分的交流、热烈的讨论和深入的探索，达成了广泛的共识，提出了许多有针对性的意见、建议和思路。

数学与系统科学研究院院长郭雷院士认为，研究和教学的结合无论是对于科研机构还是科研的生存与发展，都具有非常重要的意义。要做好“全院办校、所系结合”工作，中科院应予以专项经费支持，对科大请来的专家提供一些必要的工作和生活条件。他表示，数学院高度重视与科大的合作，将对这样一个全方位、互惠互利的合作给予全力支持。

上海生命科学研究院吴家睿副院长认为，当前的“全院办校、所系结合”方针跟科大创建时也有根本性一致的地方，就是研究院所与科大面向未来，抓住前沿部署，共同创造。他希望中科院对生科院与科大联合创办的系统生物学系给予大力支持，努力把系统生物学系办成非常有特色的单元。

福建物质结构研究所所长洪茂椿院士认为，物构所在参与“全院办校、所系结合”和与科大的合作中受益匪浅，在新形势下继续推进“全院办校、所系结合”，是非常必要的，而且研究院所和科大应在更多领域可以开展合作，共同发展。

合肥物质科学研究院谢纪康院长认为，大学和研究院所在架构上不完全一致，对国家承担的责任也有区别，大学更追求活跃，研究院所更追求执著，在新形势下应大胆探索“所系结合”的新模式，把科大活跃的思想与研究院所的执著结合起来，充分发挥科大作为大型综合性、多学科交叉基地的特色和优势，抓住国家制定中长期科技发展规划的机遇，打破区域和院所界限，与科大在学科交叉、队伍融合，技术支持、承担重大项目等方面更加紧密地合作。

院科技政策局局长曹效业认为，从我国高等教育发展的现状和世界高等教育发展的经验看，“全院办校、所系结合”的重点或重点之一应放在博士生教育上。随着知识创新试点工程的展开，中科院有相当多的科研创新岗位空缺，这为科大培养“精英型”的博士创造了比其他大学更好的条件，科大应利用这个机遇将博士生培养水准在现有基础上明显提升。科大应打造若干国内最好、国际著名的独树一帜、特色鲜明的研究院或研究团队，充分发挥理工学科比较齐全的优势，推动整个科学院系统交叉学科的发展，在新的学科领域做出新的贡献。

院基础科学局局长金铎认为，人才队伍建设是“全院办校、所系结合”工作中最重要的内容，要抓好理论队伍、技术队伍建设，特别是在一些尖端的技术领域。科大和研究院所应联合举办高水平的科学论坛，树立人人敢于创造、人人敢于发表自己学术思想的创新风气。科大要加强交叉学科领域研究和交叉学科基地建设，以合肥微尺度物质科学国家实验室为基础，把科大建成一个非常活跃的交叉研究基地；同步辐射国家实验室也应成为交叉研究基地的重要成员。他表示，基础科学局将尽力与其他相关业务局联合起来支持科大的交叉学科研究。

院生命科学与生物技术局康乐局长表示，生物局一直就把科大生命科学学院当作科学院的研究所对待和支持，今后将进一步加强与科大生命学院的联系，并将其纳入院生命科学的中长期发展规划。他充分肯定了科大的研究型大学建设思路，认为要建立一些有特色的平台，让老师们在大平台上协作；高度重视人才培养工作，走精英之路。

施尔畏秘书长认为，十六大确定的全面建设小康社会的宏伟目标和十六届三中全会确定的全面协调的可持续发展观，是我国科技界面临的新形势和新环境，中科院、研究院所和科大都需要在这个大的形势和环境下继续思考各自的社会职能、发展目标和战略使命。科大要在新的历史时期取得新的发展，必须依托中科院丰富的科技资源，这是其他大学无可比拟的优势。科大应发挥自身优势，在引领我国具有前瞻性的科学技术布局上做一些前沿的、深入的探索，对中科院甚至我国科学界都有所带动。

施尔畏指出，科大在为中国科技界源源不断地提供高素质专门人才应该有自己的特色，第一是德才兼备，愿意在中国的土地上为民族的发展做贡献；第二是接受过良好的科学文化熏陶；第三是有很扎实的理论功底；第四是有很强的实践能力；第五是有宽广的视野和团结协作的工作作风。这种特色更能适应未来科学技术跨越发展的要求，适应中科院跨越发展的要求。进一步发展科大本科生和研究生培养的优势，在中国教育科技界是不可缺少的。作为院内最强的教育单位，中科院将继续给予科大积极支持，使研究院所和科大融为一体。

四

郭传杰书记在最后的讲话中指出，白春礼副院长代表院党组所作的重要讲话，为今后全面推动“全院办校、所系结合”工作提出了指导意见和具体要求，希望各个单位认真贯彻落实。他说，这次会议非常成功，是一次团结、务实、高效的“一家人”会议，也是在新形势下具有战略意义的研讨会。会议从战略的高度，就推进科研和教育相结合、科技创新和人才培养相结合、院(所)校相结合进行了深入的探讨，不仅明确了“全院办校、所系结合”在新形势下的新内涵，而且对做好这项工作做了战略性的部署，为研究院所和科大今后的互补双赢式的发展奠定了良好的基础。他强调，今后要建立研究院所和科大加强合作的有效机制，找好双方的结合点，最终实现可持续发展。

郭传杰表示,科大将做好规划,稳步地推进"所系结合"工作,积极主动地为"所系结合"做好服务工作,提供必要的工作条件和生活条件。科大一定以现代的理念、开放的眼光和广阔的胸怀创办一流研究型大学,在加强与中科院各研究院所的结合和开放的同时,面向全国,面向世界,加强全方位的交流与合作,实现共同发展。

五

此次中科院"全院办校、所系结合"座谈会,是在我国进入全面建设小康社会和加快推进社会主义现代化的新时期,以及中科院知识创新工程试点进入关键时期,由中科院组织筹划、科大和相关研究院所积极参与的一次重要会议。会议对做好今后的"全院办校、所系结合"工作进行了深入的探讨,明确了具体的思路、要求和举措,对科大和研究院所加强今后的合作与共同发展具有十分重要的指导意义。

会议号召,院机关各部门、院属各单位以"三个代表"重要思想为指导,紧密结合知识创新工程试点工作,齐心协力,扎实有效地推进"全院办校、所系结合"工作,加快推进中科院的建设与发展,努力为国家全面建设小康社会和实现第三步发展战略目标做出基础性、战略性、前瞻性的重大创新贡献!

在中国科学院"全院办校、所系结合"座谈会上的讲话

中国科学院副院长　白春礼

(2003年11月30日)

(科发人教函字〔2004〕8号印发)

各位来宾、各位老师:

今天,中国科学院在这里召开"全院办校、所系结合"座谈会,邀请我院部分研究院所负责同志和专家、院机关有关业务局和综合局负责同志,与科大的领导和老师们一起探讨新形势下进一步推进"全院办校、所系结合"工作。我谨代表中国科学院,向专程来科大出席会议的各位来宾,表示衷心的感谢!

刚才朱清时校长作了一个非常好的报告,介绍了科大的历史、现状和今后的发展设想。对"全院办校、所系结合",有关部门也写了一些建议,希望大家在讨论的时候能够具体地提出意见和建议,之后再进一步完善,按照程序审议。下面,我就全院共同支持科大的一流研究型大学建设和在新形势下进一步推进"全院办校、所系结合"工作谈几点意见,供大家参考。

(一)办好科大,支持科大的一流研究型大学建设,是中国科学院义不容辞的责任

我想召开这个座谈会本身就体现了科学院对办好科大的重视。我先讲讲当前面临的形势,这个形势对我们办好科学院、科大提出

了迫切要求。党的十六大已做出全面建设小康社会、加快推进社会主义现代化的战略部署，国家正在大力实施科教兴国和人才强国战略，这充分说明了党和政府对科技和教育事业寄予了厚望，也为我们提供了一个抓住机遇、迎接挑战、加快发展的机遇和舞台。面临这样的机遇，科大如何能够办得更好，这确实是一个比较大的课题。

回顾科大的发展历史，应该说是很辉煌的。经过三次创业，尤其是南迁到合肥之后，科大能够走到今天，取得今天这样的成绩，我想有很多的经验可以总结。首要的就是科大几代教职员工对科大的感情和他们的艰苦奋斗、无私奉献精神；当然"全院办校、所系结合"方针对科大在北京的创建和发展也起到了很重要的作用，刚才朱校长的报告中也提到了当时很多著名的科学家担任科大的系主任，是科大的奠基人。科大南迁之后，地理位置上距离北京远了，对科大发展产生了一定的影响。但科大仍然继续保持发展的势头，进行第二次创业和第三次创业，现在科研、教育等各项指标仍然在全国高校中处于前列。对科大发展所取得的巨大成就，我们确实要给与充分的肯定，同时也有责任在新时期使科大各方面的工作在原有的基础上再向前推进一步。

科大是在周恩来、邓小平、聂荣臻等老一辈革命家和郭沫若、严济慈等老一辈科学家的亲切关怀和大力支持下，为培养国家急需的尖端科技人才，推进我国科学技术的现代化，由中国科学院以创新模式创办的一所新型社会主义大学。党的四代领导集体都非常关心科大的发展，并寄予了厚望，包括小平同志在科大南迁之后做的重要批示，江泽民同志为科大建校 40 周年题词，胡锦涛同志曾到科大视察，前不久吴邦国委员长也到科大视察。

科大在 45 年的办学历程中，探索出教育与科技相结合、教学与科研相结合等一系列具有创新精神和前瞻意识的改革创新举措，形成了"勤奋学习、红专并进、理实交融"的优良校风和学风，得到了迅速发展。在新的时期如何促进科大的发展，把科大放在什么位置上，我想大家应该很明确。1999 年，中国科学院、教育部、安徽省签署了共建科大的协议，国家也把科大列为重点建设世界先进水平的一流大学（"985 工程"）的 9 所高校之一。应该说科大不仅是我国在国际上具有较大影响的大学之一，也是我院高级科技创新人才的重要培养基地，是我院教育与科技有机结合的综合性大型基地，是我院作为科研机构实现教育功能的重要桥梁和纽带，也应该说是我院出成果、出人才的重要摇篮。因此，科大不仅在我国高等教育界占有重要的地位，是实施科教兴国、人才强国战略的一个方面军，而且在我院的整体架构和战略部署中占有十分重要的地位。

（二）从知识创新工程试点工作和我院加快发展的全局出发，全面推进"全院办校、所系结合"方针的贯彻实施，促进教育与科研的紧密结合

回顾科大的发展历程，应该说科大有一个得天独厚的条件，就是科大是中国科学院创办的一所大学，具有得天独厚的科研与教育相结合、实现教育创新和科技创新的条件和优势。刚才朱校长介绍了科大近年来取得的一些成就，昨天晚上我和学校的两位院士谈论即将要验收的国家同步辐射实验室二期工程，国家同步辐射实验室也是我国放在大学里的惟一大科学工程。我想，如果没有科学院作依托，发展科大还是有一定难度的。

所以我觉得科大应根据成功的办学实

践,继承和发扬在推进科技、教育相结合方面的先进经验,走在时代的前列,继续肩负起进行创新性科学研究和培养高级科技创新人才的双重使命,为全面建设小康社会源源不断地输送创新性科技成果和高级科技创业人才的重任,做出基础性、战略性、前瞻性的重大创新贡献。因此,院党组在规划科学院未来科学发展的时候就明确提出"两个面向",即面向国家重大战略需求和世界科学前沿,勇攀世界科学高峰,发展和完善以"一校一院"为核心、以研究院所为基础的高水平科技创业人才培养体系,把我院建设成为以科技创新与人才培养紧密结合为特色的一个综合性科研机构。科学院办科大,在人才、科技等方面为我国教育事业的发展做了较大的贡献。科学院现在的研究生培养规模,包括科大在内已经达到 2.8 万人,这么大的培养规模,而且博士硕士比例几乎是 1:1,为国家高级科技人才的培养所做出的贡献是不可磨灭的,应该讲科学院在培养高级科技人才方面具有重要的教育功能。

要想在新时期走出一条在全国科教界有广泛影响的、实现科学研究与人才培养有机结合的新途径,我们确实还要做很多工作。通过"所系结合"即科研和教育相结合的模式,一方面可以有效地整合、集成全院的资源,充分发挥各个研究院所科技方面的优势,支持科大建设,促进科大的快速发展;科大在与研究院所的结合中,能及时将最新的科技成果和科学前沿融入教学当中,保证人才培养的高质量;另一方面,科大有良好、成熟的大学文化氛围,研究院所在这方面有它的不足。研究院所与科大的结合和共同培育人才,能够激发科技创新的活力,推动科学研究不断走向深入。此外,科大本科教学的成熟度比较高,人才培养质量也很高,能够源源不断地向研究院所输送优秀的研究生生源,并为研究院所提供教育支持。从 1999 年开始,科大已经为研究院所 2800 名研究生提供了教育服务(注:指前期基础课和学位课程教学);并且经过努力,科大去年直接免试推荐到科学院做研究生达到近几年的新高,有 167 人(注:今年达 201 人),我们希望在量上继续增加。刚才朱校长在汇报学校工作时介绍,我们科大有 77%左右的本科生直接到国内外读硕士生,这样看来,科大输送到研究院所的免试研究生的比例还是少了一点,因为各研究院所都非常愿意要科大的学生,在这方面科大应该是我们研究院所的人才提供基地。当然我们研究生来源还不可能完全靠科大,将来科学院每年招收研究生的人数将达 1 万人,科大所有的本科生都给了科学院也不够,但科大应该逐渐提高输送到研究院所的免试研究生比例,我想这样研究院所可能会更主动地与科大紧密结合,做好这方面工作的积极性将会更高。科大的教育资源还很紧张,在为研究院所提供教育服务方面,应该说工作做得非常好,得到了研究院所的肯定。应该说,通过"所系结合",使国家和我院有限的优秀科技与教育资源得到了有效的利用,也使高等院校和科研机构合作培养高级科技创业人才的能力得到充分的发掘和开发,有利于创业人才的培养,有利于增强科研工作的活力,有利于重大科技成果的生成,有利于持续推行教育创新和科技创新。

(三)对开好本次座谈会的一点意见

今天上午,时间很短,发言机会不可能每人都有。要开好这个座谈会,我希望下午有一个业务局、研究院所与科大院系的对口交流,大家也可以以书面的形式提出对"全院办校、所系结合"工作的意见和建议。

科大南迁后,由于客观环境和地理因素等多方面原因,使原来建校之初确立的"全院办校、所系结合”方针的贯彻落实受到了一定的影响。现在的客观环境和形势与40多年前相比已显著不同，因此，主动地应对环境和形势的变化，对现阶段及今后一段时期的“所系结合”工作进行探索是十分必要的。其实院里也一直在推动这项工作，为推动合肥研究院与科大各个教研基地紧密结合，路甬祥院长亲自来合肥很多次，高等研究院的牌子还是路院长亲自来挂的；为了这个事我来过合肥不下三、四次，双方在公司的创办、人才培养、导师聘任等方面已经有了一些实质性的合作。今天合肥研究院的领导都在，我在这里还想强调，是不是这方面的工作还要进一步加强。从地域看，合肥研究院与科大是距离最近的，如果能够合作好，找出一些经验，探索出一种合适的模式，按照这种模式，对科大和更远一些研究院所的结合，将会产生带动性的影响。

另外，今天院里秘书长、副秘书长、各业务局局长都在，今后从院机关来说，毫无疑问将一如既往地支持科大，继续地办好科大，希望大家在讨论的过程中，能够提出一些好的意见和建议。比如说，大家提到的科研经费申请的渠道、人才方面(百人计划渠道还是畅通的)，等等。关于业务局和科大的研究经费问题，以及科大成果是否可列入业务局的年度考核范围之内，大家考虑考虑，这方面能否有一个好的模式和途径，能够使科大本身的科研力量作为我们全院科研力量的重要组成部分看待。现在，从院里的管理模式来看，是局直接对着研究所，因为科大的情况特殊，它不是一个研究所，是一个大的单位，又涉及到不同的业务部门，各局只对科大科技处可能有一些问题。各个业务口与科大的对口情况不一样，比如基础口对了7个部门，高技术口对了5个部门，生物口对了2个部门，资环口对了1个部门，因此，将来业务局是跟科大的院长们直接对话，还是怎么做法，这些事情都要好好地讨论。总之，希望一些渠道能够畅通，把工作做得更细一点，实质性地推动我们的工作。我想在新时期做好“全院办校、所系结合”工作是一个系统工程，应该着眼于科大与研究院所双方的长远发展，全面谋划，精心设计，认真落实，抓住成效，达到双赢互利，这样就有一个共同发展的基础。

(在大会结束前的总结讲话)

刚才大家做了很好的发言，结合国际国内发展的形势，就新时期深入推进“全院办校、所系结合”工作做了探讨，提出了很多好的意见和建议，有一些新的思路。由于时间关系，可能很多人没有机会发言，但有书面的意见可以写上来，然后我们进行修改和完善，再按照一定的程序讨论，最终形成正式文件由院里下发。我希望这个文件下发以后，能够指导各个部门和单位的“全院办校、所系结合”工作，把它落到实处。现在我就做好今后的“全院办校、所系结合”工作简单讲几点意见。

第一，希望研究院所与科大进一步加大合作力度。

我希望我们研究院所，不管是今天参加这次会议的院所，还是没有参加的，都能够进一步地加大与科大的合作力度。在今天的会议上，数学与系统科学研究院、上海生命科学研究院分别与科大签署了协议，这个协议一签订，标志着双方实质性、高层次合作的正式开始。科大还聘请了崔尔杰院士、包信和研究员、洪茂椿院士担任有关院系的负责人，这是好的具体举措。我相信，只要这些举措能够得到良好地贯彻落实，一定会推动院所和科大的紧密合作，取得好的成效。希望研究院所和科大能够在更广泛的范围内开展合作，希望更多的院所能够积极参与到这项工作当中。

刚才大家谈到,这个合作不仅限于科学院内部,研究院所和科大还可以与国内其他高校合作,与企业共建。科大在争取外来资源方面也有很大的空间,慈善家、企业家是愿意投资教育的,科大应加大这方面的工作力度。

通过这次会议,我们可以看出,我们研究院所与科大有着现实的合作需求、广阔的合作领域和强烈的合作愿望。许多研究院所的领导,年末非常忙碌,还抽出宝贵的时间赶来参加会议。在这之前,数学与系统科学研究院、上海生命科学研究院与科大就合作事宜做了细致的准备工作,许多部门参与进去,在这样短的时间内取得了这样的成果,与双方的高度重视是分不开的。所以我相信,有单位领导的高度重视和有关部门的积极参与,科大与研究院所的合作一定会开创新的局面。

第二,要把握好结合点,扎扎实实实地推进研究院所和科大的工作。

刚才大家提出了很好的建议,我想寻找一个恰当的结合点是研究院所和科大进行有效合作的前提。研究院所与科大合作有两种类型,一是“强强联合”,二是“优势互补”。“强强联合”可以使我们院里在某些领域达到国内领先,甚至跻身国际前沿;“优势互补”,可以发展新兴领域,实现协同、协调发展,形成一个百花齐放的态势。今天会上签署的两个协议的合作领域中,兼有这两种类型:会上讨论的关于推进“全院办校、所系结合”的具体措施中,也兼有这两种类型。无论哪一种合作,都应当建立在对客观形势的正确把握和对双方目前状况及需求的理性分析基础上,选择恰当的结合点,建立超前性的科学发展思路;同时,在合作中要遵守科技和教育的客观发展规律,在考虑建设思路时要有超前的眼光,在具体实施时又要循序渐进、不骄不躁。只有这样,才能使合作有所成效。

支持科大的发展,是科学院的义务和责任。院里将按照知识创新工程试点和我院办大教育的要求,积极指导科大制定发展规划;将在过去工作的基础上,继续积极支持科大的人才队伍建设和科研基地建设。科大的人才队伍建设是全院人才计划的一部分,应该说在过去几年,科学院对科大人才队伍建设的支持还是不小的,在“百人计划”中,凡是科大认为是合适的人才,基本上不受名额的限制。当然,对于从国外引进的“百人计划”人才,各个单位都要要求他及时到位工作,要重视落实,只有这样才能处理好引进人才与现有人才的关系,调动各方面的积极性。

最近科技部已经批准了科大的微尺度物质科学国家实验室,这是非常重要的,目前正式批的只有北大、清华。我们要加强对这个实验室建设的指导与监督,希望实验室能选择、解决有影响的课题,做出更好的实验结果。国家同步辐射实验室是我国惟一建在高校的国家实验室,希望在二期工程建成之后,能在信息和生物等方面提供更好的服务,为交叉学科的发展提供良好的平台。我们业务局要进一步考虑如何与科大院系、中心在科研方面建立更加紧密的联系。对于科大在队伍建设、科学研究、实验室建设、科研仪器设备等方面取得的成就,院里将按研究院所同等对待,作为各相关业务局的工作绩效。对于各业务局来说,要把科大的相关研究领域和项目作为各自的业务管理范畴,建立顺畅的科研任务申请渠道,实行科研业务归口管理;积极为科大参与院内科研项目的竞争提供相关信息,并在政策上给予指导等。

科大在信息宣传方面尚需进一步加强,科学院网上关于科大的信息很少;信息的交流非常必要,这方面要加强。我们要逐步把科大作为院里重大的组成部门。研究院所和科大的合作领域很宽广，包括：共同建设系科专业或学科、设计人才培养方案，联合培养本科生和研究生；相互开放实验室，共同申报和承担课题，共建科研基地、实验室、大科学工程；实行学术领导和研究人员的交叉、互聘，特别是各研究院所的院(所)长可兼科大的学院院长、名誉院长和系主任、名誉系主任，等等。科大要充分发挥作为我院综合性人才培养基地所特有的教育优势，为各研究所提供多方面的教育服务，要逐步加大向研究院所推荐优秀免试研究生工作的力度，保持合理的推荐比例，为研究院所提供优秀的研究生生源。同时，要加强科大本科生到研究院所做毕业论文的力度，研究院所应接纳更多的科大本科生到院所做毕业论文。这样，一方面可以充分利用研究院所的科技资源，对科大培养研究生提供服务；另一方面可使科大本科生早一点熟悉研究院所的工作情况，有利于他今后报考研究院所的研究生。我想这方面的工作要改善，要加强。

希望院机关各部门、各研究院所和科大以“三个代表”重要思想为指导，齐心协力，卓有成效地推进“全院办校、所系结合”，为全面建设小康社会做出重大的创新贡献。最后，我代表科学院表个态，今后凡是有利于科大和研究院所发展，凡是有利于中科院知识创新工程试点工作，凡是有利于国家长远发展和全面建设小康社会需求的措施，科学院都会全力地支持！

谢谢大家！

思贤哲　学校训　创一流

党委书记　郭传杰

5月28日到校后，我给自己规定的第一件事是尽快认识科大，融入科大，学做科大人。从老师们的回忆和校史资料中，我看到了这样一个场景：45年前的9月20日，中国科大在借用的解放军政治学院礼堂里，正举行开学典礼。首先，聂荣臻元帅代表党中央、国务院，就为什么要办科大、办什么样的科大和怎样办科大等办学的宗旨、方针、模式问题，发表主旨讲话，高瞻远瞩，言简意赅，阐释透辟。然后，已年高66岁的郭老，神采奕奕，登上讲坛，以其特有的学者兼诗人气质，开始了首任校长演说：当我们在这里举行开学典礼时，苏联的第三颗人造卫星正在我们头上旋转。我们要迎头赶上去！我们的大学应是又红又专的大学，要忠于人民，忠于祖国，要理论和实践相结合，向科学的未知领域突进，迎着永恒的东风，把红旗举起来，插上科学的高峰！台下，数千师生，群情激越，掌声雷动。次年9月，建校一周年之际，他把“红专并进、理实交融”亲定为校训。

历史是从前的足迹。当这些镜头把我们共同带到科大的起点时刻时，各人的感受会不尽相同。当年鼓过掌的同学会沉醉于幸福的回忆，刚进校门的新生心中会升腾起股股豪情。而我,被深切感奋的同时,又在想:是什么因素赋予科大如此顽强、蓬勃的生命力,初创短短几年,即与北大、清华齐名,而后虽挫而不折,永追卓越?作为后继者,我们当以什么思路和方略,使科大在传承创新中,辉煌如初,创建一流?

我关注并思考着校训。校训多是由学校奠基者确定的关于办学宗旨、理念的高度概括,反映着学校的价值取向和传统特质,是国家意志、时代特征和学人精神相互融合的结晶。校训从根本上规范着学校的行为准则,长久坚持,日积月累,即成传统、习惯,化为校格、校风。因此,凡校多有校训,名校更有名训。古今中外,莫不如是。北大蔡元培倡导的"思想自由、兼容并包",梁启超在清华演讲形成的"自强不息、厚德载物",竺可桢为浙大确立的"求是",等等,不仅各自校内皆知,且广为社会传颂。查看剑桥、MIT、加州理工学院等校网页或印本介绍,无不在显要位置上标写着自己的使命(Mission)、理念(Vision)或价值观(Core Values)。

我们科大的校训"红专并进、理实交融",认真品味起来,不仅语言简约,文词对称,且内涵深邃广博,入时合理,既含价值观,又有方法论。我个人理解,这八字校训至少有六层意蕴:

一是为人之基。培养的人才要"忠于祖国,忠于人民",有正确的政治方向。这既是办学宗旨,又是对人才的起码要求。今天,常讲国际接轨,这是对的,不开放,则国不能昌,校不能强。但这与爱国主义完全不悖。古今中外,名家志士,无不认同此理。尼·波尔曾把丹麦视为自己心中的太阳升起之地;MIT 校长韦斯特说:MIT 首先是一所美国大学,我们已经并将继续为美国做好服务。

二是做人之道。科大人"要揭破自然界更深秘密",认知真理,就要同真理一样质朴无华,有高尚的道德情操。要严谨务实,正直诚信;要敢为人先,不迷权威;还要包容大度,宽厚待人。

三是为事之本。为国家、社会服务,要"把红旗插上科学高峰",没有过硬的专业本领不行。因此要掌握现代科学理念和必要的知识体系,要有追求卓越、创新进取的能力和精神。

四是成事之规。既要讲理性,有理论素质,又要重实际,善于实践,这是成功一项事业的基本规律。作为研究型大学,既要给学生以基本的、有恒久价值的思想、原则、理论,又要让学生掌握创造性解决问题的思路、技术和方法。所有这些,又是在理论与实践结合、教学与科研同行的创新过程中,由学生自主、自觉地去完成。

五是学术之精。当代科学技术,既有分野,更多交叉。要顺应科技发展之势,在院系设置、学科布局,以及在具体的教学、科研环节中,高度重视理科、工科结合,学术、技术衔通。

六是方术之美。从方法论上讲,对人要求德才"并进",于事强调理实"交融"。选词精当,动静盎然。

总之,这短短两语八字,将为人、为师之要,治学、治教之道,尽含其中,寓意深广。不过,在调研访谈过程中,也听说对"红专"一词用于校训,少数师生持有不同看法,主要是觉得那个"跃进"年代的色彩太浓。这也是实情实话。不过,我的看法是,这并不妨碍继续用其作为校训。"红专"一词虽有时代印记,但其本意并无不妥,无异于"德术(艺)双馨"。钱老三强曾留有精彩的"红专矢量论",至今诲人极深。著名的英国教学学者阿什比讲过:"任何类型的大学都是遗传和环境的产物"。尊重历史,是一个组织自信、自强的表现。建国初,讨论国歌歌词时,有人觉得"到了最危险的时候"一句已时过境迁,应该换掉不用,毛泽东、周恩来坚持不变。周总理说:"要嘛!就要旧歌词,这样才能激励激情。”

时代在前进，而且发展越来越快，变化越来越深刻。大学作为社会系统的一部分，不仅时刻在变，而且往往站立在时代变革的潮头，这也是大学作为先进生产力、先进文化代表的一份历史责任。一所著名大学，历经百年沧桑之后，回首初创时期，无论校园人事，还是建筑风物，多数已成昨日烟云。但是，如果再深入探寻，就会发现，总有一样东西，基本不变或变化极少，这就是她的理念和精神！它作为一个组织的文化基因，用以区别其他个体存在的依据；它作为大学这个活组织的灵魂，支持其生生不息，世代绵延。科大历史不长，我们更应珍视每一页历史。科大的使命很重，创建一流必须有精神财富作为支柱。科大的未来之路，很远、很远，我们要让校训所凝聚和承载的科大理念和精神，伴随我们走过 60 年、100 年……

此文发表于《中国科大报》第 482 期

我创新　故我在

校长　朱清时

中国科学技术大学从成立发展到现在，已经 45 年了。科大的传统和精神可以用一句话来概括：“我创新，故我在”。科大依靠创新诞生、发展、壮大。如果不创新，在国内高校特别是重点高校中就没有立足之地，也没有科大的今天和明天。科大 45 年的办学历史，是一部不断创新的历史，创新贯穿了科大三次创业的全过程。

第一次创业为创建初期，主要是按照创新模式建校。科大是 1958 年建校的，当时国内已经有许多著名高校，如果按已有的模式办学，肯定只能跟在别人后面赶。所以科大建校时采用了一系列全新的模式：第一，系科设置着重围绕国家的空白薄弱学科和新兴科技领域，许多系科是围绕“两弹一星”设置的；第二，学校在系科专业设置上实行理工结合（即科学与技术相结合）。当时国内高校盛行分成理科学校和工科学校，科大的理工结合可谓一个创举；第三，全院办校，所系结合。科大三、四年级的学生上完基础课就到中国科学院的各个研究所，一边上专业课，一边做科研。研究所浓厚的科研创新气氛，为科大学生培养科研创新能力打下了坚实的基础；第四，一流的科学家为低年级学生上基础课。我在 1963 年上科大时，给我们上高等数学的是华罗庚先生，上普通物理的是严济慈先生。这给学生提供了很好的机会，一下子可以进入到世界科技的前沿。

正是因为这些创新举措，使得科大在建校一年后，就成为我国的重点高校，很快成为中学生追求的目标。科大的第一次创业完全是创新，如果跟着别人后面赶，不要说一两年，几十年也不一定赶得上。上述创新举措以及后来其他一系列创新举措的实施，使科大在 20 世纪 80 年代重新辉煌起来。

1970 年，科大从北京搬到安徽合肥，原有的设备损失严重,人员流失过半。20世纪70年代后期,随着我国教育形势的好转,已渗透到科大人骨子里的创新意识得到巨大释放,科大进入一个恢复发展和重新崛起的新时期,开始进行第二次创业。在20世纪70年代末至80年代初,科大在教育、科研等方面,提出并实施了一系列富有前瞻意识和创新精神的改革举措:第一,率先面向世界开放办学,选拔200多名青年教师和部分优秀学生赴欧美进修和攻读博士学位,聘请一批国际著名科学家为名誉博士、名誉教授和客座教授;第二,1978年,科大首创少年班,采用一种完全创新的模式培养,即入学以后不分专业,先上两年数理化和英语的强化基础课,然后由学生自己选专业。这种培养模式延续至今,取得了令人瞩目的成就,受到越来越多青少年的青睐;第三,1978年,科大创办了中国第一个研究生院。在1983年国内首批授予的18名博士中,有7人是科大培养的;第四,建成我国高校中惟一的大科学工程——国家同步辐射实验室;等等。正是由于一系列创新举措的实施,使得学校得到迅速恢复和快速发展,成为我国高层次人才培养和高水平科学研究的重要基地。在中美联合招考赴美攻读物理学博士学位计划(CUSPEA)中,科大共考取237人,占全国录取总数的25.8%,居全国高校之首。

20世纪90年代中期以来,学校积极适应国内外教育、科技和社会经济发展的新形势,以实施国家"211工程"为契机,踏上了第三次创业的征程,开始了新一轮的改革创新。第一,明确了学校在21世纪初的整体定位和建设目标:到2018年建校60周年前后,建成质量优异、特色鲜明、规模适度、结构合理的一流研究型大学;第二,瞄准国际科技发展前沿中的关键和重大问题,整合学校的基础研究力量。在纳米科技的基础研究、量子信息科学、纳米材料化学制备的新技术、新方法的研究等方面,开辟了一些新领域,取得了一批创新成果,迅速达到国际先进水平;第三,围绕国家重大战略需求,整合和凝聚工程科学和技术领域的研究力量,统一组织协调全校的科研工作,取得明显成效,得到有关部门和领导的肯定与重视;第四,支持一批新兴、交叉和特色学科的发展。在生命科学研究、火灾科学与防治技术、极地科学考察与研究等方面,开辟了一些新的研究领域,取得了一批有特色的成果;第五,建设若干面向全校开放的教学科研公共实验平台,为原始创新萌芽的生长提供肥沃土壤,整体研究水平有了明显提升。

45年来,中国科大始终坚持"我创新,故我在"的理念和"围绕国家目标,不断开拓创新"的宗旨,自强不息,艰苦创业,创新立校,科教报国,创造性地把理科与工科,即前沿科学与高新技术结合起来,坚持教学与科研相结合、理论与实践相结合,形成了"勤奋学习、红专并进、理实交融"优良校风。这些科大自创建以来一以贯之、绵延至今的优良传统和作风,今天仍然是学校创新活力的重要源泉,也是推动学校事业不断向前发展的巨大动力。

此文发表于《中国科大报》第482期

镜鉴与思考：关于科技规划的认知

党委书记 郭传杰

科技发展规划，是政府对未来科技活动进行资源配置的重要依据，体现了政府对科技发展前景及科技影响经济社会发展程度的战略预期。党的十六大部署制定国家中长期科技发展规划，是关系我国现代化大业的一项重要战略决策，影响十分深远、巨大。因此，如何顺利地实现这次规划的成功制定，是值得科技界及社会各界人士认真谋虑的大事。

镜鉴之一：我国历次科技规划的回顾反思

新中国建国以来，我国大约编制过七次中长期科技规划。它们是：《1956～1967年科学技术发展远景规划》(即"十二年规划")，《1963～1972年科学技术发展规划》,《1978～1985年全国科学技术发展规划纲要》(即"八年规划"),《1986～2000年科学技术发展规划》,《1991～2000年科学技术发展十年规划和"八五"计划纲要》、《全国科技发展"九五"计划和2010年远景目标纲要》，以及2000年制定的《"十五"科技发展专项规划》。

纵观这七次科技规划的制定，总体上都体现了我国科技发展在不同时期的基本方针和政策，依据不同时期的经济社会需求和科技发展态势，确定了相应的科技目标和任务，对促进我国科技、经济和社会发展，发挥了重要的积极作用。但是，具体分析起来，在七个规划中，一般认为最成功、最有影响的是20世纪50年代中期制定的"十二年规划"；其他的规划，作用都相对有限，有的甚至谈不上真正实施或实施效果不大。

著名的十二年科技规划的历史背景是：建国初期，经济健康地进行调整恢复，"一五"计划顺利实施，工业化对科学技术提出巨大需求，党中央适时提出了"向科学进军"的号召。规划工作是由周恩来总理亲自挂帅，组织了600多位科学家，用半年多的时间完成的。规划确定了12个重点领域，57项重大任务，特别部署了4项紧急措施(包括原子能、导弹两个国防项目在内，共是6项)。规划内容全面，但重点明确突出，成为全党全国向科学进军的行动纲领。规划的实施，不仅解决了当时国民经济的迫切需要，以及国防建设，如"两弹一星"中的一批关键科技问题，而且奠定了我国原子能、喷气技术、电子学、计算机等高技术的学科基础，对我国科技发展，从科研布局到人才培养，发挥了决定性作用，影响极其深远。美国科技政策专家L.萨特米尔对这次规划也给予高度评价，他在其著作《科研与革命——中国科技政策与社会变革》中说："新中国的科技目标是近百年来现代化问题上努力奋斗的一个组成部分"，"十二年科学规划在四个方面为中国科技发展做出了重大贡献"。

相对于以后的多次规划，"十二年规划"为什么能获得如此巨大成功？我以为有以下原因：一是领导重视，组织得力。周恩来总理亲自挂帅,多位副总理参与领导,几百位满怀爱国激情、了解科学前沿的专家忘我工作;二是需求强烈,目标明确;三是充分民主,有力集中,方法得当;四是调控资源,实施到位。举国家之力,组织人、财、物认真实施,并督促检查,落实到位,保证多数项目得以提前完成。当然,还有一点,我以为是类似于经济学中边际效用原理的影响,因为当时的科技领域有许多处于空白,白纸上画图,比其后的规划易显成效。

镜鉴之二:他山之石

西方发达国家虽在经济体制、管理体制上不尽相同,但对科技规划的制定都相当重视。特别是自上世纪80年代以来,伴随科技的迅速发展,以及科技社会化程度的激增,国家干预下的科技规划工作进一步加强,科技规划工作也积累了不少可资借鉴的经验与教训。

美国的科技战略规划工作有较明显的特色。一是与其管理体制相适应。美国的科技体制,无论是管理还是执行层面,都呈多元分散模式。在科技的决策过程中,总统和国会权力最大,相互制约;政府各部门围绕自身任务,在制订政策和规划中,享有充分自主权;科技界负责科技发展态势的预测展望。具体流程是:预算根据计划,计划根据任务,任务服从科技预测和长远目标。总统制订预算总纲,交国会审批,由国家科技委对政府有关部门、科技界、企业界协调执行。二是强调法规运作。美国国会1976年通过了《国家科技政策、组织和优先项目法》,规定总统要每年向国会提交《年度报告》,国家科学基金会每隔两年编写出反映今后五年科技态势的《五年展望》(Five Years Outlook),以此保证国家对科技发展持续不断的宏观指导和调控。三是政府少而精地适时出台大型科研项目计划,带动科技和相关经济领域发展。如克林顿执政时期,8年倡导了三大计划,信息高速公路、人类基因组以及纳米技术,即属于此。

其他国家,如德国、法国、英国、日本等,都根据自己的国情特点,重视规划编制工作,并发挥规划在科技与经济发展中的重要作用。在长期的规划过程中,在组织结构和决策程序方面,都形成了比较成熟、适合国情特点的方法论。

目标与定位的依据

确定我国这次中长期科技规划的目标与定位,首先要对这次规划的时代背景有清晰的深刻认识。与过去几次规划相比较,我以为,以下几点至少是必须考虑的:第一,现代化建设发展的新阶段。当前,我国正处在全面建设小康社会的新的历史阶段。科技规划的作用时间,正好与这个阶段完全同步。根据国家的战略构想,到2020年,GDP将达4万亿美元,经济总量上升到世界第三位,社会生产方式、人民的生活方式和生活质量将发生深刻变化,科技将如何支持这些发展目标的实现?与这一经济总量相适应的科技能力平台和科技创新水平应是什么样的?这些是首先要研究的。第二,社会主义市场经济体制发育完善的程度。与“十二年规划”等前几次规划相比照,这次规划必须重视新的社会经济环境。第三,世界经济、科技全球化与我国入世后的开放环境。第四,当前科技发展的速度、特点以及我国目前的科技发展基础。

根据我国现代化发展的战略部署以及“科学技术要走在前面”的要求,今后50年,科技的发展要上三个台阶:2010年前后,基本完成国家创新体系建设,科技水平达到发展中国家前列;建党一百年前后,初步实现科学技术现代化,达到世界科技强国中等水平;在新中国建国一百年时,将全面实现科学技术现代化,跻身世界科技强国之林。这些台阶,当然是当前制定规划的重要参照系。

中长期科技规划的正确定位是规划能否成功的前提。首先,它不同于产业发展规划。作为当代的科技发展规划,当然与经济、社会发展密切相关,但只能是影响、促进经济,不能等同于经济,科技还有自身的规律和要求。其次,它不同于学科规划。历史上,我们有的规划没有发挥大的作用,就是因为太局限于科技自身。第三,不能等同于计划。规划是战略谋划的产物,要有战略高度,突出重点,不能成为"分钱"的方案。规划完成之后,应编制具体实施计划,但忌把规划、计划揉在一起。

思考:规划制定过程中几个关系的认知和把握

这次规划是我国在新世纪的第一个中长期科技规划,是现代化事业处于重要战略机遇期的重大谋划。党中央、国务院高度重视,寄予厚望。由总理亲自挂帅,加强领导,为规划的成功奠定了基础。这里,从操作层面上,结合中外成功规划的历史经验,对这次规划工作中将会遇到的一些关系问题,谈几点看法。

一是科学选择与政治决策的关系。科学选择是在一定范围内对科研活动的未来发展进行的调控引导,是科技规划决策过程中必不可少的环节。科技规划的基础在于有远见卓识的科技专家以及充分获取真知灼见的机制、氛围。要在前沿预测和资料收集方面,尽可能扬各类专家之长,充分发表意见。但是,本质上,规划编制不能看成是纯科学选择,还要讲全局,讲政治,实质是具有政治意义的选择。这次"非典"危机使我们更加清楚地看到经济、社会与科技发展的相互依存性是何等密切。以"三个代表"思想为指导,根据国家需求和科技趋势,决定什么不为,什么该为,什么该重点为之,需要政治智慧和科学判断的结合。林林总总,面面俱到,是失败规划的常弊。上下充分沟通,内外密切结合,是成功规划的基本保证。因此,决策者要听取各类专家意见,除院士、科技名家外,社会、经济、管理等各界的专家学者的意见都要倾听。要充分发挥学部的作用,也要发挥人大、政协的职能。要用正确的机制和科学的方法,如德尔菲方法、温伯格准则、S/D矩阵、头脑风暴、情景分析等,获取、筛选并正确地集中专家的意见。

二是战略科学家与领域专家的关系。科技专家是科技规划工作的主体,但不同类型科技专家发挥的作用是不同的。战略科学家的意见往往对成功规划起着决定性的作用。要注意发现、培养一批战略科学家。战略科学家除有深厚的专业学术功底外,还能胸怀国家全局,高屋建瓴,远瞻科技态势,见微知著,洞察未来,可以说是千里挑一,人才难得,至为国宝。"十二年规划"时期,是发展防空飞机还是研制导弹?是重点发展有线通讯还是无线电电子技术?方兴未艾的计算机、自动化是否应作为紧急措施?对这些方向性问题都是有激烈争议的。是钱学森等杰出科学家的远见卓识,力排众议,为中央的正确判断奠定了科学基础。当前,我国各领域的中青年专家,人才济济,成千达万,但胸怀大略、视界高远,能称得上真正的战略大家者,却又凤毛麟角,寥寥无多。制定成功的规划,必须有相当数量的这类战略科学家。应从海内外专家中,尽快发现、遴选。同时,制定规划的过程,也是培养帅才的大舞台,要从长远需要出发,把培植一批战略科学家作为这次规划的目标之一,给予高度重视。

三是科技创新与制度创新的关系。科技规划的主要内涵是科技发展重点的优先选择。但是,对制度创新一定不能忽视。没有体制、机制的创新,科技的目标难以实现,制度创新应是规划的题中应有之义。这次"非典”危机也告诉我们，建构日趋复杂多变的技术网络、社会网络体系，有足够应变能力的健全体制与机制是何等重要！规划未来的体制、机制要有前瞻性和开创性，所依据的边界条件和参照系主要是市场经济和科技发展的内在规范，是我国经济社会发展的动态进程。

四是政府主导与市场作用的关系。在市场经济环境下，制定规划本身就是政府发挥宏观主导作用的体现。但是，对具体的规划对象(项目)，还要根据其性质，确定政府与市场作用的程度。对战略性、基础性、关键性的工作以及市场机制失效的领域，要以政府主导为主，但对其他一般的科技领域，主要应以市场的力量去推动。在依靠自主力量开展科技创新的同时，在经济、科技全球化的形势下，规划也要考虑如何利用加入 WTO 的条件，充分利用外部资源，助我发展。

五是规划实践与法制建设、理论研究相结合。这次规划实践是提升我国科研宏观管理水平的难得机遇。首先是要强调规划运作的法治水平。一是在规划过程中，对相关管理人员、不同层次专家有相应的规范要求，必须破除部门利益、局部利益导向的弊端；二是规划的成果要成为国家意志，必须执行，不能“规划规划，墙上挂挂”；三是规划过程中伴生的组织形式、运作机制经过总结提炼后，成为今后的管理规程，持续发挥作用，如美国科技界每两年必须提交《五年展望》，而不是临时抱佛脚，就是值得我们借鉴的科研宏观管理模式之一。其次，要开展关于战略规划的理论、方法研究，提高科研管理的理论水准。战略规划既是管理实践，也是一门学问。要组织专家对相关的理论问题、方法学问题进行预先研究，不要重复过去曾经有过的“领域专家报重点，管理人员做加法”的现象。值得研究的相关问题有：科学预测的理论，科技一经济一社会相关性研究，科学选择的方法学，战略专家素质结构及功能组织，中外规划案例研究等等。

六是科技项目与基础平台的关系。重点的科技项目(领域)当然是规划要考虑的主要对象。但是，在这次规划中，要特别重视科技创新能力的建设。科技基础平台，包括科研基地、大型研究设施、公共数据平台、科技信息网络以及创新文化环境等，应成为国家规划必不可少的重要内容。

七是已有基础与新的部署之间的关系。与“十二年规划”的背景不同，目前我国已有比较雄厚的科技基础，“十五”期间就科技项目计划，如“863”、“973”等，已有所部署，一些重要的领域，如 IT、生物技术、纳米材料已有初步安排。这次的规划，不能重复布局，必须向前、向深延拓，又要传承基础，相互衔接。

八是科技规划与科普工作相结合。规划的顺利实施，需以广大民众的科学素养为基础；规划的过程和成果，又是加强科普的极好时机和资源。规划工作要开门、开放。要以战略论坛、电视讲座的形式，与社会公众互动，增进社会公众对科学的理解和认知。各领域的科学预测、未来的经济社会发展需求，这些资料数据都是极好的科普素材，要以文本、影像、网络等多种媒介形式公诸社会，借规划工作之机，掀起新的科普教育热潮。

此文发表于《科学新闻》2003 年第 10 期，并被《新华文摘》2003 年第 9 期转载

建设一流大学值得重视的几个问题

校长　朱清时

在过去的五年中，我国高等教育实现了一次大跨越，清华和北大是这次跨越中领军的学校，因此我很高兴能够有机会前来参加会议，听听清华大学的办学理念，并与兄弟院校交流。下面我对当前我国建设一流大学值得重视的几个问题，谈些想法，供大家参考。

（一）一流大学需要一套好的机制和校风

我本人曾在一些国外大学学习工作过，如美国MIT、哈佛、英国剑桥、牛津和法国巴黎大学等。1998年我当中国科学技术大学校长以后，回访了这些学校，其中我印象最深的是在美国加州理工学院。它的校长巴尔的摩，是38岁时获得诺贝尔生物奖的著名科学家。他只给我们一个小时的会见时间。我们问他加州理工学院是如何成为世界一流大学的。他说很简单，只有两句话：一是把世界一流的人请来；二是给他们充分的支持和条件。然后自然而然，这个学校就成为一流了。他觉得这个问题不复杂，用不着成套的理论。但是我在考察中发现，加州理工有一个东西他可能没有意识到，那就是他们大学的运转已经制度化了，有一个好的校风、传统和共同的理念，谁当校长都关系不大。就像美国现在小布什当总统，虽然他在学校成绩较差，但美国经济照样发展，这是因为美国的市场经济已经制度化了，领导人的更替对经济发展影响不大。事实上，巴尔的摩是个一流的科学家，他做校务工作的时间很少，一个礼拜只去校长办公室几次。因此建设一流大学最关键的是学校的运行机制。这个机制好了，无论校长是谁，学校都会正常运转。当然校长不要干蠢事，但校长干蠢事也有人制约他，这就是机制。校长的权利也很有限，每个教授都知道学校是教授治校，每个教授到加州理工学院来，都清楚地知道自己的权利是什么，前景是什么。

我国的大学在这一点上做得不够，甚至相反。我们科大目前正在换届，几乎所有领导都强调，选好领导班子是办好一所大学的关键中的关键。这符合中国国情，在中国是对的，但恰好跟加州理工学院等美国的一流大学不一样。一定意义上说，我国的大学文化还是“官本位”的，领导班子一换，过去的很多做法就会变。教授的活动很大程度上取决于领导的支持，因此，教授到这个学校来就有很多不可预测的东西。他知道现在的领导班子很爱才、很支持他，但不知道下届会怎样；一旦下届领导不支持了，他的事业就要受到挫折。这是我这几年当校长想吸引好的人才时发现他们最担心的。真正好的人才并不只重视待遇。当然待遇要好，但超过一个阈值后待遇就不重要了，他们更重视的是他们的学术生涯有没有制度保证，保证他只要干得好就能够得到支持，不管谁当校长都一样。我觉得这一点是一个学校要建设一流学校，吸引人才回来的一个关键因素。要让人才意识到这个学校有好的传统、文化、机制，无论领导人如何更迭，学校都会正常运转，干得好的人才都有前途。

正因为有一个好的运转机制，美国的大学校长不大管具体事务，主要做两件大事，一个是拉赞助筹经费，另一个就是说服各种人才来学校工作。美国加州大学圣巴巴拉分校校长告诉我，学者当校长不要清高，要多结交企业界朋友，他们能够在关键时刻给钱、帮助学校发展。比如，他想挖日本一个搞发光二极管的专家——世界上真正一流的人到学校，那个专家要几百万美元起步，学校没有这个预算，政府拨款也不可能，后来还是几个企业界朋友帮了他。这个科学家到他们学校后，报纸上就说，“世界上发光二极管的中心转到圣巴巴拉去了”。在美国每个学校的校长都要集中精力留住人才，吸引人才，尽量筹钱。他们不能陷进日常事务中。

我们国内要建成若干所世界一流大学，要重视从运转机制和学校文化开始，这个文化不是空洞口号，而是把整个风气改变过来，改成以教授为本，以人才为本，而不是领导说了算。要有一套制度约束各级领导，使得不管谁当领导，学校都能按照同一个方向运转。这样可以避免选错领导带来的风险。历史已经证明，要看清楚一个人很不容易，要选对一个领导更不容易。我国有首古诗说：“周公恐惧流言日，王莽谦恭未篡时，”讲的就是看清一个人要几十年的时间。因此，建设好一个学校的机制和文化，比选好领导、实行“人治”更好。清华、北大有一百多年历史，有校风，有沉淀，在这方面可以做得更好。中国科学技术大学的历史不长，只有45年，但是也有一个好的校风和传统，我希望有机会和能力在科大把运行机制建好，使之制度化。要做到这一点，需要全体干部接受这种理念，他们要把自己的地位摆正，不要认为是自己说了算，而要真正觉得我们都是为第一线服务的。要改变学校文化和建立新的运转机制不是很容易，但是要这样做，才有可能变成一流大学。

(二)质量和内涵的发展是关键

我国过去五年在教育上实现了一次大跨越，这个跨越在中国历史上都是少见的。但这个跨越还没有完成，只是把左脚迈出去了，右脚要跟上才能站稳。右脚就是质量和内涵。前半步的跨越是比较容易做的，主要是规模、资金，包括学校的名称、学科种类等等。这个跨越是必要的，是“三个代表”的需要，代表人民的需要，代表国家的需要。但是这种跨越需要质量和内涵紧跟上去，否则一二十年之后回头来看，可能就像1958年那次“大跃进”，主观愿望很好，但质量没有跟上。如何在短期内提高大学教学，特别是研究生的培养质量呢？我觉得要赶快做好一件事情。就是把专业科研机构和大学的关系理顺。我国的专业科研机构，包括中国科学院、国防科工委、工业部门等，有几十万人的队伍。这些队伍目前都希望自成体系，自己招研究生，自己授学位。但是国际上成功的做法是，专业科研机构不能招研究生，不给他们这个权利，否则他们就没有内在动力跟大学合作了，要逼着他们到大学去招研究生，这样他们的设施就能够充分使用，可以把大学的教学科研水平提高上去。另一方面，大学的多元文化也可以把研究机构招的研究生的素质全面提高上去。现在我国的状况是，研究机构自己招研究生，专业面很单一，也没有校园气氛和多元文化的气氛，研究生全面成长很困难。此外，专业研究人员比较适合讲专业课而不一定适合讲基础课，因为他们的兴趣高度集中在他们所从事的研究领域。

目前我国在这方面的改革很难推进的一个原因是，我们每一个人都深受传统文化的影响。几千年形成的我国的传统文化是自给自足的农业文化。每个村寨都希望自给自足,否则就没有安全感。西方流行的是海洋型经济,是商业文化,他们强调的是优势互补。自给自足和"小而全"、"大而全"的思想阻碍了我们科教界的发展,如果在今后五年内把这个问题解决了,大学扩招的学生的教学水平和科研条件,至少是研究生的水平能够大幅度提高。这样做并不是要把专业科研机构并入大学,只需要他们跟大学紧密结合。德国马普学会、法国 CNRS 在这方面做得很好,可以参考。研究所仍然还是独立运转,独立报成果和分配经费,但培养研究生必须跟大学合作。在培养人才上研究所和大学要有分工,研究所主要培养博士后人才,博士之前的学生需要大学多元文化的培养。大学与专业科研机构的关系理顺了,我国研究生教育的质量和内涵就会大大提高,这不只是 1+1=2 的问题,而一定是 1+1>2。

(三)多层次、多种类办学

国际上的一流大学是多种多样的,有像哈佛那样综合的,也有专业极少的,像加州理工学院只有 6 个系,还有法国高师、光学学院等都是很小的,但照样办成一流。不管一个学校办成什么类型,都有长处和弱点。人类已经认识到生物多样性的重要性,现在我们国家还没有很多人意识到高等学校多样性的重要性,所以大家都往一个模式上挤。国务院学位委员会学科评审会一要开了,各级院校都在活动,给我们评委打电话、拜访,都想自己学校得到博士点。不管什么层次的学校都想变成大学,变成大学后都想能授博士学位,这样就都挤到一个独木桥上去了。

这个独木桥很窄,因为要能授博士学位,需要很多钱来建研究基地,还需要很高水平的研究人员做老师,这只有很少学校能做到,而且国家也只需要很少学校能做到。因为一个国家需要的人才结构中,博士只能是少数。现在大家都去挤,第一,会造成资源的极大浪费。我记得第一次世界银行贷款,各个学校突击买设备,结果后来检查时发现很多设备买来后从来没用过,因为它们还没有那么高水平的研究人才。现在好多学校为了办博士点,买好多设备,也会造成同样的资源浪费。第二,其实国家不需要所有学校都办成研究型大学。国家最需要的是大量学校为提高劳动者素质做贡献。我相信,过一段时间后,我国博士会贬值,许多博士可能难找工作。什么样的人大家会抢呢?高级技工、熟练工人和技术员将特别稀缺。这种人才的需求量最大,但培养这种人的渠道现在越来越少。中专、大专纷纷升级变成大学,大学都想变成研究型大学,这样浪费极大,而且培养出来的人找不到工作是必然的,因为国家不需要那么多那样的人才。国家培养的人才结构失衡,很多事情都会受到阻碍。试想一下,如果许多人都是博士毕业,都想当学科带头人,底下没有兵,就像一个军队人人都是将军,没有连排长,这样的军队肯定打不了仗。然而,我们国家最需要的高级技工和技术员不能靠过去的那种中专、大专培养,因为它们的专业面太窄了,无法应付工作调整。过去的中专和大专不断消亡也有这个原因。我们国家应该赶快办像美国的社区学院那样的学校,学生进校后不分专业,而是强调培养学生的综合素质。社区学院开的课有数、理、化、天、地、生这种基础课,也有如何打高尔夫球、修汽车、弹钢琴等技能性课程,什么内容都有,学生可以任选。上这些学院最大的好处是学期两年,学费很低。美国法律规定,在社区学院学得好的学生,两年毕业以后,正规大学(如加州大学这样的大学)不能拒绝他们直接进入三年级。美国有大量的学生在中学毕业时不知道自己喜欢什么,也比较穷,就先进入社区学院,学完后可以根据自己的特长和兴趣选择大学的三年级继续学业,或者就业当工人或技术员。

今后几年,中国的大学还要继续扩招,这一点没有错,但这个任务不要全部压到研究型大学身上来。像清华、北大,包括中国科大这样的研究型大学,应该根据教育规律自主地决定该招收多少。盲目地招收过多的学生会出事的。东南大学发生的院士的研究生剽窃事件就给我们敲响了警钟。我个人相信这位院士是不知情的,他的责任只是学生太多了,自己行政事务又多,管不过来,发现不了学生的论文中有无抄袭,出了问题就说不清楚了。扩招这件事,不能用行政手段让大学来做,学校应该根据自己的客观办学条件决定能够招收多少学生,包括教授决定能够招多少学生,这样才能保证质量,确保把学校办成精品,提高水平,千万别把学校的名声搞坏了。搞坏一个学校的名声几年就可以,但名声坏了几十年都补不回来。

为了推进多层次多类型办学,建议大家不要再说"一流大学都是研究型大学"这类话。因为谁都想争一流,这样说就误导大家都去争办研究型大学。事实上,不同类型的大学都各有长处,都可以办成一流。彼此之间是不可比的。例如,美国有所威斯里安女子学院,是宋庆龄三姐妹的母校,这所学校就不是研究型大学,但在社会上有很高声誉,没有人否认它在它自己的类型中是一流的。现在美国已有几所分散在不同地方的威斯里安女子学院,美国前国务卿奥尔布赖特也毕业于其中的一所。中国现在最需要的就是建设这类不是研究型大学的一流大学,它们的目标不是培养高级专门人才,而是培养可以胜任许多工作的高素质人才。

此文系根据朱校长参加清华大学于2003年3月29日~30日举办的"一流大学建设理论与实践学术研讨会"的发言材料整理而成,发表于《清华大学教育研究》2003年第3期("一流大学建设的理论与实践"专辑)。其简要版《用一流的眼光紧盯机制和内涵发展》发表于《中国高等教育》2003年第12期

大学:先进文化建设的一支生力军

党委书记 郭传杰

文化是一个国家和民族赖以生存发展的重要根基,也是有别于其他国家、民族的重要标志。人类文明越发展,文化的地位和作用越加凸显。先进文化是人类社会发展的向导和灵魂,也是现实社会、经济发展的巨大战略资源。作为推动社会前进的精神动力,受到一切先进的社会组织高度关注和重视。

党的十六大报告提出,在现代化事业中,必须把教育放在优先发展的战略地位。建设若干所一流研究型大学的战略部署,就是这一国家战略的组成部分之一。现代研究型大学的使命之一,是要在先进文化的建设和发

展过程中，发挥出源头和传播的重要功能。

那么，大学与先进文化的建设，有什么内在关联，如何相互作用呢？本文拟从几个不同侧面，阐述大学曾经是、应该是以及如何是先进文化建设的主力军。

（一）历史观照：大学在先进文化发生、发展的历史进程中，曾经是重要的生力军

在人类社会的历史长河中，新旧社会形态的更替过程，事实上是代表社会前进方向的先进文化所蕴含的价值观念制度化的历史过程。在社会变革之前和之后的过程中，总是由先进文化给旧势力敲响丧钟，为新的社会形态燃起火种。文艺复兴时期如此，上世纪初中国的新文化运动也是一样。而这先进文化萌发之地，多在大学校园。

文艺复兴时期，诞生不久的大学即成为自由知识分子的大本营，他们以异域探险的热情和勇气，冲破宗教文化的千军罗网，追求人性的解放和理性精神，传达新时代的信息，为科学世界观的确立和资本主义的诞生奠立思想基础。

在工业文明之初，27 岁的牛顿成为剑桥大学卢卡斯讲座教授，在那里他以力学为先声，呼唤了西方工业文明的到来，并使英国成为继意大利之后兴起的又一科学中心。德意志民族素有尊重知识、重视教育的优良传统。号称哥尼斯堡大学灵魂的康德把德国引上长于哲学思维的大道，柏林、哥廷根、洪堡、慕尼黑等一批名校为世界培育了大批顶尖的思想家、科学家，也使德国在 20 世纪初成为世界科学中心和经济强国。

在我国，现代意义的第一所大学是 1895 年建的北洋大学。但由于其办学思想深度不够，较为功利，因此影响较小。20 世纪初，蔡元培在主持北京大学校务工作的 8 年期间，汲取德国现代大学的办学理念，以思想自由、兼容并包为主张，广罗人才，砥砺学术，教授治学，民主办校，形成了优良的办学传统，培育、吸引了大批仁人志士，使北大成为我国新文化运动的活跃中心，为中华民族的思想觉醒和现代化事业的奠基做出了无可替代的贡献。

古今中外，为什么大学在先进文化的建设发展中，能发挥如此巨大的作用呢？我以为，重要原因有四：一是大学的功能本身即含有此项使命。大学的使命自其创立以来在不断演进、丰富，从早期的“传授学问，博雅教育”，到 19 世纪末洪堡倡导的“传授知识与创造知识”并重，再到二战后“教学、科研、社会服务”三结合的威斯康星模式，大学在这三个阶段的使命中，文化传承自始至终都是其题中应有之义。二是大学的主体能完成此项使命。教师和学生是大学的主体，也是社会中思想最活跃的高智人群。他们在先进文化的创造和传承中，是最有资格的群体之一。三是大学的学术环境和精神氛围适于此项使命的完成。一个大学总是学科门类众多，相互交叉互动，处于活跃的前沿。大学为了培育人才，发展学术，必须倡导学术自由，营造宽松环境，这适于文化的繁衍。四是大学门户开放、人员流动的机制为先进文化的产生、发展和向社会扩散提供了良好的前提条件。

（二）现实需求：在我国当前的先进文化建设中，大学应该成为重要的生力军

在我国当前的先进文化建设中，对大学的强烈需要来自内、外两个方面。在内部，大学的先进文化建设是其履行自身使命的基本需求。首先，大学最重要的任务，是为社会培养德才兼备的优秀人才。人才人才，必须既成人，又成才。文化人类学者认为，人是环境

的产物。文化环境在塑造人、教育人的过程中,是无形的,但又是最丰厚、最重要的资源。大学的文化建设是大学教育环境的重要组成部分,大学教育的实质就是用文化环境去影响、增强学生的品行和才智,达到教育的预期效果。特别是在当前的市场经济大环境下,社会价值观念多元化,人生目标功利化,而校园开放,网络无阻。形成健康向上的校园文化,以科学明确的世界观、人生观、价值观陶冶学生,是大学育人目标中最紧要的工作。其次,创新是民族进步的灵魂,更是大学发展的灵魂。尤其是创建一流研究型大学,离开创新,完全免谈。近年来,国家为加快建设一流大学的进程,对若干重点大学加大了支持力度,这些学校因此取得了显著成绩。根据上海交通大学的一份调研材料,在世界排名前500所大学的学术排行榜中,我国的若干重点大学的排位都提前了百名之多;但是,它们同世界一流大学的根本差距,即在反映原创性水平的学术质量指标上,依然很大。这说明,我国创建一流大学的关键,在于重大原创性科研成果的产出和大师级教授的培育上。要缩小这一差距,根本措施在于创新文化的建设。

在外部,现代化事业亟须先进文化的引导和支持。先进文化是经济发展和社会进步的精神动力,是综合国力的重要指标。在当今世界,各种文化思潮激荡,我们必须对西方"文化霸权主义"和意识形态的渗透有高度的警觉和抗拒能力。当今中国正处于经济体制深刻转型时期,克服不良文化观念的侵蚀,弘扬先进文化的责任十分沉重。大学,作为先进文化产生的源头之一,要在教育创新、科技创新中,不断丰富科学的世界观和先进的思想观念;作为先进文化传承、扩散的重要渠道,要以学生为载体,为先进文化的弘扬、传播,做出更大贡献。

(三)建设方略:大学如何成为先进文化建设生力军

建设先进文化,首先要有正确的指导思想。毫无疑问,大学的文化建设必须用"三个代表"重要思想来统领。为什么?因为,"三个代表"思想是同马列主义、毛泽东思想、邓小平理论一脉相承而又与时俱进的科学体系,反映了当代世界和中国发展变化的客观规律,是面向21世纪的中国化的马克思主义。从整个国家、民族来说,当前代表发展方向的先进文化,应有以下基本特征:鲜明的时代性,实事求是的科学性,开拓进取的创造性,广泛的群众性和浓郁的民族性。我国大学作为国家整体的一部分,并作为先进文化源流之一,其文化的核心内涵和目标取向当然离不开"三个代表"重要思想。

其次,要明确大学文化建设的主体。讲文化,离不开人。我国最早与文化有关的著述《易经·贲卦》中说:"观乎人文,以化成天下"。上世纪40年代的文化学者R·林顿给"文化"的定义是:"某特定社会的成员共享并相互影响的知识、态度、习惯、行为模式等的总和"。文化的形成离不开人,文化的建设是为了人。大学文化建设的主体自然是教师和学生,文化建设的过程必须有强烈的人本意识。这里的人本,一是指建设要依靠人,依靠师生;二是指建设要为了人,为了师生。教师在大学教育中具有基础和主导地位。竺可桢先生指出:"教授是大学的灵魂",有什么品位和水平的教师,往往对学生的品味和水平有重大影响。因此古人说:"经师易求,人师难得"。学生是大学教育的对象和中心。在某种程度上可以讲:大学的一切都是围绕学生转的。有良好的文化取向和氛围,师生间的相互作用就强,教育效果就好。因此,要使每个师生都了解大学文化建设的意义,重视身体力行,人人成为文化建设的实践者和受益者。

第三，要明确大学文化建设的重点。大学文化内涵十分丰富，各个学校又有各自的文化特点。因此，要有效地建设大学文化，必须明确特点和重点，才能事半功倍。我以为，以创建一流研究型大学为目标的高校，当前文化建设的重点在于创新意识和能力的培育，以及科学精神与人文精神的密切结合这两方面。进行文化建设和文化创新，必须有问题意识。马克思说过，每个时代总有属于自己的问题，准确地把握并解决它，就会把理论、思想和人类社会大大地向前推进一步。上述两方面的重点，正是当前我国大学文化中较为缺失的文化元素，同时，又都是实现一流大学目标的根本文化障碍。在中国的传统文化中，中庸得道，而敢为天下先者鲜见。著名的“李约瑟难题”答案之一，一般都认为与中国古代文化中厚古薄今、顺天承命、中庸取向的价值观有关，创新思想的萌芽易被摧残、扼杀。在近现代，科学精神与人文精神疏离，又是世界性的问题，我国学者梁思成在半个世纪前就呼吁克服“半个人的时代”，英国学者C·P·斯诺1959年在剑桥大学的著名演讲就指出了两种文化精神的对立问题。因此，在今天的大学文化建设中，大力加强创新意识和创新思维，大力推动科学精神与人文精神的珠联璧合，必是重点所在。

第四，要科学地确定文化建设的步骤。大学文化是属于组织文化范畴。组织文化一般由三个层面构成，即器物层、制度层、精神层。器物层面指园区环境、校园风貌、形象标识等，是大学精神、理念、校风等文化内涵在物质载体上的凝结。制度层面包括办学方针、运行机制、规章制度等行为规范，是以制度形式体现的学校理念和精神。精神层面是大学文化的核心，虽然看不见、摸不着，但作为一种无形的力量在时刻发挥作用。当年多本哈根学派的教授、学生，虽然表面与他人并无二致，但在国际学术讨论会上，观其行、听其言，就能容易被指认出来。器物是文化的精神载体，制度是文化的刚性约束。因此，要形成、建设一种特定文化，其进程通常是由表及里、由外而内、由硬到软，并且表里结合、内外互动、软硬兼施，从而达到文化塑造的效果。文化的形成不可能一蹴而就，而是一项长期行为、战略工作。要制订文化建设的规划，党政齐抓共推，动员全校师生员工参与，从一草一木、一言一行做起，长久坚持，方能见效。

第五，要重视大学文化的社会传播。大学作为文化的源头之一，相对于林林总总的大千社会，其文化总会有其纯洁、先进的一面，如洪堡曾经所讲：“大学是社会的道德良心”。在变革的时代，大学以其活跃的思想、先进的观念，往往立于时代的潮头。因此，建设大学文化，不仅是为大学自身建设、培育未来人才之需，更有在社会上弘扬科学精神，传播先进文化，推动社会全面进步之责。要有李大钊当年在北大“铁肩担道义，妙手著文章”的共产党人气概，要在大学有意识地培育一些有声誉、有影响的先进文化传播者，发挥号角、旗手作用。

（四）实践案例：中国科大的文化建设

中国科大1958年建校，迄今才45年。同国内外许多百年名校相比，其历史不长，文化积淀较浅；其学科主要是理工科技，人文素质较薄。也正因此，建校以来，学校一直把文化建设作为一项艰巨使命，举全校之力推进。首任校长郭沫若是中国现代文化巨匠和世界文化名人，对科大文化的建设更是鼎力亲建，建校就亲自制定校训、校歌、校风。因而，校史不长，但科学求是、理实兼融的校风已蔚然淳厚，独具特色。近年来，借助中国科学院的知识创新工程,在校园风貌、规章法则、精神理念三个层面上,大力加强校园创新文化建设,强化创新意识,兼补人文精神,使科大文化底蕴激增,有力地保证和推动了一流研究型大学的创建工作。

此文发表于《学校党建与思想教育》2003年第12期

年鉴

UNIVERSITY OF SCIENCE AND TECHNOLOGY OF CHINA YEARBOOK

机构与干部

学校党政领导

名誉校长	周光召
党委书记	郭传杰
校　长	朱清时
党委常务副书记、副校长	许　武
副校长	程　艺
副校长	侯建国
副校长	李国栋
党委副书记、副校长	李　定
副校长	王东进
党委副书记	鹿　明

党群机构设置

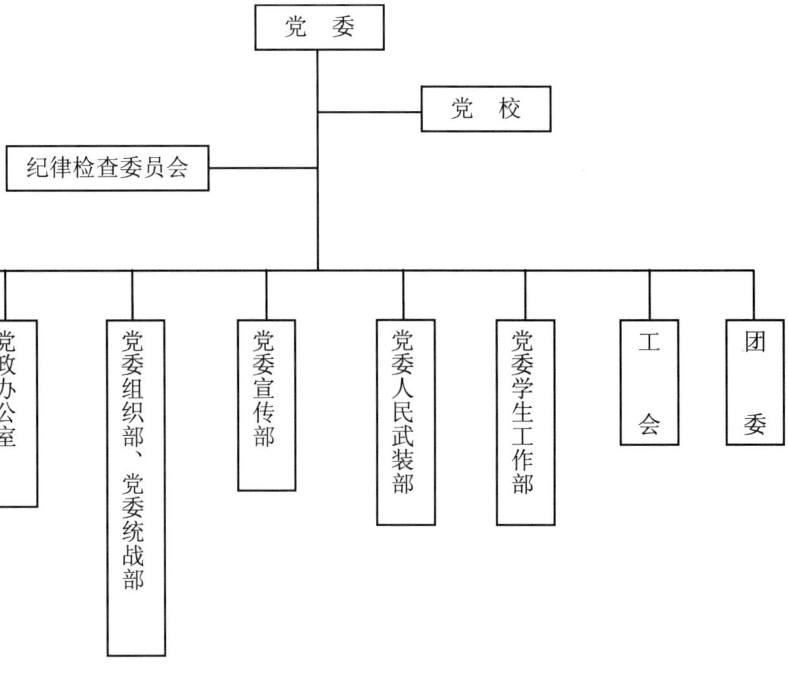
党委
党校
纪律检查委员会
各分党委、党总支、直属党支部
党政办公室
党委组织部、党委统战部
党委宣传部
党委人民武装部
党委学生工作部
工会
团委

行政机构设置

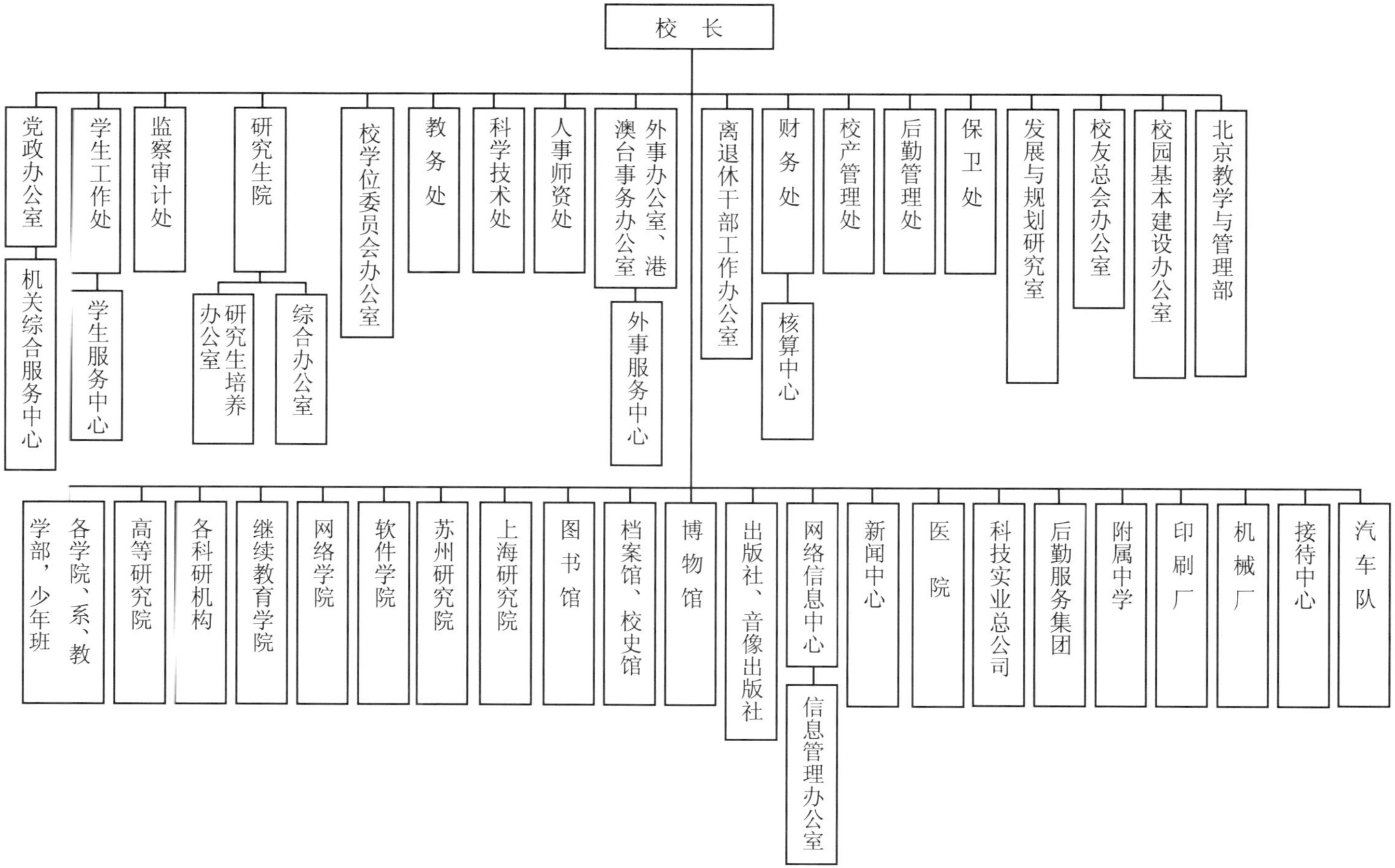
校长
党政办公室
机关综合服务中心
学生工作处
学生服务中心
监察审计处
研究生院
研究生培养办公室
综合办公室
校学位委员会办公室
教务处
科学技术处
人事师资处
外事办公室、港澳台事务办公室
外事服务中心
离退休干部工作办公室
财务处
核算中心
校产管理处
后勤管理处
保卫处
发展与规划研究室
校友总会办公室
校园基本建设办公室
北京教学与管理部
各学院、系、教学部，少年班
高等研究院
各科研机构
继续教育学院
网络学院
软件学院
苏州研究院
上海研究院
图书馆
档案馆、校史馆
博物馆
出版社、音像出版社
网络信息中心
信息管理办公室
新闻中心
医院
科技实业总公司
后勤服务集团
附属中学
印刷厂
机械厂
接待中心
汽车队

学院、系和教学部设置

（截至 2004 年 7 月 2 日）

学　　院	系、教学部
	少年班、教改试点班
理学院	数学系(1 系)
	物理系(2 系)
	近代物理系(4 系)
	天文与应用物理系(22 系)
化学与材料科学学院	化学物理系(3 系)
	材料科学与工程系(14 系)
	化学系(19 系)
	高分子科学与工程系(20 系)
生命科学学院	分子生物学与细胞生物学系(8 系)
	神经生物学与生物物理学系(21 系)
工程科学学院	力学和机械工程系(5 系)
	精密机械与精密仪器系(9 系)
	热科学和能源工程系(13 系)
信息科学技术学院	电子工程与信息科学系(6 系)
	自动化系(10 系)
	计算机科学技术系(11 系)
	电子科学与技术系(23 系)
地球和空间科学学院	
商学院	信息管理与决策科学系(15 系)
	管理科学系(16 系)

续上表

学　　院	系、教学部
商学院	统计与金融系(17系)
	工商管理培训部
人文与社会科学学院	外语系(18系)
	科技史与科技考古系(24系)
	科技传播与科技政策系(25系)
	科技哲学教学研究部
	人文素质教学研究部
	马克思主义理论教学研究部
	体育教学部

校部机关党政机构负责人名单

(截至2004年7月2日)

党　校
　校　长　郭传杰(兼)
　常务副校长　许　武(兼)
　副校长　李　定(兼)　鹿　明(兼)
纪律检查委员会
　书　记　李　定(兼)
　副书记　王泽普
秘书长　汪克强
校长助理　窦贤康　尹登泽
党政办公室
　主　任　汪克强(兼)
　副主任　黄超群　毕金初　赵红军　孙宝明
党委组织部
　部　长　郭庆祥
　副部长　赵永飞(常务)
党委统战部
　部　长　刘　卫
党委宣传部
　部　长　蒋家平
新闻中心
　主　任　蒋家平
党委学生工作部
　部　长　朱灿平
　副部长　尹　红
学生工作处
　处　长　朱灿平
　副处长　孔　燕　尹　红　张纪法　崔献英

监察审计处

处　长　张　荣

副处长　丁望斌

研究生院

院　长　程　艺(兼)

副院长　滕脉坤(常务)　李晓光　张淑林

研究生培养办公室

主　任　陈　伟

综合办公室

主　任　吴敏连

校学位委员会办公室

主　任　张淑林(兼)

副主任　倪　瑞

教务处

处　长　刘　斌

副处长　李　蓓　汤家骏

科学技术处

副处长　叶中付(常务)　张　玲　胡岳东

人事师资处

处　长　周先意

副处长　魏　英

外事办公室

主　任　张梦萍

副主任　周正凯

离退休干部工作办公室

主　任　洪禄保

副主任　厉　洪

财务处

处　长　尹登泽(兼)

副处长　杨定武　王道根

校产管理处

处　长　李　彬

副处长　史源东

后勤管理处

处　长　阴泽杰

副处长　孙承寿

保卫处

副处长　刘益怀(常务)　吴朝树　聂　磊

党委人民武装部

副部长　刘益怀(常务,兼)　吴朝树(兼)

发展与规划研究室

主　任　程晓舫

团　委

书　记　董　雨

副书记　李国阳

工　会

主　席　王广训

副主席　龚建平(常务)　马建平

机关党总支

书　记　蒋家平(兼)

副书记　龚建平(兼)　常　风

校园基本建设办公室

主　任　沈孟龙

北京教学与管理部

主　任　路爱民

学院、系、教学部党政负责人名单

（截至2004年7月2日）

理学院

名誉院长　杨振宁
院　长　杨国桢（兼）
副院长　叶向东（常务）　叶邦角　张　杨　尹　民
党委书记　习亚崑

化学与材料科学学院

院　长　钱逸泰
副院长　陈初升（常务）　汪志勇　刘世林　俞书宏
党委书记　俞寿明
副书记　张明杰

生命科学学院

院　长　林其谁（兼）
副院长　牛立文（常务）　田志刚　徐卫华
党总支书记　王更生

工程科学学院

院　长　崔尔杰（兼）
副院长　杨基明（常务）　陆夕云　褚家如
党委书记　褚家如
副书记　严新华

信息科学技术学院

院　长　龚惠兴（兼）
副院长　卫　国（常务）　吴　刚　黄刘生　徐云生
党委书记　唐安渝
副书记　刘同怀

地球和空间科学学院

院　长　陈　颙（兼）
副院长　窦贤康（常务，兼）　郑永飞　黄建华
党总支书记　张黎明

商学院

院　长　方兆本
副院长　梁　樑（常务）　陈晓剑　陈华平
党总支书记　杨文铸
副书记　曹威麟

人文与社会科学学院

院　长　方克立（兼）
副院长　汤书昆（常务）　胡化凯　崔海建
党委书记　潘正祥
副书记　江学建

软件学院

院　长　陈国良
副院长　周学海（常务）　吴　敏　李　曦
直属党支部书记　吴　敏

少年班

主　任　陈　卿
副主任　张鹏飞
直属党支部书记　杨义英

数学系

主　任　陈发来
党总支书记　张韵华

物理系

主　任　丁泽军

党总支书记　习亚崑(兼)

化学物理系

主　任　包信和(兼)

副主任　陈　旸

党总支书记　俞寿明(兼)

副书记　屠　兢

近代物理系

主　任　刘万东

党总支书记　陈向军

力学和机械工程系

主　任　何陵辉

党总支书记　董桂荣

电子工程与信息科学系

主　任　阴和俊(兼)

常务副主任　刘发林

党总支书记　吴忠民

分子生物学与细胞生物学系

主　任　刘海燕

精密机械与精密仪器系

主　任　相里斌(兼)

常务副主任　王克逸

党总支书记　褚家如(兼)

副书记　邓伟平

自动化系

主　任　谭铁牛(兼)

常务副主任　奚宏生

党总支书记　徐明松

计算机科学技术系

主　任　李国杰(兼)

常务副主任　顾乃杰

党总支书记　于天顺

热科学和能源工程系

主　任　季　杰

党总支书记　严新华(兼)

材料科学与工程系

常务副主任　朱长飞

党总支书记　杨萍华

信息管理与决策科学系

主　任　华中生

管理科学系

主　任　赵定涛

统计与金融系

主　任　缪柏其

工商管理培训部

副主任　段家明

外语系

主　任　崔海建(兼)

党总支书记　江学建(兼)

化学系

主　任　洪茂椿(兼)

常务副主任　邵学广

党总支书记　张祖德

副书记　顾洪举

高分子科学与工程系

主　任　施文芳

副主任　白如科

党总支书记　沈志傲

神经生物学与生物物理学系

主　任　周江宁

天文与应用物理系

主　任　张　杨(兼)

党总支书记　王　忆

电子科学与技术系

主　任　王建宇(兼)

常务副主任　付忠谦

党总支书记　朱领娣

科技史与科技考古系

主　任　朱清时(兼)

副主任　胡化凯(兼)

张居中

科技传播与科技政策系

常务副主任　王希华

科技哲学教学研究部

主　任　徐　飞

人文素质教学研究部

常务副主任　孔　燕(兼)

马克思主义理论教学研究部

常务副主任　潘正祥

社会科学党总支

书　记　潘正祥(兼)

体育教学部

主　任　金广江

现代艺术中心

主　任　杨重光

陶瓷艺术中心

负责人　汤书昆

继续教育学院

副院长　宋昌耐(常务)

王武荣

直属党支部书记　王荣森

重点科研机构负责人名单

（截至2004年7月2日）

国家同步辐射实验室

常务副主任　盛六四

副主任　刘祖平　董　赛　付绍军

党总支书记　付绍军

副书记　董　赛

火灾科学国家重点实验室

主　任　范维澄

副主任　廖光煊　袁宏永

直属党支部书记　霍　然

国家高性能计算中心(合肥)

主　任　陈国良

副主任　黄刘生

中国科学院选键化学重点实验室

主　任　朱清时(兼)

副主任　杨金龙　吴　奇　陈　旸

中国科学院结构分析重点实验室

主　任　侯建国(兼)

副主任　石　磊

中国科学院结构生物学重点实验室

主　任　牛立文

副主任　龚为民　刘海燕

中国科学院材料力学行为和设计重点实验室

主　任　虞吉林

副主任　何陵辉　张青川

中国科学院量子信息重点实验室

主　任　郭光灿

副主任　段路明

中国科学院热安全工程技术研究中心

主　任　范维澄

副主任　袁宏永　张和平

安徽省高性能计算与应用重点实验室

主　任　陈国良

副主任　许胤龙

安徽省分子医学重点实验室

主　任　田志刚

安徽省光电子科学与技术重点实验室

主　任　明　海

理化科学中心

主　任　侯建国(兼)

副主任　杨金龙　鲁　非

直属党支部书记　李凡庆

其他单位负责人名单

（截至 2004 年 7 月 2 日）

图书馆

馆　长　邵正荣

副馆长　田乐胜　刘　艳

直属党支部书记　郭建熙

网络信息中心

主　任　杨寿保

副主任　顾雨民

出版社

社　长　侯建国(兼)

副社长　夏文彧

副总编辑　郝诗仙

直属党支部书记　朱　源

档案馆

馆　长　丁毅信

博物馆

馆　长　张居中

医　院

院　长　陈林义

副院长　汪玉中

直属党支部书记　陈国良

科技实业总公司

董事长　朱清时(兼)

副董事长　王东进(常务,兼)

侯建国(兼)

李　定(兼)

总　裁　苏　俊

副总裁　罗有泉　金卫东　张大鸣

王　兵

直属党支部书记　杨月桂

后勤服务集团

董事长　李国栋(兼)

副董事长　尹登泽(兼)

总经理　丁克忠

副总经理　童勤明　汪忠诚　蔡兆雄

后勤党总支书记　谢永和(兼)

机械厂

厂　长　王培生

直属党支部书记　王培生(兼)

印刷厂

负责人　徐步新

附属中学

校　长　关胜新

副校长　吴华宝　曹锦群

党总支书记　张利华

接待中心

总经理　杨　拓

副总经理　陆永祥　谢家烈

汽车队

队　长　王贵财

副队长　杨梅生　胡忠召

各类委员会(非常设机构)及其成员名单

（截至2004年7月2日）

学位委员会

（校学位字[2004]5号、6号）

主任委员：朱清时

副主任委员：何多慧(常务)　陈国良　程　艺　侯建国　李　定　王东进

委　员(按姓氏笔画排序)：

王　水　王东进　韦世强　方兆本　田志刚　朱清时　伍小平　刘太顺　刘祖平　李　定　李曙光　杨国桢　杨金龙　何多慧　陈　颙　陈晓剑　陈国良　范维澄　林其谁　周又元　周先意　郑永飞　胡太忠　胡化凯　侯建国　施蕴渝　钱逸泰　徐云生　郭光灿　郭庆祥　黄刘生　梅　涛　龚惠兴　崔尔杰　程　艺　程晓舫　傅云飞　谢　毅　窦贤康　褚家如

数学学科学位分委员会

主　任：刘太顺

副主任：胡太忠

委　员：叶向东　刘太顺　苏　淳　李尚志　肖体俊　陈　卿　陈发来　赵林城　胡　森　胡太忠　蒋继发　缪柏其

物理天文学科学位分委员会

主　任：周又元

副主任：周先意

委　员：丁泽军　王安民　尹　民　叶邦角　刘万东　李　定　李永平　完绍龙　张　杨　陈向军　周又元　周先意　郭光灿

化学与材料学科学位分委员会

主　任：郭庆祥

副主任：谢　毅

委　员：刘世林　苏庆德　李晓光　何天敬　陈初升　张兴元　俞汉青　施文芳　郭庆祥　谢　毅

力学工程学科学位分委员会

主　任：伍小平

副主任：褚家如

委　员：伍小平　何陵辉　杨基明　陆夕云　季　杰　夏维东　唐志平　黄文浩　虞吉林　褚家如　廖光煊

地学环境学科学位分委员会

主　任：郑永飞

副主任：傅云飞

委　员：孙立广　李曙光　李　毅　吴小平　胡友秋　郑永飞　俞汉青　傅云飞　傅容珊　窦贤康　魏春生

电子信息与计算机学科学位分委员会

主　任：陈国良

副主任：徐云生

委　员：卫　国　王东进　冯焕清　朱近康　杨寿保　吴　刚　汪增福　陈国良　周学海　洪佩琳　徐云生　奚宏生　郭　立　黄刘生　戴蓓蒨

生命学科学位分委员会

主　任：施蕴渝

副主任：田志刚

委　员：牛立文　田志刚　刘海燕　孙宝林　吴　缅　张达人　周江宁　周逸峰

施蕴渝　徐卫华

管理人文学科学位分委员会

主　任:方兆本

副主任:胡化凯

委　员:方兆本　华中生　刘仲林　张光前　陈华平　赵定涛　胡化凯　崔海建　梁　樑　潘正祥

同步辐射国家实验室学位分委员会

主　任:刘祖平

副主任:韦世强

委　员:王相綦　韦世强　田扬超　刘祖平　齐　飞　李为民　何多慧　贾启卡　徐彭寿　徐朝银

微尺度国家实验室学位分委员会

主　任:侯建国

副主任:杨金龙

委　员:王晓平　牛立文　杨金龙　林子敬　侯建国　俞书宏　董振超　潘建伟

专业学位(管理类)学位分委员会

主　任:陈晓剑

委　员:古继宝　汤书昆　宋　伟　陈晓剑　赵定涛　梁　樑

专业学位(工程类)学位分委员会

主　任:王东进

副主任:黄刘生

委　员:王东进　王相綦　冯焕清　刘发林　李　曦　张和平　周学海　季　杰　顾乃杰　徐云生　奚宏生　黄刘生　褚家如

智能所分委员会

主　任:梅　涛

委　员:刘锦淮　孟庆虎　黄德双　梅　涛　葛运建

学术委员会

(校科字[2001]01号、校科字[2003]7号)

主　任:王　水

副主任:何多慧　范维澄　钱逸泰　施蕴渝　伍小平　朱近康

委　员(按姓氏笔画排序):

丁泽军　孔凡让　牛立文　王　水　王东进　王煦法　冯焕清　叶向东　伍小平　朱近康　朱清时　汤书昆　苏庆德　阮图南　何多慧　吴　刚　李　定　李晓光　杨金龙　杨基明　张其锦　张裕恒　陈仙辉　陈国良　范洪义　范维澄　郑永飞　侯建国　施文芳　施蕴渝　徐善驾　郭光灿　郭庆祥　钱逸泰　盛六四　程　艺　葛新石　褚耀泉　缪柏其

教学委员会

(校教字[2004]8号)

主　任:朱清时

副主任:程　艺　何世平　俞书勤　虞吉林

委　员(按姓氏笔画排序):

尹　民　叶邦角　朱清时　刘世林　刘海燕　刘　斌　李尚志　李晓光　吴　刚　何世平　汪志勇　宋昌耐　张和平　陈华平　陈国良　陈晓剑　陈　卿　周先意　周学海　俞书勤　徐卫华　徐云生　黄建华　崔海建　程　艺　程福臻　虞吉林　褚家如　霍剑青　戴蓓蒨

学科建设领导小组

(校研[2000]020号)

组　长:朱清时

副组长:程　艺(常务)　虞吉林

成　员(按姓氏笔画排序):

王东进　叶向东　伍小平　向守平　李　定　何多慧　张淑林　林飞平　范成高　施蕴渝　钱逸泰

“985 工程”建设实施工作领导小组

（校办字[2004]5 号）

组　长：朱清时

副组长：程　艺（常务）　侯建国　李　定　王东进

成　员（按姓氏笔画排序）：

王东进　尹登泽　朱清时　李　定
汪克强　侯建国　程　艺　窦贤康

领导小组下设工作小组

组　长：程　艺

成　员（按姓氏笔画为序）：

尹登泽　李　彬　汪克强　张淑林
林飞平　周先意　程　艺　鲁　非
窦贤康

“十五”“211 工程”建设项目法人组织成员及代表

（2002 年 10 月 14 日校长工作会议）

法人组织成员：

朱清时　金大胜　程　艺　侯建国
潘忠孝　汪克强　张淑林　尹登泽

法人代表：朱清时

迎接高水平大学建设检查评估工作领导小组

（校办字[2002]2 号）

组　长：朱清时

副组长：范维澄　金大胜　李国栋　程　艺　王广训　侯建国

成　员：潘忠孝　李　定　杨文铸　陈宗海　汪克强　范成高

“985 工程”一期建设总结评审专家组

（校学位字[2004]2 号）

组　长：朱清时

副组长：程　艺

成　员（按姓氏笔画排序）：

卫　国　王　水　王东进　牛立文
尹登泽　叶向东　许　武　刘　斌
汤书昆　李　定　李国栋　李曙光
伍小平　朱清时　汪克强　杨基明
何多慧　张淑林　陈国良　林飞平
范维澄　周又元　周先意　施蕴渝
侯建国　郭光灿　钱逸泰　梁　樑
程　艺　窦贤康　滕脉坤

机构改革领导小组

（党办〔2003〕04 号）

组　长：郭传杰　朱清时

成　员：程　艺　侯建国　李国栋　李　定　王东进　鹿　明

机构改革工作小组

（党办〔2003〕04 号）

组　长：李　定

副组长：侯建国　金大胜

成　员（按姓氏笔画排序）：

王泽普　向守平　汪克强　林飞平
周先意　郭庆祥　施行觉

“全院办校、所系结合”实施工作领导小组

（校办字[2004]14 号）

组　长：许　武

副组长:程　艺　王东进

成　员(按姓氏笔画排序):

卫　国　王东进　牛立文　叶向东
许　武　刘　斌　汤书昆　朱灿平
汪克强　宋昌耐　陈初升　张淑林
杨基明　林飞平　周先意　郭庆祥
梁　樑　蒋家平　程　艺　窦贤康
路爱民　滕脉坤

党风廉政建设领导小组

(党[1999]020号)

组　长:汤洪高

副组长:金大胜　李国栋

成　员:朱清时　郗贵苏　杨文铸　蒋家平
吴志强

校务公开领导小组和监督小组

(党办[2001]02号)

一、校务公开领导小组

组　长:金大胜

副组长:程　艺　王广训

成　员(按姓氏笔画排序):

王广训　尹登泽　卢盛宽　朱灿平
汪克强　宋昌耐　杨文铸　金大胜
范成高　鹿　明　龚建平　程　艺
蒋家平　潘忠孝

二、校务公开监督小组

组　长:李国栋

副组长:郗贵苏　龚建平

成　员(按姓氏笔画排序):

习亚崑　庄叔贤　李国栋　吴志强
张　荣　张利华　郗贵苏　梁　樑
龚建平　程抗仇　校学生会主席
校研究生会主席

国家安全领导小组

(党办字[2004]11号)

组　长:李　定

副组长:汪克强

成　员(按姓氏笔画排序):

朱灿平　刘益怀　李　定　吴朝树
吴敏连　汪克强　张梦萍　周先意
杨寿保　郭庆祥　蒋家平　董　雨
潘正祥

联络员:吴朝树

社会治安综合治理领导小组

(校保字[2004]2号)

组　长:朱清时

副组长:李国栋　汪克强　尹登泽

成　员(按姓氏笔画排序):

丁克忠　王泽普　尹登泽　朱灿平
朱清时　刘益怀　刘　斌　阴泽杰
李国栋　李　彬　汪克强　沈孟龙
宋昌耐　陈林义　张　荣　周先意
郭庆祥　盛六四　董　雨　蒋家平
滕脉坤

领导小组下设办公室

主　任:刘益怀

副主任:聂　磊

成　员(按姓氏笔画排序):

丁望斌　尹　红　石军岩　史源东
刘益怀　孙承寿　汪玉中　赵红军
姚建华　聂　磊　童勤明　魏　英

保密委员会

(党办字[2004]12号)

主　任:许　武

副主任:王东进　汪克强

成　员(按姓氏笔画排序):

丁毅信　王东进　叶中付　刘　斌
刘益怀　许　武　苏　俊　杨寿保
汪克强　张梦萍　周先意　钱贯鸣
黄超群　盛六四　滕脉坤

教育基金会

(校办[1998]05 号)

基金理事会

理事长:朱清时
副理事长:程　艺
秘书长:潘忠孝
副秘书长:尹登泽

基金管理委员会

主　任:潘忠孝
副主任:尹登泽
委　员(按姓氏笔画排序):

万炳奎　尹香莲　孔　燕　朱灿平
宋昌耐　张　宏　鹿　明

优秀人才引进与管理工作领导小组

(校人字[2003]32 号)

组　长:朱清时
副组长:侯建国　李　定
成　员(按姓氏笔画排序):

卫　国　牛立文　尹登泽　叶向东
刘　斌　汤书昆　阴泽杰　汪克强
杨基明　陈初升　林飞平　周先意
梁　樑　窦贤康　滕脉坤

优秀人才引进学术委员会

(校人字[2003]32 号)

主　任:朱清时
副主任:侯建国
成　员(按姓氏笔画排序):

王　水　伍小平　李尚志　李曙光
何多慧　陈国良　周先意　施蕴渝
郭光灿　夏源明　钱逸泰　徐善驾

教师资格专家审查委员会

(校人字[2002]7 号)

主任委员:朱清时
副主任委员:程　艺　金大胜
委　员(按姓氏笔画排序):

王东进　孔　燕　孔凡让　叶向东
向守平　刘　兢　刘　斌　吴　刚
何天敬　何世平　陈初升　周先意
胡化凯　奚富云　梁　樑　鲁　非
虞吉林　滕脉坤

理学院评议组

组长:周先意
成员:叶向东　李永平　阴泽杰　霍剑青

化学与材料科学学院评议组

组长:何天敬
成员:邵学广　白如科　姚连增

生命科学学院评议组

组长:刘　兢
成员:滕脉坤　阮迪云　徐耀忠　沈显生

工程科学学院评议组

组长:何世平
成员:尹协振　陆夕云　孔凡让　季　杰

信息科学技术学院评议组

组长:吴　刚
成员:奚宏生　黄刘生　徐云生　郭从良

地球和空间科学学院评议组

组长:刘　斌
成员:陈月娟　李中元　倪守斌

商学院评议组

组长:梁　樑

成员:陈晓剑 陈华平 缪柏其

人文与社会科学学院评议组

组长:胡化凯

成员:汤书昆 刘承华 陈纪梁 柴 松

综合评议组

组长:鲁 非

成员:廖光煊 吴丛凤

教师资格认定工作领导小组

(校人字[2002]8号)

组 长:朱清时

副组长:金大胜 程 艺

成 员:鹿 明 向守平 虞吉林

教师系列专业技术职务晋升聘任工作委员会

(校人字[2001]049、051、052、053号)

主 任:朱清时

副主任:金大胜

委 员(按姓氏笔画排序):

方兆本 王 水 王东进 王煦法
朱清时 伍小平 向守平 李 定
何世平 何多慧 张允熠 陈宗海
林飞平 范维澄 金大胜 周又元
侯建国 施蕴渝 郭庆祥 郭光灿
钱逸泰 奚富云 程 艺 虞吉林
潘忠孝

数学学科评议组

组 长:程 艺

成 员(按姓氏笔画排序):

叶向东 宋光天 李尚志 陈发来
陈 卿 陈祖墀 季孝达 章 璞
蒋继发 程 艺

物理学科评议组

组 长:郭光灿

成 员(按姓氏笔画排序):

刘万东 明 海 郑永飞 周先意
侯建国 郭光灿 褚耀泉 窦贤康
霍剑青

化学学科评议组

组 长:钱逸泰

成 员(按姓氏笔画排序):

王中夏 苏庆德 李晓光 何天敬
何平笙 陈初升 施文芳 俞书勤
郭庆祥 钱逸泰 潘忠孝

信息科学技术学科评议组

组 长:王煦法

成 员(按姓氏笔画排序):

卫 国 王东进 王煦法 冯焕清
朱近康 汪增福 吴 刚 郭 立
黄刘生

工程科学技术学科评议组

组 长:伍小平

成 员(按姓氏笔画排序):

孔凡让 尹协振 伍小平 邢晓正
何世平 陆夕云 林其钊 范维澄
季 杰 周绍祥 唐志平 程晓舫
廖光煊 霍 然

生命科学学科评议组

组 长:施蕴渝

成 员(按姓氏笔画排序):

王玉珍 牛立文 刘 兢 阮迪云
张达人 周逸峰 施蕴渝 徐天乐
滕脉坤

商学院学科评议组

组 长:方兆本

成 员(按姓氏笔画排序)

方兆本 华中生 苏 淳 陈晓剑
胡太忠 赵林城 梁 樑 缪柏其
糜仲春

人文和社会科学及相关学科评议组

组 长:汤书昆

副组长：张允熠

成　员（按姓氏笔画排序）：

马文淦　王昌燧　汤书昆　张允熠
张光前　张　群　金广江　胡河宁
胡化凯　徐　飞　崔海建

加速器学科评议组

组　长：何多慧

成　员（按姓氏笔画排序）：

田扬超　付绍军　刘祖平　李　定
李为民　何多慧　张允武　盛六四
裴元吉

教学、科研业务管理学科评议组

组　长：金大胜

成　员（按姓氏笔画排序）：

王煦法　李　定　李国栋　杨　杰
杨寿保　金大胜　施行觉　鹿　明
虞吉林　潘忠孝

科研开发学科评议组

组　长：范维澄

成　员（按姓氏笔画排序）：

卞祖和　牛立文　刘清亮　苏　俊
何世平　张志成　陈宗海　范维澄
胡访宇　徐果明

中级专业技术职务晋升聘任工作小组

组　长：鹿　明

成　员（按姓氏笔画排序）：

牛立文　孔凡让　冯焕清　叶中付
付绍军　汤书昆　向守平　朱士尧
陈初升　鹿　明　章　璞　缪柏其
滕脉坤　霍剑青

非教师系列专业技术职务晋升聘任工作委员会

（校人字［2001］048、050号）

主　任：金大胜

副主任：侯建国

委　员（按姓氏笔画排序）：

王广训　王煦法　尹登泽　孔凡让
李　定　李国栋　何多慧　陈林义
范成高　范维澄　金大胜　郄贵苏
侯建国　徐六如　鹿　明　潘忠孝

三级高级工程师评议组

组　长：王广训

成　员（按姓氏笔画排序）：

王广训　王煦法　向守平　李　定
李国栋　陈宗海　林淑钦　虞吉林
裴元吉　潘忠孝

工程技术（一）评议组

组　长：潘忠孝

成　员（按姓氏笔画排序）：

王煦法　向守平　朱士尧　汪克强
汪晓莲　李　彬　杨文铸　林飞平
赵永飞　潘忠孝

工程技术（二）评议组

组　长：范成高

成　员（按姓氏笔画排序）：

王培生　孔凡让　尹登泽　冯焕清
卢盛宽　苏　俊　范成高　夏源明
徐其铭　戴蓓蒨

出版编辑评议组

组　长：侯建国

成　员（按姓氏笔画排序）：

王安民　王清安　江建名　朱　源
伍传平　李毕友　杨延林　何世平
张善金　周贵恩　胡升华　侯建国
黄　德

图书情报评议组

组　长：李　定

副组长：邵正荣

成　员（按姓氏笔画排序）：

丁毅信　宁业高　汤书昆　李　定
邵正荣　陈晓剑　侯定丕　徐　飞
梁　樑　储雪林

医疗卫生评议组

组　长：陈林义

成　员(按姓氏笔画排序)：

王建强　白由稳　兰文敏　刘　军
汪玉中　沈龙春　吴云智　陈林义
宣　东　姚桂英

中学教师评议组

组　长：徐六如

成　员(按姓氏笔画排序)：

方文琴　王　芒　王家华　关胜新
华月英　朱玉华　杨　旭　吴华宝
徐六如　黄申如

教师单项奖评审委员会

(校人字[2001]031 号)

主　任：金大胜

副主任：范维澄　程　艺　王广训

委　员(按姓氏笔画排序)：

方兆本　王广训　王煦法　向守平
朱灿平　李　定　何世平　张允熠
陈宗海　林飞平　范维澄　郑永飞
金大胜　施蕴渝　郭光灿　郭庆祥
鹿　明　盛六四　程　艺　虞吉林
潘忠孝

《中国科学技术大学学报》编委会

(校科字[2001]02 号)

主　编：朱清时

副主编：王　水(常务)　范维澄　伍小平
何多慧　施蕴渝　徐善驾　叶向东

委　员(按姓氏笔画排序)：

孔凡让　王　水　冯焕清　叶向东
伍小平　朱清时　阮图南　何多慧
张裕恒　汪克林　吴　刚　陈国良
范维澄　俞书勤　施蕴渝　徐善驾
郭光灿　葛新石　缪柏其　潘才元

中国科学院合肥同步辐射实验室二期工程项目管理委员会

(科发计字[2000]0091 号)

主　任：白春礼

常务副主任：朱清时

副主任：何多慧

委　员：汤洪高　李志刚　王志刚　金　铎

国家同步辐射实验室理事会

(校办字[2001]010 号)

理事长：何多慧

副理事长：李　定

成　员：何多慧　李　定　裴元吉　张允武
刘祖平　付绍军　盛六四

合肥微尺度物质科学国家实验室建设领导小组

(校科字[2001]021 号、
校科字[2002]13 号)

组　长：朱清时

副组长：范维澄　王广训　侯建国

成　员(按姓氏笔画排序)：

王广训　卢盛宽　朱清时　杨金龙
张　玲　范成高　范维澄　林飞平
侯建国　郭光灿　钱逸泰　潘忠孝

领导小组下设工作小组：

组　长：侯建国

副组长：潘忠孝　范成高　林飞平

成　员(按姓氏笔画排序)：

王来成　杨金龙　张明杰　张　玲
范成高　林飞平　侯建国　韩正甫
鲁　非　潘忠孝

空间科学技术研究基地管理委员会

（校科字[2001]06 号）

主　任：范维澄
副主任：龚惠兴　李　定　林飞平
委　员（按姓氏笔画排序）：
王东进　王煦法　冯焕清　朱近康
李　定　何世平　林飞平　范维澄
胡岳东　郭庆祥　龚惠兴

公共实验中心领导小组

（校研[2000]017 号）

组　长：侯建国
副组长：虞吉林
成　员（按姓氏笔画排序）：
王煦法　史源东　伍小平　朱士尧
张　玲　侯建国　施蕴渝　鲁　非
虞吉林

跨学院科研基地学术委员会

（校科[2000]023 号、
校科字[2002]1 号）

空间科学技术研究基地学术委员会
主　任：龚惠兴
委　员：龚惠兴　刘文汉　周先意　杨基明
韩肇元　徐善驾　刘政凯　牛立文
杨　杰　夏源明　窦贤康　孙德敏
陈国良　赵振西　庄镇泉　付绍军
朱近康　王东进

生命科学与生物技术交叉学科科研基地学术委员会
主　任：施蕴渝
委　员：施蕴渝　牛立文　刘　兢　吴　缅
徐天乐　缪柏其　黄文浩　冯焕清
尤田耙

安全科技研究基地学术委员会
主　任：范维澄
委　员：范维澄　郭光灿　陈国良　方兆本
庄镇泉

物质科学研究基地学术委员会
主　任：钱逸泰
委　员：钱逸泰　侯建国　张裕恒　刘文汉
何平笙　陈初升　杨金龙　李晓光
尹　民

资源与环境研究基地学术委员会
主　任：魏复盛
委　员：魏复盛　俞书勤　孙立广　彭子成
阮迪云　潘忠孝　朱锡锋　陈初升
郭庆祥

烟草与健康研究中心学术委员会
主　任：苏庆德
委　员：苏庆德　王能如　刘百战　刘清亮
邵学广　张悠金　周冀衡

技术安全工作领导小组

（校保字[2004]8 号）

组　长：王东进
副组长：李国栋
成　员（按姓氏笔画排序）：
丁克忠　王东进　叶中付　刘益怀
刘　斌　苏　俊　李国栋　杨寿保
陈初升　董　赛

专利基金评审委员会

（校办字[2002]18 号）

主　任：潘忠孝
副主任：汪克强
成　员（按姓氏笔画排序）：
王东进　牛立文　叶中付　卢盛宽

汪克强　汪祥虬　苏　俊　陈初升
明　海　程晓舫　潘忠孝

学校与地方(企业)合作委员会

(校科[2000]025 号)

主　任:朱清时
副主任:范维澄(常务)　金大胜　程　艺
王广训　侯建国
委　员(按姓氏笔画排序):
王广训　尹登泽　卢盛宽　叶中付
邓国华　朱栋培　朱清时　向守平
汪克强　李　定　苏　俊　杨　杰
杨文铸　陈宗海　林飞平　范成高
范维澄　金大胜　侯建国　程　艺
虞吉林　潘忠孝
各学院院长(或副院长)1 人
各国家实验室主任(或副主任)1 人

产学研管理委员会

(校产[1999]05 号)

主　任:范维澄
委　员(按姓氏笔画排序):
万炳奎　牛立文　叶中付　朱士尧
成促进　苏　俊　何世平　陈意云
范维澄　郭庆祥　缪柏其

校科技园领导小组

(校企[2000]01 号)

组　长:朱清时
副组长:范维澄　苏　俊
成　员(按姓氏笔画排序):
牛立文　尹登泽　叶中付　朱清时
朱近康　苏　俊　何世平　陈意云
陆晓明　张克仁　罗有泉　范维澄
郭庆祥　缪柏其　潘忠孝

科普工作领导小组

(校科字[2001]018 号)

组　长:范维澄
副组长:李国栋
成　员(按姓氏笔画排序):
叶中付　付绍军　李国栋　范维澄
林飞平　董　雨　董建江　霍　然

素质教育实施领导小组

(校教[2000]07 号)

组　长:程　艺
副组长:李国栋
成　员(按姓氏笔画排序):
孔　燕　向守平　朱士尧　李国栋
李　蓓　张允熠　赵红军　龚建平
鹿　明　程　艺　蒋家平　董　雨

教材编审委员会

(校教[2000]019 号)

物理教材编审委员会
主　编:程福臻
副主编:张泰永
编　委:王冠中　刘文汉　向守平　朱栋培
张泰永　陈宏芳　明　海　胡希伟
徐克尊　戚伯云　程福臻　霍剑青

数学教材编审委员会
主　编:程　艺
副主编:李尚志
编　委:史济怀　叶向东　李尚志　余红兵
章　璞　陈发来　陈　卿　陈祖墀
赵林城　梁　进　程　艺

力学和机械工程教材编审委员会
主　编:何世平
副主编:程晓舫
编　委:王肖钧　王琪民　王清安　尹协振
庄礼贤　邢晓正　何世平　陈　笃

黄文浩　葛新石　程晓舫

化学与材料科学教材编审委员会

主　编：钱逸泰

副主编：何天敬

编　委：尤田耙　王大志　何天敬　何平笙
　　　　陈初升　邵学广　钱逸泰

计算机科学教材编审委员会

主　编：陈国良

副主编：刘振安

编　委：王仁华　王砚方　刘振安　庄镇泉
　　　　李津生　陈国良　赵振西　赵保华
　　　　周学海

电子自控教材编审委员会

主　编：朱近康

副主编：吴　刚

编　委：冯焕清　刘政凯　朱近康　汪增福
　　　　吴　刚　陈宗海　周康源　郭　立
　　　　徐云生　徐善驾　戴蓓蒨

地球科学教材编审委员会

主　编：郑永飞

副主编：刘　斌

编　委：支霞臣　刘　斌　陈月娟　陈江峰
　　　　郑永飞　胡友秋　姚克亚　徐果明
　　　　窦贤康

生物科学教材编审委员会

主　编：施蕴渝

副主编：刘　兢

编　委：尹路民　刘　兢　胡　兵　施蕴渝
　　　　徐耀忠　徐天乐　徐卫华　鲁润龙
　　　　滕脉坤

管理科学教材编审委员会

主　编：方兆本

副主编：糜仲春

编　委：万　可　方兆本　汤书昆　陈晓剑
　　　　梁　樑　缪柏其　糜仲春

外语教材编审委员会

主　编：张光前

编　委：方宜庆　汤长兴　张光前　陈纪梁
　　　　周炳兰　龚　立　崔海建

人文素质系列教材编审委员会

主　编：张允熠

编　委：王光照　冯江源　汤书昆　刘承华
　　　　杨重光　张允熠　胡化凯

优秀教学成果评审委员会

（校教[2000]018号）

主　任：程　艺

副主任：向守平　虞吉林

委　员（按姓氏笔画排序）：

万炳奎　王东进　冯焕清　刘　兢
向守平　李尚志　何天敬　何世平
张允熠　金广江　梁　樑　崔海建
程　艺　虞吉林　霍剑青

少年班教学委员会

（校教[1999]022号）

主　任：程　艺

副主任：马文淦

成　员（按姓氏笔画排序）：

王东进　冯焕清　向守平　刘　斌
阮图南　阴泽杰　李尚志　李永平
何天敬　何世平　陈国良　赵保华
侯建国　施蕴渝　徐卫华　章　璞

软件学院筹建工作组

（校教字[2002]5号）

组　长：程　艺

成　员（按姓氏笔画排序）：

王煦法　吴　敏　陈意云　黄刘生
梁　樑

工商管理硕士(MBA)学位工作领导小组

(校研[1998]010号)

组　长:程　艺
副组长:冯克勤　虞吉林
成　员(按姓氏笔画排序):
方兆本　冯克勤　朱士尧　张淑林
程　艺　虞吉林

学生工作指导委员会

(党学[2004]3号)

主　任:郭传杰
副主任:许　武　程　艺　李国栋　鹿　明
委　员(按姓氏笔画排序):
尹　红　尹登泽　孔　燕　朱灿平
刘　斌　刘益怀　汤书昆　许　武
阴泽杰　李国栋　杨寿保　何世平
汪克强　汪晓莲　宋昌耐　郭传杰
郭庆祥　鹿　明　董　雨　蒋家平
程　艺　滕脉坤

留学生和港澳台学生工作指导小组

(校办[2000]034号)

组　长:侯建国
副组长:杨　杰
成　员(按姓氏笔画排序):
孙承寿　李　蓓　杨　杰　张梦萍
张淑林　侯建国　鹿　明　虞吉林

招生工作领导小组

(校办字[2004]10号)

组　长:朱清时
副组长:程　艺(常务)　鹿　明　李　定
成　员(按姓氏笔画排序):
王泽普　刘　斌　刘益怀　朱灿平
朱清时　汪克强　宋昌耐　李　定
李晓光　杨寿保　张纪法　陈　卿
鹿　明　程　艺　窦贤康　滕脉坤

普通高等教育招生网上录取工作领导小组

(校招就字[2001]09号)

组　长:程　艺
成　员:李国栋　潘忠孝　杨文铸　郗贵苏
杨寿保　张振华　邓国华　宋昌耐

招生监察领导小组

(校监[2000]02号)

组　长:李国栋
副组长:程　艺　郗贵苏
成　员(按姓氏笔画排序):
万炳奎　邓国华　朱士尧　李国栋
吴志强　郗贵苏　程　艺

毕业生就业指导工作委员会

(校招就字[2003]4号)

主　任:朱清时
副主任:程　艺　李国栋
委　员(按姓氏笔画排序):
朱清时　朱灿平　向守平　李国栋
宋昌耐　吴敏连　张振华　崔献英
程　艺　虞吉林

学生专项奖学金评审委员会

(校学字[2004]16号)

主　任:朱清时
副主任:程　艺　侯建国　李国栋　鹿　明

委　员(按姓氏笔画排序)：

卫　国　牛立文　叶向东　刘　斌
朱灿平　汤书昆　何世平　何多慧
吴　刚　张和平　李晓光　杨基明
汪克强　汪晓莲　陈华平　陈国良
陈　卿　周又元　俞书勤　郭光灿
梁　樑　董　雨　谢　毅　窦贤康
褚家如　滕脉坤

信息化工作领导小组和信息化建设工作小组

(校网字[2001]01号)

信息化工作领导小组

组　长：朱清时

副组长：侯建国　金大胜　程　艺　潘忠孝

成　员(按姓氏笔画排序)：

朱清时　向守平　汪克强　杨　杰
杨寿保　范成高　林飞平　金大胜
侯建国　鹿　明　蒋家平　程　艺
虞吉林　潘忠孝

信息化建设工作小组

组　长：侯建国

副组长：汪克强　徐为民　王煦法

成　员(按姓氏笔画排序)：

王煦法　邓国华　牛立文　叶中付
刘　斌　朱显灵　汪克强　李　彬
杨　杰　杨定武　吴　敏　何世平
邵正荣　张允熠　陈初升　侯建国
徐为民　钱若华　奚富云　董建江
谢永和　褚耀泉　虞吉林　缪柏其
缪国华

电子校务系统建设实施小组

(校办字[2004]24号)

组　长：汪克强　窦贤康

副组长：杨寿保　徐为民

成　员(按姓氏笔画排序)：

丁毅信　王武荣　叶中付　刘　斌
朱灿平　阴泽杰　汪克强　李　彬
李晓光　李国阳　杨寿保　杨定武
吴加胜　张梦萍　邵正荣　周先意
赵永飞　徐　兵　徐为民　黄超群
窦贤康

校园网络管理委员会和校园网络建设专家组

(校信[1999]02号)

校园网络管理委员会

主　任：程　艺

副主任：程福臻　马　扬

委　员(按姓氏笔画排序)：

尹登泽　朱灿平　汪克强　杨寿保
吴志强　林飞平　鹿　明

校园网络建设专家组

组　长：杨寿保

副组长：朱　滨

成　员(按姓氏笔画排序)：

王　洵　王砚芳　孙　适　李津生
吴　敏　邵正荣　徐为民

校园“一卡通”建设实施小组

(校网字[2001]04号)

组　长：侯建国

副组长：潘忠孝　徐为民

成　员(按姓氏笔画排序)：

王贵财　尹登泽　朱显灵　汪忠诚
张振华　邵正荣　侯建国　徐为民
徐　兵　童勤明　潘忠孝

图书馆工作委员会

(校办字[2002]41号)

主　任：李　定

副主任:邵正荣

成　员(按姓氏笔画排序):

尹登泽　向守平　汤书昆　李　定
杨寿保　吴　刚　邵正荣　陆夕云
林飞平　周先意　费业昆　章　璞
盛六四　梁　樑　虞吉林　滕脉坤
廖光煊

基本建设工程领导小组

(校办字[2004]11 号)

组　长:许　武
副组长:李国栋
成　员:汪克强　尹登泽　张　荣　李　彬
阴泽杰　沈孟龙
顾　问:王广训　范成高

建设工程项目执法监察领导小组

(校监[2000]01 号)

组　长:李国栋
副组长:卢盛宽　郄贵苏
成　员(按姓氏笔画排序):

王泽普　毛凤鸣　卢盛宽　李国栋
吴志强　郄贵苏

成本核算制度实施工作领导小组

(校办字[2004]27 号)

组　长:许　武
副组长:李国栋　汪克强　尹登泽
成　员(按姓氏笔画排序):

牛立文　尹登泽　叶向东　刘　斌
许　武　阴泽杰　李国栋　李　彬
杨定武　汪克强　沈孟龙　张　荣
林飞平　滕脉坤

教职工住房制度改革领导小组

(校后字[2002]16 号)

组　长:王广训
副组长:杨文铸　范成高
成　员(按姓氏笔画排序):

王广训　尹登泽　卢盛宽　孙承寿
李　彬　杨文铸　吴志强　范成高
黄超群　龚建平

水电管理改革领导小组

(校后字[2002]17 号)

组　长:王广训
副组长:潘忠孝　杨文铸
成　员(按姓氏笔画排序):

王广训　尹登泽　卢盛宽　向守平
朱灿平　孙宝明　杨文铸　林飞平
赵晓源　童勤明　潘忠孝

工作用房分配与调整工作小组

(校办字[2002]44 号)

组　长:王广训
副组长:潘忠孝　杨文铸　范成高

后勤社会化改革清产核资领导小组

(校后字[2001]010 号)

组　长:潘忠孝
副组长:杨文铸　卢盛宽
成　员(按姓氏笔画排序):

丁克忠　尹登泽　卢盛宽　孙承寿
汪忠诚　杨文铸　吴志强　张　荣
谢永和　童勤明　潘忠孝

非典型肺炎防控领导小组

（校学字[2003]32 号）

主　任：郭传杰
副主任：朱清时
成　员（按姓氏笔画排序）：
程　艺　侯建国　李国栋　李　定
王东进　鹿　明

非典型肺炎防控工作小组

（校学字[2003]32 号）

主　任：李国栋
副主任：杨文铸　汪克强
成　员（按姓氏笔画排序）：
白由稳　朱灿平　陈林义　张振华
黄超群　董　雨

高致病性禽流感预防控制工作领导小组

（校办字[2004]9 号）

组　长：李国栋
副组长：汪克强
成　员（以姓氏笔画为序）：
丁克忠　王忠山　白由稳　刘益怀
阴泽杰　汪克强　汪忠诚　李国栋
陈林义　黄超群

食堂餐饮卫生监督委员会

（校后字[2001]048 号）

主　任：杨文铸
副主任：朱灿平　白由稳　汪忠诚
成　员（按姓氏笔画排序）：
丁克忠　白由稳　孙承寿　朱灿平
汪玉中　汪忠诚　杨文铸　李　葳
陈友华　谢永和　董　雨

防火委员会

（校后[1998]07 号）

主　任：韩荣典
副主任：王广训
成　员（按姓氏笔画排序）：
王广训　王荣森　卢盛宽　曲毅翔
沈志傲　杨文铸　张振华　龚建平
韩荣典　缪国华

计划生育协会

（党办[2000]02 号）

会　长：汤洪高
常务副会长：王广训
副会长：李国栋　范成高　龚建平　陈国良
会　员（按姓氏笔画排序）：
习亚崑　于天顺　王更生　王忠山
王培生　孔　燕　尹协振　刘月华
刘同怀　成立庚　孙承寿　汪克强
汪晓莲　吴忠民　张金秀　张振华
张　群　李凡庆　李龙泉　杨　拓
麦汝奇　陈义良　陈从香　林淑钦
施行觉　赵永飞　赵晓源　俞巧云
郭建熙　徐明松　黄开平　黄玉白
黄申如　童勤明　蒋家平　谢永和

体育运动委员会

（校教字[2001]011 号）

主　任：程　艺
副主任：李国栋　王广训　潘忠孝　杨文铸
汪克强
委　员（按姓氏笔画排序）：
王广训　尹香莲　尹登泽　朱栋培

朱灿平　孙宝明　李国栋　杨文铸
汪克强　金广江　赵晓源　柴　松
龚建平　程　艺　蒋家平　董　雨
董建江　潘忠孝
各学院分党委副书记 1 名
校学生会体育部部长
校研究生会体育部部长

第六届教代会有关机构

主　席　团

郭传杰　朱清时　许　武　程　艺　侯建国
李国栋　李　定　王东进　鹿　明　汪克强
窦贤康　尹登泽　龚建平　程晓舫　程抗仇
曹金祥　尹　民　汪琥庭　汪志勇　陈春华
沈志傲　夏源明　王　翔　王建华　卫　国
唐安渝　徐耀忠　赵保华　傅云飞　吴耀华
刘文平　周先稠　王荣森　高　琛　常晓群
童勤明　张利华　杨月桂　蒋家平　周先意
常　风

常务主席：鹿　明

常务副主席：

郭传杰　朱清时　许　武　程　艺
侯建国　李国栋　李　定　王东进
鹿　明　汪克强　窦贤康　尹登泽
龚建平　程晓舫　程抗仇

秘书长：鹿　明(兼)

副秘书长：汪克强　龚建平

提案工作委员会

主任委员：程抗仇

副主任委员：于天顺　马建平

委　员(按姓氏笔画排序)：

白永胜　朱领娣　李章海　宋跃芬
张　岩　曹崇延　黄松筠　戴宇生

劳动保障工作委员会

主任委员：龚建平

副主任委员：李　彬　沈志傲

委　员(按姓氏笔画排序)：

白由稳　田宝利　孙承寿　任爱军
吴忠民　张利华　赵保华　郭俊成
常晓群

发展与规划工作委员会

主任委员：程晓舫

副主任委员：陈乾旺　王　永

委　员(按姓氏笔画排序)：

干方建　卢德唐　孙立广　陈发来
吴耀华　郑永飞　周先意　周逸锋
夏源明　谢　毅

担任各级党代会代表、人大代表、政协委员以及各党派重要职务等人员名单

中国共产党第十六次全国代表大会代表

汤洪高

第十届全国人大代表

汤洪高(常委) 郑永飞 刘庆峰

第十届全国政协委员

方兆本(常委) 钱景仁(常委) 郭传杰 朱清时

安徽省第十届人大代表

林祥钦(常委) 马文淦(常委) 程晓舫(常委) 施蕴渝

安徽省第九届政协委员

方兆本(副主席) 牛立文(常委) 陈月娟(常委) 李中元(常委) 虞吉林(常委) 潘忠孝(常委) 徐卫华(常委) 程 艺 施行觉 俞书勤 蒋继发 孙立广 陈乾旺 韦世强 陈仙辉 华中生

合肥市人大代表 程晓舫

合肥市政协委员

程晓舫(副主席) 姚连增 张志成

包河区人大代表 庄 寅 徐雁龙

包河区政协委员 周凯元(副主席)

蜀山区人大代表 何世平 岳丽华

蜀山区政协委员 徐卫华(常委) 周先稠

中共安徽省委委员 汤洪高

中共吉林省委委员 许 武

中国国民党革命委员会安徽省第十一届名誉主任委员 钱景仁

中国国民党革命委员会安徽省第十一届副主任委员 马文淦

中国民主同盟会第十届中央委员、安徽省第十届副主任委员 郑永飞

中国民主同盟会安徽省第十届副主任委员 徐卫华

中国民主建国会第九届中央委员(常委)、安徽省第七届主任委员 方兆本

中国民主促进会第十二届中央委员、安徽省第六届副主任委员 虞吉林

中国农工民主党第十四届中央委员、安徽省第九届副主任委员 牛立文

中国致公党第十三届中央委员、安徽省第四届副主任委员 程晓舫

九三学社第十二届中央委员、安徽省第九届副主任委员 林祥钦

九三学社安徽省第九届名誉副主任委员 赵贵文

安徽省政府参事室参事 李建民

UNIVERSITY OF SCIENCE AND TECHNOLOGY OF CHINA YEARBOOK

学科专业

本 科 专 业

（截至2004年7月2日，共39个）

学院	系	专业	专业代码
理学院	数学系（1系）	数学与应用数学	070101(理)
		信息与计算科学	070102(理)
	物理系（2系）	物理学	070201(理)
		应用物理学	070202(理)
		光信息科学与技术	071203(理)
	近代物理系（4系）	物理学	070201(理)
		应用物理学	070202(理)
	天文与应用物理系（22系）	物理学	070201(理)
		应用物理学	070202(理)
		天文学	070501(理)
化学与材料科学学院	化学物理系（3系）	化学	070301(理)
	材料科学与工程系（14系）	材料物理	071301(理)
		材料化学	071302(理)
	化学系（19系）	化学	070301(理)
		应用化学	070302(理)
	高分子科学与工程系（20系）	高分子材料与工程	080204(工)
		化学	070301(理)
生命科学学院	分子生物学与细胞生物学系（8系）	生物科学	070401(理)
	神经生物学与生物物理学系（21系）	生物技术	070402(理)
工程科学学院	力学和机械工程系（5系）	理论与应用力学	071101(理)
	精密机械与精密仪器系（9系）	机械设计制造及其自动化	080301(工)
		测控技术与仪器	080401(工)
	热科学和能源工程系（13系）	安全工程	081002(工)
		热能与动力工程	080501(工)

续上表

学　院	系	专　业	专业代码
信息科学技术学院	电子工程与信息科学系(6系)	电子信息工程	080603(工)
		通信工程	080604(工)
	自动化系(10系)	自动化	080602(工)
	计算机科学技术系(11系)	计算机科学与技术	080605(工)
	电子科学与技术系(23系)	电子信息科学与技术	071201(理)
		信息安全	071205W(工)
地球和空间科学学院		地球物理学	070801(理)
		地球化学	070602(理)
		大气科学	070901(理)
		环境科学	071401(理)
商学院	信息管理与决策科学系(15系)	信息管理与信息系统	110102(管)
		法学	030101(法)
	管理科学系(16系)	管理科学	110101(管)
		会计学	110203(管)
		工商管理	110201(管)
	统计与金融系(17系)	金融学	020104(经)
		统计学	071601(理)
人文与社会科学学院	外语系(18系)	英语	050201(文)
	科技史与科技考古系(24系)	考古学	060703(史)
	科技传播与科技政策系(25系)	传播学	050305W(文)
软件学院		软件工程	080611W(工)

硕士学位授权点

（共105个）

序号	学科门类代码	学科门类	一级学科代码	一级学科名称	二级学科代码	二级学科名称
1	01	哲学	0101	哲学	010102	中国哲学
2	01	哲学	0101	哲学	010108	科学技术哲学
3	02	经济学	0202	应用经济学	020204	金融学（含:保险学）
4	03	法学	0301	法学	030105	民商法学
5	03	法学	0301	法学	030107	经济法学
6	03	法学	0302	政治学	030205	马克思主义理论与思想政治教育
7	03	法学	0302	政治学	030207	国际关系
8	04	教育学	0401	教育学	040110	教育技术学
9	05	文学	0502	外国语言文学	050211	外国语言学与应用语言学
10	05	文学	0503	新闻传播学	050302	传播学
11	06	历史学	0601	历史学	060102	考古学与博物馆学
12	07	理学	0701	数学	070101	基础数学
13	07	理学	0701	数学	070102	计算数学
14	07	理学	0701	数学	070103	概率论与数理统计
15	07	理学	0701	数学	070104	应用数学
16	07	理学	0701	数学	070105	运筹学与控制论
17	07	理学	0701	数学	070120	生物数学
18	07	理学	0701	数学	070121	数学物理
19	07	理学	0702	物理学	070201	理论物理
20	07	理学	0702	物理学	070202	粒子物理与原子核物理

续上表

序号	学科门类代码	学科门类	一级学科代码	一级学科名称	二级学科代码	二级学科名称
21	07	理学	0702	物理学	070203	原子与分子物理
22	07	理学	0702	物理学	070204	等离子体物理
23	07	理学	0702	物理学	070205	凝聚态物理
24	07	理学	0702	物理学	070206	声学
25	07	理学	0702	物理学	070207	光学
26	07	理学	0702	物理学	070208	无线电物理 ☆
27	07	理学	0703	化学	070301	无机化学
28	07	理学	0703	化学	070302	分析化学
29	07	理学	0703	化学	070303	有机化学
30	07	理学	0703	化学	070304	物理化学(含:化学物理)
31	07	理学	0703	化学	070305	高分子化学与物理
32	07	理学	0703	化学	070320	可再生洁净能源
33	07	理学	0704	天文学	070401	天体物理
34	07	理学	0706	大气科学	070602	大气物理学与大气环境
35	07	理学	0708	地球物理学	070801	固体地球物理学
36	07	理学	0708	地球物理学	070802	空间物理学
37	07	理学	0708	地球物理学	070820	空间环境科学
38	07	理学	0709	地质学	070902	地球化学
39	07	理学	0710	生物学	071001	植物学 ☆
40	07	理学	0710	生物学	071002	动物学 ☆
41	07	理学	0710	生物学	071003	生理学 ☆
42	07	理学	0710	生物学	071004	水生生物学 ☆
43	07	理学	0710	生物学	071005	微生物学 ☆
44	07	理学	0710	生物学	071006	神经生物学
45	07	理学	0710	生物学	071007	遗传学
46	07	理学	0710	生物学	071008	发育生物学 ☆

续上表

序号	学科门类代码	学科门类	一级学科代码	一级学科名称	二级学科代码	二级学科名称
47	07	理学	0710	生物学	071009	细胞生物学
48	07	理学	0710	生物学	071010	生物化学与分子生物学
49	07	理学	0710	生物学	071011	生物物理学
50	07	理学	0710	生物学	071012	生态学 ☆
51	07	理学	0710	生物学	071020	结构生物学
52	07	理学	0710	生物学	071021	生物信息学
53	07	理学	0712	科学技术史	071200	科学技术史
54	08	工学	0801	力学	080101	一般力学与力学基础 ☆
55	08	工学	0801	力学	080102	固体力学
56	08	工学	0801	力学	080103	流体力学
57	08	工学	0801	力学	080104	工程力学
58	08	工学	0801	力学	080120	生物工程力学
59	08	工学	0801	力学	080121	材料力学与设计
60	08	工学	0801	力学	080122	微系统力学
61	08	工学	0802	机械工程	080202	机械电子工程
62	08	工学	0804	仪器科学与技术	080401	精密仪器及机械
63	08	工学	0804	仪器科学与技术	080402	测试计量技术及仪器
64	08	工学	0805	材料科学与工程	080501	材料物理与化学
65	08	工学	0805	材料科学与工程	080502	材料学
66	08	工学	0805	材料科学与工程	080503	材料加工工程
67	08	工学	0807	动力工程及工程热物理	080701	工程热物理
68	08	工学	0807	动力工程及工程热物理	080702	热能工程
69	08	工学	0807	动力工程及工程热物理	080703	动力机械及工程
70	08	工学	0807	动力工程及工程热物理	080704	流体机械及工程

续上表

序号	学科门类代码	学科门类	一级学科代码	一级学科名称	二级学科代码	二级学科名称
71	08	工学	0807	动力工程及工程热物理	080705	制冷与低温工程
72	08	工学	0807	动力工程及工程热物理	080706	化工过程机械
73	08	工学	0809	电子科学与技术	080901	物理电子学
74	08	工学	0809	电子科学与技术	080902	电路与系统
75	08	工学	0809	电子科学与技术	080903	微电子学与固体电子学
76	08	工学	0809	电子科学与技术	080904	电磁场与微波技术
77	08	工学	0810	信息与通信工程	081001	通信与信息系统
78	08	工学	0810	信息与通信工程	081002	信号与信息处理
79	08	工学	0810	信息与通信工程	081020	信息安全
80	08	工学	0811	控制科学与工程	081101	控制理论与控制工程
81	08	工学	0811	控制科学与工程	081102	检测技术与自动化装置
82	08	工学	0811	控制科学与工程	081103	系统工程
83	08	工学	0811	控制科学与工程	081104	模式识别与智能系统
84	08	工学	0811	控制科学与工程	081105	导航、制导与控制
85	08	工学	0812	计算机科学与技术	081201	计算机系统结构
86	08	工学	0812	计算机科学与技术	081202	计算机软件与理论
87	08	工学	0812	计算机科学与技术	081203	计算机应用技术
88	08	工学	0812	计算机科学与技术	081220	信息安全
89	08	工学	0817	化学工程与技术	081704	应用化学
90	08	工学	0819	矿业工程	081903	安全技术及工程
91	08	工学	0827	核科学与技术	082701	核能科学与工程
92	08	工学	0827	核科学与技术	082702	核燃料循环与材料 ☆
93	08	工学	0827	核科学与技术	082703	核技术及应用
94	08	工学	0827	核科学与技术	082704	辐射防护及环境保护 ☆
95	08	工学	0827	核科学与技术	082720	同步辐射及应用

续上表

序号	学科门类代码	学科门类	一级学科代码	一级学科名称	二级学科代码	二级学科名称
96	08	工学	0830	环境科学与工程	083001	环境科学
97	08	工学	0830	环境科学与工程	083002	环境工程
98	08	工学	0831	生物医学工程	083100	生物医学工程
99	12	管理学	1201	管理科学与工程	120100	管理科学与工程
100	12	管理学	1201	管理科学与工程	120120	金融工程
101	12	管理学	1201	管理科学与工程	120121	商务智能
102	12	管理学	1201	管理科学与工程	120122	评估系统工程
103	12	管理学	1201	管理科学与工程	120123	传媒管理
104	12	管理学	1202	工商管理	120202	企业管理
105	12	管理学	1204	公共管理	120401	行政管理

☆ 该专业暂不招生。

专业硕士学位授权点

序号	学科门类代码	学科门类	专业代码	专业名称	备注
1	20	专业学位	2003	工程硕士	学科领域： 电子与信息工程、计算机技术、控制工程、仪器仪表工程、化学工程、动力工程、机械工程、软件工程、生物工程
2	20	专业学位	2006	工商管理硕士（MBA）	
3	20	专业学位		公共管理硕士（MPA）	

博士学位授权点

(共 89 个)

序号	学科门类代码	学科门类	一级学科代码	一级学科名称	二级学科代码	二级学科名称
1	01	哲学	0101	哲学	010108	科学技术哲学
2	07	理学	0701	数学	070101	基础数学
3	07	理学	0701	数学	070102	计算数学
4	07	理学	0701	数学	070103	概率论与数理统计
5	07	理学	0701	数学	070104	应用数学
6	07	理学	0701	数学	070105	运筹学与控制论
7	07	理学	0701	数学	070120	生物数学
8	07	理学	0701	数学	070121	数学物理
9	07	理学	0702	物理学	070201	理论物理
10	07	理学	0702	物理学	070202	粒子物理与原子核物理
11	07	理学	0702	物理学	070203	原子与分子物理
12	07	理学	0702	物理学	070204	等离子体物理
13	07	理学	0702	物理学	070205	凝聚态物理
14	07	理学	0702	物理学	070206	声学
15	07	理学	0702	物理学	070207	光学
16	07	理学	0702	物理学	070208	无线电物理 ☆
17	07	理学	0703	化学	070301	无机化学
18	07	理学	0703	化学	070302	分析化学
19	07	理学	0703	化学	070303	有机化学
20	07	理学	0703	化学	070304	物理化学(含:化学物理)
21	07	理学	0703	化学	070305	高分子化学与物理

续上表

序号	学科门类代码	学科门类	一级学科代码	一级学科名称	二级学科代码	二级学科名称
22	07	理学	0703	化学	070320	可再生洁净能源
23	07	理学	0704	天文学	070401	天体物理
24	07	理学	0708	地球物理学	070801	固体地球物理学
25	07	理学	0708	地球物理学	070802	空间物理学
26	07	理学	0708	地球物理学	070820	空间环境科学
27	07	理学	0709	地质学	070902	地球化学
28	07	理学	0710	生物学	071001	植物学 ☆
29	07	理学	0710	生物学	071002	动物学 ☆
30	07	理学	0710	生物学	071003	生理学 ☆
31	07	理学	0710	生物学	071004	水生生物学 ☆
32	07	理学	0710	生物学	071005	微生物学 ☆
33	07	理学	0710	生物学	071006	神经生物学
34	07	理学	0710	生物学	071007	遗传学
35	07	理学	0710	生物学	071008	发育生物学 ☆
36	07	理学	0710	生物学	071009	细胞生物学
37	07	理学	0710	生物学	071010	生物化学与分子生物学
38	07	理学	0710	生物学	071011	生物物理学
39	07	理学	0710	生物学	071012	生态学 ☆
40	07	理学	0710	生物学	071020	结构生物学
41	07	理学	0710	生物学	071021	生物信息学
42	07	理学	0712	科学技术史	071200	科学技术史
43	08	工学	0801	力学	080101	一般力学与力学基础 ☆
44	08	工学	0801	力学	080102	固体力学
45	08	工学	0801	力学	080103	流体力学
46	08	工学	0801	力学	080104	工程力学
47	08	工学	0801	力学	080120	生物工程力学

续上表

序号	学科门类代码	学科门类	一级学科代码	一级学科名称	二级学科代码	二级学科名称
48	08	工学	0801	力学	080121	材料力学与设计
49	08	工学	0801	力学	080122	微系统力学
50	08	工学	0804	仪器科学与技术	080401	精密仪器及机械
51	08	工学	0804	仪器科学与技术	080402	测试计量技术及仪器
52	08	工学	0805	材料科学与工程	080501	材料物理与化学
53	08	工学	0805	材料科学与工程	080502	材料学
54	08	工学	0805	材料科学与工程	080503	材料加工工程
55	08	工学	0807	动力工程及工程热物理	080701	工程热物理
56	08	工学	0807	动力工程及工程热物理	080702	热能工程
57	08	工学	0807	动力工程及工程热物理	080703	动力机械及工程
58	08	工学	0807	动力工程及工程热物理	080704	流体机械及工程
59	08	工学	0807	动力工程及工程热物理	080705	制冷及低温工程
60	08	工学	0807	动力工程及工程热物理	080706	化工过程机械
61	08	工学	0809	电子科学与技术	080901	物理电子学
62	08	工学	0809	电子科学与技术	080902	电路与系统
63	08	工学	0809	电子科学与技术	080903	微电子学与固体电子学
64	08	工学	0809	电子科学与技术	080904	电磁场与微波技术
65	08	工学	0810	信息与通信工程	081001	通信与信息系统
66	08	工学	0810	信息与通信工程	081002	信号与信息处理
67	08	工学	0810	信息与通信工程	081020	信息安全
68	08	工学	0811	控制科学与工程	081101	控制理论与控制工程
69	08	工学	0811	控制科学与工程	081102	检测技术与自动化装置
70	08	工学	0811	控制科学与工程	081103	系统工程

续上表

序号	学科门类代码	学科门类	一级学科代码	一级学科名称	二级学科代码	二级学科名称
71	08	工学	0811	控制科学与工程	081104	模式识别与智能系统
72	08	工学	0811	控制科学与工程	081105	导航、制导与控制
73	08	工学	0812	计算机科学与技术	081201	计算机系统结构
74	08	工学	0812	计算机科学与技术	081202	计算机软件与理论
75	08	工学	0812	计算机科学与技术	081203	计算机应用技术
76	08	工学	0812	计算机科学与技术	081220	信息安全
77	08	工学	0819	矿业工程	081903	安全技术及工程
78	08	工学	0827	核科学与技术	082701	核能科学与工程
79	08	工学	0827	核科学与技术	082702	核燃料循环与材料 ☆
80	08	工学	0827	核科学与技术	082703	核技术及应用
81	08	工学	0827	核科学与技术	082704	辐射防护及环境保护 ☆
82	08	工学	0827	核科学与技术	082720	同步辐射及应用
83	08	工学	0830	环境科学与工程	083001	环境科学
84	08	工学	0831	生物医学工程	083100	生物医学工程
85	12	管理学	1201	管理科学与工程	120100	管理科学与工程
86	12	管理学	1201	管理科学与工程	120120	金融工程
87	12	管理学	1201	管理科学与工程	120121	商务智能
88	12	管理学	1201	管理科学与工程	120122	评估系统工程
89	12	管理学	1201	管理科学与工程	120123	传媒管理

☆ 该专业暂不招生。

一级学科博士学位授权点

(共 17 个)

序号	学科门类代码	学科门类	一级学科代码	一级学科名称
1	07	理学	0701	数学
2	07	理学	0702	物理学
3	07	理学	0703	化学
4	07	理学	0708	地球物理学
5	07	理学	0710	生物学
6	07	理学	0712	科学技术史
7	08	工学	0801	力学
8	08	工学	0804	仪器科学与技术
9	08	工学	0805	材料科学与工程
10	08	工学	0807	动力工程及工程热物理
11	08	工学	0809	电子科学与技术
12	08	工学	0810	信息与通信工程
13	08	工学	0811	控制科学与工程
14	08	工学	0812	计算机科学与技术
15	08	工学	0827	核科学与技术
16	08	工学	0831	生物医学工程
17	12	管理学	1201	管理科学与工程

博士后流动站学科

(共 17 个)

学　　科	专　　业
数　学	基础数学、计算数学、概率论与数理统计、应用数学、运筹学与控制论
物　理	凝聚态物理、光学、理论物理、粒子物理与原子核物理、等离子体物理、声学、原子与分子物理
化　学	无机化学、分析化学、物理化学(含:化学物理)、有机化学、高分子化学与物理
天文学	天体物理
地球物理学	固体地球物理、空间物理
地质学	地球化学
生物学	神经生物学、遗传学、细胞生物学、生物化学与分子生物学、生物物理学
科学技术史	科学技术史
力　学	固体力学、流体力学、工程力学
材料科学与工程	材料物理与化学
动力工程及工程热物理	工程热物理
电子科学与技术	物理电子学、电路与系统、微电子学与固体电子学、电磁场与微波技术
信息与通信工程	通信与信息系统、信号与信息处理
控制科学与工程	模式识别与智能系统、控制理论与控制工程
计算机科学与技术	计算机系统结构、计算机软件与理论、计算机应用技术
核科学与技术	核技术及应用
管理科学与工程	商务智能、评估系统工程、金融工程、传媒管理

国家理科基础科学研究与教学人才培养基地

学　　院	基地名称
理　学　院	数　　　学
理　学　院	物　理　学
工程科学学院	力　　　学

国家人才培养基地

生命科学与技术

国家级重点学科

(共 19 个)

名　　称	主要研究方向
基础数学	多复变函数论,泛函分析,代数学,代数数论与编码,微分方程,微分几何,非线性数学,动力系统
概率论与数理统计	近代回归分析,非参数统计,极限理论,Bayes 统计,可靠性理论,数理金融,时间序列分析,隐马氏链,生物统计,统计计算方法

续上表

名　　称	主 要 研 究 方 向
理论物理	粒子物理，量子场论，量子物理，数学物理，非线性科学，凝聚态物理和原子与分子物理中的基本问题和前沿领域中一些重大理论问题
粒子物理和原子核物理	粒子物理，原子核物理及核技术，中子引起的核反应实验研究，以正电子为探针的核分析技术，量子计算机研究，正电子谱学和康普顿轮廓，材料微观结构缺陷，微观电子动量密度及分布，核技术在工业和生物医学中的应用，射线成像方法和技术
等离子体物理	聚变等离子体，基础等离子体，低温等离子体，国防和高技术应用
凝聚态物理	高温超导电性，巨磁阻材料，功能薄膜，纳米材料与物理，低维体系和人工超结构，超高压，低温等极端条件下凝聚态物理实验，电子一固体相互作用，纳米电子物理和低维量子体系，电一声子相互作用，固体的非线性输运，表面物理，自旋玻璃理论
光 学	光场的非经典效应，量子密码、量子通信、量子计算机等量子信息基础和应用以及光与原子的非线性作用，有源与无源光纤器件，超高密度存储，聚合物光子学，二元光学，光波面变换，近场光学视像及应用，强激光的产生及其与物质相互作用的物理过程及技术，数值计算方法在光学材料科学上应用以及光学与光电子学过程的计算机模拟，软 X 射线扫描成像及微区分析，软 X 射线全息技术及成像在生物和材料中的应用
无机化学	无机固体化学，纳米材料的化学制备，新型超导材料探索，化合物的结晶过程和晶体生长，配位化学和生物无机化学，理论无机化学
物理化学（含：化学物理）	激光化学，单分子化学物理，分子反应动力学，分子光谱，非线形化学，结构化学，表面与催化，配位化学，燃烧化学，纳米材料
天体物理	大爆炸宇宙学，活动星系核，相对论天体物理，宇宙大尺度结构，引力理论，恒星演化理论
空间物理学	太阳大气动力学，行星际物理，磁层物理，空间等离子体物理
地球化学	稳定同位素地球化学，造山带化学地球动力学，地壳演化与花岗岩地球化学，成矿作用地球化学，地幔演化与天体化学，板块运动与构造地球化学

续上表

名　　称	主要研究方向
生物化学与分子生物学	结构生物学与结构基因组学，计算生物学与生物信息学，与细胞的生长、分化、发育、免疫、癌变、死亡和其他疾病过程相关的生化和分子生物学机制
生物物理学	认知神经科学，视觉神经生理学，神经毒理学，神经心理学，细胞和分子神经生物学和生物医学工程
科学技术史	物理学史
固体力学	新型材料力学行为与材料设计，计算工程科学的理论和应用，光测力学，高技术中的力学问题
流体力学	非定常流和涡运动，生物流体力学，激波动力学，多相和化学反应流，渗流力学，油田试井和钻井工程软件开发，微尺度流体流动和热传导，湍流，低噪声通风，电流体力学和电雾化
通信与信息系统	个人通信与移动通信，网络通信，智能信息系统与智能通信网，通信与雷达信号处理
核技术及应用	同步辐射加速器及其光束线和实验站的研究、设计、建造和运行，新加速器技术及新加速原理的研究，自由电子激光器，各项相关技术如电子枪和离子源、微波与高频、磁场建造与测量、超高真空、脉冲功率源、电子学、束流诊断及计算机控制的发展应用，同步辐射光学，精密机械，软 X 射线光学元件，同步辐射应用，核电子学与核探测技术，辐射技术及应用

省级重点学科

（共 19 个）

计算数学	理论物理
原子与分子物理	有机化学
固体地球物理学	神经生物学
细胞生物学	材料物理与化学
工程热物理	物理电子学
电路与系统	电磁场与微波技术
信号与信息处理	控制理论与控制工程
模式识别与智能系统	计算机系统结构
计算机软件与理论	安全技术与工程
管理科学与工程	

“十五”“211 工程”重点学科建设项目

（共 11 个）

数学、天文及理论物理中的重大问题
微尺度物质电子态、自旋态的控制与应用
化学反应的本质及选控
地球圈层相互作用的环境效应
蛋白质网络与细胞活动
多尺度复杂系统力学
带电粒子物理和同步辐射应用
火灾科学与安全工程
先进功能材料和相关技术
量子通信与信息新技术
可再生洁净能源

UNIVERSITY OF SCIENCE AND TECHNOLOGY OF CHINA YEARBOOK

教学与人才培养

各类学生人数

单位:人

类别		毕业生数	招生数	在学学生数	预计毕业生数
研究生	计	794	2229	5371	1420
	博士生	324	648	1498	395
	硕士生	470	1581	3873	1025
本专科生	计	2317	1862	8423	2763
	本科生	2317	1862	8243	2583
	专科生			180	180
其他学生	计	2109	1193	3830	2386
	函授本专科	750	92	1074	792
	夜大本专科	253	168	547	272
	成人脱产班	1106	933	2209	1322
总计		5220	5284	17624	6569

研究生人数

单位:人

类别	项目	毕业生数		招生数	在校研究生数			
		计	其中:授予学位数		计	一年级	二年级	三年级
	总计	794	645	2229	5371	2229	1722	1420
国家任务	计	613	556	1878	4406	1878	1197	1331
	博士生	267	245	583	1302	583	397	322
	硕士生	346	311	1295	3104	1295	800	1009

续上表

类别	项　目	毕业生数		招生数	在校研究生数			
		计	其中：授予学位数		计	一年级	二年级	三年级
	总　计	794	645	2229	5371	2229	1722	1420
委托培养	计	177	73	120	399	120	190	89
	博士生	57	1	58	185	58	54	73
	硕士生	120	72	62	214	62	136	16
自筹经费	计	4	16	231	566	231	335	
	博士生			7	11	7	4	
	硕士生	4	16	224	555	224	331	

研究生分学科、专业人数

学科、专业名称	毕业生数	授予学位数	招生数	在校学生数				毕业班学生数
				计	一年级	二年级	三年级	
总计	794	645	2229	5371	2229	1722	1420	1420
总计中：女	134	132	497	1075	497	318	260	260
博士生	324	246	648	1498	648	455	395	395
博士生中：女	36	27	126	258	126	75	57	57
国家任务博士生	267	245	583	1302	583	397	322	322
基础数学	3	6	12	24	12	6	6	6
计算数学	1	4	7	13	7	3	3	3
概率论与数理统计	4		8	19	8	6	5	5
应用数学	1	5	5	9	5	4		
运筹学与控制论	1	3		1		1		

续上表

学科、专业名称	毕业生数	授予学位数	招生数	在校学生数				毕业班学生数
				计	一年级	二年级	三年级	
理论物理	8	10	4	15	4	8	3	3
粒子物理与原子核物理	8	9	8	32	8	8	16	16
原子与分子物理	1	2	6	11	6	3	2	2
等离子体物理	2		7	13	7	6		
凝聚态物理	11	16	26	51	26	14	11	11
声学				1		1		
光学	6	7	16	43	16	17	10	10
无机化学	20	13	27	73	27	18	28	28
分析化学	6	9	18	40	18	13	9	9
有机化学	6	3	14	26	14	10	2	2
物理化学	12	10	20	45	20	14	11	11
高分子化学与物理	11	10	23	67	23	22	22	22
天体物理	3	3	6	18	6	8	4	4
固体地球物理学	4	1	6	12	6	2	4	4
空间物理学	3	1	4	13	4	6	3	3
地球化学	5	5	4	13	4	4	5	5
神经生物学		3	15	21	15	6		
遗传学		1	3	9	3	6		
细胞生物学		1	16	23	16	7		
生物化学与分子生物学	9	7	17	53	17	11	25	25
生物物理学	10	4	6	22	6	5	11	11
科学技术史	5	7	9	19	9	4	6	6
固体力学	7	7	7	21	7	6	8	8
流体力学	3	5	7	18	7	6	5	5
工程力学	9	6	11	22	11	6	5	5
精密仪器及机械	3	2	14	39	14	16	9	9

续上表

学科、专业名称	毕业生数	授予学位数	招生数	在校学生数				毕业班学生数
				计	一年级	二年级	三年级	
材料物理与化学		4	21	35	21	13	1	1
工程热物理	11	6	15	34	15	7	12	12
热能工程		2						
物理电子学			11	23	11	12		
电路与系统		1	10	15	10	4	1	1
电磁场与微波技术	5	2	5	10	5	2	3	3
通信与信息系统		4	16	16	16			
信号与信息处理	19	9	15	53	15	15	23	23
控制理论与控制工程		2	12	18	12	6		
模式识别与智能系统	16	6	23	51	23	15	13	13
计算机系统结构		4	5	5	5			
计算机软件与理论	19	9	10	51	10	14	27	27
计算机应用技术		8	15	25	15	10		
安全技术及工程			25	33	25	8		
核技术及应用	11	10	21	40	21	12	7	7
生物医学工程	2	4	5	15	5	6	4	4
管理科学与工程	22	14	48	92	48	26	18	18
委托培养博士生	57	1	58	185	58	54	73	73
基础数学	2		4	6	4		2	2
计算数学	1							
概率论与数理统计	2		1	2	1		1	1
应用数学	2		1	2	1		1	1
运筹学与控制论	2							
理论物理	5			1			1	1
粒子物理与原子核物理	1			1		1		
原子与分子物理				2		1	1	1

续上表

学科、专业名称	毕业生数	授予学位数	招生数	在校学生数				毕业班学生数
				计	一年级	二年级	三年级	
凝聚态物理	1		1	2	1	1		
光学	2			3		2	1	1
无机化学	4		4	13	4	2	7	7
分析化学			6	12	6	5	1	1
有机化学			3	8	3	4	1	1
物理化学	1			1		1		
高分子化学与物理	1		1	3	1	1	1	1
固体地球物理学	1		5	5	5			
地球化学	2	1		1			1	1
神经生物学			3	7	3	4		
遗传学				1		1		
细胞生物学			1	2	1	1		
生物化学与分子生物学			1	4	1	1	2	2
生物物理学	7			1				
科学技术史	1		3	5	3	1	1	1
固体力学	1			7		1	6	6
流体力学	1			2			2	2
工程力学			1	6	1	1	4	4
精密仪器及机械	1		1	4	1	1	2	2
材料物理与化学			1	4	1	3		
工程热物理	4		5	15	5	3	7	7
物理电子学			1	1	1			
电路与系统			1	3	1	2		
电磁场与微波技术			1	5	1	2	2	2
通信与信息系统			2	2	2			
信号与信息处理	6			4			4	4

续上表

学科、专业名称	毕业生数	授予学位数	招生数	在校学生数				毕业班学生数
				计	一年级	二年级	三年级	
控制理论与控制工程			1	1	1			
模式识别与智能系统	2		2	11	2	3	6	6
计算机系统结构			1	3	1	2		
计算机软件与理论	1		1	7	1	1	5	5
计算机应用技术			1	1	1			
安全技术及工程				1		1		
核技术及应用	1			1			1	1
生物医学工程	1			1		1		
管理科学与工程	4		5	24	5	7	12	12
自筹经费博士生			7	11	7	4		
分析化学				1		1		
模式识别与智能系统			1	1	1			
计算机应用技术			1	1	1			
管理科学与工程			5	8	5	3		
硕士生	470	399	1581	3873	1581	1267	1025	1025
硕士生中:女	98	105	371	817	371	243	203	203
国家任务硕士生	346	311	1295	3104	1295	800	1009	1009
中国哲学			1	1	1			
科学技术哲学		1	5	8	5		3	3
金融学		6	11	14	11	3		
统计学		1						
马克思主义理论与思想政治教育		7	15	36	15	7	14	14
教育技术学			6	8	6	2		
外国语言学及应用语言学	3	6	10	20	10	5	5	5
传播学			15	24	15	9		

续上表

学科、专业名称	毕业生数	授予学位数	招生数	在校学生数				毕业班学生数
				计	一年级	二年级	三年级	
考古学及博物馆学		3	8	14	8	6		
基础数学	5	6	13	39	13	13	13	13
计算数学	4	3	9	26	9	7	10	10
概率论与数理统计	10	6	10	31	10	3	18	18
应用数学	1		7	16	7	4	5	5
运筹学与控制论			1	1	1			
理论物理	2	2	19	37	19	8	10	10
粒子物理与原子核物理	8	5	9	51	9	10	32	32
原子与分子物理	2		6	12	6	3	3	3
等离子体物理	3	3	14	30	14	5	11	11
凝聚态物理	12	7	52	115	52	31	32	32
声学	1	1	1	4	1	1	2	2
光学	3	3	30	78	30	27	21	21
无机化学	7	5	34	97	24	25	38	38
分析化学	12	6	25	53	25	12	16	16
有机化学	9	3	22	72	22	31	19	19
物理化学	10	9	32	78	32	17	29	29
高分子化学与物理	9	10	41	91	41	15	35	35
辐射化学		1						
天体物理	1		4	22	4	7	11	11
大气物理学与大气环境	1		5	9	5	2	2	2
固体地球物理学	2		12	30	12		18	18
空间物理学	1	1	12	19	12	4	3	3
地球化学	4		10	24	10	5	9	9
神经生物学	2	3	18	39	18	8	13	13
遗传学		2	4	6	4	2		

续上表

学科、专业名称	毕业生数	授予学位数	招生数	在校学生数				毕业班学生数
				计	一年级	二年级	三年级	
细胞生物学		1	21	37	21	7	9	9
生物化学与分子生物学	8	8	40	88	40	20	28	28
生物物理学	5	1	7	19	7	5	7	7
科学技术史	11	10	11	29	11	4	14	14
固体力学	9	8	15	56	15	18	23	23
流体力学	1	2	14	40	14	11	15	15
工程力学	6	6	15	32	15	8	9	9
机械电子工程		1	13	27	13	14		
精密仪器及机械	11	10	23	64	23	8	33	33
测试计量技术及仪器		1	4	4	4			
材料物理与化学	6	4	21	45	21	15	9	9
材料学	2	2	13	25	13	5	7	7
工程热物理	5	6	15	47	15	14	18	18
制冷及低温工程	4	3	7	13	7	4	2	2
物理电子学			16	35	16	19		
电路与系统	24	22	46	103	46	26	31	31
微电子学与固体电子学	1	1	4	11	4	2	5	5
电磁场与微波技术	1	2	18	25	18	5	2	2
通信与信息系统	22	21	86	164	86	38	40	40
信号与信息处理	13	7	45	85	45	19	21	21
控制理论与控制工程	16	15	48	83	28	22	13	13
检测技术与自动化装置			3	3	3			
模式识别与智能系统	19	13	33	103	33	25	45	45
导航、制导与控制			3	3	3			
计算机系统结构	1	9	18	24	18	5	1	1
计算机软件与理论	17	15	63	164	63	56	45	45

续上表

学科、专业名称	毕业生数	授予学位数	招生数	在校学生数				毕业班学生数
				计	一年级	二年级	三年级	
计算机应用技术	13	12	74	191	74	73	44	44
应用化学	8	5	12	32	12	9	11	11
安全技术及工程	1	6	16	40	16	15	9	9
核技术及应用		1	22	43	22	10	11	11
环境科学			9	9	9			
生物医学工程	3	3	10	22	10	6	6	6
管理科学与工程	27	16	58	181	58	44	79	79
企业管理			15	26	15	11		
工商管理				100			100	100
行政管理			16	26	16	10		
委托培养硕士生	120	72	62	214	62	136	16	16
马克思主义理论与思想政治教育				3			3	3
外国语言学及应用语言学	1			2			2	2
传播学				1		1		
基础数学			1	1	1			
粒子物理与原子核物理			1	1	1			
无机化学		1						
分析化学	12	2		6		6		
有机化学	1			1			1	1
高分子化学与物理				1			1	1
固体地球物理学	1	1	7	15	7	8		
神经生物学				1		1		
生物化学与分子生物学		1						
生物物理学				1		1		
科学技术史	1							

续上表

学科、专业名称	毕业生数	授予学位数	招生数	在校学生数				毕业班学生数
				计	一年级	二年级	三年级	
工程力学			1	1	1			
材料物理与化学				1			1	1
电路与系统			2	3	2	1		
电磁场与微波技术			2	2	2			
信号与信息处理		3						
通信与信息系统	1							
控制理论与控制工程		1		2		1	1	1
模式识别与智能系统				1		1		
计算机系统结构	1							
计算机软件与理论	6	16	1	4	1		3	3
计算机应用技术	3	37	9	24	9	11	4	4
生物医学工程				1		1		
安全技术及工程		1						
管理科学与工程	5	9	7	13	7	6		
企业管理				1		1		
工商管理	88		31	128	31	97		
自筹经费硕士生	4	16	224	555	224	331		
中国哲学				1		1		
科学技术哲学				2		2		
金融学				5		5		
马克思主义理论与思想政治教育				5		5		
考古学及博物馆学			1	6	1	5		
基础数学				3		3		
计算数学				2		2		
概率论与数理统计				2		2		

续上表

学科、专业名称	毕业生数	授予学位数	招生数	在校学生数				毕业班学生数
				计	一年级	二年级	三年级	
理论物理				3		3		
粒子物理与原子核物理				3		3		
原子与分子物理				5		5		
等离子体物理				5		5		
凝聚态物理				3		3		
声学				1		1		
光学				5		5		
无机化学				20		20		
分析化学				9		9		
有机化学				5		5		
物理化学				7		7		
应用化学		1						
高分子化学与物理				7		7		
大气物理学与大气环境				1		1		
固体地球物理学		3		1		1		
地质工程		1						
空间物理学				1		1		
神经生物学				5		5		
细胞生物学				2		2		
生物化学与分子生物学				12		12		
生物物理学				3		3		
科学技术史				4		4		
固体力学				9		9		
流体力学				5		5		
工程力学				1		1		
机械电子工程				6		6		

续上表

学科、专业名称	毕业生数	授予学位数	招生数	在校学生数				毕业班学生数
				计	一年级	二年级	三年级	
精密仪器及机械			10	20	10	10		
材料物理与化学				1		1		
材料学				2		2		
工程热物理				1		1		
制冷及低温工程				1		1		
物理电子学				2		2		
电路与系统				10		10		
微电子学与固体电子学				3		3		
电磁场与微波技术				7		7		
通信与信息系统				34		34		
信号与信息处理	2			16		16		
控制理论与控制工程				15		15		
检测技术与自动化装置				1		1		
模式识别与智能系统				19		19		
导航、制导与控制				1		1		
计算机系统结构				6		6		
计算机软件与理论	1			21		21		
计算机应用技术	1	9		10		10		
信息安全			62	62	62			
安全技术及工程				6		6		
生物医学工程				1		1		
管理科学与工程		2	4	13	4	9		
企业管理				3		3		
工商管理			147	149	147	2		
行政管理				2		2		

本、专科学生人数

（2003 年 9 月）

单位：人

项目 类别	毕业生数			招生数			在校学生数			毕业班学生数		
	计	本科	专科	计	本科	专科	计	本科	专科	计	本科	专科
总　计	2317	2317		1862	1862		8423	8243	180	2763	2583	180
经济学	121	121										
文　学	44	44		37	37		160	160		55	55	
理　学	1037	1037		1090	1090		4968	4788	180	1647	1467	180
工　学	1059	1059		735	735		3295	3295		1061	1061	
农　学	56	56										

接收外国留学生情况

（2003 年 9 月）

单位：人（人次）

	毕（结）业生数	授予学位数	招生数	在校学生数				
				计	第一年	第二年	第三年	第四年
总　计	83	1	110	27	4	7	12	4
其中：女	28		32	4	1	1	1	1
分层次								
博士			15	15	3	4	7	1
硕士	1	1	3	2	1			1
本科			10	10		3	5	2

续上表

	毕(结)业生数	授予学位数	招生数	在校学生数				
				计	第一年	第二年	第三年	第四年
专科								
培训	82		82					
分大洲								
亚洲	23	1	48	25	4	7	10	4
非洲			2	2			2	
欧洲								
北美洲	60		60					
南美洲								
澳洲								
分经费来源								
国际组织资助								
中国政府资助			27	27	4	7	12	4
本国政府资助								
学校间交换								
自　　费	83	1	83					

成人高等学历教育学生人数

(2003 年 9 月)

单位:人

项目 类别	毕业生数			招生数			在校学生数			毕业班学生数		
	计	本科	专科	计	本科	专科	计	本科	专科	计	本科	专科
总　计	2109	1070	1039	1192	1192		3830	2479	1351	2386	1405	981
成人脱产班	1106	782	324	933	933		2209	1860	340	1322	1053	269
函授本、专科	750	177	573	92	92		1074	363	711	792	243	549
夜大本、专科	253	111	142	167	167		547	247	300	272	109	163

年度博士后人数变动情况

单位：人

博士后流动站	进　站	出　站	年底在站
数学	6	7	10
物理	8	4	17
化学	5	3	9
地质学	7		8
生物学	5	1	9
力学	8	1	11
动力工程及工程热物理	5	1	10
电子科学与技术	6	2	7
信息与通信工程	14		18
控制科学与工程	1		1
计算机科学与技术	5	2	7
核科学与技术	2	1	3
合　　计	72	22	110

教学实验室一览表

所属单位	实验室名称	负 责 人
数学系	数学实验教学实验室	苏仕华
物理系	高年级物理教学实验室	尹　民
近代物理系	近代物理实验中心	孙腊珍
天文与应用物理系	应用物理专业实验室	丁泽军
	大学物理教学实验室	张增明　浦其荣

续上表

所属单位	实验室名称	负 责 人
化学与材料科学学院	基础化学实验室Ⅰ	许 菱
	基础化学实验室Ⅱ	周俊英
	基础化学实验室Ⅲ	刘艳芝
	基础化学实验室Ⅳ	刘光明
	普通化学实验室	高梅芳
	化工实验室	杨伟华
	中级化学实验室	张汉昌
生命科学学院	基础生物学实验室	沈显生
	生理与神经生物物理教学实验室	徐耀忠
	生物化学及分子生物学实验室	王玉珍
	细胞生物学实验室	顾月华
工程科学学院	材料力学教学实验室	续伯钦
	电工基础教学实验室	邢晓政
	CAI 教学实验室	胡秀章
	力学基础教学实验室	尹协振
	机械及测控教学实验室	王琪民
	热科学基础教学实验室	王晓红
	大学生实践与创新基地	孔凡让
电子工程与信息科学系	多媒体通信实验室	刘政凯
	微波与天线实验室	关树柱
	通讯系统实验室	徐佩霞
	EDA 教学实验室	戴逸民
自动化系	计算机辅助教学环境实验室	常国栋
	先进控制系统教学实验室	魏衡华
计算机科学技术系	软件教学实验中心	王行甫
	并行与分布计算实验中心	许胤龙
	硬件教学实验中心	何克东

续上表

所属单位	实验室名称	负责人
电子科学与技术系	电路实验室	王吉英
	电子线路实验室	卢结成
	微机原理与应用实验室	周佩玲　付忠谦
	计算机语言实验室	顾为兵
地球和空间科学学院	地球与空间科学 CAI 实验室	方永康
	基础地质学实验室	谢　智
商学院	计算机辅助教学中心	吴春旭
少年班	微机与网络开放实验室	赵保华
网络信息中心	网络中心机房	杨寿保

"大学生研究计划"执行情况

时间	项目总数	完成数	优秀数	转毕业论文数
1999～2000 学年度	102	96	32	
2000 年暑期	47	43	17	
2000～2001 学年度	178	86	34	74
2001 年暑期	60	52	21	
2001～2002 学年度	233	81	33	112
2002 年暑期	115	116	48	
2002～2003 学年度	182	137	55	44
2003 年暑期	187	165	70	

本科招生分省录取情况

(2003 年 9 月)

省(市、自治区)	录取总人数	录取分		省(市、自治区)	录取总人数	录取分	
		平均分	最高分			平均分	最高分
北京	39	580.38	602	湖北	177	608.82	642
天津	31	597.61	630	湖南	99	604.41	623
河北	64	603.65	625	重庆	58	598.88	645
山西	24	571.00	596	四川	70	600.79	644
内蒙古	18	575.00	592	贵州	11	568.09	603
辽宁	33	626.07	652	云南	11	556.56	582
吉林	55	592.02	630	陕西	54	610.29	645
黑龙江	22	585.60	612	甘肃	23	566.83	606
江苏	186	604.18	634	青海	5	517.20	527
浙江	82	613.30	635	宁夏	5	568.00	578
安徽	273	589.91	636	新疆	13	577.62	602
福建	76	588.13	633	广东	53	782.63	848
江西	59	597.98	629	广西	50	764.26	839
山东	116	622.30	642	海南	9	770.50	792
河南	130	637.78	657	上海	16	482.69	523

注:1. 2003 年,我校在全国除香港、澳门、台湾、西藏外的 30 个省、市、自治区计划招收本科生1860名,实际录取本科生 1862 名(包括:受国家教育部委托,招收中国工程物理研究院定向生 19 名;国防生 46 名)。其中高考录取 1759 名,少年班录取 55 名,招收保送生 48 名。

2. 录取分数不含附加分。

授予博士、硕士和学士学位者名单

1. 经校学位委员会 2003 年 7 月 2 日会议审议通过，决定授予左达峰等 163 人博士学位。名单如下：

左达峰	缪　龙	王惠文	欧宜贵
梁　兴	王卿文	韩文廷	张　鹏
朱凤林	周扣华	黄　文	赵欢喜
吴气虹	曹卓良	黄运锋	叶　柳
闫文盛	黄文财	鲁拥华	孙晓红
翁明其	王殿元	刘国柱	王　坚
沈国保	罗晓曙	束礼宝	吴义宝
武　杰	杨小军	徐春凯	苑震生
侯　广	逯怀新	梁先庭	周宏岩
乐　松	刘先明	张昌锦	朱　弘
潘海俊	涂　涛	蒋吉昊	胡长进
周书喜	李新刚	赵　跃	祁　丰
张季谦	盛振宇	郑晶晶	郑仁奎
程继贵	宋海政	汪少锋	王永辉
瞿其曙	邵利民	郑赛晶	盛良全
代丹梅	蒋　洪	谷云乐	孟昭宇
莫茂松	邵名望	王德宝	余大斌
罗　梅	于锡娟	肖建平	尚小玉
张裕平	王　涛	李夜平	方　堃
潘力佳	尤业字	朱胜武	程　昊
闫　峻	谈　迎	李生杰	石春娥
张志勇	李　平	杨武林	曾王勇
王慧迸	查向东	李　栋	丁玉珑
饶恒毅	李祥瑞	李　勇	包爱民
胡祥友	许　浩	李培超	郭　扬
曾亿山	夏昌敬	吴德义	阮剑华
辜　萍	景晓宁	王　翔	张世武
戚学贵	张丽春	姜　锐	夏云春
连一峰	吴晓如	汤素华	陈　昕
刘暾东	王定成	董卓敏	毛雪岷
钱　权	张春阳	张海勤	郑　烇
周继恩	陈志辉	刘　锋	汪　渊
张青山	钟　诚	郭　帆	胡荣贵
熊　悦	雷云飞	吴葛铭	李金龙
罗文坚	金培权	李　曦	李霄寒
诸葛斌	李士民	罗　琳	陶　亮
朱向冰	刘　波	周东方	邓　锐
余小江	王　娟	王国华	吴文明
吴开亚	谢　武	杨　波	殷　尹
盛从锋	单　洁	姜玉平	钱长炎
史贵全	王　淼	姜　岩	

2. 经校学位委员会 2003 年 12 月 29 日会议审议通过，决定授予杨武等 115 人博士学位。名单如下：

杨　武	傅红卓	郭清伟	王定成
张　洪	郑　重	王丽萍	李慧玲
杨东升	李　剑	宁利新	陈翌庆
潘登余	赵　瑾	李春林	樊传刚
冯绍杰	朱德春	彭冉冉	晏利琴
吴晓静	安长华	李　村	刘建伟
沈国震	姜海燕	丁亚平	高善民
王新军	蔡冬梅	张伟安	刘建平
钱家盛	李振中	汪伟志	任志勇
何学浩	丁运生	李　珺	郑　彬
刘堂晏	李秋立	张交东	赵　谊
刘晓东	吕伟涛	汪毓明	张程远
姚多喜	李一琨	向开军	臧建业
黄　帼	凌代俊	陈湘川	费广鹤

鲁亚平　王晓平　金坚中　李英雷
谭福利　徐　颖　王　宇　周焕林
李　雷　李　炜　陈效鹏　刘难生
吕鹏梅　张爱丽　贾　斌　金陶胜
黄　锐　季经纬　刘　昊　杨海松
梁　明　刘庆峰　朱东来　李卫海
王　炎　杜　政　陆晓文　张　磊
许自富　李元诚　唐　毅　汪小龙
赵温波　谭小彬　吴正龙　方潜生
黄国锐　胡劲松　杨俊安　任　侠
谢长坤　田学红　汪克强　余玉刚
张绪风　黄　敏　巩国顺　兰玉杰
郭　强　陈　刚　华　武　瞿　斌
周学军　郭　仌　梁世栋　雷　鸣
黄生财　王元月

同等学力申请博士学位人员(1 人)：

陈士夫

3. **经校学位委员会 2003 年 7 月 2 日会议审议通过，决定授予邓林等 313 人硕士学位。名单如下：**

邓　林　程永君　刘兴涛　刘　洋
李　治　徐振礼　储诚浩　吕金翅
王作勤　陈　静　楼剑雄　丁　晓
龚　隽　王　斌　杨　嶙　方易新
张海涛　牛晓滨　于　琳　林芳蕾
范　勇　谢　峰　李云峰　沈　锋
邓家虎　卫　峰　张凌云　叶震宇
杨　洁　潘安练　刘　霞　孙中海
陈　平　马少红　陈加福　全冬晖
吴敏昌　郝立庆　宋春林　黄　华
张永连　宁吉强　姜国伟　董永平
陶　楠　丁溶芳　张召香　李应会
房　莉　杜　鹏　洪　丽　何萍萍
姚雪霞　杨　林　郑荣波　金　盈
郝二红　焦莉娟　李业新　冯少红
王淑涛　姜会丽　胡　勇　盛　夏
吴晓松　刘群峰　杨润苗　周树华
胡　珺　白宝龙　戴　秋　任　琳
陈　丽　葛亚松　蒋而康　余红秀
朱晓东　缪　琳　黄春芳　江承设
应　剑　何水金　贺建斌　李艳芳
吕　辉　王新辉　闫　琨　马　利
胡昌明　李雪梅　潘　艺　朱林法
戴翔宇　胥建龙　刘光勇　袁　红
段志辉　李　沛　年伟民　陈　伟
刘　震　耿鹏翮　李保庆　凌　晨
李木军　李绍青　糜长稳　吴登峰
李　昊　初昶波　章明宇　谭　洋
董轶锋　焦冬生　董　军　裴　刚
李　博　李　磊　邵占杰　马绥华
王德民　方伟峰　蒋亚龙　周延萍
李　霆　王正方　彭燕林　潘志云
黄梓峰　杜　平　吴　皓　吴慧萍
吴建响　陈福志　张永谦　安志忠
刘　永　孙　岭　唐　浩　曹小彬
甘　博　胡拥军　纪　勇　周　云
伍瞻瞻　刘晓军　张治国　宁　晨
孔庆峰　王国江　叶家鸣　付厚超
望安全　李　江　王文辉　杜浩藩
张冬军　陈志福　袁勇舟　陈　彪
秦琳琳　陈　可　杨擎宇　杨　文
陈　光　司　炜　周东华　王　嵩
侯纪周　张胜斌　柏　洁　唐　琰
高旭东　陈立群　郭　辉　饶　祎
吴共庆　陈　勇　何家华　姜　磊
张泽峰　诸世卓　陈　涛　张　雨
陈　静　潘　伟　卢继军　吴树峰
段　川　黄浩东　杨敬峰　张　涛
张来勇　陈志刚　王胜惠　万睿云
陈　昕　杜　滨　荣新华　王育峰
杨　琛　贾若宇　李越鹏　任代梅
魏　震　赵　静　刘　扬　柳建平
蔡尚书　王海青　姚志强　周　昀

朱剑锋　黄思远　湛金童　朱　丽
段　勃　公佩军　宣　科　杜可越
邱　天　丁　丁　代　镭　黄　浩
徐　涛　郑　凡　张　云　李立文
夏　懿　狄晓龙　叶学义　张仕山
张云超　查　勇　秦淑灵　褚建勋
徐　颖　张燕侠　滑　翔　汪淑芳
马利军　郑南磊　林　林　吴云燕
李林子　冉利娟　董如增　杜亚军
何　宾　石永刚　史春茂　王　松
何运强　陶利斌　赵恒珩　陈　静
梁国栋　张曼君　莫青杨　周俊兰
梅　军　盛　伟　叶　青　谢治国
章梅芳　朱　剑　王元春　夏　季
高志强　姚政权　何长辉　沈　静
王　静　段兴权　叶良均　王登春
马家国　袁德磊　李　平　马禾青
章曙光　张文斌　李　伟　李克臣
王永东　刘春颂　刘建彪　杨　力
王征淼　李　琼　吕俊峰

同等学力申请硕士学位人员(22 人):

徐　琼　任晓峰　朱学俊　方汝云
饶进平　黄　文　李燕燕　卢大航
高　翔　韩　洁　王　嘉　赵若斌
周　勇　蒋　晖　李文杰　伊　明
雷　源　陈　勇　宋　磊　赵旭龙
郑　春　王　欣

4.经校学位委员会 2003 年 12 月 29 日会议审议通过,决定授予张磊等 370 人硕士学位。名单如下:

张　磊　王丽玉　胡林辉　尹晓峰
张虚怀　王哲斌　易　征　李伟峰
张　弛　袁　胜　吴玉祥　杨　威
李宜德　朱晓彬　喻远琴　赵晓宇
林晓辉　刘　路　王宝亮　苏晓波
王　政　叶　林　李迎春　冯伟民
龚　冰　靳永斌　吴　双　过莹立
刘　群　开远忠　梁　华　刘晓平
徐宝龙　李　坚　范　宇　赵爱华
童　卓　叶剑西　钮　峰　田　钢
黄　云　尹大成　宋　坤　王振华
胡香冬　李宗木　刘　斌　芮缅云
许友胜　何　烨　王　芳　林　平
袁仕祯　张新东　王祯祥　童远林
张永久　夏爱国　刘　峡　吕芝全
陈运平　李　凉　塔建庆　刘亚东
柴　峰　李贺禄　陈树隆　付　强
王秀芳

同等学力申请硕士学位人员(78 人):

谢　歆　郑翠红　蔡冠群　卢金滇
李　晶　林晓立　孙耀晖　吴　伟
蒋东毅　许　晔　翟卫东　邓铁洪
黄红梅　李　贞　刘传东　王安胜
王昱白　夏维华　徐结绿　张丽琼
张晓强　辛海院　张其海　黄　轩
马艳丽　姚建国　关承恩　胡云飞
高　岩　何晓新　路　莹　钱继志
杨　柳　陶　洁　陈胜利　林国勇
董泽坤　丁　成　谢　觉　林　辉
张效民　方　伟　李春晓　刘国安
王　可　李重武　丁　辉　杨　宁
焦振强　谢　军　舒　后　谭天舒
郭贵虎　林　勇　姜娟娟　刘建勋
杨　荣　李　伟　刘德威　赵黔莉
王俊柳　苗　凯　叶红云　严　骏
李仕兵　麻志华　陈颖恒　毛光辉
高　静　孙旭东　仝　岩　廖忠祥
廖方宇　吴　嵘　尹　群　杨永峰
张光宇　卞　莹

MBA 学位人员(171 人):

窦昌权　滕晓华　杨志军　汪少锋
杜先凯　杨　帆　关大为　章海斌
陈　剑　孙　刚　刘国庆　王永海

方　立　李向阳　徐　颖　黄云峰
叶剑鸣　贾庆浩　黄　信　程永文
吴援援　何　俊　刘　勇　杨庆生
汤旱引　潘　毅　余昌友　刘国玲
康　燕　李　辉　张永华　许先进
张亨明　周怀春　赵　辉　孙卫祥
张爱和　刘　虎　侯春枫　余亚平
王　灿　金小菊　张路平　周学锋
魏安祥　温德力　卫书园　邓晓娴
章宏韬　余　强　许元锋　汤沪东
梁中余　邱　崴　赵　俊　王　晶
刘　芳　高克华　黄志钢　许　刚
左超凡　沈　杨　王柱江　孙建华
雷　震　宋满星　翟建廷　吴前玲
王　越　程　军　陈小虎　王昌龙
蒋莅琳　刘召辉　张　伟　胡守溢
刘汉如　冯　锐　周蕙民　胡　飞
张亚兵　王守林　陶春蕾　柯贵明
赵亚彬　罗　亮　戚丹文　张玉娟
江　红　许有涛　韦家信　王金瑞
李先兵　何普泉　陈斌虎　徐祖文
王江萍　茆庆文　颜　炜　巩　平
杨　雷　詹诗久　李　斌　何　杰
王光峰　吴维平　周　评　程光华
曾永春　邓万全　蔡纯志　曹文鹏
陈之荣　谌晓玲　黄子华　李　杰
李　森　刘家林　钱晓锋　舒其林
宋玉可　田　刚　汪　军　肖亚东
徐凌枫　张广宏　郑传玉　朱怀宝
吴志亮　刘欲晓　王吉锋　王澎涛
曹　洁　曹胜利　陈景意　陈小雄
郭　静　胡长颂　黄从俊　梁　波
邱　昊　孙劲松　檀大水　王　超
翁继保　吴　帆　吴建同　肖　伟
杨爱民　尹　旭　袁春雨　赵　辉
笪秉宏　赵国栋　吴文良　吴　斌
林　海　王洪昌　冯景瑞　张瑞霞
肖　华　冯　青　宋　玮　支　涛
张从劲　王德平　王　伟　杨晓光
鲁力立　靳　茜　熊志敏

工程硕士学位人员(52 人):

李玉臻　时　虎　黄文聪　侯建德
刘激扬　王宝伟　雷海英　袁宝平
陈　震　崔　蔚　俞祚福　刘申友
薛亚群　聂　磊　亓延军　孙凤明
李小军　陶　宏　李兴奎　王绍红
郭　玫　刘觉滨　黄　锋　徐鸿芬
周星生　胡光耀　韦家庄　甘智全
宋建立　韦　维　文　武　陈善品
潘家华　夏善存　李德群　汪　迪
卢桂琳　徐　静　姚克甫　郭　荣
黄艺芹　刘木生　张瑞东　蒋方纯
肖永舒　刘代标　朱江波　王建山
王家法　段晓伟　丘映莹　魏　勇

5.经校学位委员会 2003 年 7 月 2 日会议审议通过,决定授予王绿等 2182 人普通高等教育本科毕业生学士学位。名单如下:

王　绿　刘　涛　达　阳　卢　苇
宋秋明　夏　轶　郎建英　张检民
左粟平　李　明　邱珊珊　郭　磊
赵勇杰　张　普　罗志成　孙　黎
刘　强　邓欣欣　李　敏　史书堃
韦　潇　林　杰　徐　亮　代　辉
陈　亮　刘　畅　万　磊　俞　理
宗　赢　尹　骏　周希斌　蔡一伟
顾向东　陈　楠　刘　婧　曹　伟
李　灵　叶　楠　金　翼　马振博
袁　帅　王志勇　魏晓亮　王　懿
潘宏木　曾利灵　牟　怡　沈　博
朱　翔　邹　舸　程佳懿　黄　超
谢　镇　余　飞　余桂华　林柏霖
林双政　万里凤　黄建华　颜瑷珲
蒋　轩　丁晓媛　詹　寰　常明欣

赵　岩　尹　兴　何　伟　陈浩国
勾平平　刘　毅　王　培　阎　彦
张坚霞　张　鹤　陈广德　杨劲松
张徐节　孙　昊　缪　磊　徐　建
张　娜　倪晓宇　李　刚　陈光文
李小龙　张剑恒　崔　涛　周　炜
解　平　贾建平　刘洋君　顾丽娜
严宇亮　徐小云　汪　倩　杨　沙
张雁泽　曹　丹　胡启秀　胡伟敏
徐兰兰　王晓艳　廖　莉　赵静静
张　宁　李　军　张万金　丁　为
刘敬珣　张世伟　孙　杰　项　磊
谢传忠　王本乾　赵成鹏　肖　明
刘渊根　黄　飞　梁水宁　范安平
吴　军　曹峰峰　宋庆贺　陆　健
杨　卓　陈　佳　王　厅　刘　畅
汪　玲　陈　瑶　陈　静　吴　姣
胡亚琴　龙从云　唐　亮　严佳庆
吴成余　徐　杰　张亚坤　王　宇
潘忠策　罗海涛　陆齐飞　许志强
樊　熵　罗　靖　申万岭　戴福杰
朱德新　陈昆燕　葛圣丽　张　静
张永梅　潘　玥　罗云丽　黄　伟
王修铭　唐彬彬　杨　健　董小二
谷向阳　程德强　刘鹏翔　杨道剑
王　乾　张　扬　田　虎　朱宏强
王　建　王景松　钟文丽　江世林
刘跃文　傅建兵　罗世栋　刘　琦
涂　哲　张筱希　吴　博　周　杨
姜国平　方　丽　吉圣昆　宋君君
沈东杰　张大群　陈金瑶　刘志昆
叶　楠　方　兴　郭　磊　金谋青
张　晶　张　兮　黄向平　姜　兴
朱世军　文　桥　于　丹　刘海清
蒋燚峰　张　峰　辛国辉　孙海南
段　奕　李春强　柯　楠　彭　高
黄　颖　杨　樱　戴俊俊　张　帆

陈　晶　李国伟　蔡仙鸣　郑宗生
郑艺飞　林志炳　王坤华　俞　敏
张　夷　刘　飞　范欢欢　高　键
谭宏涛　刘勇凯　钟　宏　万国府
刘　菲　徐亚豪　刘　同　韦勇凤
汪　明　王建强　石海陆　徐嘉川
李　萌　解大武　陈　昆　杜利军
吴　楠　陶镜卿　陈长永　彭莲珠
汪　璇　陈益文　袁　杨　陈晓静
郑　君　蒋纹漪　许　杰　赖　欣
历　颖　赵宗胤　刘　鹏　崔翔宇
沈　楠　李　清　李　晶　杜一平
杨　潇　李宁惠　方　羽　喻爱利
熊明艳　杨　浩　冯　莉　王洛印
徐北杰　屈　颖　徐明宇　马　杰
肖　巍　鹿晓亮　马　力　周　洲
范　莉　邓　晴　吴婷婷　刘一枞
王永春　张明伟　邱洪伟　韩小刚
王　立　陈　睿　彭　飞　郭　杰
徐雁龙　蔡燕萍　赵　莉　吴义俊
王　蓓　谭　燕　邵秀玲　何力威
杨蜀豫　郭倩倩　李小艳　王小妹
蓝莉群　陈璀敏　王　薇　杨　勤
秦　思　马灵娟　杨艳丽　张亚琳
张　乐　杨　松　王　猛　武　军
计　磊　薛立斌　陈　涛　夏自若
杨　环　张　科　陆　杰　王桂甲
刘正国　戴国辉　李　敏　李志荣
陈　华　王艳盛　白玉贞　闫春曦
贾　琳　康曼丽　汪丽娜　杨莎莎
陈红梅　冯丛丛　孟红丽　夏　静
黄　婧　甘守琛　黄秋平　高建春
田炜栋　李新冬　王　林　魏　栋
张玷郡　宋小鹏　柴利峰　江民才
葛　爱　唐乃武　王　铁　范桂华
丁志军　蔡京伟　陈　祥　陈红霞
潘荣红　霍　艳　刘　锦　邓　雯

张　瑛　高亚男　谢鹏睿　杨　娜
张　宏　朱彦彦　陈　绘　汪　鲁
夏小玲　朱元蓉　周淑卿　刘　莹
徐　玲　王　萍　胡　薇　于崇亮
白亮贤　吴祥松　张绍传　李东彬
刘　强　杨成虎　李文科　黄　河
陈友华　王月芹　宋颖华　赵春艳
王　玮　赵　祝　卞丽琼　黄晓玲
天　曙　李晓娟　林爱珍　李培蓉
余洁鸥　孙明莲　李　雯　赵　蕾
刘　云　梁　晨　宋艳艳　张　丹
常意勇　张建峰　黄开助　纵红岗
邱振乾　周　凯　方　亮　吕　雷
盛孝波　赵九江　毛宗源　高新茹
洪　芳　李燕南　樊浩月　臧梓伊
程丽丽　刘　薇　李　闪　黑　丹
邵静博　张志苗　张洪燕　周晶莹
沈景丽　武　鸣　程　憬　董　莉
吴　松　孔维阔　韩仁锋　王彦辉
马增青　沈顺健　李　卫　谢　辉
周　韬　刘一峰　姚元臣　王大明
占　恒　李　昀　吴海波　汪　军
雷秋生　王端磊　张海娜　易　颖
许　玲　吴志霞　尤　莉　徐　露
李　薇　李晓庆　吴升红　彭　杰
洪珊珊　刘必静　刘　芳　邹　颖
孟宪松　董书恒　王国印　陈　强
刘保林　胡铁国　齐鹏程　姜东辉
魏　璟　张　龙　由春雷　吕晓佳
冯枭岂　邓基涛　卢利民　范小敏
徐　洪　唐国祥　杨大伟　何媛媛
曹贵萍　李庆红　吴小兵　成　璟
马　斌　高　鑫　陈　峰　张伟峰
李　达　王玉同　李宇峰　叶　新
江　兴　董大伟　陈庆涛　张晓伟
章小毛　杨大福　傅　雷　粆　磊
刘　科　郭宏兵　孔　兴　侯　玮

倪　春　雷　蕾　董　慧　段照吉
张　铭　王　涛　秦小川　李凯山
陈晓军　张柯伟　鲁少平　刘　毅
李　珂　张　林　李多山　刘增祥
赵　闯　许建杰　杨城生　张文才
宋　丽　谷海涛　周连群　吴钟艺
王　枫　康琳琳　王　玮　马志艳
彭　薇　钟春梅　华　健　崔　瑜
杨　玚　王镇乾　白顺龙　王永刚
林　凌　倪　涛　张　迅　潘宗浩
姜　阳　章涛平　林达成　韩立波
胡永刚　程　昕　吴　晗　王　毅
赵　民　刘丽军　曹悦健　余宏鹰
陆高鹏　郑建秋　闫　浩　刘　飞
张　冕　徐　杨　李宏图　王华兵
王　南　乐旭立　骆光前　王达君
王　强　林　熙　郭晓芳　王　华
裘金泽　梅嘉伟　胡田田　王少杰
黄孙祥　陈莹莹　曾胜群　周世铭
王　菲　徐　泳　冯　叶　陈　涛
马崇庚　穆　春　王　林　时华亮
刘忠海　陈　宇　纪　明　杨　鸣
刘　鑫　许　彬　龚　菲　白　雪
肖　腾　张博涛　孔庆妍　赵国亮
方洁萍　曹贺琳　朱雪莲　刘波扬
张　洪　高　坤　黄　宇　张　项
马佳森　吴　栋　陈　曦　贺　鹏
吴　琼　周　磊　周俊卿　孙雄青
程光磊　魏　臻　陈　晔　郁莉桦
吴茂源　李　杰　丁振文　龚卫林
刘　浩　操锦峰　李　杨　韦敏习
陈珊琦　赵　熹　提　昂　杨　琼
陈　琛　张智昱　马　灵　李晓莉
张信军　孙得琳　刘　波　游　宇
杨永良　郭　建　罗林姣　杜英洲
王　安　宋　斌　马　奎　柳　洋
李　洁　郝　悦　郭永兴　沈　添

楼亮	杨一	刘升平	余军
李坤	黎冠良	陈曦	高军
杨绍辉	赵海艳	熊涛	孟超
朱明赴	蒋柏梁	陈日祥	陈汉威
周云	刘高	李祺	徐华
包云龙	胡继峰	陈勇	汪民
杜在超	张毅	张忠毅	朴颖裕
乔雨	赵石	杨一丁	于飞
陈恒	吴叶舟	许炳泉	林浩
陈越强	王斌	刘雪峰	宋策
李高亚	代立杰	范莹莹	路璐
于璠	蒋弛	温松桥	焦硕
李亚群	史亮	寇超锋	王占锋
孙宙锋	薛辰	刘杰	苏子杉
蒋俊	孙建	张薇	卢清树
徐小圆	曾华轶	王兵	刘琦
李杜	李风	陈光亮	朱韡
解祯秋	卞迁	刘诗欣	郭磊
张萍	张玉倩	汪泳	薛笑笑
张亮	张宾	翟志伟	李佳明
刘奕	张娴	谭旭	严明
严庆荣	王尧	罗君丽	王婷
黄安定	李岚	马俊	胡岳
翁婷婷	陈波	龚玫	郭锋
曾繁煜	黄小松	牛磊	张洁
颜丹	余聪	王雨	朱茜茜
俞扬	鲁志	鹿涛	刘加娟
张艳艳	鲍平磊	张唯	张洪
罗虹	伊鹏	曹民杰	郑丹丹
刁磊	汪洋	魏海阳	陈妙
王溢	李曦	魏奕春	肖倩
刘倩	赵东	刘久羽	张光辉
伍良召	孙洁	吴华	韦庆现
章建军	徐洪宇	刘小丽	陈琳
江晓红	杨溢	聂威	阚宏伟
邱宇	郑凤霞	王继良	孔劲松
顾坚	张勇	陈大龙	周小兵

杨子孔	钱发聪	李海林	郭欣达
孙芳芳	许菊林	张自锋	胡芳
李俊霖	苏赞	丁建兵	岳东林
孙媛媛	沈宇	祁绍俊	陈鹏
王叶苍	杜政涛	雷璐	胡万平
张烽林	许斌	陈玉怀	郭文金
盛文磊	洪耀刚	邓楚哲	赵文平
谷金伟	杨磊	陈细仁	庞哲
陈岗	程传军	李雪琼	刘长宇
储俊	张春	许娜	唐运伟
韩淑杰	武金峰	杨静	王欣敏
陈雯婷	徐日伟	郭红星	王小娟
戴欲问	许光芳	尹艳琼	王增伟
郜黎娜	黄雪峰	黄千里	王武仁
陈强攀	王一宇	于帅	陶伟
王婷	刘熙	唐晋尧	刘宇
孔蕊弘	彭滔	杨悦	张绿媛
陶怡松	董江	陆人璞	崔恺
郭震宇	李凯	周艳	翁一鸣
殷文	胡中汉	刘畅	王猛
陈世平	杨正	王俊	陈欣
唐云	王灿辉	王卫	何川
刘峰	郭晓莹	唐冥男	杨洋
马杰	胡荣伟	周春明	徐超
王剑	王日豪	唐欣	陈亚春
李晟	杨宗儒	薛庆童	陈清
杨晖	黄甲	祝隆伟	陈小亮
李龙	方垒	韦小丁	董虎
李丹勇	李文源	张文武	曹春丽
邓昌志	何雪飞	马凌霄	赵景鹤
孟新	张泰	郑航	郑明章
张远见	周亮亮	朱嘉翔	陶虎
张翼	朱兰芳	沈海玲	高翔
肖浩	陈力	曾睿	皮骄阳
查鹏	童大勇	胡坤雷	方兴杰
詹家明	李园	张文喜	周玲
郭艳艳	翟广泉	颜廷军	冯亮

龙文华	杜述松	彭 云	薛 闯
吴 超	李 莉	丁 一	李 轲
彭 雷	苏凤婷	谢晓雯	刘 强
张飞翔	夏 亮	翟载腾	安昌健
王海南	王祥麒	徐象国	黄晓群
王树荣	赵 锐	王 俊	王小林
夏艳君	杨鸿毅	王林庚	朱雪飞
宣李俊	何 涛	赵 磊	王朝晖
冯卫东	李 忠	刘 泉	陆剑平
许 丁	魏 弢	李文海	张 琪
王跃武	阮 晔	黄 志	吕柳艳
刘益民	方霄鹤	陈 也	庄 磊
陆 潜	刘小勇	熊 飞	吴超鹏
王传琪	常永波	郭慧亮	薛海生
杜发魁	程 明	周 斌	方 兴
陈 威	张亚琼	杨 念	鲍 明
沈光亚	蔡伟华	黄理焕	肖 琳
熊 丹	刘冬晖	李洪铭	方 文
刘昕宇	叶 欣	李 华	周斌添
凌 琦	陈晓辉	姚振宇	王太峰
林润平	李 威	陈本峰	李 杰
赖 珉	朱有团	张春晖	张 帆
徐培智	章 鹏	丁 可	黄河清
唐 亮	张普华	张华亮	胡 凯
袁天强	林 殷	孙 鹏	王 正
宋 勇	李 栋	高 岩	唐 咏
袁 斌	徐 亮	杨 伍	陈 坷
高 巍	张小波	周 雯	汪 毅
梁鸿斌	吴 波	肖鹿茸	梅大为
杨 群	何 星	陈龙永	沈道义
吴 涛	王 秒	张晓明	孙 箭
王 超	曹剑礼	杨 骅	闫君飞
贾 涛	苏 琦	何 旻	姜 伟
余 翔	韩立巍	曹亮亮	王 晨
李羽佳	哈 章	陈文熙	吴高峰
张 力	魏子翔	崔美娜	赖俊玮
肖 飒	李 佳	崔连喜	王智灵

汤迪斌	莫开宇	吴晓东	夏 粉
汤瑜瑜	石 春	陈苏宁	彭 吉
赵海鹰	王志敏	樊 杰	何婷婷
吕 冲	汪 鎏	鲁 磊	陈 雪
姜红超	曾 科	孙珊珊	蔡 杰
宋彦锋	林 琛	郑毅松	韩 松
郑英来	张劭一	方 洋	刘 畅
刘良勋	许 可	白永申	高 宁
喻 祥	陈 浩	张博颖	王玎玎
何 源	殷 翔	李 晔	程其华
李 菁	孙 雨	王 渊	翁璐斌
吕天行	李 健	惠 俞	尹 雷
梅明华	林 立	林亮亮	徐 鹏
李 辉	万小飞	李晓浩	何 因
曾 仍	陈 颖	喻 静	李 敏
宁 康	喻同平	张攀勇	林 杨
黄展翔	李 隆	孙甜甜	董 昱
袁之昊	李 静	郭 欣	王崇海
夏 薇	王 亮	郑浩然	曲文武
孟庆宇	徐晓睿	阳含卿	申 凯
王 燚	刘旭辉	王大泽	王苗苗
刘澄宇	谷晓铭	董峻峰	崔玲玲
宋朝炜	胡正泽	呼大为	刘晓辉
刘耕圃	刘尚伟	范 勇	李玉祥
徐 凯	俞 宽	黄 锐	杜 巍
魏 林	叶世阳	程繁科	邓 晨
王 曦	张 荣	黄俊维	张 勇
狄红中	傅江铁	高善国	张 杨
王 栋	任 冉	张家歧	赵丰杰
李 锐	贾少军	金大鹏	徐 鹏
王万春	王开武	王 杨	杜 华
孙涛涛	杨 超	部少辉	陆耀宇
杨兴虎	陈 河	张 锐	蔡兴华
宋娟娟	余燕玲	窦芳芳	王迎迎
范瑞霞	鲁伯男	杨 琳	卢立胜
黄曙光	田延娟	杨永勋	李铁峰
刘 蕙	吴剑飞	赵 明	张 鹏

栾坚 李矗亚 吴仲阳 邓国强
李铭刚 孙剑 罗江涛 陈建康
李博 陈小松 徐超 王莉
徐晓哲 王树青 党莎 阚闯
谢文懿 宋练 尹子 杨博
雷晓玲 翟萌萌 肖郁平 贺岚
吴晓 齐士朝 韩轩 曾雳
郝爽 全磊 刘宝珍 闫高伟
陆信 张志勇 赵晓光 朱林
郑玉明 王光杰 赵骞 张浩
周敬章 张松苍 张一洲 周洋
彭小倩 周亚琴 王亚茹 丁洁莹
胡婷 李颖 赵晓梅 林丹
徐晓燕 阚琦 王正 王屹
金宇馨 姜春 张皓 李鸣
池家磊 陈美云 郭亮亮 刘冲
谢顺利 张进 戚心刚 郑晓斐
王磊 方湧 孔庆民 李雯
涂岚 惠宁 邓明珅 李瑞洁
赵福辰 段晔 柴菁菁 包婧
聂文琪 戢晓燕 姚楠 唐海滨
王宏杰 祝晓松 高鑫 朱洪
胡析 王辉 马晓曈 李孝文
朱海洋 何勇 郭彬 何智峰
师伟 吴祖民 刘波 马桂辉
王景丽 刘坤稳 范明 王士进
吴静 向晓艳 邓兰馨 万珊
陆艇 许舸 张铮 冯硕
郭飞 卢山 王选会 鹿保军
陈辰 杜鹏 饶丹 谢玢
关薇 黄琰 刘奎恩 王卫宏
郝国华 肖杨昊 熊进 陈彩荣
乔中柱 李继伟 王晗 裴巍
张刚 刘军 金勇杰 万锐
张成 郑东飞 胡涛 王云博
许鹏 陈博洋 陈屹然 马庆军
徐志栋 胡博 翟鲁峰 苏平

单明辉 顾群楠 李蕊 仲正
钱振兴 何洪路 姚晔弘 宋丹峰
陈海雷 王冲 许文龙 陈增亮
吕志强 李争 李动恒 李宇辉
钟文辉 汪云路 杜娜娜 石亚飞
邱应强 李琳 陈雪锦 李睿
朱晓鸣 曾燕 李思一 曾丹
邢超 李宁 瞿洋 马德胜
米良川 杜坤 邵辉 白琳
李军 杨福荣 葛仕明 贺康静
游思粱 周武 李杰 袁勋
陈继旭 仇鹏 李德升 谢于明
黄昊 谢丹 周曦 温浩
朱磊 黄晶 陈仁旭 马斌
李波 董锋 杨晓志 唐杰
杨胜洪 孙涛 李正学 史翮飞
徐敏 左平兵 郑国辉 王鑫
田宝峰 熊安丽 王连启 丁交阳
傅向荣 周艳 蒋友毅 丁健
王霄翔 林建民 李俊 翟永波
申成龙 李志伟 蹇兰 朱未
杜艰 郑先进 罗冰昱 程艳青
罗涛 宋磊 金贻荣 臧晨
王玉平 刘栋 周全 王炜华
马思玄 沈雷 万迎霞 武煜宇
刘卫平 李雪白 于文博 肖云鹏
陈平 居琛勇 杨叶飞 耿斌
游宝贵 邱俊 左鸣 钟声
何德勇 員超 邓锐 陆小松
林玲 郑重 张辉 姚功民
张沛 张涛 王陈 马易升
孟炳寰 黄旭锋 陈群峰 曹勇
闵长俊 赵于康 黄鑫 冯发勇
邬融 王保平 郭俊福 佘建黄
马骏 单晖 熊涛 苏俊
陈伯伦 邓蜀萨 葛红林 刘阿娣
邹涛 骆威 吴品玉 张大力

刘小桦	陈　佳	曾　翔	孙相甲	尚春峰	李　航	沈　楠	高　波
姜维春	潘　拴	李竟成	王　健	黄　倩	马国强	常　亮	孙汝佳
汪　磊	籍伟杰	朱　晶	贡　顶	袁开军	董　豫	张　亮	张　旺
梁志伟	蔡辉山	倪添灵	赵　静	谭　琳	张俊龙	沈　雷	沈　瑜
王　强	陈　冉	汪　洋	汪　涛	张新峰	黎　斌	孙剑秋	黄　豪
后　接	席晓峰	牛田野	卢云鹏	谢定海	项　荣	李　丹	王一平
孙　昊	吴　兵	姜　磊	王岩松	李　娟	江定武	周　畅	赵　晶
秦　义	刘　强	马　良	李　杰	唐　江	田　莉	肖　楠	甄　承
陈　佳	谭　泓	李　凯	王海峰	王天放	向彦娟	李锐鹏	汪　伟
胡广月	王亮亮	穆雅蓉	高建军	张伟明	严鸿维	周剑芸	陈凤云
韦东山	陈　玮	贾　宁	刘德彬	何　婷	林　青	项小强	谢　彬
李志刚	张　飞	宁　波	赵　亮	张　杏	吕建沣	侯滨阳	林玉顺
郭　岩	丰　平	孙　莲	赵　智	方曙民	张　盈	段　垚	林　宾
陈　皞	胡　晨	王　敏	夏俊卿	黄　钊	刘宜凤	杨　欣	梁　莹
顾海巍	施俊辉	文中略	夏　晶	傅良丰	张　兴	姚海飞	管泽雷
张　勐	郭　磊	胡　珊	左　芬	贺　琪	傅祥良	占闽川	张明明
王匀天	郭建光	邵　振	吕　川	张　韧	胡放晴	洪　洁	黄长水
李天江	陈洪佳	杨　超	冯怀宝	刘小俊	刘铭飞	杨　珺	陆永明
赵圣捷	袁　巍	马湜涵	黄　佳	彭　静	伍　平	罗颖照	赵　宇
杨　飞	赖荣杰	安文勇	吕荐瑞	崔　歆	程铁军	李广科	王　筠
许　丽	殷　彪	戴　爽	曹冬磊	肖俊鹏	严　青	徐　奎	杨　未
尚士魁	徐秋艳	王　皓	谢　磊	董亚伟	袁　立	崔　哲	魏　凯
李长征	邱竞梅	张瑞丰	张茂林	吴亮星	刘晓蕙	刘建华	袁燕秋
凌　杰	陈　劼	汪　杰	宋　涛	刘　斌	吴伟泰	林　翼	谢建达
王海亮	田可雷	张永超	祝　威	储松南	许　磊	季恒星	黎　鹤
张　磊	康　鹏	黄　玲	黄　聪	张晓磊	赵　远	方　芳	赵　丹
潘　伟	叶　剑	金良兵	李　琳	马小科	赵全保	凌　琳	刘文勇
吴伟强	刘恒昌	程颖达	张海生	党　杰	苏　楠	李令音	朱　晓
张　伟	李　思	王　婧	孙明璇	徐贝思	程　莹	李　远	谢　瑜
刘　菁	杨秋月	马隽宇	田　绪	郭　燕	刘春艳	王　鲲	朱晓娟
肖　康	王　佳	周伟平	尹述婷	肖大武	董　毅	徐晶磊	刘　义
姚　展	朱　虹	莫　茜	纪　鹏	李敬文	许　峰	张　剑	马宏昊
张绍杰	周长海	魏华兴	张　敏	王　磊	朱志强	傅长亮	朱　赟
叶增友	陈清烽	丁　瑜	袁　荣	胡莉莉	黄　轩	许仁萍	乔　玲
宋　敏	王超尘	汪　炜	张　雯	顾　洁	张伟伟	朱应顺	王　吉
胡俊斌	姜　恺	杨　赟	张　诚	高　鹏	田利安	詹耀文	寇东鹏
周晖皓	肖　瑛	赵三平	唐玉杰	陈小燕	黄金海	陈　菲	刘春阳

贾来兵 项国富 徐海斌 杨　平
宋　俊 徐　明 韩建平 任喜军
滕宏辉 黄　德 廖　钦 邓世春
兰　彬 方美彦 王　欢 王付锐
王兆希 吴有金 李河云 彭文臣
王　彬 沈骑龙 黄金力 陈永和
陶　然 陈木久 张　栋 陈　文
金浙萍 金宏伟 章永华 王　磊
罗　勇 凤良杰 孙　磊 盛晓泽
肖　磊 魏源远 高　霖 赵志刚
谭　鑫 曾巍巍 朱　翔 邱志敏
曹伟丽 郑永升 殷甲青 范克彬
李文伟 许晓慧 解叶军 钟小强
黄　强 李　明 林正茂 邵　君
章荣平 苏丽娟 汪　飞 朱龙洋
刘　伟 郭　锐 张朋翔 王修壮
王富中 赵玉春 邢　卉 康洪文
刘敬忠 吴亚雷 王宝源 孙成园
陆　阳 段靓瑜 刘丽萍 谢　忱
陈玉星 孔祥照 刘树炜 何汉峰
马　强 杨宝玉 姜　海 刘正锋
黎林村 史鸿声 张云鹏 李　伟
段建国 张小舟 朱征林 周　敏
高　娟 程丹鹏 刘展华 王国栋
杨　毅 赵　涛 况凯骞 许　彬
邵　荃 王　蔚 穆克进 胡芝鑫
于海春 彭　伟 冯　瑞 吴　迪
于彦飞 乔利锋 李　健 刘广义
隆　刚 王　瑜 方　堃 魏　华
曹　成 杨晓冬 张　牙 陈东升
王泰然 尹　晴 贾　炜 修志华
邢璟夏 彭建辉 马　俊 邓　单
朱春波 杨　露 刘君英 季晓南
王云刚 袁　军 张　磊 莫洁芳
黄森华 刘孜文 王贵武 王　烁
邢献武 魏　思 柯　磊 张　瑞
邵　洋 仇成伟 马　柯 潘小涛

张国强 尹治平 刘振星 陈　杜
任　荣 王广松 彭　朕 鄢志杰
邓　艺 张　瑞 徐　伟 史　聃
胡　凡 张义安 唐金辉 陈颖达
杨　琳 吴耀云 杨春明 郭立鹏
顾志伟 姚道远 程　亮 周　健
蒋立彬 米文罡 胡　可 刘　磊
刘　华 代　亮 徐　鹰 李关义
韦　勇 邹国辉 陈晓鹏 李　明
师　斌 吴龙海 郑　雷 曹　政
关世勇 李　伟 马海涛 吴庆林
李大鹏 伍冬睿 周　波 刘树宝
张国庆 尹辉炳 钱　晶 唐晓东
段家庆 张大海 郑大岳 郑旭东
李永辉 魏铭旭 陈　功 陈远浩
刘　瑄 胡　冰 李嘉全 高修峰
张　杨 丰国栋 祁　飞 刘赫伟
闫清泉 李　飞 王肖龙 徐陈锋
郑　重 欧　晴 于晓绎 范长杰
刘　宜 刘长远 孙　炜 张　蓉
赵慧智 铁伟涛 田贵宾 宋记锋
张喜洋 庞勇强 彭　婷 孙　忱
郑　涛 梁荣龙 王立志 张　巍
秦济瑞 王　胜 张志坚 向　伟
王大鹏 吴　杭 李　昕 姚亦飞
吴国斌 闵　罡 陈伟琳 张　喆
高　佳 荆巍巍 左建春 邹　琼
姜节汇 田　鹏 胡　甜 林春晓
郭红艳 罗全义 朱蓝天 张义国
杨建国 刘剑宇 刘　畅 邢　凯
张　瞫 徐维江 黄林峰 李兆鹏
徐　琳 陈　雁 徐　东 李黄海
陆　超 王兴元 卞学望 蔡荣峰
徐步荣 陆笑天 袁茵茵 吴　献
江文杰 纪金松 杨　柳 宇　佳
张　敏 杨　超 刘　超 张　烨
谭　永 张纯鹏 魏亮辉 李　坤

童　杰　王　宁　徐梓耀　臧　楠
张淼辉　张红涛　朱晓静　吴永崇
邓灵莉　米　伟　戚　岳　张　可
蒋韵联　向世利　刘姗姗　霍　玮
莫肇敏　陈　嘉　刘朝俊　李　凡
程绍银　刘　洋　王　钧　姜振海
李庆瑞　孙庭波　朱　洲　李亚麟
时　正　朱建伟　裴　彪　靳文峰
严　望　汪　萌　张　炜　石淼磊
梅　星　周晓波　彭晶波　韦巍巍
魏传明　吴叶国　曾洪博　陈　亮
欧阳月辉

6.经校学位委员会 2003 **年** 12 **月** 29 **日会议审议通过,决定授予刘宗海等** 26 **人普通高等教育本科毕业生学士学位。名单如下:**

刘宗海　王　惠　崔　猛　周晓祺
吕计男　卢艰春　卢俊勇　罗春涛
张　卿　吴晶晶　梅璐璐　李　品
林　广　胡　浩　周天伟　程　健
尹叶飞　朱智超　罗　松　金腾川
邓　云　汪文俊　杨纯臻　王云峰
董　阔　薛开平

7.经校学位委员会 2003 **年** 7 **月** 2 **日会议审议通过,决定授予李晓华等** 77 **人成人高等教育本科毕业生学士学位。名单如下:**

李晓华　郑言方　汪　妙　刘晓惠
刘燕燕　丁家富　朱　红　陈　晔
陆　跃　曾勇俊　周理智　曹道社
应晓丹　王　波　梁　焱　朱长风
陈　蓓　周华庆　黄云波　丁继勇
杨　炯　陶　钰　吴　涛　包厚华
刘　敏　郁卫华　杨玉波　袁　璟
邓　欣　叶凡青　吴冬梅　朱镇斌
韩　洋　韩慧华　宋彦蓉　王春飞
赵九洲　裴莉霞　孟龙梅　滑　峰
关　磊　道秀萍　陈玉来　江　婕
陈美英　张海燕　曹　帅　王晓华
汪云玲　骆　予　汪洁翔　杨　丽
王　建　杨景超　林　辉　程卫民
陈红梅　王亚敏　吴　年　周　雯
张　江　高正东　肖　何　尹　娜
史爱臣　高淑梅　魏苏林　李抒娅
王明福　何　韬　吴　平　费文坤
王　萍　陶　槊　田　宇　张　玮
徐　芸

8.经校学位委员会 2003 **年** 12 **月** 29 **日会议审议通过,决定授予王静等** 555 **人成人高等教育本科毕业生学士学位。名单如下:**

王　静　黄士宏　黄　兵　陶梅香
黄美烈　吴迎松　陆中华　王　茂
汪　涛　潘礼武　仲媛媛　刘　定
姚　波　邓红波　孙洪举　张　君
周雨蓉　朱永杰　邓红霞　李　冬
生　勇　吴　莜　江禄晓　施琳莉
叶　蕾　崔和平　吴彤珺　金家敏
汪　丽　丁　瑶　晋　军　胡国斌
陶　智　白建民　张　翔　李翠红
吴　超　孙春岭　杨　万　郝　乐
蔡哲丹　李海霞　乔海霞　孙　璐
苗瑞明　李　娟　何　花　秦海霞
周海波　贾　亮　李玉清　孙怀亮
周贤青　魏　婷　孙　宁　谢卓妮
王晓燕　梁雅莉　边海燕　张建勋
沈彦斌　孔繁东　任相宇　杨　剑
张阿荣　黄海波　高　巍　赵乐图
王云峰　段宇新　刘文妍　王　刚
李照庭　周麦玲　华　博　宋　辉
任志刚　郭祥瑛　施　辉　赵　燕
刘宾宾　舒　媛　彭　杏　张　珂
曾应宏　杨　蕾　孙　雷　张　玮
戴　媛　陈香梅　张　阳　王燕琴
唐义理　宋　青　苏汉哲　武蓬蓬

刘大为	付大伟	钱锦波	刘玉丰
贺兆亮	时海德	唐　杰	蔡小凤
朱　霏	方　磊	王　馨	张　磊
刘　斌	周秀珍	屠挺挺	王　玮
徐　薇	李　伟	曹　蕾	唐君健
张　晨	夏　磊	杨　杨	熊　绎
闫　妍	管丹青	王　锐	刘　翔
刘　丽	张　玲	徐福萍	王险峰
王首彬	赵大地	李　刚	杜　立
王　毅	周志明	孔凡斌	王庆红
彭学东	王雪冰	郭竹青	候　晋
尹厚才	刘　炎	田志锋	黎建兵
程一刚	魏　斌	汪禾青	水　莲
宣礼丽	靳　霄	姚再勇	李红涛
殷荣网	葛海洋	张明华	吴乃鑫
张小丽	凌杜江	钟琼阁	刘　鹏
潘　静	杨　柳	沈　海	李靖轶
胡晨光	陈仁乐	史先军	徐　婷
牛和辉	孙晓静	张　健	蔡心悦
张宜萍	唐定兴	周　昊	李　强
焦广志	翟宜进	田青松	潘　柳
刘晓鸣	张怡文	阚　勋	朱　珠
张　李	刘俊侠	杨　静	杨明亚
齐芸芸	李　涛	吴　枫	龚慧娟
张晓春	金　贤	杨　春	李　坦
杨宏艳	王　韧	贾德侠	季　静
胡　婷	刘　华	刘焱秋	孙　剑
王明宇	蔡劲松	余　云	李小莲
吴燕娜	王兴立	姚林捷	袁利霞
陈　琦	黄　腾	陈兵云	叶　茜
潘玉霞	姚程宽	朱为应	冯家诚
窦长宇	邓慧琴	傅　毅	孙茂荣
晋　钢	肇颖锋	徐　燕	李　云
孙晓方	李　严	卢灿举	郝　钰
彭　虹	罗晓华	张　琪	莫丽子
康　力	张　翼	李　晨	王保志
黎　林	孙　毅	贺成飞	杨　健
郭宗花	李　菁	陈　璐	倪跃峰
顾金伟	王　琼	李静雷	李　立
王　燕	沈冬兴	王静华	凌晓星
苏　禹	房朝辉	钱　叡	倪楠楠
仲　蕾	蔡　萌	王　燕	冯万宾
吴　怡	高　汛	郭雪明	后维维
夏建国	周　悦	尹媛媛	李永健
刘　恋	张　洁	江莹莹	钱　香
张岳宁	王源源	尹雪莲	王　芳
王慧敏	汪　莹	詹雯雯	袁　媛
樊　莉	王付瑜	沈　丽	章　琳
刘　瑶	吴　怡	吴涵涵	薛帮闯
刘　艳	肖　婧	朱小平	罗美静
曾东霞	严慧馨	刘秀青	李翠芳
周叶齐	何伟芳	黄　雯	崔洁远
董嘉怡	何杰庭	肖娟娟	刘钻弟
甘　丽	沈学英	刘小洁	李　灵
陈　璐	陈　楠	梁　婧	戴晓梅
陈若鲁	李涵洁	徐　斌	蒋海鸿
阙　军	罗水华	何龙飞	谢癸泉
刘艳华	刘昊雅	陈慧丽	闫晓星
洪　娟	孔汇环	武恺枫	疏晓山
刘　丰	江万景	刘　锋	程晓川
安军文	唐　焱	牛执山	王玉红
翟文华	李朝峰	胡林政	邵　力
孙丽君	陆瑶君	胡　明	马振波
文晓艳	陈　杰	王中亚	乐　玲
曹　丽	卢　敏	程　威	魏　婧
李国柱	石　涛	付少杰	唐福春
章志平	黄业谦	孙　涛	江　萍
李　敬	杨　洋	刘瑞金	刘　坤
李　由	马伟杰	夏　菲	曹承龙
牛建平	佟玲玲	周腾玉	匡跃翔
熊　洁	王志娟	刘　军	路　近
孙敬松	周国华	肖　芬	刘　潇
桑玲俐	石　蕾	任　杰	钱友霞
余丽华	韦小玲	鲍峰松	王芦燕
闻　静	叶　峰	包　洁	林　琳
苗泽民	崔　立	吴　华	王　鹏
刘　扬	罗艳萍	陈　莹	陈鸿飞
周鸿彦	蔡怀志	张志敏	张　颖

张　萍　高飞燕　杨　静　张霆生
孙　颖　王德伯　邓　松　毛　飞
袁小平　余益心　谢晓茜　赵志鹰
李仲波　江红雁　蒋东升　吴兆柱
王　林　陈雪梅　张　健　王华本
陈发光　吴沛然　王升保　李　迪
代启化　许　磊　马　可　胡居国
王　欣　傅　军　余夏生　丁　锐
何双亮　汪　军　冯玲玲　陈　燕
张　鸿　安冬梅　傅志军　刘青阳
王　蔚　刘晓芳　李朝阳　汪　波
牛　敏　倪　东　吴正英　朱大梅
江　虹　周小东　何御卿　戴耀军
张　梅　汤燕京　尹　娟　徐　虎
王　旗　居　靖　董　菁　马　圣
孙家兵　刘厚兵　朱俊波　张　雷
龙有清　杭智勇　马志勇　王志诚
左　翔　王　炜　陆　静　李　涛
蔡劭星　徐　娟　刘　伟　程　蕾
耿　涛　郭　琦　孙承卓　杜影传
陈学士　毕　涛　侯爱华　方　惠
吴　娟　方国涛　尹　佳　廖孝波
邓其全　张　蓉　金文良　李　祥
张从海　石　伟　徐海清　陈国栋
杨娟芳　杜可兵　韩晓辉　杨玉梅
朱雪飞　周　惠　史　军　吴　静
彭　鹏　周展翅　束庆军　王　磊
赵开江　赵　东　王昌东　黄宏斌
吴汉羽　徐丹丹　徐　娜　刘东升
高　志　王若惠　张冬茹　张　莉
杨　鹏　丁　达　郭　琼　许晓东
丁家才　陈　刚　江正涛　徐　震
张育能　李春香　王育松　张　辉
吴　杰　姚光金　杨　声　陶钦胜
张　帆　李　争　徐家武　盛　旭
潘　浩　刘宜萍　金晓艳　张开存
宋智勇　李　洋　艾新泓乐

国家任务毕业生去向

(2003 年 7 月)

1. 毕业研究生去向

单位:人

<table>
<tr><td rowspan="2">项目
类别</td><td rowspan="2">合计</td><td colspan="2">博士后流动站</td><td rowspan="2">高校(含留校)</td><td rowspan="2">科研单位</td><td rowspan="2">三高企业</td><td rowspan="2">地方就业</td><td rowspan="2">其他(含机关、部队)</td></tr>
<tr><td>国内</td><td>国外</td></tr>
<tr><td>博士毕业生</td><td>222</td><td>23</td><td>30</td><td>79</td><td>11</td><td>3</td><td>47</td><td>29</td></tr>
<tr><td rowspan="3">硕士毕业生</td><td rowspan="3">620</td><td colspan="2">录取博士</td><td rowspan="3">44</td><td rowspan="3">20</td><td rowspan="3">22</td><td rowspan="3">51</td><td rowspan="3">103</td></tr>
<tr><td>国内博士</td><td>国外博士</td></tr>
<tr><td>297</td><td>83</td></tr>
</table>

2. **校本部本科毕业生和经济技术学院毕业生去向**

单位:人

项目 / 类别	合计	考取国内外研究生		高校	科研单位	三高企业	地方就业	其他单位
		国内	国外					
校本部毕业生	1712	898	427	24	18	15	74	256
经济技术学院毕业生	609	国内	国外	烟草系统	其他行业	地方就业	结业	
		24	4	192	354		28	7

近年来向中国科学院研究院所推荐免试研究生情况

	1997 年	1998 年	1999 年	2000 年	2001 年	2002 年	2003 年
推荐免试研究生数	17	34	52	52	85	167	201

2003 年向中国科学院研究院所推荐免试研究生名单

廖源　陈鸽　吴晓丽　罗栗
颜蓉　宋其江　卢献　范国平
叶燕程　常山　姚镭　刘非
周文洪　陈迪俊　贾伟　范永涛
腾静　刘贵斌　段利兵　丁武昌
姚鹏　杨飞飞　张益　熊转贤
程鹏　吴丹　王大为　谭琳
张末卿　任泽峰　周波　郑川

占亮　严亮　覃晓　董晓刚
刘峰　徐杰　王焘　刘红林
徐方涛　张俊　黄熊辉　吕俊明
袁涛　董贺飞　李飞　戴维
周良将　仇晓兰　唐晓青　夏添
黎俊　江杰　马丽莉　罗川江
陈志辉　郑成诗　钱湘　刘倓倓
姚琼　龚玫　施妍　向诗红

侯亚丽 胡　浩 葛　亮 丁　辉 曾　艳 李方志 刘　峰 江　楠
孙　鹏 任志鹏 赵新峰 石正国 陈　钢 张　敏 赵大年 部　慧
谭　洁 李　乾 范凤娟 郑秀丹 曹　蔚 高　明 栾　峰 苏　斌
王　婧 钱自亮 李双舟 苏昊然 崔志民 张　凌 罗　林 廉　玫
蔡渊恒 赵　凯 彭　伟 阮文婕 李鸿程 高　强 周　颖 陆　平
何灵娜 李立斋 赵　罡 孙德云 曾　毅 孟令一 曾耀宇 牛文新
曹红兵 刘智辉 魏　玮 舒　妮 杨宇飞 谢富国 董勇伟 张兆翔
王　坤 程鹏飞 蔡海蛟 顾智宇 黄　玄 甘业兵 丘　聪 李　敏
刘光远 杨　非 林昌龙 费　飞 郭　照 胡贤龙 卜弘毅 蒋　鑫
汪俊文 郑建颖 陈万明 陈　新 邓江平 张明涛 何振宇 陆　敏
叶文兴 黄上峰 林　宇 于洪涛 王　达 侯庭波 田　媛 胥　凯
杨　梁 顾　彬 刘大鹏 崔晓玲 包　斌 吕元华 林　磊 李邦祥
鲁逸峰 匡振国 陈　伟 聂晓峰 王平建 应凌云 蒋卓明 刘大鹏
董维山 黎　阳 帅　捷 于东海 徐　凤 李海波 汤子楠 马　杰
郭嘉丰 黄浩达 门　珂 康　楠 张　斌 张阳阳 周永彬 周博文
叶　荣 程　鹏 曾依灵 杨海涛 黄　娆 李　炯 葛俊岩 马锋杰
张尔攀 李　婵 席红霞 祝　捷 哈森其其格
王力平 黄艳琴 刘伟丽 陈　思

近年来选拔国防生情况

签约批次	签约时间	选拔方式	签约人数
1	2001.2	在校选拔	37
2	2001.8	高考录取	47
3	2002.3	在校选拔	18
4	2002.9	高考录取	60
5	2003.3	在校选拔	6
6	2003.9	高考录取	46
7	2003.12	在校选拔	10
合　计			224

毕业生中的中国科学院院士

（共21人）

姓　名	工　作　单　位	毕业时间	当选时间	毕业系别
白以龙	中科院力学研究所	1963	1991	近代力学系
朱清时	中国科学技术大学	1968	1991	近代物理系
赵忠贤	中科院物理研究所	1964	1991	物理系
陈　颙	国家地震局	1965	1993	物理系
马志明	中科院数学与系统科学研究院	1981(硕)	1993	物理系
徐建中	中科院工程热物理研究所	1963	1995	近代力学系
施蕴渝	中国科学技术大学	1965	1997	物理系
严加安	中科院数学与系统科学研究院	1964	1999	数学系
佟振合	中科院理化技术研究所	1963	1999	近代化学系
王志珍	中科院生物物理研究所	1964	2001	物理系
石耀霖	中科院研究生院地学部	1966	2001	物理系
李邦河	中科院数学与系统科学研究院	1965	2001	数学系
李崇银	中科院大气物理研究所	1963	2001	物理系
刘嘉麒	中科院地质与地球物理研究所	1986(博)	2003	地球和空间科学系
李曙光	中国科学技术大学	1965	2003	近代化学系
吴　奇	中国科学技术大学、香港中文大学	1982	2003	近代化学系
陈　霖	中科院研究生院、生物物理研究所	1970	2003	物理系
林尊琪	中科院上海光机所	1964	2003	无线电电子学系
侯建国	中国科学技术大学	1983	2003	物理系
饶子和	中科院生物物理研究所、清华大学	1977	2003	物理系
郭光灿	中国科学技术大学	1965	2003	无线电电子学系

注：以当选院士年度为序，同年当选的以姓氏笔画为序。

毕业生中的中国工程院院士

(共12人)

姓　名	工　作　单　位	毕业时间	当选时间	毕业系别
吴有生	无锡中国船舶总公司702所	1964	1994	近代力学系
王震西	中科院三环公司	1964	1995	物理系
杨秀敏	工程兵国防工程研究设计所	1965	1995	近代力学系
李国杰	国家智能计算机研究开发中心	1981(硕)	1995	无线电电子学系
何多慧	中国科学技术大学	1964	1995	近代物理系
龚惠兴	中科院上海技术物理研究所	1963	1995	无线电电子学系
魏复盛	中国环境监测总站	1964	1997	近代化学系
杜善义	哈尔滨工业大学	1964	1999	近代力学系
宋湛谦	中国林科院南京林化所	1964	1999	近代化学系
许祖彦	中科院物理研究所	1963	2001	物理系
陈立泉	中科院物理研究所	1964	2001	物理系
范维澄	中国科学技术大学	1965	2001	近代力学系

注:以当选院士年度为序,同年当选的以姓氏笔画为序。

UNIVERSITY OF SCIENCE AND TECHNOLOGY OF CHINA YEARBOOK

科学研究与科技产业

国家级科研机构

名　　称	负责人	成立时间	批准部门
国家同步辐射实验室	盛六四	1991.12	国家发展计划委员会
合肥微尺度物质科学国家实验室(筹)	侯建国	2003.11	科学技术部
火灾科学国家重点实验室	范维澄	1989	国家发展计划委员会
国家高性能计算中心(合肥)	陈国良	1995.9	科学技术部

院、省级科研机构

名　　称	负责人	成立时间	批准部门
中国科学院结构分析重点实验室	侯建国	1985.6	中国科学院
中国科学院结构生物学重点实验室	牛立文	1997.4	中国科学院
中国科学院选键化学重点实验室	朱清时	1997.4	中国科学院
中国科学院热安全工程技术研究中心	范维澄	1998.7	中国科学院
中国科学院材料力学行为和设计重点实验室	虞吉林	2001.12	中国科学院
中国科学院量子信息重点实验室	郭光灿	2001.12	中国科学院
安徽省高性能计算与应用重点实验室	陈国良	1999.12	安徽省科技厅
安徽省分子医学重点实验室	田志刚	2002.12	安徽省科技厅
安徽省光电子科学与技术重点实验室	明　海	2002.12	安徽省科技厅
综合国力运行信息监测系统研究中心	冯江源	2003.10	安徽省教育厅

校级科研机构

序号	名　　称	挂靠单位	成立时间	负责人
1	自然科学史研究室	独立机构	80.12.01	胡化凯
2	华为信息技术研究所	独立机构	97.07.05	叶国华
3	中国科学技术大学－SHINCRON先进薄膜工艺与材料联合实验室	独立机构	03.04.24	侯建国
4	交叉学科理论研究中心	理学院	02.05.14	卢建新
5	数学研究所	数学系	78.01.01	舒其望
6	超导研究所	物理系	92.04.07	张裕恒
7	强激光技术研究所	物理系	97.01.16	吴鸿兴
8	光子技术研究所	物理系	01.02.22	明　海
9	理论物理研究所	近代物理系	94.04.20	闫沐霖
10	原子分子物理实验室	近代物理系	94.06.23	徐克尊
11	核仪器研究所	近代物理系	95.04.20	朱俊杰
12	高能物理联合研究所	近代物理系	99.10.15	卞祖和
13	等离子体科学研究实验室	近代物理系	01.02.22	李　定
14	天体物理研究中心	天文与应用物理系	84.01.01	褚耀泉
15	非线性科学中心	天文与应用物理系	92.04.07	谷超豪
16	团簇复合材料青年实验室	天文与应用物理系	96.01.05	侯建国
17	绿色科学技术研究与开发中心	化学与材料科学学院	92.11.15	朱清时
18	辐化技术研究所	化学与材料科学学院	99.10.15	张志成
19	纳米化学与纳米材料实验室	化学与材料科学学院	99.11.16	钱逸泰
20	材料科学研究中心	化学与材料科学学院	01.02.22	钱逸泰
21	生物质洁净能源实验室	化学与材料科学学院	01.08.22	朱清时
22	量子化学研究室	化学物理系	83.01.01	辛厚文

续上表

序号	名　　称	挂靠单位	成立时间	负责人
23	固态化学与无机膜研究所	材料科学与工程系	94.12.09	孟广耀
24	脑科学研究中心	生命科学学院	97.10.27	唐孝威
25	脑功能及细胞神经生物学开放研究实验室	生命科学学院	99.03.24	周　专
26	合肥脑功能医学成像联合实验室	生命科学学院	99.11.29	胡小平
27	免疫学研究所	生命科学学院	01.10.16	田志刚
28	应用力学研究所	力学和机械工程系	92.11.15	伍小平
29	超精密技术研究所	精密机械与精密仪器系	92.04.07	李川奇
30	空间科学技术研究基地	信息科学技术学院	99.05.14	龚惠兴
31	信息处理中心	电子工程与信息科学系	88.09.01	孙卫东
32	信号统计处理中心	电子工程与信息科学系	93.09.01	叶中付
33	微波毫米波工程研究中心	电子工程与信息科学系	96.10.14	王东进
34	通信与信息系统研究所	电子工程与信息科学系	96.10.14	朱近康
35	工业自动化研究所	自动化系	92.04.07	孙德敏
36	网络与系统集成研究所	计算机科学技术系	97.01.16	王煦法
37	生物医学工程研究所	电子科学与技术系	92.11.15	冯焕清
38	智能信息技术研究所	电子科学与技术系	92.11.15	庄镇泉
39	第三世界科学院地球科学和天文学高级研究中心	地球和空间科学学院	93.09.10	郑永飞
40	石油天然气研究中心	地球和空间科学学院	94.12.09	徐果明
41	化学地球动力学研究实验室	地球和空间科学学院	97.12.30	郑永飞
42	极地环境研究室	地球和空间科学学院	99.05.14	孙立广
43	国际经济研究所	商学院	96.11.29	孙　健
44	电子商务研究开发中心	商学院	00.06.08	万　可
45	信息与决策研究所	信息管理与决策科学系	92.11.15	汤书昆
46	科技法学研究室	信息管理与决策科学系	92.11.15	罗　匡
47	统计咨询中心	统计与金融系	93.09.27	赵林城

续上表

序号	名　　称	挂靠单位	成立时间	负责人
48	科技考古研究室	人文与社会科学学院	96.10.14	王昌燧
49	国际发展研究所	人文与社会科学学院	01.09.07	冯江源
50	蓝帆知识管理研究所	人文与社会科学学院	02.09.28	汤书昆
51	烟草与健康研究中心	独立机构	00.04.07	苏庆德
52	热安全技术咨询培训中心	火灾科学国家重点实验室	98.05.12	范维澄
53	星系和宇宙学研究实验室	天体物理中心	98.05.12	冯珑珑
54	儿童弱视和斜视研究治疗中心	医院	93.06.17	陈林义
55	现代视光学研究所	医院	99.05.14	刘广进

年度科研经费到款情况

单位:万元

类　　别	经　　费
科研事业费	2935.8
主管部门专项费	11348.8
国家发改委、科技部专项费	4854.3
国家自然科学基金项目费	3671.3
国务院其他部门专项费	252.4
省、市、自治区专项费	1083.7
企、事业单位委托经费	2710
其他	640.8
合　计	27497.1

承担国家重大科研项目情况

"863"高技术课题

序号	课题编号	课 题 名 称	年度实拨经费（万元）
1	2003AA123220	超宽带(UWB)无线传输技术研究与开发	20
2	2003AA103810	内容分发与内容请求技术的实现	30

国家自然科学基金重点项目

序号	课题编号	课 题 名 称	年度实拨经费（万元）
1	10332040	鱼类机动运动的特征和机理研究	160
2	10335060	托卡马克芯区等离子体湍流诊断发展研究	160
3	40334036	扬子板块北缘新元古代岩浆活动与热液蚀变	140
4	40336052	空间等离子体中磁场重联和粒子加速的理论研究	150
5	50332040	洁净能源中的中高温离子传导膜材料的研究	140
6	50335050	飞秒激光功能微部件加工技术研究	150

注：以上是2003年批准，以我校为依托单位的项目。

年度科研成果鉴定情况

（共17项）

单位	经费来源	项目名称	完成人员	鉴定单位	鉴定日期	成果水平	成果编号
理学院	部门基金	Ⅲ－Ⅴ和Ⅱ－Ⅵ族半导体电学输运和发光特性的研究	许小亮 赵有文 施朝淑 刘洪图		2003.9.10	国际先进	2003008

续上表

单位	经费来源	项目名称	完成人员	鉴定单位	鉴定日期	成果水平	成果编号
理学院	国家基金		汪晓莲 李 澄 邵 明 伍 健 陈宏芳 程建平 许咨宗 李元景 叶树伟 汪兆民 曾 晖 王从容 张子平 王 义 黄胜利 阮丽娟 董 昕 刘海东	安徽省科技厅	2003.10.21	国际先进	2003013
理学院	科技攻关、国家基金	同步一曲率辐射的发现及其应用	张家铝 郑广生 张 力 袁业飞 杨建明			国际领先	2003014
化学与材料科学学院	安徽省高新技术	纳米氧化钛环保功能涂料研制技术	王大志 刘金华 俞汉青 刘先明 张道元 张万群	申请专利		国际先进	20030002
化学与材料科学学院	国家基金	硅与碳基材料的化学制备、结构和物性研究	陈乾旺 钱逸泰 娄正松 刘建伟	评审	2003.11	国际领先	2003009
化学与材料科学学院	安徽省教育厅	膜渗析法回收酸性废液的基础理论研究	徐铜文 杨伟华 傅荣强 吴翠明	安徽省教育厅	2003.6.20	国际先进	2003012
化学与材料科学学院	部门基金	最弱受约束电子势模型理论及其应用研究	郑能武 王 涛 李国胜 马东霞		2003.12.4	国际先进	2003015
化学与材料科学学院	部门基金	新型配位聚合物的设计合成和结构研究	郑能武 潘 龙 许海涛 吴永钢		2003.12.4	国际先进	2003016
生命科学学院	科技部863项目	表达M1033的突变酶GIG138P的基因工程菌株M1033WZ及其构建方法	徐 冲 滕脉坤 牛立文 朱国萍 伍传金 龚为民 杨永辉 朱忠良 王玉珍	安徽省科技厅	2003.3.28		20030003
工程科学学院	安徽省高新技术项目	四季节能冷暖空调热水三用机		安徽省科技厅	2003.11.30	国际先进	2003017

续上表

单位	经费来源	项目名称	完成人员	鉴定单位	鉴定日期	成果水平	成果编号
信息科学技术学院		虹膜识别系统KD-1.0	庄镇泉 汪祖媛 叶学义 姚　鹏 殷珊珊 吴　亮	安徽省科技厅	2003.7.16	国际先进	20030005
地球和空间科学学院	国家基金、中科院知识创新工程	南极苔原和粪土层气体排放与环境效应	孙立广 谢周清 朱仁斌	教育部	2001.1.20	国际先进	20030001
商学院	合肥市科技局	把合肥市建设成为全国重要的高新技术研究与产业化基地的研究	梁　樑 古继宝 赵定涛 吴　强 魏玖长 唐林兵 杜少甫 吴德胜 杨海燕	合肥市科技局	2003.5.7		2003006
	自选	SARS流行规律的空间统计研究	方兆本 李　勇 李红星 彭甘霖 杨建平 陶利斌				2003007
火灾科学国家重点实验室	部门基金	低压储罐式多组分细水雾灭火系统	廖光煊 秦　俊 范维澄 王喜世 周晓猛 厉培德 刘江虹 方永祥 施文芳 房玉东 陆　强 徐　刚 蔡　波 卢　平 夏云春	安徽省科技厅	2003.9.18	国际先进	2003010
	部门计划	单相流高压储罐式细水雾灭火系统	廖光煊 厉培德 刘江虹 范维澄 秦　俊 王喜世 方永强 陆　强 丛北华 朱　伟 黄　鑫 林　霖	安徽省科技厅	2003.9.18	国际先进	2003011
信息管理办公室	自选	中国科大“校园一卡通”系统	徐为民 陆公华 王国毅 朱显灵 曾建平 黄洪村 姜　明 陈锦锐 李　纳 徐　兵 王　燕 石健卿 吴文喜 刘　竹 陈德锋 兰　宇	安徽省科技厅	2003.4.8	国内领先	20030004

年度科研成果获院、省、部级及以上奖励情况

（共 13 项）

单 位	项目名称	完成人员	奖励名称	获奖等级
理学院	量子信息技术的基础研究	郭光灿 段路明 郑仕标 周正威 张永生	2003 年度国家自然科学奖	二等
化学与材料科学学院		钱逸泰	2001 年度安徽省重大科技成就奖	
地球和空间科学学院	南极湖泊系统的沉积列与环境事件研究	孙立广 谢周清 赵俊琳	2001 年度安徽省自然科学奖	一等
地球和空间科学学院	太阳风的加热和加速	胡友秋 李 醒	2001 年度安徽省自然科学奖	二等
火灾科学国家重点实验室	大空间火灾实验研究和火灾探测平台的研制及其应用	霍 然 吴龙标 范维澄 周允基 袁宏永 王进军 万玉田 汪 箭 李元洲 卢结成 刘申友 陈 涛 周建军 王正洲	2001 年度安徽省科技进步奖	二等
国家同步辐射实验室		何多慧	2002 年度安徽省重大科技成就奖	
理化科学中心	用扫描隧道显微学对单分子结构的理论和实验研究	侯建国 杨金龙 王海千 王 兵 朱清时	2002 年度安徽省自然科学奖	一等
数学系	组合矩阵论	李炯生 张晓东 侯耀平 潘永亮 尹建华	2002 年度安徽省自然科学奖	二等
电子工程与信息科学系	地震图纸数字化及数据库管理系统	刘政凯 王 炜 潘坚云 张 荣 俞能海 肖锦玉 蒋春曦 张天中	2002 年度安徽省科技进步奖	三等
自动化系	2008t/h 锅炉主蒸汽温度的预测控制	刘亚敏 李 俊 张伟康 陈 涛 黄云涛 薛信春	2002 年度安徽省科技进步奖	三等

续上表

单　位	项目名称	完成人员	奖励名称	获奖等级
地球和空间科学学院	微束分析技术研究卡林型金矿及长江中、下游铜(金)成矿远景区	王奎仁　杨晓勇　孙立广　周有勤　任炽刚　杨学明	2002年度安徽省科技进步奖	三等
力学和机械工程系	在动力管网大口径煤气管道危险源分析及安全保障工程技术研究	王秀喜(第二完成人，第三完成单位)	2002年度安徽省科技进步奖	二等
经济技术学院	大中型泵站(群)综合自动化系统	任传胜(第三完成人，第三完成单位)	2002年度安徽省科技进步奖	二等

注：以上奖励均于2003年公布。

近年来科研成果入选国内重要科技进展(新闻)一览表

年份	项目名称	完成单位	类　别
1998	轻跨克质量比的研究	天文与应用物理系	中国基础科学研究十大新闻
1998	从四氯化碳催化热解制金刚石	化学系	中国高等学校十大科技进展
1999	C_{60}在半导体表面的吸附取向	理化科学中心 化学物理系	中国基础科学研究十大新闻
2000	过去3000年企鹅数量变化与环境演变	地球和空间科学系	中国高等学校十大科技进展
2001	科学家成功直接观察分子内部结构	理化科学中心 化学物理系	中国十大科技进展新闻
2001	中国科技大学C_{60}纳米材料与纳米结构研究获重要进展	理化科学中心 化学物理系	中国基础科学研究十大新闻
2001	C_{60}单分子的高分辨表征和新型二维取向畴	理化科学中心 化学物理系	中国高等学校十大科技进展
2003	中国科大在量子通信实验领域取得重大进展		中国十大科技进展新闻、中国高等学校十大科技进展

近年来发表在 Science 和 Nature 上的论文一览表

论文名称	期刊名	发表日期及卷期	作　者	单　位
A Benzene-Thermal Synthetic Route to Nanocrystalline GaN	*Science*	1996. 6. 28 VOL272	谢　毅 钱逸泰等	化学与材料科学学院
A Reduction-Pyrolysis-Catalysis Synthesis of Diamond	*Science*	1998. 7. 10 VOL281	李亚栋 钱逸泰等	化学与材料科学学院
Oldest playable musical instruments found at Jiahu early Neolithic site in China	*Nature*	1999. 9. 23 VOL401	张居中 王昌燧等	科技史与科技考古系
A 3,000-year record of penguin populations	*Nature*	2000. 10. 19 VOL407	孙立广 谢周清等	地球和空间科学学院
Surface science-Topology of Two-dimensional C_{60} domains	*Nature*	2001. 1. 18 VOL409	侯建国 杨金龙 王海千 曾长淦 袁岚峰 王　兵 陈东敏 朱清时	理化科学中心
Long-distance quantum communication with atomic ensembles and linear optics	*Nature*	2001. 11. 22 VOL414	段路明等(我校为第一作者第二单位)	量子通讯与量子计算开放实验室
Experimental entanglement purification of arbitrary unknown states	*Nature*	2003. 5. 22 VOL423	潘建伟 等	近代物理系

近年来发表论文情况

年度	发表总数	SCI 论文	EI 论文	ISTP 论文	国内论文
1992	1176	144	66	73	533
1993	1083	165	81	56	520
1994	1174	210	148	28	608

续上表

年度	发表总数	SCI 论文	EI 论文	ISTP 论文	国内论文
1995	1214	227	159	69	646
1996	1158	270	156	36	671
1997	1447	375	208	41	823
1998	1734	443	217	96	978
1999	2213	705	254	67	1087
2000	2443	784	318	77	1264
2001	2885	880	391	167	1447
2002	2841	903	382	161	1395

近年来发表论文在全国高校排名情况

年度	SCI 排名	EI 排名
1992	5	8
1993	3	9
1994	3	8
1995	5	4
1996	4	8
1997	4	8
1998	3	4
1999	4	9
2000	4	7
2001	4	6
2002	5	7

近年来发表国际论文被引用情况

（据 SCI 系统统计）

年度	被引用篇数	被引用次数	在全国高校、研究机构排名
1992	174	318	2
1993	177	317	3
1994	187	301	3
1995	209	338	4
1996	235	453	5
1997	276	551	5
1998	368	672	5
1999	494	933	3
2000	638	1277	4
2001	647	1463	4
2002	1078	2450	4

近年来职务专利申请与授权情况

（1985 年～2003 年）

年度	专利申请统计					专利授权统计				
	发明	新型	外观	小计	累计	发明	新型	外观	小计	累计
1985	2	1		3	3					
1986	7			7	10					
1987	5	3		8	18		1		1	1
1988	5	6		11	29	2	2		4	5

续上表

年度	专利申请统计					专利授权统计				
	发明	新型	外观	小计	累计	发明	新型	外观	小计	累计
1989	4	5		9	38	2	7		9	14
1990	5	6		11	49	5	2		7	21
1991	7	10		17	66	5	7		12	33
1992	7	10		17	83	3	11		14	47
1993	7	11		18	101	4	11		15	62
1994	6	9		15	116	1	10		11	73
1995	8	8		16	132	2	7		9	82
1996	10	8		18	150	2	4		6	88
1997	16	13		29	179	1	7		8	96
1998	17	16		33	212	3	14		17	113
1999	21	14		35	247	5	18		23	136
2000	44	16		60	307	9	18		27	163
2001	43	31		74	381	9	14		23	186
2002	49	31	1	81	462	17	28		45	231
2003	63	27		90	552	35	28	1	64	295
合计	326	225	1	552		105	189	1	295	

年度职务专利授权项目

序号	专利名称	类型	申请日	申请号	授权日	发明人或设计人	共同申请人
1	基于彩色三基色测量高温发光物体温度及其分布的方法	发明	970203	97100951.1	030625	程晓舫 吴建华 王瑞芳	

续上表

序号	专利名称	类型	申请日	申请号	授权日	发明人或设计人	共同申请人
2	一种防火包及其制造方法	发明	970508	97103272.6	030514	胡　源 范维澄 王清安 霍　然	
3	一种采用高分子聚合交联固化的多孔陶瓷挤压成型法	发明	980528	98109145.8	031022	孟广耀 彭定坤 王焕庭 顾云峰	
4	有机聚合辅助的制备复合金属氧化物陶瓷粉料的方法	发明	980528	98109146.6	030625	孟广耀 王焕庭 彭定坤 刘杏芹	
5	一种 $Ⅲ_A$-$Ⅴ_A$ 族化合物半导体表面硫纯化方法	发明	980701	98115739.4	030122	陆尔东 徐法强 张新夷 徐彭寿 余小江	
6	一种以金属配合物热分解制备超细微粉的方法	发明	980708	98115767.x	030319	刘扬中 刘清亮	
7	电动车异步型车轮电机	发明	980722	98116520.6	031105	李　格 王国慧 魏　英	
8	抗 $P185^{neu/c\text{-}erbB\text{-}2}$ 单克隆抗体杂交瘤其制备方法及肿瘤检测用途	发明	980722	98116523.0	030820	刘　兢 姚　阳 杨正洪 王　琛 吴　强 吕沅冈 李　昀 杨　枫 朱德厚 官伟宁 张荣兴	
9	一种高频低温等离子体消毒灭菌方法和设备	发明	980723	98115880.3	030903	曹金祥 鲁润龙	
10	“闭合型”波荡器及用途	发明	980724	98116819.1	031105	李　格 魏　英	
11	反射式光束感烟火灾探测方法及其装置	发明	981201	98122932.8	031029	袁宏永 范维澄 刘炳海 苏国锋	
12	一种纳米金属钴粉或镍粉的制备方法	发明	990121	99101538.x	030212	郑化桂	

续上表

序号	专利名称	类型	申请日	申请号	授权日	发明人或设计人	共同申请人
13	光镊操控精子活力检测装置及其检测方法	发明	990621	99108824.7	030402	李银妹 楼立人 王浩威	
14	数据库查询和门限判决的多用户干扰对消方法及接收机	发明	990625	99110207.x	030723	朱近康 李国清 夏鹏飞	
15	空间分辨光发射谱采集器	发明	990628	99114278.0	030903	方容川 叶祉渊 薛剑秋 王冠中 崔景彪 李灿华	
16	一种纳米金属铁粉的化学制备方法	发明	990708	99110250.9	030212	郑化桂	
17	制造“七彩光环”景观的方法	发明	990723	99111821.9	031029	侯碧辉	
18	双波长双脉冲谐波可调谐激光器及双波长谐波产生方法	发明	990819	99108774.7	030730	谢建平 王佩琳 陈长水	
19	一种利用电泳法制备金属/有机多层膜的方法	发明	990826	99117569.7	030507	李惠祥 林铭章 侯建国	
20	一种制致密透氧分离膜用陶瓷材料及其氧渗透膜分离器	发明	991108	99124427.3	030917	陈初升 刘　卫 谢　松 杨萍华 朱长飞 彭定坤	
21	一种自动探测报警消防灭火枪	发明	991202	99124905.4	030219	秦　俊 廖光煊 范维澄	
22	一种三总线多通道火灾图像传输与显示系统	发明	991223	99126980.2	030806	卢结成 吴龙标	
23	热裂解除焦生物质气化炉	发明	000112	00101428.5	030115	朱锡锋	
24	用于激光冲击处理的安全无污染冲击头	发明	000310	00112121.9	031217	吴鸿兴 郭大浩 王声波 戴宇生 夏小平	

续上表

序号	专利名称	类型	申请日	申请号	授权日	发明人或设计人	共同申请人
25	钕玻璃激光冲击处理机	发明	000310	00112122.7	031217	吴鸿兴 郭大浩 王声波 戴宇生 夏小平	
26	环形光纤激光陀螺	发明	000421	00104219.x	030827	谢建平 明 海 赵天鹏 吴云霞 孙晓红 许立新	
27	呼吸式气体电极	发明	000421	00104247.5	030910	徐献芝 徐大华	
28	一种二总线远供电源及其通信系统	发明	000715	00121828.x	031105	张培仁 王洪波 马 云 朱东杰	
29	一种分离溶菌酶的方法	发明	000918	00128951.9	030514	文章军 钱生球	
30	一种复合式生物质气化炉及其燃气制备方法	发明	001122	00133263.5	030730	朱锡锋	
31	软开关单端隔离直流/直流正激变换器	发明	001128	00133291.0	030903	赵 涛 王相綦 尚 雷 董晓莉 金正方 张海燕	
32	地下固壁水库爆炸成形方法	发明	001206	00134380.7	031029	沈兆武 周听清 胡秀章	
33	一种用于激光加工的光束旋转装置及其加工方法	发明	010105	01108008.6	031029	常 超 马玉蓉 吴气虹 揭建胜 方容川 陈向力	
34	稀土碱式碳酸盐晶体膜及其水热制备方法	发明	010213	01108093.0	031126	韩兆慧 钱逸泰 陈 宁 赵化侨	
35	一种激光打孔装置及其二步打孔方法	发明	010510	01113609.x	031217	常 超 马玉蓉 方容川 吴气虹 陈向力	
36	减振装置	实用新型	011210	01272733.4	030115	王 永 周 烽 张先舟 张培强 孙德敏	
37	一种火灾探测综合模拟实验检测装置	实用新型	020404	02219803.2	030101	袁宏永 谢启源 苏国锋 詹福如 赵建华 范维澄	
38	呼吸式燃料电池装置	实用新型	020427	02220320.6	030723	徐献芝 赵 雅	

续上表

序号	专利名称	类型	申请日	申请号	授权日	发明人或设计人	共同申请人
39	一种四季节能冷暖空调热水三用机	实用新型	020428	02220342.7	030702	陈则韶	
40	一种在线可编程集成电路教学实验开发板的共享器	实用新型	020428	02220343.5	030212	李　辉	
41	一种带有滑动摩擦片的消防水炮	实用新型	020430	02220414.8	030212	袁宏永　疏学明　刘申友　苏国锋　刘炳海　梁光华　陈　涛	
42	太阳能空气一热水两用型加热器	实用新型	020501	02220430. x	030319	李业发	
43	可直接成型的儿童手工制品	实用新型	020530	02220948.4	030702	孔凡让　王建平　李晓峰　刘永斌　张　平　龙　潜　刘维来　刘志刚	
44	高亮度分辨率视频转换器	实用新型	020531	02220968.9	030806	李祥瑞　徐鹏景　金坚中	
45	一种双向送风的贯流风机叶轮	实用新型	020610	02221177.2	030618	徐立功　杨基明　徐庶民	
46	一种平板型中温固体氧化物燃料电池堆连接部件	实用新型	020620	02262552.6	030423	孟广耀　高建峰　夏长荣　刘杏芹	
47	一种阳极支撑管状固体氧化物燃料电池	实用新型	020620	02262553.4	030423	孟广耀　高建峰　刘杏芹	
48	分散体系稳定程度的微观诊断装置	实用新型	020703	02262943.2	030514	李银妹　孙祉伟　楼立人　戴国亮　徐升华	
49	高可靠性计算机键盘	实用新型	020712	02263111.9	031105	刘维来　龙　潜　王建平　李晓峰　刘志刚　张　平　孔凡让　冯志华	
50	回燃实验装置	实用新型	020712	02263112.7	030716	范维澄　翁文国　杨立中　邓志华　宋　虎	
51	旋转式倒立摆	实用新型	020823	02263926.8	030723	孙德敏　王　永　卿致远　张培仁　吴　刚	②科大创新股份有限公司

续上表

序号	专利名称	类型	申请日	申请号	授权日	发明人或设计人	共同申请人
52	倒立摆	外观设计	020823	02333828.8	030402	孙德敏 王 永 卿致远 张培仁 吴 刚	②科大创新股份有限公司
53	聚合物光纤在线测径仪	实用新型	020929	02257614.2	030924	许兴胜 谢建平 马 辉 明 海	
54	磁流变柔性夹具	实用新型	021018	02257890.0	031029	张先舟 王棋民 张培强	
55	自平衡两轮电动车	实用新型	021120	02258700.4	031217	张培仁 屠运武 张先舟 张培强 王久才 王 桦 赖俊伟 吴晓东	
56	离子浓度检测仪	实用新型	021129	02286383.4	031029	王 永 孙德敏 秦琳琳 吴 刚	
57	对组合样品的结构和成分进行测量分析的装置	实用新型	021202	02286529.2	031029	高 琛 罗震林	
58	高容量信息编码与解码装置	实用新型	021210	02286667.1	031022	侯建国 王海千 王晓平 王 兵 潘登余 卢 威 赖发春	
59	超分辨载/盖玻片	实用新型	021210	02258775.6	031105	王 沛 蔡定平 鲁拥华 谢建平 明 海	
60	一种光纤阵列成像探测器	实用新型	021216	02287621.9	031112	阴泽杰	
61	消防用液体雾化喷头	实用新型	021217	02245559.0	031029	秦 俊 廖光煊 范维澄 陆 强 余明高	
62	一种罐装式细水雾灭火装置	实用新型	021223	02287672.3	031203	廖光煊 秦 俊 范维澄 余明高 陆 强	
63	一种以燃气煅烧生产水泥熟料的立窑	实用新型	021225	02293065.5	031112	夏维东 夏保林 李业发	
64	一种光电振弦式测力传感器装置	实用新型	021231	02292896.0	031210	李胜利 凌 晨 竺长安 徐 敏 郑春阳	

注:"共同申请人"栏中的数字指共同申请人的排序。

近年来科研综合情况

年度	科研经费（万元）	专著（本）	发表论文（篇）	授权专利（项）	鉴定成果（项）	获省部级成果奖励（项）	获国家级成果奖励（项）
1992	2799	29	1176	14	35	21	2
1993	3281	40	1083	15	30	19	1
1994	3745.7	22	1174	11	34	13	
1995	4834.4	8	1214	10	39	12	2
1996	5630.7	23	1158	6	32	11	
1997	11541.1	23	1447	8	22	9	1
1998	15858.6	29	1734	17	20	29	1
1999	10816.3	34	2213	17	33	5	2
2000	11720.0	28	2443	26	25	19	
2001	22505.7	41	2885	23	35	10	3
2002	31020.6	52	2841	45	19	4	1
2003	27497.1	61		64	17	12	1

主办（承办）的学术刊物

中文名称	英文名称	刊　号	主编	创刊年度	备注
中国科学技术大学学报	Journal of University of Science and Technology of China	CN34－1054/N	王　水	1965	双月刊
低温物理学报	Chinese Journal of Low Temperature Physics	CN34－1053/O4	赵忠贤	1979	季刊

续上表

中文名称	英文名称	刊　号	主编	创刊年度	备注
实验力学	Journal for Experimental Mechanics	CN34－1057/03	戴福隆	1986	季刊
教育与现代化	Education And Modernization	ISSN 1007-3051	程　艺	1986	季刊
化学物理学报	Chinese Journal of Chemical Physics	CN34－1050/O6	楼南泉	1988	双月刊
火灾科学	Fire Safety Science	CN34－115/X	范维澄	1992	季刊

注:《化学物理学报》由中国物理学会主办,我校承办;其余均为我校主办。

科技企业概况

序号	企业名称	法人代表	注册资金(万元)	注册日期	股权(%)	主营范围	合资及关联单位
1	中国科学技术大学科技实业总公司	朱清时	6500	1988.02	100.00	科技产业投资、管理	
2	福建凯特发展总公司	许维健	1000	1990.01	25.00	网络技术、房地产	闽技术协作办、闽轻工、福州市经济开发区
3	安徽高科技市场拓展有限公司	李　民	223(万美元)	1992.08	15.00	物业管理	香港 TTM 系统有限公司
4	深圳市创新天地通信技术有限公司	沈明宏	2375	1993.01	7.00	通信技术	电子科大等
5	合肥顺达高技术医疗设备有限公司	俞　琦	35(万美元)	1993.02	50.00	医疗设备	香港精卓实业有限公司
6	合肥华西科技开发有限公司	叶福明	210	1993.07	35.00	汽车检测技术	西班牙九龙国际贸易公司
7	合肥兆峰科大药业有限公司	李兆羿	200(万美元)	1994.02	30.00	医药制品	香港李氏大药厂

续上表

序号	企业名称	法人代表	注册资金(万元)	注册日期	股权(%)	主营范围	合资及关联单位
8	合肥科恒安全技术有限公司	苏俊	100	1994.12	52.00	安全监控	自然人
9	合肥中科新技术有限公司	吴月华	100	1995.05	20.00	微机销售	伊藤博一
10	合肥科焱化学材料有限公司	刘祖钰	3000	1998.01	21.00	阻燃材料	自然人
11	合肥科大立安安全技术有限公司	袁宏永	700	1999.06	30.00	大空间火灾、安全监控工程	深圳赋安、科大创新、自然人
12	科大创新股份有限公司	王东进	7500	1999.12	36.73	新材料、安全电子	合肥科聚、省信息技术、中科院合肥智能所
13	深圳市科大科技有限公司	苏俊	100	2000.08	51.00	科技开发	深圳普罗实业发展有限公司
14	安徽科大恒星电子商务技术有限公司	陈意云	350(万美元)	2000.08	36.00	软件开发、系统集成	科大创新、日本恒星、日本软银
15	兰州长城新元膜科技有限公司	张彬	660	2000.10	14.00	膜技术	兰州长城电工、自然人
16	合肥中科大生物技术有限公司	刘兢	100	2000.11	30.00	生物技术	自然人
17	合肥中科大爱克科技有限公司	付绍军	300	2000.12	56.30	电子技术	自然人
18	合肥国家大学科技园发展有限公司	周建强	1800	2000.12	5.56	孵化器	科技厅、教育厅、合工大、安大
19	安徽中科大擎天数码科技有限公司	苏俊	1000	2001.01	57.24	通信技术、网络工程	自然人
20	厦门中科大微电子软件股份有限公司	成促进	1000	2001.01	30.00	微电子产品、芯片设计	科大辰信、安徽华茂、自然人
21	厦门中科大辰信通讯科技有限公司	苏俊	4000	2001.04	35.50	通信终端、通信软件	安徽华茂、自然人
22	合肥中科大科讯通信科技有限公司	苏俊	50	2001.04	70.00	通讯服务	自然人
23	合肥中科大金轮科技有限公司	罗有泉	100	2001.05	26.00	科技开发	自然人

续上表

序号	企业名称	法人代表	注册资金(万元)	注册日期	股权(%)	主营范围	合资及关联单位
24	安徽中科大国祯信息科技有限公司	左　毅	500	2001.07	25.00	自动化控制、人工智能	安徽国祯、自然人
25	安徽中科大讯飞信息科技有限公司	王仁华	7000	2001.08	8.40	语音合成、技术开发	复兴实业、联想、省信托、美菱、省企投、永信、INTEL、科技部火炬公司、自然人
26	合肥中科大兰德自动化有限公司	王　兵	300	2001.08	28.00	自动化设备、系统集成	青岛心和、自然人
27	上海中科大光镊技术有限公司	李银妹	50	2001.08	25.00	光镊技术应用与开发	自然人
28	安徽中科大鲁能集成科技有限公司	黄明松	3000	2001.09	26.00	电力载波、配网自动化	山东鲁能、临沂三力、自然人
29	合肥科大科苑装饰有限公司	张庚福	500	2001.10	5.00	装饰工程	自然人
30	合肥市中科大奥锐科技有限公司	王晓蒲	100	2001.10	25.00	教学软件的开发、销售	自然人
31	安徽新丝路光电科技有限公司	胡　浩	1000	2001.10	10.00	光纤研发、生产、销售	省企投、安徽民生、自然人
32	宿州丰华农业生物技术有限公司	牛立文	500	2001.12	21.00	植物基因改良	宿州市农业生物开发中心
33	合肥中科大科波高技术有限公司	盛奕建	65	2001.12	51.70	电子技术	自然人
34	合肥中科大力天科技有限公司	王　兵	200	2002.02	28.00	大型设备安全生产系统	自然人
35	靖江市中科大科星纳米材料有限公司	顾根生	150	2002.03	25.00	纳米氢氧化镁的生产	靖江赛德力制药、自然人
36	合肥中科大量星技术有限公司	苏　俊	180	2002.04	28.50	网络应用产品	深圳科大科技、日本QS公司
37	上海鹏开移动技术有限公司	中原隆志	100	2002.05	5.00	移动技术	深圳联开、上海研发中心
38	合肥中科精化科技有限公司	陆宝忠	50	2002.06	17.50	化工产品研发、生产、销售	上海精金绣品公司、自然人

续上表

序号	企业名称	法人代表	注册资金(万元)	注册日期	股权(%)	主营范围	合资及关联单位
39	安徽中科大嘉士通科技有限公司	黄成发	400	2002.11	25.00	工业自动化、软件开发	上海嘉士通公司
40	上海中科大鲁能集成科技有限公司	黄明松	500	2002.12	25.00	系统集成、软件开发	安徽中科大鲁能
41	安徽中科大易元生物技术有限公司	凌　莉	500	2003.03	25.00	生物酶产品	自然人
42	合肥中科建成有限公司	宗诚刚	300	2003.03	28.00	软件	自然人
43	芜湖科炎化学材料技术发展有限公司	刘祖钰	1000	2003.12	12.50	阻燃材料	自然人

科技产业孵化基地一览表

基地名称	所在地	成立时间	负责人	代表机构	注册资本(万元)
合肥国家大学科技园	合肥高新技术产业开发区	2000.12		合肥国家大学园发展有限责任公司	1800
中国科技大学漯河科技园区	河南漯河高新技术产业开发区	2000.04	宋　伟	中国科技大学科技园(漯河)	
上海浦东中科大研究发展中心	上海张江高科技园区	2000.08		上海浦东中科大研究发展中心有限责任公司	2000
中国科技大学深圳研究院	深圳虚拟大学园	2000.08		中国科技大学深圳研究院	50
中国科技大学(深圳福田)产学研基地	深圳福田区	2002.09	苏　俊	中国科技大学(深圳福田)产学研基地	100

UNIVERSITY OF SCIENCE AND TECHNOLOGY
OF CHINA YEARBOOK

教职工队伍

教职工人员结构情况

（2003 年 9 月）

单位：人

	教职工数									另有其他人员：			
	合计	校本部教职工数					科研机构人员	校办企业职工	其他附设机构人员	聘请校外教师	离退休人员	附属中小学幼儿园教职工	集体所有制人员
		计	专任教师	行政人员	教辅人员	工勤人员							
总　计	3444	2658	1136	475	577	470	568	84	134	6	1086	194	68
其中：女	1022	790	246	174	230	140	138	16	78		512	132	42
正高级	454	405	331	28	46		45	3	1		198		
副高级	814	624	364	84	176		149	16	25	5	373	64	
中　级	886	651	334	128	189		191	18	26	1			
初　级	473	331	107	94	130		111	3	28				
无职称	817	647		141	36	470	72	44	54				
其中聘任制	100	81	12	12	57		8		11				
其中：女	55	47	5	9	33		2		6				
正高级													
副高级	1	1		1									
中　级	3	3		2	1								
初　级	92	73	12	9	52		8		11				
无职称	4	4			4								

专任教师年龄情况

(2003 年 9 月)

单位:人

职称＼年龄	合计	30 岁及以下	31 岁～35 岁	36 岁～40 岁	41 岁～45 岁	46 岁～50 岁	51 岁～55 岁	56 岁～60 岁	61 岁～65 岁	66 岁及以上
总 计	1136	253	185	229	121	84	33	136	92	3
其中:女	246	70	39	46	22	10	6	36	17	
正高级	331	1	7	53	41	32	11	91	92	3
副高级	364	1	63	130	65	41	21	43		
中 级	334	144	115	46	15	11	1	2		
初 级	107	107								

专任教师学历情况

(2003 年 9 月)

单位:人

职称＼学历	合计	博士	硕士	本科	大专及以下
	1136	335	363	434	4
其中:女	246	29	92	123	2
正高级	331	129	45	156	1
副高级	364	115	119	128	2
中 级	334	91	165	77	1
初 级	107		34	73	

分科专任教师情况

（2003 年 9 月）

单位:人

	合　计	正高	副高	中级	初级	无职称
总　计	1136	331	364	334	107	
其中:女	246	46	80	91	29	
哲　学	6	2	1	2	1	
经济学	29	6	6	5	12	
文　学	94	9	31	33	21	
理　学	613	207	197	175	34	
工　学	388	106	126	117	39	
农　学	6	1	3	2		

中国科学院院士、中国工程院院士一览表

(共 22 人)

姓　名	性别	出生年月	学 术 领 域	当选年度	所属学部
刘有成	男	1920.11	有机化学	1980	中国科学院化学部
朱清时	男	1946.2	分子高振动态实验和理论研究	1991	中国科学院化学部
常印佛	男	1931.5	矿产地质勘查和研究	1991 1994	中国科学院地学部 中国工程院能源与矿业工程学部
王　水	男	1942.4	地球物理、空间科学	1993	中国科学院地学部
何多慧	男	1939.2	加速器物理和技术、自由电子激光	1995	中国工程院能源与矿业工程学部
龚惠兴	男	1940.7	空间信息获取技术和空间实验科学	1995	中国工程院信息与电子工程学部
伍小平	女	1938.2	实验力学	1997	中国科学院技术科学部
陈希孺	男	1934.2	数理统计	1997	中国科学院数学物理学部
施蕴渝	女	1942.4	结构生物学	1997	中国科学院生物学部
钱逸泰	男	1941.1	无机固体化学	1997	中国科学院化学学部
童秉纲	男	1927.9	流体力学	1997	中国科学院数学物理学部
杨国桢	男	1938.3	光物理	1999	中国科学院数学物理学部
崔尔杰	男	1935	流体力学	1999	中国科学院数学物理学部
石耀霖	男	1944.8	地球动力学、地球内部物理和化学	2001	中国科学院地学部
范维澄	男	1943.1	交叉边缘学科火灾安全科学与工程	2001	中国工程院能源与矿业工程学部
周又元	男	1938.7	类星体和活动星系核研究	2001	中国科学院数学物理学部
李曙光	男	1941.2	地球化学	2003	中国科学院地学部
吴　奇	男	1955.3	高分子科学	2003	中国科学院化学部

续上表

姓　名	性别	出生年月	学 术 领 域	当选年度	所属学部
陈国良	男	1938.6	计算机	2003	中国科学院技术科学部
侯建国	男	1959.10	物理化学	2003	中国科学院化学部
洪茂椿	男	1953.9	无机化学	2003	中国科学院化学部
郭光灿	男	1942.12	光学	2003	中国科学院技术科学部

注:以当选年度为序,同年当选的以姓氏笔画为序。

我校教师担任国务院学位委员会学科评议组成员名单

王　水　朱清时　汤洪高　李尚志　何多慧　施蕴渝　钱逸泰

其中:朱清时为国务院学位委员会委员

我校教师担任安徽省学位委员会委员名单

朱清时　汤洪高　李尚志　徐善驾　程　艺

其中:朱清时为安徽省学位委员会副主任委员

我校教师担任教育部2001～2005年理工科类全国高等学校教学指导委员会(分委员会)成员名单

王东进　王煦法　向守平　朱清时　明　海　竺长安　郑永飞　徐卫华
伍小平　刘明侯　李尚志　吴　敏　施蕴渝　程　艺　霍剑青
吴　刚　何世平　张其锦　范维澄

杰出青年人才名单

教育部“长江学者奖励计划”(共12人)

特聘教授:

姚雪彪　高大勇　叶向东　谢　毅
杨金龙　潘建伟　陆夕云　陈仙辉
向成斌　陈乾旺

讲座教授:

舒其望　应志良

中国科学院百人计划(共56人)

引进国外杰出人才:

胡　森　陆云光　邢朝平　段路明
吴明卫　曹更玉　刘世林　陈　旸
刘秋宇　潘建伟　何陵辉　张青川
陆夕云　文鹤鸣　张广照　徐天乐
龚为民　吴　缅　姚雪彪　刘海燕
褚家如　刘允萍　俞汉青　蔡晓丹
汪子丹　陈春华　陈乾旺　王官武
汪志勇　崔　华　刘　业　冯珑珑
张俊颖　吴文彬　林子敬　高　琛
韦世强　万　可　卢建新　孙金华
段金桥　温龙平　李全新　俞书宏
齐　飞　朱大鸣　向成斌　郜　云
周　专　龚兴龙　潘必才　刘世勇

国内百人计划:

郑永飞　肖体俊　周江宁　田志刚

国家自然科学基金委员会“国家杰出青年科学基金”获得者(共38人)

程　艺　叶向东　陈仙辉　吴　奇
杨金龙　李　定　郑永飞　姚雪彪
刘海燕　牛立文　李晓光　郭其鹏
谢　毅　张其锦　王挺贵　丁泽军
毛志强　侯建国　陆夕云　田志刚
陈乾旺　张俊颖　高　琛　王官武
潘建伟　徐天乐　陈发来　陈初升
龚为民　严以京　夏幼南　胡小平
舒其望　王　文　吕忠林　姚　震
陈少伟　曾凡钢

国家自然科学基金委员会创新研究群体

1. 以侯建国院士为学术带头人、以中国科学院结构分析重点实验室和中国科学院选键化学重点实验室为依托的群体;

2. 以施蕴渝院士为学术带头人、以中国科学院结构生物学重点实验室为依托的群体;

3. 以郭光灿院士为学术带头人、以中国科学院量子信息重点室为依托的群体;

4. 以谢毅教授为学术带头人、以合肥微尺度物质科学国家实验室(筹)为依托的群体。

正高级专业技术职务人员名单

（共 458 人）

校领导（含原校领导）

郭传杰　朱清时　许　武　程　艺
侯建国　李　定　王东进　汤洪高
范维澄　金大胜　王广训

理学院

数学系

卢业广　叶向东　冯玉瑜　邢朝平
朱国城　刘太顺　李　平　李尚志
肖体俊　余红兵　宋光天　陈祖墀
陈发来　陈　卿　季孝达　陆云光
胡　森　侯定丕　段金桥　徐俊明
郜　云　奚梅成　章　璞　梁　进
蒋继发　舒其望

物理系

丁泽军　尹　民　刘鸿图　刘文汉
李永平　李银妹　吴柏枚　吴明卫
张慰萍　杨国桢　明　海　易　波
赵特秀　赵天鹏　段路明　夏上达
郭常新　郭光灿　曹烈兆　傅竹西
楼立人

近代物理系

马锦秀　王安民　井思聪　叶邦角
卢建新　朱栋培　朱大鸣　许咨宗
安　琪　刘金英　刘万东　刘秋宇
刘之景　闫沐霖　孙腊珍　完绍龙
汪晓莲　汪兆民　汪秉宏　张子平
张永明　陈银华　杨维紘　杨保忠
周永钊　金　革　俞昌旋　闻一之
徐克尊　翁惠民　曹金祥　虞孝麒
詹如娟　潘建伟

天文与应用物理系

王晓蒲　王挺贵　冯珑珑　任多敏
朱杏芬　刘方新　杜英磊　轩植华
张家铝　张璞扬　张　杨　周又元
秦家桦　戚伯云　褚耀泉　程福臻
霍剑青

化学与材料科学学院

化学物理系

王基熔　包信和　刘凡镇　刘世林
李健民　李全新　李疏枌　吴　奇
何天敬　陈从香　陈　旸　张广照
杨金龙　范崇政　赵　仪　俞书勤
侯中怀　曹更玉　梁万珍

材料科学与工程系

王玉霞　王大志　刘杏芹　朱长飞
汪子丹　陈初升　陈春华　陈乾旺
杨碚芳　孟广耀　范洪义　岳　军
姚连增　俞书宏　蔡维理

化学系

王中夏　王官武　尤田耙　刘有成
刘清亮　苏庆德　李龙泉　何友昭
汪志勇　陈祖耀　张祖德　邵学广
林祥钦　郑能武　郑化桂　赵化侨
洪茂椿　俞汉青　徐铜文　钱生球
钱逸泰　黄碧霞　崔　华　谢　毅
蔡文生

高分子科学与工程系

方月娥 白如科 刘　业 刘世勇
吴承佩 何平笙 张志成 张兴元
张其锦 施文芳 梁好均 潘才元
瞿保钧

生命科学学院

王玉珍 王光辉 牛立文 田志刚
刘　兢 刘海燕 孙　汭 阮迪云
向成斌 吴　缅 吴季辉 张达人
陈　林 周江宁 周逸峰 姚雪彪
施蕴渝 顾月华 徐耀忠 徐希平
徐天乐 徐卫华 温龙平

工程科学学院

力学和机械工程系

王秀喜 王肖钧 文鹤鸣 尹协远
尹协振 卢德唐 吕　品 伍小平
张寒虹 杨基明 陆夕云 周凯元
胡时胜 郭长铭 夏源明 徐胜利
李永池 何世平 何陵辉 吴　峰
吴长春 沈兆武 张培强 张青川
唐志平 龚兴龙 续伯钦 崔尔杰
童秉纲

精密机械与精密仪器系

孔凡让 邢晓正 刘允萍 杜华生
沈连婠 竺长安 杨　杰 周绍祥
胡玉禧 黄文浩 褚家如

热科学和能源工程系

王晓宏 吕盘明 李业发 吴清松
陈义良 陈则韶 季　杰 林其钊
夏维东 高大勇 蔡晓丹

信息科学技术学院

电子工程与信息科学系

卫　国 王仁华 王世明 王培康
史杏荣 成促进 朱近康 刘政凯
刘发林 吴秀清 陈学佺 周康源
屈玉贵 胡访宇 洪佩琳 徐守时
徐善驾 徐佩霞 徐云生 钱景仁
龚惠兴 盛奕建 戴逸民

自动化系

丛　爽 孙德敏 刘振安 吴　刚
汪增福 张培仁 陈宗海 周荷琴
奚宏生 鲍远律

计算机科学技术系

王煦法 陈国良 陈意云 陈小平
岳丽华 周学海 顾乃杰 黄刘生
蒋　凡 龚育昌

电子科学与技术系

冯焕清 杨基海 周佩玲 郭　立
程义民 戴蓓蒨

地球和空间科学学院

王　水 支霞臣 石耀霖 孙立广
李中元 李　毅 李曙光 陈江峰
陈月娟 陈道公 郑永飞 郑惠南
金曙平 胡友秋 席道瑛 徐果明
常印佛 彭子成 傅容珊 傅云飞

商学院

邓国华

信息管理与决策科学系

田　田 陈华平 赵定涛 梁　樑
糜仲春

管理科学系

华中生 陈晓剑 储雪林

统计与金融系

韦来生 方兆本 苏　淳 吴耀华
应志良 赵林城 胡太忠 缪柏其

工商管理培训部

洪咸友

人文与社会科学学院

外语系

方宜庆 刘月华 张光前 陈纪梁

龚　立　崔海建

科技史与科技考古系

王昌燧　毛振伟　石云里　胡化凯

科技传播与科技政策系

汤书昆　胡河宁　裴世兰

科技哲学教学研究部

刘仲林　徐　飞

人文素质教学研究部

秦裕芳

马克思主义理论教学研究部

王光照　冯江源　吴兆雪　张允熠

体育教学部

金广江　周先稠

经济技术学院

刘少民　张克仁　张悠金　周冀衡
胡开文　骆德汉　奚富云

少年班

马文淦　赵保华

国家同步辐射实验室

王　勇　王秋平　王相綦　韦世强
田扬超　付绍军　孙葆根　齐　飞
刘祖平　李为民　李裕熊　何多慧
胡胜生　贾启卡　高　琛　徐彭寿
徐朝银　徐法强　盛六四　蒋道满
裴元吉　潘国强

火灾科学国家重点实验室

孙金华　周建军　陆守香　胡　源
袁宏永　廖光煊　霍　然

理化科学中心

王海千　左　健　石　磊　朱警生
朱清仁　吴文彬　季明荣　张俊颖
张庶元　陈仙辉　陈树榆　林子敬
金嗣炤　梁任又

图书馆

宁业高　邵正荣

博物馆

张居中

档案馆

丁毅信

出版社

伍传平　张善金　夏文彧　黄　德

网络信息中心

杨寿保　徐为民

继续教育学院

万炳奎　王荣森　宋昌耐　邵国泉

医　院

陈林义

科技实业总公司

苏　俊　陆晓明　赵　卫

校机关

尹登泽　叶中付　卢盛宽　朱士尧
阴泽杰　刘　斌　刘　卫　向守平
李　彬　李晓光　吴　敏　张淑林
林飞平　范成高　周先意　胡岳东
施行觉　郭庆祥　程晓舫　虞吉林
窦贤康　潘忠孝　滕脉坤

2004年招生的博士生导师名单

学科代码	二级学科	指导教师
010108	科学技术哲学	徐　飞　刘仲林　王　元　杨起全
070101	基础数学	李尚志　叶向东　蒋继发　章　璞　宋光天　刘太顺 郭文彬　陈　卿　胡　森　陆云光　邢朝平　余红兵 徐　飞　郜　云　陈祖墀　徐森林　龚　昇
070102	计算数学	陈发来　舒其望　王东明　冯玉瑜　刘儒勋
070103	概率论与数理统计	陈希孺　赵林城　苏　淳　韦来生　缪柏其　吴耀华 胡太忠　应志良
070104	应用数学	程　艺　梁　进　沈尧天　徐俊明　段金桥　李翊神 李炯生
070120	生物数学	蒋继发
070121	数学物理	程　艺　闫沐霖　陈　卿　章　璞　郜　云　胡　森
070201	理论物理	程开甲　闫沐霖　范洪义　井思聪　汪秉宏　王安民 完绍龙　刘秋宇　卢建新　阮图南　张永德　程　耕
070202	粒子物理与原子核物理	马文淦　周先意　张子平　汪晓莲　沈文庆　叶邦角 陈宏芳　韩荣典　叶云秀
070203	原子与分子物理	吴杭生　潘建伟　徐克尊　高克林　詹明生　梅刚华
070204	等离子体物理	闻一之　李　定　俞昌旋　马锦秀　陈银华　曹金祥 詹如娟
070205	凝聚态物理	郭常新　侯建国　陈仙辉　丁泽军　傅竹西　尹　民 范成高　吴文彬　张俊颖　吴明卫　林子敬　石　磊 张庶元　王海千　王元生　张裕恒　曹烈兆　施朝淑 夏上达　方容川
070206	声学	耿荣生
070207	光学	郭光灿　汤洪高　李永平　明　海　楼立人　段路明
070301	无机化学	钱逸泰　谢　毅　刘锦淮　陈乾旺　郑化桂　张祖德 曹　荣　俞书宏　郑能武　陈祖耀　刘清亮
070302	分析化学	林祥钦　苏庆德　潘忠孝　邵学广　崔　华　俞汉青 蔡文生　何友昭　关亚风　刘买利　李景虹

续上表

学科代码	二级学科	指导教师
070303	有机化学	刘有成 郭庆祥 尤田耙 常俊标 江焕峰 王中夏 王官武 汪志勇 李超忠 王绍武 姚祝军 赵 刚 翟宏斌 张德清
070304	物理化学(含:化学物理)	朱清时 吴 奇 杨金龙 何天敬 李疏芬 陈 旸 曹更玉 刘世林 张 冰 侯中怀 李全新 张广照 刘凡镇 陈从香 马兴孝 辛厚文
070305	高分子化学与物理	张兴元 张志成 瞿保钧 施文芳 朱清仁 方月娥 梁好均 白如科 徐铜文 潘才元 何平笙 张其锦 博·格日勒图
070320	可再生洁净能源	郭庆祥 朱清时 程晓舫 李全新 常 杰 俞汉青 樊栓狮
070401	天体物理	周又元 褚耀泉 程福臻 向守平 张 杨 冯珑珑 王挺贵 张家铝
070801	固体地球物理学	石耀霖 陈 颙 傅容珊 施行觉 刘 斌 周蕙兰 马石庄 徐果明 席道瑛
070802	空间物理学	王 水 胡友秋 窦贤康 李 毅 万卫星 傅云飞 郑惠南 李崇银 曾庆存 黄荣辉 周秀骥 李中元 陶善昌 金曙平
070820	空间环境科学	龚建村 窦贤康 李 毅 郑惠南
070902	地球化学	郑永飞 支霞臣 陈道公 陈江峰 李曙光 刘德良
071006	神经生物学	徐天乐 周江宁 周逸峰 阮迪云
071007	遗传学	徐卫华 向成斌
071009	细胞生物学	姚雪彪 吴 缅 刘 兢 田志刚
071010	生物化学与分子生物学	吴季辉 刘 兢 滕脉坤 龚为民 施蕴渝 刘海燕 牛立文 周名江 相建海 向成斌 王玉珍 徐康森
071011	生物物理学	周逸峰 阮迪云 徐天乐 张达人 陈 林
071020	结构生物学	施蕴渝 刘海燕 牛立文 滕脉坤 龚为民 吴季辉
071021	生物信息学	刘海燕 施蕴渝 工煦法 冯焕清 岳丽华 赵林城 吴耀华
071200	科学技术史	胡化凯 王昌燧 石云里 徐 飞 张居中 张秉伦
080102	固体力学	伍小平 夏源明 何陵辉 张青川 吕 品 龚兴龙 张培强 王秀喜 赵建华

续上表

学科代码	二级学科	指导教师
080103	流体力学	童秉纲　尹协振　杨基明　陆夕云　徐胜利　王晓宏　尹协远　韩肇元　庄礼贤　孔祥言
080104	工程力学	虞吉林　唐志平　沈兆武　胡时胜　文鹤鸣　汪　玉　李永池　王肖钧
080120	生物工程力学	尹协振　杨基明　陆夕云
080121	材料力学与设计	虞吉林　夏源明　何陵辉　张培强
080122	微系统力学	伍小平　张青川　褚家如　龚兴龙
080401	精密仪器及机械	黄文浩　孔凡让　杨　杰　褚家如　竺长安　刘允萍　梅　涛　王成恩　沈连婠　王跃林
080402	测试计量技术及仪器	黄文浩　孔凡让　褚家如　付绍军　刘文清　张为俊
080501	材料物理与化学	李晓光　汤洪高　钱逸泰　王大志　王玉霞　汪子丹　杨碚芳　张鹏翔　朱长飞　冯　勇　俞书宏
080502	材料学	孟广耀　陈初升　陈乾旺　刘杏芹　陈春华　刘　卫　彭定坤
080503	材料加工工程	施文芳　瞿保钧　张志成　张其锦　徐铜文　胡　源　潘才元　朱清仁
080701	工程热物理	范维澄　陈义良　吴清松　王晓宏　高大勇　蔡晓丹　徐进良
080702	热能工程	季　杰　夏维东　林其钊　葛新石　程晓舫　陈　勇　沈　辉　常　杰　黄海涛　赵黛青
080705	制冷及低温工程	陈则韶　樊栓狮　冯自平
080901	物理电子学	阴泽杰　金　革　安　琪　周永钊　王砚方　虞孝麒
080902	电路与系统	程义民　郭　立　张亚勤　吕述望
080904	电磁场与微波技术	王东进　徐云生　钱景仁　徐善驾
081001	通信与信息系统	朱近康　卫　国　屈玉贵　洪佩琳　徐佩霞　李津生
081002	信号与信息处理	王仁华　王晓蒲　叶中付　吴秀清　李世鹏　李明敬　庄镇泉　戴蓓蒨　施泽生
081020	信息安全	洪佩琳　冯登国　胡　磊　武传坤　李　宝　荆继武
081101	控制理论与控制工程	龚惠兴　奚宏生　吴　刚　丛　爽　于常友　李崇坚　孙彦广　杨溪林　王劲林　倪　宏　孙德敏

续上表

学科代码	二级学科	指导教师
081102	检测技术与自动化装置	汪增福　张培仁　葛运建　梅　涛
081103	系统工程	丛　爽　陈宗海
081104	模式识别与智能系统	陈宗海　张培仁　周荷琴　葛运建　黄德双　汪增福　熊范纶　方廷健　张宏江
081201	计算机系统结构	杨寿保　祝明发　胡伟武　侯紫峰　周学海　唐志敏　徐志伟　孙凝晖　赵振西
081202	计算机软件与理论	陈意云　赵保华　黄刘生　冯玉琳　林惠民　李　京　黄　涛　戴国忠　顾　均　李明树　陈国良
081203	计算机应用技术	王煦法　龚育昌　陈肇雄　黄河燕　卢德唐　陈小平　沈向洋　岳丽华　蔡庆生
081220	信息安全	黄刘生　冯登国
081903	安全工程与技术	范维澄　孙金华　霍　然　胡　源　廖光煊　袁宏永　周允基
082703	核技术及应用	何多慧　王相綦　刘祖平　谢家麟　冼鼎昌　裴元吉　国智元
082720	同步辐射及应用	徐彭寿　高　琛　盛六四　付绍军　田扬超　韦世强　徐朝银　徐法强　潘国强　吴自玉　齐　飞
083001	环境科学	孙立广　彭子成　俞汉青　孙　松　侯一筠　王官武　傅云飞　胡欢陵　刘文清
083100	生物医学工程	冯焕清　周康源　沈民奋
120100	管理科学与工程	方兆本　陈晓剑　王战军　蔡　晨　方　新　王　铮　糜仲春　梁　樑　汤书昆　池　宏　马　扬　魏一鸣　华中生　黄思明　穆荣平　赵定涛　孙　健　何传启　徐伟宣　计　雷
120120	金融工程	方兆本　胡太忠　缪柏其　宣昌能　黄运成
120121	商务智能	陈华平　华中生　糜仲春　魏一鸣
120122	评估系统工程	侯定丕　王战军
120123	传媒管理	汤书昆

“大师讲席”设置及聘任情况

讲席名称	所属学科	设立时间	已聘人数	聘任人员简况				
				姓名	工作单位	研究领域	职　称	聘任时间
华罗庚讲席	数学	2000.5	3	石钟慈	中科院计算数学与科学工程计算研究所	计算数学	教　授（院士）	2000.7
				李　骏	美国斯坦福大学	代数几何与微分几何	教　授	2000.11
				范剑青	香港中文大学	统计学	教　授	2002.11
吴文俊讲席	数学	2001.3	2	王东明	法国科学院理论符号研究所	计算数学	教　授	2001.7
				陈秀雄	美国威斯康星—麦迪逊大学	几　何	教　授	2002.12
赵九章讲席	地学	2000.5	2	吴京生	美国马里兰大学	空间等离子体物理	教　授	2000.11
				陈　颙	国家地震局	地震学和实验岩石物理学	教　授（院士）	2000.7
大师讲席	化学	2001.10	1	M. S. Child	英国牛津大学	分子动力学	教　授（院士）	2001.10
	计算机科学	2001.10	1	姚　新	英国伯明翰大学	计算智能与应用	教　授（院士）	2003.9
严济慈讲席	物理	2000.5						
钱学森讲席	力学	2000.5						
赵忠尧讲席	物理	2002.11	1	吴咏时	美国犹他大学	理论物理	教　授	2002.11
贝时璋讲席	生物	2002.11	1	朱建康	美国 Arizona 大学	植物学	教　授	2002.9

聘请国内兼职教授情况

姓名	性别	职称	工作单位	职务	聘任期限	聘任单位
韩世辉	男	教授	北京大学		2003.1～2006.1	神经生物学与生物物理学系
李淼	男	研究员	中科院理论物理研究所		2003.1～2006.1	交叉学科理论研究中心
高怡泓	男	副研究员	中科院理论物理研究所		2003.1～2006.1	交叉学科理论研究中心
朱传界	男	研究员	中科院理论物理研究所		2003.1～2006.1	交叉学科理论研究中心
蔡荣根	男	副研究员	中科院理论物理研究所		2003.1～2006.1	交叉学科理论研究中心
章德海	男	教授	中科院理论物理研究所		2003.1～2006.1	交叉学科理论研究中心
杨振	男	研究员	日本国产业总合技术研究所		2003.1～2008.1	精密机械与精密仪器系
曾锡文	男	高级工程师	联合利华中国有限公司	董事	2003.3～2006.3	商学院
宋礼华	男	研究员	安徽生物研究所安科生物工程股份有限公司	董事长	2003.3～2006.3	生命科学学院
王凭惠	男	研究员	总装备部系统所	管理中心主任	2003.3～2006.3	信息科学技术学院
朱厚础	男	研究员	中国军事科学医学院生物工程研究所		2003.4～2006.4	生命科学学院
陈宇卫	女	研究员	安徽省地震局	预报研究中心主任	2003.4～2006.4	地球和空间科学学院
郑兆苾	女	研究员	安徽省地震局	预报评定委员会顾问	2003.4～2006.4	地球和空间科学学院

续上表

姓名	性别	职称	工作单位	职务	聘任期限	聘任单位
姚大全	男	研究员	安徽省地震局	副局长	2003.4～2006.4	地球和空间科学学院
李清河	男	研究员	江苏省地震局	局长	2003.4～2006.4	地球和空间科学学院
李扬彬	男	教授	广州医学院附属二院	院长	2003.4～2006.4	计算机科学技术系
张人杰	男	教授	中科院研究生院		2003.3～2006.3	火灾科学国家重点实验室
孙和平	男	研究员	中科院测量与地球物理研究所	副所长	2003.3～2006.3	地球和空间科学学院
孙祉伟	男	研究员	中科院力学研究所		2003.6～2006.6	激光生物实验室
吕宏	男	研究员	Mitchell 基础物理研究所		2003.6～2006.6	交叉学科理论研究中心
王元	男	研究员	科技部中国科技促进发展研究中心	主任	2003.6～2006.6	科技哲学教学研究部
金吾伦	男	教授	中国社会科学院哲学研究所		2003.6～2006.6	科技哲学教学研究部
周韶华	男	国家一级美术师	湖北省美术家协会	主席	2003.7～2006.7	人文与社会科学学院
白春礼	男	研究员（院士）	中国科学院	副院长	2003.7～2008.7	精密机械与精密仪器系
夏安东	男	研究员	中科院化学研究所		2003.7～2008.7	精密机械与精密仪器系
许峰雄	男	高级研究员	微软亚洲研究院		2003.9～2006.9	信息科学技术学院
夏传浩	男	研究员	中国电子科技集团公司第38研究所	副所长	2003.9～2008.9	计算机科学技术系
黄运成	男		上海证券交易所	副主任	2003.9～2006.9	商学院

续上表

姓 名	性别	职 称	工作单位	职 务	聘任期限	聘任单位
张占海	男	研究员	中国极地中心	主 任	2003.9～2006.9	极地环境研究室
聂小宁	男	高级工程师	德国 Infineon Technologies 公司		2003.10～2006.10	计算机科学技术系
何士刚	男	研究员	中科院上海神经科学研究所		2003.10～2008.10	生命科学学院
秦华孙	男		外交部	副部级大使	2003.11～2008.11	国际发展研究所
孙贤和	男	教 授	美国伊利诺斯理工学院	可扩放软件实验室主任	2003.11～2006.11	计算机科学技术系
沈 鸿	男	教 授	日本先端科技大学	计算机网络实验室主任	2003.11～2006.11	计算机科学技术系
周建英	男	高级研究员	新加坡国立信息通信研究院	项目主任	2003.11～2006.11	计算机科学技术系

2003～2004 学年度在聘外籍教师情况

国籍	外文名	聘任期限
美 国	Ty Allen Cramer	2003.9～2004.7
美 国	Theodore Burrows	2003.9～2004.7
美 国	Scharmin Williams	2003.9～2004.7
加拿大	Deborah van Duin	2003.10～2004.7

年度聘请境外及我国港、澳、台地区名誉教授情况

姓名	国别	研究领域	工作单位	职务	职称	聘任期限
平野敏佑	日本	火灾科学	日本国立火灾与灾害研究所	所长	教授	2003.4～2006.4
Shlomo Havlin	以色列	统计物理学	Bar-Ilan 大学物理系	以色列物理协会前任主席	教授	2003.2～2006.2
Jan-Åke Gustafssln	瑞典	生物	瑞典 karolinska 研究所		教授	2003.12～2006.12

年度聘请境外及我国港、澳、台地区客座教授情况

姓名	国别(地区)	研究领域	工作单位	职务	职称(学位)	聘任期限
邓敏	美国	数学精算与统计	美国 Maryville 大学		博士	2003.3～2006.3
陈正已	美国	生物	美国圣·路易斯 Maryville 大学		教授	2003.3～2006.3
Klaus Friedrich	德国	复合材料	德国 Kaiserslautern 大学复合材料研究所		教授	2003.4～2006.4
姚震	美国	化学材料	美国得克萨斯大学(奥斯汀)		博士	2003.6～2006.6
古焕球	中国台湾	高温超导	清华大学(新竹)		教授	2003.6～2006.6
Timothy Hallman	美国	物理	美国 Brookhaven 国家实验室	美国原子核研究所指导委员会主席	高级研究员	2003.7～2006.7

续上表

姓名	国别(地区)	研究领域	工作单位	职务	职称(学位)	聘任期限
陈少伟	美国	化学纳米	美国南伊利诺斯大学		博士	2003.8～2006.8
黄焕中	美国	核物理	美国加州大学洛杉矶分校(UCLA)	美国STAR国际合作组领导委员会成员	博士	2003.9～2006.9
吴振远	美国	物　理	美国乔治亚技术研究所航空工程系	加州航空科学基金董事会主席	研究员	2003.9～2006.9
王玉宏	美国	生　物	美国默克公司		教授	2003.9～2006.9
周讯宇	中国香港	统计金融	香港中文大学		教授	2003.9～2006.9
Laurie Reisberg	法国	地球化学	法国国家科学研究中心南锡岩石学地球化学研究中心研究			2003.9～2006.9
Ampere	美国	物　理	美国亚利桑那大学机械与宇航工程系	ASME Fellow兼材料分会主席	教授	2003.10～2006.10
余解台	中国香港	数　学	香港大学		教授	2003.10～2006.10
林文斌	美国		北加州大学化学系	主　任	教授	2003.10～2006.10
郑延友	加拿大	化学物理	University of British Columbia(UBC)	首席科学家		2003.4～2006.4

UNIVERSITY OF SCIENCE AND TECHNOLOGY
OF CHINA YEARBOOK

国内外学术交流与合作

年度公派出访人员出国(境)情况

单位:人

	学科类别		人员类别								出国(境)类别			
			教职工					学生						
总数	自然科学	社会科学	教授	副教授	讲师	助教	其他	博士研究生	硕士研究生	本科生	考察访问	合作科研	学术会议	其他
234	231	3	164		20	9	1	11	10	19	11	73	105	45

公派出访人员2003年度回归情况

单位:人

	其中		类别				国家或地区							派出年度	
总数	院内公派	院外公派	考察访问	合作科研	学术会议	其他	美国	日本	加拿大	东欧	西欧	港澳台地区	其他	二○○二年	二○○三年
245	235	10	12	83	105	45	31	43	3	16	10	88	54	22	223

近年来接待外宾情况

(一)按国别分类

单位:人

年度	合计	美国	日本	法国	德国	英国	俄罗斯	加拿大	澳大利亚	其他
1995	122	30	42	15	5	5	8	5	2	40
1996	148	40	52	13	7	5	14	6	4	7
1997	277	40	89	16	13	18	15	7	12	67
1998	218	37	72	21	8	9	8	3	7	53
1999	199	38	69	5	5	5	9	5	4	59
2000	276	51	68	8	6	4	2	6	8	123
2001	336	69	73	11	5	7	6	4	10	151
2002	330	61	82	9	20	13	9	5	5	126
2003	176	56	42	8	3	3	4	4	3	53

(二)按来访性质分类

单位:人

年度	合计	主请讲学	顺道讲学	接待来访
1995	122	108	9	5
1996	148	139	6	3
1997	277	170	80	27
1998	218	158	46	14
1999	199	139	30	30
2000	276	153	81	42
2001	336	178	72	86
2002	330	197	40	93
2003	176	151	19	6

与国外及我国港、澳、台地区部分大学、机构签订交流协议情况

国家(地区)	机构名称	年份
USA	College Park, University of Maryland	1980
USA	Wayne State University	1980
USA	Baltimore Campus, University of Maryland	1981
Japan	Faculty of Engineering, University of Tokyo	1982
USA	University of Alabama	1984
D. P. R. Korea	Korean University of Science	1984
France	Lyon China-France College	1986
USA	University of Notre Dame	1986
France	University of Paris-Sud	1987
U. K.	Imperial College of Science, Technology and Medicine	1988
Russia	Moscow State University	1989
Japan	Hitachi IGS Limited Company	1989
USA	College of Engineering, University of Illinois	1990
USA	School of Science, Purdue University	1990
Japan	University of Teikyo	1991
Taiwan	University of Danjiang	1991
Hong Kong	The Chinese University of Hong Kong	1992
Ukraine	Institute of Metal Physics of Ukranian	1992
Japan	University of Tokyo	1993
Korea	Pohang Institute Science and Technology	1993
Russia	Far East Branch of Russian Academy of Science	1993
Russia	Khabarovsk State University of Technology	1993
Austria	University of Vienna	1993
Hong Kong	City University of Hong Kong	1994
Italy	University of Padova	1994
Switzerland	Laboratory of High Energy Physics of EPHZ	1995
U. K.	University of Wales College of Cardiff	1995
Japan	University of Kyushu	1995
Korea	Korea Advanced Institute of Science and Technology	1995
USA	Saint Rose University	1995

续上表

国家(地区)	机　构　名　称	年份
Japan	Nippon Jigyo Tsushin Mo.	1996
USA	University of Texas at Austin	1996
Japan	University of Electro-Communications	1996
USA	Southern Illinois at Carbondale	1996
Israel	University of Balila	1996
Australia	Business School，University of Sydney	1996
Japan	Faculty of Engineering，University of Kyoto	1996
Hong Kong	University of Hong Kong	1996
Hong Kong	Chen Hsong Industrial Group	1996
Hong Kong	Hong Kong Polytechnic University	1996
Hong Kong	Hong Kong University of Science and Technology	1996
Germany	Karlsruhe University	1997
Japan	Tokyo Institute University	1997
Russia	Moscow State University	1997
Russia	Saint-Petersburg Technical University	1997
Japan	Fuji Xerox Co. Ltd.	1997
Taiwan	Faculty of Science，Cheng Kung University	1998
Japan	University of Tokyo(continued)	1998
Japan	Tohoku University	1998
Singapore	Institute of High Performance Computing	1998
Japan	Waseda University	1999
USA	College Park，University of Maryland(continued)	2000
Australia	University of Melbourne	2000
New Zealand	University of Auckland	2000
USA	University of Wisconsin-Madison	2000
USA	Cornell University	2000
USA	Purdue University	2000
Poland	Institute of Nuclear Chemistry and Technology	2000
Hong Kong	City University of Hong Kong	2001
Hong Kong	The Chinese University of Hong Kong	2001
France	Advanced Institute of Physics and Chemistry of Paris	2001
Canada	Yes! Canada Education Service Inc.	2001
Japan	University of Electro-communications	2001
Spain	University of Autonoma de Madird	2001

续上表

国家(地区)	机　构　名　称	年份
Finland	Abo Akademi University	2001
England	The University fo Nottingham	2001
Russia	St.-Petersburg State Technical University	2001
Italy	The University of Rome	2002
Hong Kong	Hong Kong University of Science and Technology(Extended)	2002
Hong Kong	Hong Kong Baptist University	2003
Japan	Kyoto University	2003
Japan	Nagoya University	2003
Japan	Tokyo Institute of Technology (Extended)	2003
Japan	Tohoku University (Extended)	2003

年度主办、承办国内外大型学术会议情况

会议名称	时间	主办、承办单位	代表数		论文数	
			国内	国外	国内	国外
第七届全国超导学术研讨会	4.9～4.12	国家超导技术联合会研究开发中心、中国科学技术大学	300		252	
中国物理学会第八届全国会员代表大会暨2003年秋季学术会议	9.16～9.20	中国物理学会主办、中国科学院结构分析重点实验室承办	500		400	
RHIC－STAR飞行时间探测器及相关物理研讨会	10.6～10.8	近代物理系	28	7	15	12
第十九届全国研究生院工科研究生教育研讨会	10.10～10.14	中国科学技术大学	124		64	
高等学校工程热物理研究会第十届全国学术会议	10.17～10.18	火灾科学国家重点实验室	100		158	

年度与国外及我国港、澳、台地区合作科研项目情况

序号	项目名称(领域)	我校参与合作人员	合作方	合作协议名称
1	(1)安全与环境 (2)材料与物性 (3)交通与能源 (4)先进生产工程 (5)电子与信息	全面合作	日本重点大学群	中日两国重点大学群合作交流协议
2	强激光研究	吴鸿兴	朝鲜理科大学	中国科学院与朝鲜科学院合作交流协议
3	融胶凝胶法光波导薄膜研究	楼立人	法国里昂一大	中国科学院与法国国家科研中心合作交流协议
4	高分辨红外光谱研究	胡水明	法国富立叶—格林诺伯大学	中国科学院与法国国家科研中心合作交流协议
5	受体模型及其分子识别的理论研究—环糊精及其野生物的超分子化学研究	邵学广 蔡文生	法国南西大学	中国科学院与法国国家科研中心合作交流协议
6	大别山造山带框架年代学和扬子地体与法国中央地体地幔交代作用对比研究	陈道公 夏群科	法国国家科研中心	中国科学院与法国国家科研中心合作交流协议
7	LHC 物理、LEP 物理	张子平 陈宏芳 汪晓莲等	欧洲核子中心	中国科学院与欧洲核子中心合作研究协议
8	新闪烁材料和读出方法在生命科学及高能物理中的应用	陈宏芳 汪晓莲等	比利时弗拉芒大区	中国科学院与比利时弗拉芒大区科技合作协议
9	脊髓损伤的修复	徐天乐	澳大利亚科学院	中国科学院与澳大利亚科学院合作交流协议
11	离子物理理论	马文淦	奥地利科技部	中国科技部与奥地利科技部交流协议
10	基于多层膜精密结构分析的高性能器件的开发	刘文汉 韦世强	日本通产省物质工业研究所	
12	衰老对灵长类视皮层功能的影响	周逸峰	美国犹他大学	

续上表

序号	项目名称(领域)	我校参与合作人员	合作方	合作协议名称
13	人工智能	杨　杰	香港浸会大学	
14	教学软件研究	王晓蒲	香港大学	
15	乳液、样品研究分析	潘才元	香港德高科技	
16	混凝土材料冲击压缩实验	胡时胜	新加坡三泰工程有限公司	
17	大规模蛋白质数据库虚拟高通筛选	蔡文生	法国国家科研中心	中国科技部中法先进研究计划项目
18	中低温染料电池	林奇钊	瑞典皇家科学院	中国科学院与瑞典皇家科学院双边交流合作协议

UNIVERSITY OF SCIENCE AND TECHNOLOGY OF CHINA YEARBOOK

办学支撑条件

图书馆馆藏情况

项目		总计	电子文献	图书							期刊			报纸	视听资料
				合计	中文			外文			合计	中文	外文		
					小计	社科	科技	小计	社科	科技					
总藏书量		158.48万册	1480盘	107.27万册	85.54万册	34.25万册	51.29万册	21.73万册	2.17万册	19.42万册	53.12万册	24.13万册	28.99万册	4405册	6465盘
1998年购置	种	5950	8种	2796	2500	500	2000	296		296	2533	1200	1333	121	500种
	册	18321	56盘	14303	14000	2000	12000	303		303	333	2000	1333	185	500盘
1999年购置	种	8045	14种	4800	3000	1200	1800	1800		1800	2511	1200	1311	100	620种
	册	22617	78盘	19000	17000	5000	12000	2000		2000	4634	754	3880	170	735盘
2000年购置	种	8774	7种	5424	3500	1500	2000	1924	509	1415	2725	1118	1542	65	543种
	册	38955	90盘	33467	31000	6000	25000	2467	589	1878	4028	2315	1556	157	1203盘
2001年购置	种	15875	22种	12115	9000	3000	6000	31154	335	2800	2700	1200	1500	72	864种
	册	45950	350盘	59543	56000	24000	32000	3543	350	3243	3169	1660	1509	165	1700盘
2002年购置	种	11704	30种	8483	6410	3660	2750	2073	123	1950	2206	1621	585	85	900种
	册	47321	420盘	43081	40304	18304	22000	2777	162	2165	2443	1849	594	165	1212盘
2003年购置	种	14154	31种	11907	10084	4705	5379	1823		1823	1674	1246	428	72	470种
	册	56499	450盘	52319	50420	23526	26894	1899		1899	2898	2462	436	132	700盘

档案馆馆藏情况

单位:卷

类别＼年度	1998	1999	2000	2001	2002	2003
教学类档案	1004	1086	1185	1208	1526	6800(件)
科研类档案	249	177	123	130	143	2700(件)
党群类档案	43	50	55	63	336(件)	425(件)
行政类档案	125	146	129	131	1192(件)	1422(件)
外事类档案	79	77	106	112	1011(件)	1300(件)
财会类档案				2336		1750
基建类档案	70	60	3061	70	70	150
人物类档案		162	76	23	20	30
出版物类档案	93	103	114	96	135	184(件)
声像类档案		14(册)	12(册)	10(册)	126 册(盒)	300(张)
寄存档案		2687	412	476	486	600(件)
其他档案	166	52(张)	4492	35(张)		500(件)
年度总进馆数	1829	4614	9765	4690	5045	16161
1998 年～2003 年进馆总数	42104					
总　数	68496					

注:1. 上表未含国家同步辐射实验室档案分室档案 866 卷、财务处档案分室档案 4465 卷、科技实业总公司档案分室档案 120 卷、现代教育技术中心档案 1150 盘(件)。

2. 文书类档案根据国家有关规定自 2001 年起由案卷级改为文件级。

近年来图书出版情况

年度	品种		总印数（万册）	总印张（千印张）	新出图书排版字数（万字）	定价总金额（万元）
	总量	新版				
1995	178	100	171.1	21187	3651	1657
1996	167	119	160.2	20222	4487	2055
1997	154	95	140.8	19449	4244	2009
1998	121	79	85.6	11170	3117	1216
1999	116	100	63.6	10211	4622	1153
2000	103	58	55	8316	4220	1040
2001	198	120	82	11881	4804	1450
2002	214	142	166.9	20247.7	5433.4	2446.6
2003	226	167	126.89	19878.83	6868.4	2342.1

教学、科研仪器设备拥有情况

单位：台件、万元

单位	仪器设备拥有量				其中：10万元以上			
	年初数		年末数		年初数		年末数	
	台件	金额	台件	金额	台件	金额	台件	金额
合计	42458	41040.10	46256	48989.32	397	15051.65	517	19743.56
少年班	219	147.00	222	153.28				
理学院	40	26.93	44	29.61				

续上表

单　　位	仪器设备拥有量				其中:10万元以上			
	年初数		年末数		年初数		年末数	
	台件	金额	台件	金额	台件	金额	台件	金额
数学系	362	282.08	395	304.43				
物理系	2496	2181.62	2615	2593.69	21	586.46	28	707.10
近代物理系	2863	1889.47	2959	2383.88	14	285.12	20	597.68
天文与应用物理系	2636	2041.97	3133	2422.43	18	621.22	18	621.22
化学与材料科学学院	532	469.54	597	722.17	3	195.55	7	388.97
化学物理系	1439	2407.88	1645	2970.22	35	1441.09	43	1832.48
材料科学与工程系	1177	771.80	1401	998.64	11	212.27	14	292.47
化学系	1187	847.07	1583	1193.08	12	245.44	17	341.51
高分子科学与工程系	1374	775.11837	1448	884.24	7	132.449238	10	208.27
生命科学学院	2632	4253.36	2910	5406.43	54	2271.12	73	3128.86
工程科学学院	215	555.26	300	826.34	8	409.51	10	642.65
力学和机械工程系	1715	1667.98	1815	1850.46	10	377.43	14	440.89
精密机械与精密仪器系	1663	1266.76	1771	1378.77	8	242.72	10	290.32
热科学和能源科学系	859	580.74	951	670.94	4	51.68	5	75.34
信息科学技术学院	179	658.89	264	889.28	13	423.48	21	604.70
电子工程与信息科学系	2228	1465.21	2152	1473.10	10	198.86	13	247.58
自动化系	1041	512.51	1174	606.78	1	10.98	2	21.48
计算机科学技术系	1573	1496.70	1175	1231.88	7	492.46	5	463.68
电子科学与技术系	2463	982.16	2575	1038.87	3	77.22	3	77.22
地球和空间科学学院	1502	1615.19	1545	1870.08	12	776.51	20	930.61
商学院	480	368.75	502	387.16	1	26.45	1	26.45

续上表

单位	仪器设备拥有量				其中:10万元以上			
	年初数		年末数		年初数		年末数	
	台件	金额	台件	金额	台件	金额	台件	金额
信息管理与决策科学系	124	93.37	93	60.65				
管理科学系	226	154.49	281	194.34				
统计与金融系	94	58.34	104	62.60				
外语系	207	121.48	178	104.07				
科技史与科技考古系	113	86.60	129	97.43	1	13.74	1	13.74
科技传播与科技政策系	71	57.99	87	63.07				
哲学社会科学部	118	70.82	119	73.08				
体育教学部	245	98.66	290	111.62	1	32.00	1	32.00
经济技术学院	3369	2802.63	3383	2931.19	31	681.74	35	792.38
继续教育学院	342	246.72	381	285.57	1	14.47	1	14.47
软件学院	5	2.75	9	6.15				
国家同步辐射实验室	226	612.29	357	1100.64	10	397.62	17	715.41
火灾科学国家重点实验室	848	1366.42	1065	1621.28	14	639.50	17	716.06
理化科学中心	769	3673.33	831	4625.60	47	3101.29	59	4016.80
图书馆	627	564.11	691	682.17	4	103.70	7	167.16
网络信息中心	996	1147.16	1430	1777.29	15	497.60	23	831.43
印刷厂	104	222.30	103	217.03	4	112.53	4	112.53
机械厂	143	125.65	131	119.43				
其他	2956	2270.99	3418	2570.33	17	379.43	18	392.10

注:1. 本表中“××院”设备仅指该院所属院级实验室设备,不包括该院下属各系的设备。

2. “国家同步辐射实验室”仅为部分设备。

公共实验中心仪器设备拥有情况

单位:台套、万元

中心名称	仪器设备拥有量		其中:5 万元以上(单台套)	
	数量	金额	数量	金额
理化科学实验中心	36	2894.13	36	2894.13
生命科学实验中心	54	2951.85	48	2914.79
信息科学实验中心	99	1183	28	1162.71
工程与材料科学实验中心	187	2334.4	31	2226
合　计	376	9363.38	143	9197.63

近年来校园网络建设情况

年份	联网计算机数(台)	用户数(人)	带宽(MB)	流量(GB)	光缆长度(Km)*	网络设备数(台)*	经费投入(万元)*	电话拨号(条)
1996		350	0.064	201	7.3	38	201	8
1997	1400	1800	0.128	403	11.5	45	226	16
1998	2900	5400	0.256	1143	19.8	94	276	16
1999	4500	8800	0.512	1614	28.1	115	531	16
2000	6800	13000	155	488808	39.6	347	807	150
2001	7820	14589	410	1292976	48.2	766	1407	150
2002	8500	16800	665	1576800	52.8	886	1857	150
2003	9820	19990	665	1971000	55.1	993	1984	150

注:带 * 为逐年累计数。

2003年收入情况统计表

单位:元

项　目	收　入	项　目	收　入
一、教育经费拨款	151182198.71	六、科研事业收入	109420646.42
二、科研经费拨款	128734432.82	七、经营收入	344265.25
三、其他经费拨款	2847085.00	八、附属单位缴款	4611740.00
四、上级补助收入	11000.00	九、其他收入	34461634.77
五、教育事业收入	94857036.39	十、拨入专款	342000.00
合　计			526812039.36

2003年支出情况统计表

单位:元

项　目	支　出
一、教育事业支出	283880493.50
二、科研事业支出	146563632.52
三、创新工程支出	108397829.38
四、经营支出	348960.74
五、上缴上级支出	8000000.00
六、结转自筹基建	71580055.05
合　　计	618770971.19

2003年固定资产情况表

单位:元

项　目	金　额
固定资产原值	984 243 467.68
其中：房屋建筑物原值	170 994 389.54
专用设备原值	716 261 871.67
一般设备原值	15 795 196.84
图书原值	54 708 463.78
其他固定资产原值	26 483 545.85

现有校舍情况

(2003 年 9 月)

单位: m^2

	校舍建筑总面积	校舍建筑总面积中		正在施工面积
		危房面积	当年新增面积	
总　计	833260.90	3632	35242.16	57681
一、教学及科研辅助用房	346117.62		35242.16	44181
教室	74324.50			6000
图书馆	36322.52			
实验室、实习场所及附属用房	195308.47		35242.16	33581
体育馆	8067.90			4600

续上表

	校舍建筑总面积	校舍建筑总面积中		正在施工面积
		危房面积	当年新增面积	
会堂	32094.23			
二、行政办公用房	11316.82			
三、生活用房	236980.63			
学生宿舍(公寓)	173884.51			
学生食堂	17107.19			
教职工单身宿舍	7044.01			
生活福利及其他附属用房	38944.92			
四、教职工住宅	238845.83	3632		13500

年度竣工和在建校舍情况

单位:万元、m^2

项目类别	投资资金来源			房屋建筑面积		
	完成投资合计	其中		施工面积	其中	
		国家预算内投资	自筹资金		竣工面积	在建面积
基础科学教学实验中心	1415	1000	415	34161	34161	
体育教学中心	507	507		4600	4600	
生命科学教学科研楼	5193	5193		33581		33581
流动人员公寓	50		50	3618		3618
合　计	7165	6700	465	75960	38761	37199

UNIVERSITY OF SCIENCE AND TECHNOLOGY OF CHINA YEARBOOK

表彰奖励

教师单项奖一览表

单项奖名称	设奖单位(个人)	设立时间	奖励范围
张宗植青年教师奖	旅日爱国华侨张宗植先生	1988	45岁以下的优秀青年教师
王宽诚育才奖	香港著名爱国人士王宽诚先生	1989	优秀教师和优秀教育管理工作者
宝钢教育奖	宝山钢铁(集团)公司	1994	从事基础课教学的教师
华为奖教金、奖管金	深圳华为技术有限公司	1995	成绩突出的青年教师和教育管理人员
惠普信息科学青年教师奖	中国惠普公司	1995	计算机、信息、通信等有关领域的45岁以下青年教师
联想集团奖教金	北京联想集团公司	1996	优秀学生管理工作者
海外校友优秀青年教师奖	中国科大海外校友基金会	2001	博士毕业两年之内、全勤在学校、未获得其他大的基金资助或奖励的优秀青年教师
军事装备人才奖管金	总装驻合肥地区军事代表室、安徽军工集团	2002	负责国防生招生和培养的优秀教师

奖学金一览表

奖学金名称	设奖单位(个人)	设立时间	奖励范围	奖励额度(元)
郭沫若奖	首任校长郭沫若先生	1980	年级综合排名前三名的本科生	2000
张宗植科技奖	旅日爱国华侨张宗植先生	1988	优秀本科生、研究生，不限专业	1500
中国科学院院长奖	中国科学院	1989	优秀应届毕业研究生	2000

续上表

奖学金名称	设奖单位(个人)	设立时间	奖励范围	奖励额度(元)
联想奖	北京联想集团公司	1992	计算机科学与技术类优秀本科生、研究生	2500
光华奖	台湾光华教育基金会	1993	优秀本科生、研究生,同等条件少数民族学生优先	1000
宝钢奖	宝钢教育基金会	1993	高年级优秀本科生、研究生	3500
力学攀登奖	中国科学院力学所	1994	工程科学学院优秀本科生、研究生	1500
优秀新生奖	中国科学技术大学	1995	优秀本科新生	500～2000
新生特别奖	中国科学技术大学	1995	高考成绩特别优异的本科新生	5000～20000
优秀学生奖	中国科学技术大学	1995	优秀本科生	500～2000
地奥奖	成都地奥制药公司	1995	优秀本科生、研究生,不限专业	1000
海外校友基金会优秀新生奖	中国科大海外校友基金会	1996	高考成绩特别优异的本科新生	4000～10000
松下电器育英基金奖	中日友好和平发展基金会	1996	优秀本科生,同等条件贫困生优先	1000
徐新奖	徐新奖学基金会	1996	化学与材料科学学院优秀本科生	1500
华为奖	深圳华为技术有限公司	1997	电子信息和管理类优秀本科生、研究生	2500
何多慧院士奖	中国工程院院士何多慧先生	1998	优秀本科生,同等条件贫困生优先	1000
CAST 奖	航天工业总公司五院	1999	力学、自控、电子、计算机、热科学和能源工程类优秀本科生、研究生	1000
大恒光学奖	中国科学院	1999	光电子专业优秀研究生	1000
宝洁优秀博士生奖	中国科学院	1999	化学与材料科学学院优秀博士研究生	2000
求是研究生奖	香港求是科技基金会	2000	物理、化学、生物、数学类优秀博士研究生	2000
招商银行拼搏奖	招商银行	2001	经济学、管理学、计算机科学与技术等专业优秀应届硕士毕业生	3000～5000
华科光电子奖	福建华科光电有限公司	2001	光电子专业优秀本科生、研究生	2000～2500

续上表

奖学金名称	设奖单位（个人）	设立时间	奖励范围	奖励额度（元）
三浦奖	日本株式会社	2001	优秀本科生，同等条件贫困生优先	2000
丘成桐奖	丘成桐先生	2002	数学学科优秀本科生、研究生	4000～5000
三星奖	三星集团中国总部	2002	信息科学技术学院、工程科学学院等优秀本科生、研究生	5000～10000
军事装备人才奖	总装驻合肥地区 军事代表室、安徽军工集团	2002	优秀国防生（本科生、研究生）	1000～2000
东港研究生奖	东港工贸集团有限公司	2002	化学与材料科学学院、生命科学学院、地球和空间科学学院优秀研究生	2000
优秀学生特别奖	中国科学技术大学	2002	参加国内外比赛获奖的本科生、研究生	1000～2000
郭永怀奖	中国科学技术大学	2003	化学物理系、力学和机械工程系研究生	2000～5000
MEDY 奖	科大 773 刘修才博士	2003	化学与材料科学学院、生命科学学院本科生	4000
科大讯飞奖	科大讯飞信息科技有限公司	2003	软件学院优秀学生	5000～20000
国家基础科学人才培养基金奖	国家自然科学基金委员会	2003	数学系优秀本科生	400～2000

助学金一览表

助学金名称	设立单位（个人）
国家奖学金	教育部、财政部
国家助学贷款	中国农业银行
国家西部开发助学工程	中央文明委、教育部、财政部

续上表

助学金名称	设立单位(个人)
优秀大学生奖学金	曾宪梓教育基金会通过教育部港澳台办设立
中国扶贫基金会新长城资助特困大学生项目	中国扶贫基金会
刘永龄奖助学金	深圳创华有限公司刘永龄先生
爱心奖学金	中国科大海外校友基金会
贫困学生助学金	华润集团、安徽青年报
铁通自强奖学金	铁路通讯、共青团安徽省委
兴皖育才奖学金	安徽省教育厅
省妇联手拉手、心连心助学金	安徽省妇联《恋爱·婚姻·家庭》杂志社
机关总支 1+1 助学金	中共中国科学技术大学委员会机关总支

获得各类单项奖的教师名单

王宽诚育才奖获得者

(校人字[2003]18 号)

一等奖

许咨宗　刘方新　梁好均　刘海燕
胡晓方　陈岭丽　杨　圣　徐守时
江朝晖　傅竹西

二等奖

陈秋桂　卢业广　楼立人　李　宏
陈蝶萍　成国胜　陈文明　邹应芳
孔令方　吴赛玉　许　旻　吴　峰
冯建平　王国英　黄胜华　周佩林
赵子福　郭卫国　吕　萍　吴　强
陈学平　李光水　何友存　魏百芳
贾成国　张允武　裴元吉　张和平
蒋　勇　李凡庆

张宗植青年教师奖获得者

(校人字[2003]22 号)

阮可青　石名俊　宋克柱　汪国顺
薛　松　张万群　孙红荣　程文龙
刘发林　袁仁民　张　洪　干方建
尹　俊　董晓莉　余华明

惠普信息科学青年教师奖获得者

（校人字[2003]17号）

季海波　熊　焰

宝钢教育基金优秀教师奖获得者

（校人字[2003]20号）

陈发来　施蕴渝　周学海　彭子成

华为奖教金、奖管金获得者

（校人字[2003]21号）

陈祖墀　崔宏滨　陈银华　蔡维理　吴　缅　李晓明　卢德唐　叶　宏　朱　明　叶国华

获得其他奖励的单位和教师名单

招生工作先进集体和先进个人

（校招就字〔2003〕12号）

招生工作先进集体

北京市招生组　江西省招生组
河南省招生组　湖北省招生组
四川省招生组　陕西省招生组
福建省招生组　安徽省招生组
湖南省招生组　浙江省招生组
山东省招生组　河北省招生组
江苏省招生组　吉林省招生组
辽宁省招生组　重庆市招生组
少年班招生组

招生工作先进个人

李永平　宋立功　黄稚新　陈效群
陈子瑜　陈银华　张希文　刘　坚
沈志傲　林淑钦　顾洪举　屠　兢
白永胜　王瑞芳　胡秀章　秦丰华
邓伟平　骆念武　郑庆和　何汝梅
俞能海　谭　勇　邱　林　程贤富
朱世鸿　徐照林　程抗仇　王　永
岳大志　陈金雯　任保华　杨晓勇
王　敏　王贵生　江学建　张顺铃
马文淦　曾定蓉　金嗣炤　朱警生
朱东杰　吴　敏　丁　星　龚建平
吴　林　赵红军　张　勇　张国樑

2001～2003 年度先进基层党组织、优秀共产党员、优秀党务工作者和优秀德育工作者名单

(党组[2003]04 号)

一、先进基层党组织

天文与应用物理系实验支部
化学系博士生党支部
力学和机械工程系本科生党支部
生命科学学院研究生党支部
机电工程系党总支
国家同步辐射实验室加速器部党支部
继续教育学院直属党支部
档案馆党支部
医院党支部
离退休干部工作处退休干部第八党支部

二、优秀共产党员

刘太顺 郑业龙 赵家铭 戴宇生
周子舫 李 澄 林宣滨 张希文
俞书勤 汪志勇 潘才元 张 兴
胡秀章 张 平 陈义良 张根发
徐云生 余开皖 洪力奋 王俊普
马 莉 张志勇 陈江峰 吕 萍
周亚萍 吴之强 段家明 蒋家杰
吴兆雪 秦裕芳 贾成国 冯 锋
王东胜 方智勇 高 琛 王筠华
廖光煊 童建安 万炳奎 季广昌
常晓群 凌必贵 汪克强 杨文铸
梁宏飞 林飞平 尹登泽 朱晓东
王一平 任志群 吴敏连 宋昌耐
沈迎新 黄业顺 彭国文 赵晓源
朱文婧 宋跃芬 夏益林 周泽珍
汪忠诚 黄德明 韩宝新 王忠山
周 鹏 姜恒忠 蒋光明 江建华
邵淑珍 贺济川 兰文敏 吴云智
王振芳 蔡志旭 苏 俊 张利华
史亚英 王天健 刘玉岭 倪启银

三、优秀党务工作者

叶 淮 沈志傲 邓伟平 高 进
常国栋 朱领娣 王更生 刘文忠
苟小菊 江学健 蔡加成 席金秀
常 军 常 风 陈国良 徐六如

四、优秀德育工作者

李 平 徐 菱 王艳平 舒志全
谭 勇 钱 海 陈丽华 王光照
史玉民 陈亚立 黄松筠 王 炜
朱东杰 汪银生 钟成圣

获得各类奖学金的学生名单

郭沫若奖学金获得者

(校学字[2003]34 号)

李 超 王贝贝 车 珊 王 莹 高春凯 朱赵彦 殷讳栋 张 波

胡琼颖 栾 岚 张 杨 何星月
牛田野 王 睿 范亚青 吴荣俊
潘 俊 刘维新 李哲峰 朱陈伟
韩省思 任 斐 卢曰瑞 徐晓婧
杨 帆 陈 钢 连健明 赵素文
刘 洋 林 宇 刘 翔 赵苏楠
陶阳宇 冯明业 刘海燕 吴 琼
刘 罡 叶 顺 朱巧燕 吴有金
叶 峥 谈海生

首届郭永怀奖学金获得者

（校学字[2003]28 号）

代 兵 周焕林 秦丰华

求是研究生奖学金获得者

（校学字[2003]27 号）

邵 松 赵建东 熊奕敏 薛 飞
张雪光 丁 昀 何海平 刘建伟
安长华 刘兆平 封 勇 朱丽英
熊宇杰 徐 芬 沈国震 邹 纲
董宇红 倪 勇 俞 快 宋质银
杨永辉 李国强 尹雪斌 刘建宏
唐 勇

丘成桐奖学金获得者

（校学字[2003]29 号）

本科生

罗 珍 朱陈伟 江 源 张子宇
马希文

硕士研究生

赵 昆

博士研究生

王艳华 白 桦 胡治水

张宗植科技奖学金获得者

（校学字[2003]41 号）

本科生

孙 鑫 仇晓兰 张 威 黄 进
黄建纯 韩 伟 王 祺 于 娇
任泽峰 阳燕红 马 翔 赵珺株
高 书 李 云 郑 飞 吴纬罡
杜 野 王孟樵 肖 颖 王启华
柯盛东 胡永杰 熊文英 刘海燕
牛田野 周帅圆 刘 丽 纪 俊
曹 平 胡 煦 周若波 陶阳宇
张鹏飞 秦 涛 陈欢欢 周 为
罗 弦 陈高鹏 邓 化 董二宝
唐超君 徐九如 罗 霄

研究生

张 中 陈 念 杨 锐 鄢 超
王国燕 卢 威 陈雁翔 杨益民
周 钟

何多慧院士奖学金获得者

（校学字[2003]44号）

薛　路　胡婷婷　吴健明

光华奖学金获得者

（校学字[2003]40号）

本科生

陈　辉　胡　洋　彭海燕　肖　罗
曹　奕　杨　树　王　勇　周　航
袁　杰　张　雷　房　栋　马群凯
蒋　蕾　丁惠君　赵越岷　邬雨田
李小磊　陈连福　孙　崧　郑　健
李鸿艳　向美珍　赵铁松　吴云龙
董　庐　周清博　任　斐　李　雯
刘大鹏　缪应龙　林龙智　于洪涛
曹莉娜　杨俊飞　王　培　张　旭
晋　梅　靳俊峰　李　智　邓泽坤
喻　歆　雷览宇　卢曰瑞　程　鹏
黄海华　陈　钢　刘军伟　蒋赟赟
牟威圩　李兆丰　梁　顿　吴荣俊
熊志伟　徐　菲　冯吉军　马　超
贺雯娟　胡　浩　赵章琰　陈　沫
刘祖伟　徐晨亮　周　华　曾令震
葛　韵　郭　涛　廖昭亮　许　峰
江　宇　李　婷　李　烨

研究生

郭　俊　李鹏怀　张文华　宛新林
吴义坚　邓文平　孟　庆　张凤翔
李遵云　施春华　郑夏宇　李　育
刘士兴　杨　龙　张士龙　焦小瑾
赵春明　张华力　张　勇　舒伟为
刘　标　吴玲玲　李剑锋　崔先进
何晨旭　陈羽中　杨晓刚　李映华
刘乃金　胡寒梅　李　雷　周　平
杨　健　邓　昊　凌震华　倪小敏
汪全珍　许张生　管航敏　陈文建
靳　澎　王　雄　张中月　张有为
谭启涛　董小波　杨丙卿　张　泽
李会民　沈景悦　陈　达　项国勇
陈　巍　何学浩　杨　军　叶芳茂
谭剑锋　陈勤琴　徐　东　邹剑华
黄莉敏　黄元亮　余　翔　李艳荣
吴新宇　郑根华　陈　博　丁学明
张宏民　张斗国　王　龑　曹新旺
李雪飞　代桂平　许　超　杨绩文
姬北辰　魏志毅　李经菊　向　微
梅一德　张　锐　屈　静　徐鹏景
李　云　刘正敏　秦　松　周珮珺
王子磊　王德润　郑斌琪　邬昶畅
董世明　赵　龙　徐勇明　胡　军
张艳丽　左峻疆　张亚军　邢利荣
吴　玮　陈　杰　王海云　桂旺胜
陈晓宏　成华东　卓　睿　张先舟
陆增援　王久才　雷　冬　刘海东
张振亚　于少娟　王　舸　江　贺
李克景　周雅瑾　陆　岚　钟萍华
王　雷　洪　宇　雍　超　刘　飚
胡　潇　汪　新　赵　文　郭雄辉
赵吉文　冯群强　张强峰　朱忠奎
刘晓伟　魏晓海　张　屹　杨建萍
王文睿　陈宇航　胡刚旭　单久龙
陈　超　伍　建　田海涛　金　熠
叶五一　付　雄　赵　刚　付　歆
王　峰　张永锋　杨　锋　汪　炀

符泰然 张　亮 罗菲菲 许振宇
刘慧宏 房向明 王季刚 石玉英
林　勇 陈莉萍 胡海鹏 宋　彬
刘小楠 江文奇 徐军委 高　飞
缪　瑾 张泽明 李吉浩 郭　娟
黄　伟 庞宗柱 杨　杰 刘士建
董晓浩 梁晓艳 梁　政 丁乐天
杨　剑 陆红琳 王祖敏 王　亮
仪德刚 赵爱迪 卢正刚 程　斌
张靖岩 王宏宇 汪海霞 栗元龙
李红星 凌　雪 徐　亮 陈子锦
陈维军 游宇航 袁　帅 陈昆才
谢启源 汪　炜 赵晓春 杨春霞

CAST 奖学金获得者

（校学字[2003]47 号）

本科生

汪　扬 沈阳平 周　勇 刘　丽
周　涵 郭　涛 叶文兴 帅　棋
李雄魁 万　璞

研究生

徐　伟 叶　刚 邹　鹏 袁大军
朱旻明

松下电器育英基金奖学金获得者

（校学字[2003]46 号）

吴　琼 王大青 李哲峰 陈　婷
殷讳栋 石　磊 毛　竹 朱栋炎
卜冬蕾 余毅聪 胡流森 赵素文
王　宁 言　杰 蒋骄杨 王喆润
董亚林 金恒华 刁　琦 王美甦

宝钢奖学金获得者

（校学字[2003]36 号）

本科生

傅　亮 白　静 陈志辉 王　芳
吕雯晶 谯　瑞 胡　泊 陈珮秋
赵　影

研究生

邹　平 李至浩

三星奖学金获得者

（校学字[2003]35 号）

本科生

李雪静 林达华 马希文 王　莹
钱辉环 朱　明 雷　涛 张　娜
蔡盛强 喻宗夫 张　杨

硕士研究生

王　铷 孙　刚 李晓白 董道毅

博士研究生

孙　亮 孙卫强

华为奖学金获得者

(校学字[2003]42 号)

本科生

朱　虹　钱　湘　黄萍莉　孔　宁
杜小鸣　何普江　姜　瑜　徐　昂
颜　珉　肖　新　齐国君　顾　彬
戴晔凌　周　涛　王　一　王晓军

研究生

冯淑霞　陈宇翱　屠运武　徐辉明
袁　巍　张海涛　郭国平　施　俊
李　响　仇高新　李晓欧　洪　流
程晋罗　王　俊　蒋承东　马庆力
文智力　周丰丰

华科光电子奖学金获得者

(校学字[2003]6 号)

本科生

卓川来　徐维琛　胡荣伟　魏　雪

研究生

李　剑　唐　麟　马　辉　黄文财
王声波

联想奖学金获得者

(校学字[2003]38 号)

本科生

刘祺炜　林　宇　印　娟　王　坤
洪家荣　刘小威

硕士研究生

方　明　双志伟　朱孟潇　陈晓伶
耿彦辉　蒋珊珊　李四杰　田　巍
胡国平

地奥奖学金获得者

(校学字[2003]45 号)

谢　聪　汤媛媛　任　宁　张　扬　王　维　祝　实　黄隆锦　谈海生

海外校友基金会优秀新生奖学金获得者

(校学字[2003]49 号)

张　毅　周　维　查　昭　刘念良
赵　成　郭　佳　于慧娟　王久扬
方　超　张　恒　汪虎林　涂宇阳
杨廷辉　石发展　江卓尔　郭　旗
林广栋　张　阳　何　浩　潘一鸣
宋一罡　姜腾飞　杨　波　吴小舟

刘宏伟　王殳凹　尹华罡　赵蕴鹏　唐　珂　周　靖　蔡华勇
饶　锴　阮惠炜　吴自立　陆　鑫

科技强军奖学金获得者

（校学字[2003]26 号）

张检民　张信军　贡　顶　马　良　李　杰　程艳青　李　明　章荣平
刘卫平　赵三平　倪　涛　张　磊　盛晓泽　铁伟涛　张喜洋　宋君君
康　鹏　王华兵　张俊龙　江定武　胡　博　陈玉星

军事装备人才奖学金获得者

（校学字[2003]55 号）

一等奖

自　勇　陆晓霞　张　敏　黄宗波
陈星星　杜小鸣　张　超　王　锟
倪维平　白小燕　徐　昂　郭亚坤
崔　玮　徐　涛　李玉剑　王金诚
沈炎龙　冷家旭　胡玉理　邢相薇

二等奖

步红兰　孙炜海　张文贵　韩威华
徐　东　郭理彬　李　松　王福亮
王西耀　施寅生　梁铁柱　黄宗辉
王建涛　谢　圆　刘大伟　崔跃生
彭胜聪　丁明松　陈　诚　尼　航
刘志勇　刘　岩　杨　静　朱　俊
黎先利　毕　林　夏　艳　魏　勋
汪为伟　韩　璐　王丽娜　张　龙
周瑞丽　卫　毅　曾　强　范金磊
韩文彬　陈代还　陈幼玲　武晓龙
陈　鹏　张　鹿　李　进　李　乐
李　刚

MEDY 奖学金获得者

（校学字[2003]37 号）

段春凤　刘　洋　严　寒　黄　真　刘彦琦　官　娟
王　蕾　何星月　景小茉　荣国欣

招商银行拼搏奖学金获得者

（校学字[2003]39 号）

一等奖

叶　翔　张　斌　杨　洋　吴德胜
虞　震

二等奖

黄飞华　李志刚　徐森华　王转建
张玉磊　冯　征　谭常春　罗　翔
陈　波　吕　强

科大之友—东港研究生奖学金获得者

(校学字[2003]43号)

段素平　晋传贵　高　隽　郑　勇
张宣军　吴　芳　夏琼霞　龚静鸣
张敏敏　崔海龙　谭翔晖　孙久松
王　珍　张廷虎　张天翼　汪建君
张　旭　楼晓华　陆舍铭　田青杉
窦　震　谢　蓉　姜　超　王晓平
王　仲　秦华利　王玉宝　王　军
马超雄　刘文涛　张伟安　倪　佳
杨跃东　徐　峰　韩开震　陈　泉
徐长奇　孔令芬　郭　振　方小红
胡真虎　郭奇勋　张　晋　傅荣强
陈　娣　刘伟丰　陈祥迎　穆　杨
吴翠明　刘建平　汪伟志　李振中
黄　磊　陈　伟

优秀学生特别奖学金获得者

(校学字[2003]7号)

金　奖

朱嘉翔　杨　毅　杨子夫　吴亚雷
王云博　史鸿声　李德升　钟小强
米良川　范克彬　高　霖　李尚荣
郑志刚　徐俊艳　孙　鹏　蒋志华

银　奖

韩　龙　沈　扬　赵海鹰　高　强
王　曦　王　飞　孙　刚　汪　新
徐勇明　袁天祥　许　旻　杨　洋
李镇宇　黄展翔　王　弋　殷　翔
陈　茂

本科优秀新生奖学金获得者

(校学字[2003]50号)

金　奖

万　达　林川喆　王　奇　李　帅
帅　鹏　刘　磊　陈　韬　伏　虎
刘　腾　张博升　沈　况　金　峰
沈　卡　张晓辉　冯一涛　陈雪晨
曹　栋　林佳宁　张　锦　张光荣
王　繁　掌　盾　林荣洪　马远鹏
迟斌凯　师振宇　郭建福　赵　剑
彭　霄　徐　磊　孙　吉　肖　东
肖　炜　杨　健　王诗瑶　余　帆
邵宇翀　邓　威　杨智超　冷家旭
吴　琼　郑　翔　付忠孝　胡玉理
方　原　蒋文俊　陈永琳　文艳辉
蔡刘飞　戴汉宁　李　颖　谢俊聃
鲁大为　耿　朋　高　阳　管晓东
高　洋　费建佳　郭雅伟　文升泽
杨潇洋　龙志成　祁　磊　谭　尧
王婧如　徐晨鹏　蔡春燕　苏　明
沈姗姗　杨瑞龙　徐志涵　谢　静
郑　浩　李旷敏　王余涛　刘美竹
嵇　嘉　薛　峰　王文伟　高智英
梁　健　葛　挺　陈世佳　崔　涛
郑　林　张志涛　余　弦　唐卓椿
纪永飞

银 奖

袁 晶 王丽国 林 琳 郭 桥
刘 妍 王云鹏 徐 臻 黄雪琼
黄 山 孙德晖 阮建彬 齐 放
范 珏 鸥阳鹏 姜晓君 杨瑞强
彭 晶 张 鹏 于光哲 何振博
左明轩 蒋菲菲 刘熙秋 宋 程
吴 非 董亚雪 储诚操 陈松节
王景昊 段志钢 胡 震 余方耀
喻莎莎 王健雄 胡璧梁 康捷奇
王磐石 严科威 任 瞳 钱 胜
汪 康 张 征 韩 玥 范慧杰
魏 然 管中达 陈 祺 宋 伟
马万里 庞 瑞 王 鑫 冯佳时
俞 果 朴英敏 李 岩 翟守阳
秦晓东 蒋 炜 王 昕 李立武
周 磊 惠志达 朱丽学 郭严威
朱海波 李 健 魏希希 赵立恒
赵 旸 霍燎原 徐继伟 张荣华
黄 灿 张 参 郭晓鹏 宝腾飞
陈晓玮 覃秋林 侣晓辉 路 荣
王 威 江殿亮 李 栋 郑泽栋
孙路远 禹 夏 王向锋 杜 虎
孔 俐 任晓铭 付 峥 靳国强
杜智坤 殷月伟 杨林彬 杨晓杏
常智华 刘鹏宇 丁君君 冯晓静
熊 涛 金久强 尹昌勇 鲁雪红
方 昱 许宿淮 付真斌 蔡景南
周 铮 杨秀芳 董茂培 肖 锋
董攀登 陆题佳 郑建浩 庄 重
侯毅光 周家佳 李晓航 俞 勇
康振宁 陈家磊 赵伟鑫 吕 强
郑 华 柴 颖 张 勇 徐博文
姚 平 张兆瑞 张成彪 霍 特
王纬超 李 悦 钱 丰 张志雄
李政翰 陈 卓 汪 玉 罗伟彬
刘 博 郑 斌 丁 瑶 金怡炽
高 爽 侯维乙 任晶晶 张振华
郝洪坤 俞一赟 王 锐 仲杏慧
王宝轩 陈庆安 李 栋 李凌南
龙海威 施钧辉 佘元峰 向 彪
孔令胜 陈 昕 高 斌 易飞滔
陈 欣 刘景辉 王尔玉 刘文博
刁明辉 刘蓓蓓 金 恬 班小猛
何劲夫 吴英姬 付 强 徐 俊
黄 坚 张 博 季茂胜 赵善海
丁 亮 汤启立 初 晨 金国良
崔林军 朱圣代 胡 君 王录恩
杨 帆 李建恒 马光民 代晓倩
陈默涵 汪穹宇 邢相薇 张华波
曲连杰 蒋 皓 冷 昶 崔 炜
王 萌 张 彤 刘 悦 陈晓琳
黄世嘉 周华兴 王永智 王胜南
唐 剑 杜凡凡 刘春天 张 萍
杨建基 蓝雅慧 雷 鸣 马 俊
刘 洋 许 澎 祝 佳 张国辉
张璟迪 潘晓嵩 吴 彪 席天佐
胡 俊 刘竹青 许 杰 林俊如
柳存定 刘峰榕 王 磊 彭秀莲
宋源军 王 琳 严忠民 陈 希
陈建霖 刘晓韡 马 林 李珊珊
刘春山 陈 倩 桂创华 周章伦
张盼科 魏世喜 余 建 张家骥
李 慰 张志伟 彭星源 黄鸿松
陈 凯 薛燕婷 徐洋帆 张青峰
黄卫平 邵 伟 贺跃军 杨 洋
周晓旭 周 希 杨 祎 张文彬
郑昌成 曲海鸥 曹 鋆 郭 婵
林 峰 鲍 燕 孙小军 何松涛
孙常鸿 方 云 吴俊桥 王晓庆
王 华 花翔宇 刘立思 陆力仁
郑雨枫 吴 楠 戴丽妮

铜 奖

谌 卓 邓小超 战 涛 徐乐乐

汪凤麟　陈　实　曹　云　申　宁
贺思阳　杨福桂　刘　恒　陈秀斌
孙　远　徐山杉　张　慧　巫旭敏
黄元园　康高杰　侯成镭　郭兴斌
孙　杰　安学芬　陈　柳　王必尧
张　迪　陈智轶　林　舒　王晓珣
郭　栋　胡　尧　陈子君　杨　阳
王雨后　李斌春　于汇洁　葛永斌
黄　鹂　张　琦　潘炎夏　谢玉娟
李　伟　刘术敏　汪　锋　王晓琼
汪　骞　丁曰和　胡　晗　陈　东
聂科宇　郭雨刚　张西文　何　祥
曹　艳　马军亭　童　磊　罗　瑞
吴佳俊　丁志嘉　闵　星　刘光宗
杜成名　耿建林　杨培伟　江　山
汪恭正　郭　扬　江　冰　李瑞华
朱　伟　张　培　公艺霖　孙　荣
蒋　涛　席甲甲　苏　杭　叶　江
苗　鑫　刘　琎　王秀文　桑　燕
李　超　王鹤天　陈绍青　王皓棉
文　杰　周　琦　董志钢　房　晓
何佳龙　刘晓天　杨振宇　崔　麟
庞锦毅　魏春尧　卞振峰　李振华
黎先利　林　楞　黄　河　王明书
尼　航　马　挥　韦明宣　郑　羽
李　刚　后德志　章小涛　鲍　逵
朱　玥　周　赢　杨　超　王　敏
季大恒　陆仲敏　宋东进　余　勇
谢剑峰　郭昭亮　王　舰　杨东旭
张　杰　姜　楠　刘志鹏　朱金焕
孙　超　张家平　徐鹏远　贾　玮
闻　捷　黄　舶　刘宏果　王恩宁
林琴琴　李纪锋　刘月华　杨金达
尤　玮　高　婧　蔡　李　李　杨
聂志强　杨晟博　宋林红　王梓任
刘治国　庞　臻　王若倪　穆文锋
曹　刚　李邦明　岳东峰　严长青

李　敏　王奉超　龙　刚　马　宁
李恒一　陈焕斌　吕俊桦　郤振飞
万　旭　顾　瑞　王　帅　何　晶
邓舒鹏　金云声　李东胜　黄　玉
贺文军　李松晏　赵　瑞　汤浩岚
马　驰　吕　凯　符　奇　韩　雪
周　曙　伍　敏　莫　涛　刘荣华
杨　驰　陆　桑　邓文俊　陈聪明
曾建荣　赵有元　冯　伟　张舜元
戎怀阳　吴小兵　蒋　璟　杨睿智
王广浩　刘　伟　范　喆　沈　扬
王晓石　牟　琳　郭元锴　郑　东
申　远　平义祝　蒋　榕　林　瑞
范海昆　董　昭　刘　斌　祝文涵
李　翔　王道广　闫　明　董思宁
昌　剑　陈忠良　武晓龙　吕晓钊
王亚军　朱维杰　车　睿　李晓玲
陈向成　胡　博　干　政　胡国繁
马驰宇　林民龙　刘小雷　周俊杰
吕　航　朱加伟　刘元元　魏海健
李先斌　曹东坡　周裕庚　陈　瞩
孙　威　陈飞腾　肖　淳　任文啟
徐尧铮　陶　涛　郭渊斌　李文宇
何冀军　俞盛朋　秦　鹏　黄　斌
张秋萍　熊志斌　孙鸿鹏　王　菁
李士伟　潘能刚　马　婧　李亚莎
胡文明　贾艳艳　李哲颖　李　月
张　顺　朱朝勇　方红燕　梁羽周
李传峰　古积霞　林全惠　贾瑞跃
韩志会　熊　曦　李晓冰　苏　畅
张洲龙　杨思敏　张　娟　马红斐
王锦麟　陈　琪　王　群　杨　阳
李　铮　庄金峰　戴　栋　梁　立
周蓉君　罗　刚　宋　元　孙　嘉
王奇锋　王继良　辛　璐　周康生
李广习　单书畅　袁　媛　刘英洁
谢铭丰　陈　鑫　杨　帆　刘　宇

张　洪　宋洪浩　汪斌斌　姚云飞
李　涛　张银东　黄　寅　张维峰
刘亚林　宿　阳　马　杰　陆　涛
何　将　李鹏程　申　述　邹云贵
周志鹏　刘晓鹏　林　骋　何学良
赵宇宁　陈　红　马金勇　李雨航
戴　虎　卢　科　尚伟科　于悦洋
张永煦　刘峥峥　罗彦铿　周　牧
史启鸿　林锦滨　余兰萱　潘　铖
赖李健　孙　峙　杜卉思　孙　旭
刘　帅　谢明壤　刘新宇　刘俪佳
郑莹辉　宁　博　黄丽全　张中扬
胡　靖　张　龙　高　兴　翁　林
许兆宇　李　乐　刘　虓　肖春雷
戴佳昆　莫然杰　王　璐　刘　宁
涂　然　徐叶挺　陈　超　周　磊
侍　胄　黄锡华　阎淑芳　李　寅
王晏琳　饶正权　李　昕　杨　飞
李　杜　葛　光　李莹莹　吴　磊
曹　俊　司光远　祝　欢　谢　敏
黄汉川　张　弢　黄　文　景　萌
黎族华　顾　钧　吕志宁　黄健柳
蔡　玮　黄云华　尹晓欣　秦　天
张　敏　干立青　张　锟　徐　达
肖　强　刘素芳　韩晓龙　金　立
赵　航　周　毓　孙贤敏　吴启亮
陈　鹏　洪　博　栗剑鸣　刘如云
路　璐　孟凡轲　屈冰雁　李问枰
缪晓红　吴德煌　温良恭　刘昌华
王　倩　王　刚　周家稳　周　翰
苏　明　乔赫元　石建泳　朱明星
施　鹏　周晓波　吕骎骎　应　茜
张洪辉　胡　健　官　布　胡微铧

薛安琪　明平洲　郑聚高　周一航
王新刚　黄守霆　马　振　汪笋兮
杨亶时　班森屾　李　倩　陈　磊
张金勇　李方一　刘　静　马金秀
周　全　李懋栋　李亦鸣　熊梦华
汪　瑫　甘小华　朱智斌　包晨露
蒋敬田　杨久欢　陈鑫功　姚雅萱
张　森　谢思阳　李晶菁　周　萨
盖芳钦　彭高渤　张　翼　黄维钊
孟　鸣　潘邦淦　陈佰乐　刘　霖
邱薇薇　李耀鹏　王皓轮　龙　玮
蒋永磊　王海峰　石　峰　旭日干
王双叠　王　雷　唱　响　夏常磊
汪　霖　王启研　陈作晶　杨力勋
任　超　何　斌　崔浩生　李昌华
崔海顺　王　鹏　李　芬　罗苗苗
张　挺　王　浩　胡佳成　易元超
冯　浩　张　炎　任国伟　田秀杰
朱　雅　杨丁宁　张　骁　荀伟平
王　博　张忠祥　李霄栋　张森旺
潘　伟　卜　彦　魏　勇　丛远华
王　宁　罗　超　张专浩　向鹤鸣
周　岳　陈玉姣　聂　林　谭雪莲
詹顺吉　林淑波　高　远　周丁宇
刘　杰　平　远　卢致文　徐国鑫
王少白　戴　伟　郑尧邦　周宏博
郭泉宏　邵　阳　张俊峰　谢长雁
许　翔　贾　楠　周朝阳　杨训杰
李勇臻　庄　宇　朱　纯　何　晶
李　衵　李　玲　方　堃　徐　婷
李　进　储　栋　杨　曜　黄　萌
张　鹿　汪臻真　王进红　殳希希
胡磊万城　艾赛江·依米格达

优秀学生奖学金获得者

(校学字[2003]48号)

金 奖

赵 勇 蒋志钧 王 超 刘 铭
李 超 瞿 昊 冯明业 刘毅捷
张 宇 刘 冉 项晟祺 孙 煜
皮 亮 董 楠 李 艳 郑祺星
于 跃 陈 昭 权 洁 魏 玮
王 睿 陈 尉 朱 毅 程鹏飞
汪文祥 许文钦 黄 温 雷 震
彭 昊 缪 倩 李 莉 程海飞
赵金果 陈 东 华宇灵 郁 婧
黎 洋 刘轶群 钱玉峰 彭 鹏
于明辉 刘 昊 胡奇聪 黎 洁
沈兆川 薛加民 刘 罡 刘 伟
刘东文 周文君 高 侗 张 波
冯 阳 张 妍 李 凯 沈育平
潘 俊 杨卢燕 钱岳强 曾依灵
邹莎莎 赵苏楠 宫 涛 陈 伟
孙旭东 孙永强 闫 锐 王 锐
孙 铁 陈雯洁 裴立全 宋振华
陈旭珲 高 明 陈文锦 杨 梁
沈 帅 洪益力 迟松涛 董维山
夏丽君 刘朝阳 徐 藻 武小龙
周凡欢 李 敏 曹红兵 刘 佳
卢 献 叶 博 吴绍勇 朱兆生
王 为 杨 帆 夏立荣 余 翔
欧阳诚 胡琼颖 康 波 耿秀波
汤 琦 李晓迪 赵 娟 娄 慧
郭经纬 费静怡 皋华敏 张 凡
周 明 陈 颖 张万德 杨子夫
金天灵 邹 科 黄 震 刘 东
张 智 留 瑾 韩省思 李 敏
胡 明 徐维琛 黄艳琴 陆 敏
孙贤开 张 芬 夏 翔 张瑶瑶
栾 岚 程 骥 秦 勉 褚 敏
范 喆 丁 蕾 龙 荣 伏晶晶
腾 静 叶 宇 徐俊良 姜潇潇
陈斯觅 刘 翔 张 军 朱 雷
周 婧 戴应瑞 王贝贝 许 杰
张力叶 李 娟 谢 瑶 王嘉捷
刘 成 殷 萍 吕星哉 邢 溪
占 亮 魏用刚 徐晓婧 吴 琼
曹金涛 叶兴晨 刘江宇 胡明秀
孟 娟 王 卓 宛 静 朱海慧
尤四方 周晓源 吴素文 陆 旖
刘 洋 李巧伟 胡春梅 巫江涛
刘 焱 郭琼玉 王 锟 吕元华
雷 鸣 程义云 栗安定 倪顺江
白小燕 罗艳华 蔡 锋 王亚果
郑 凯 张中成 楼 婧 杨 硕
金晓莉 卢 晋 刘 熹 颜 博
季 莉

银 奖

贾玉寒 裴永航 谭 洁 樊 旋
齐 放 李宏涛 陈晓莹 严嫣婉
张 俊 魏 微 黄 好 谭 裴
刘 强 陈 捷 高 原 蔡海蛟
邓丽娟 谢会乔 王 韬 林昌龙
谷 雨 邢文栋 王 旭 郑建颖
杨 谦 张少博 张 婧 桑 谦
苗新宇 王 杨 任芳芳 舒 妮
邢晓曼 刘国兴 曹 申 刘光远
欧阳璟 沈微炜 杨彦菲 杨 非
吴子然 王东旅 童晓航 朱绍齐
周永彬 张 静 施 远 郑 颖
马 杰 蔡洪冰 丁 博 陈 昊
蒋中华 董 辉 周婧婧 李 旺

黄　娆　甘　霖　郭宇杰　王炳飞
赵　遒　陈　冬　孟志鹏　薛　晗
马彦俊　方　彬　刘胜男　艾　锐
胡　帅　方小伟　展文静　徐萧萧
刘淑杰　智　斌　侍晓敏　魏　巍
吴　磊　张萌颖　何　剑　刘　建
胡　波　张　宙　时　青　潘文宇
董　刘　刘灿东　陈　曦　高　超
程　刚　高　睿　苏丽静　王　磊
高　洁　张　震　孙亚洲　陈锐锋
程建华　刘　毅　郭琛琰　夏继成
李恭平　付　文　杨　迪　王金玲
唐　仿　张　银　李亚奇　项　亮
何　叶　涂　镭　郭　欣　杨　洁
任　凭　李玉剑　范亚青　李自勉
戴文卿　王金诚　钱林俊　汪德华
林　涛　沈炎龙　方子骏　吕红亮
吴　晶　刘文涛　张　杰　聂建斌
程立文　刘团结　许常悦　区志财
邓　欣　陈今梁　邹　润　甘雯昱
孙　文　蒋　鑫　黄　渊　崔　玮
马　超　徐西平　孙文斌　郭嘉丰
鲍超芸　施　娜　叶小刚　颜　俊
陈喆远　蔡翠芳　宋志超　郑小明
王文芹　张　韵　杨　阳　李召荣
徐文博　陈　舜　陈　皓　王　琦
戴　伟　肖红姗　王思莹　周　舜
高丽丽　沈小伟　魏植岩　杨海涛
周韫韬　肖文莉　成　亮　杨选申
陈伦锦　黄　欢　李华光　聂晓峰
自　勇　黄庭亮　孟　涛　刘沾沾
王锦绘　李筱飔　尹　静　李　昭
陈　一　倪慧荟　季　锐　林小晶
陈　曦　韩吉平　赵　卫　刘　飞
陈　汀　牟傲然　李　立　梁森林
马　套　刘　艺　郑鸿军　刘　杰
吴小奇　祝　林　宁　洁　张　晓

郑怀秀　部　慧　江　欣　黎　阳
李　晖　李明玉　何丽灵　梁　顺
陶洪杰　徐　莉　黄新龙　从　明
周　军　潘志伟　沈兆龙　毛熠璐
谢春辉　蒋　鸿　赵　罡　崔晓玲
任　捷　闻　人　刘　爽　王　莉
徐　实　李中豪　陈浩耀　姜　楠
黄　迁　邹　佳　邱剑彬　孙婷婷
宋　伟　凌　甲　刘正坤　张　奇
杨奇超　李清华　李立斋　陈德品
陈　江　陈　星　王国强　曹　逾
王　荔　方　媛　黄　强　骆跃芳
任涤新　孙培培　刘　韧　陈从武
刘　宇　王　玲　钟鹏飞　刘明荣
孙艳楠　孙　晔　余　霏　郭　锐
杜　哲　刘　朋　张　勇　罗　威
吴晓丽　陈　超　向伟玮　李玉明
张怀坚　付　强　万小丹　张秀武
葛建全　宋晋湘　李国锋　刘一岑
罗　栗　谭　创　余　岑　曾伟明
方　杨　宋科峰　周志良　顾　宁
颜　蓉　郭　嘉　张　帆　石　磊
李辰旭　佟　玲　刘洪健　王　刚
宋其江　俞俊俊　张田田　李培龙
吴苏檀　林一瀚　陈　燕　孙鹏飞
赵　苏　涂思雨　颜　钦　尹文轩
丁　倩　周传耀　张　祺　尹雪涛
张占阳　唐文洁　解晓健　周义朋
沈　雁　黎嘉宁　何　静　李俊超
罗振斌　杨宇涛　刘　争　陈　婷
张　菁　倪　爽　王力平　蔡丛兴
晏沛泗　吴敏昊　罗　路　徐　琳
苏　盈　赵　鹏　甘　明　朱伟东
曹雪林　杨　磊　陆晓霞　信　婧
米　渊　徐展平　郑云辉　李清垚
邹有志　王晓娟　陆　强　杨　帆
焦　洋　杨　曦　查达仁　徐　涛

李　啸　车　珊　蔡北虎　李　辉

刘敦罡　李林杰　刘志鹏　胡　婧

刘　欣　黄宗波　郭佳琪　程　灏

王　可　张建杰　霍红发　郭　照

朱　柯　刘　锋　方四安　荣蓓钰

于　鑫　史啸亚　邱　博　倪维平

陈　腾　汪　敏　马承飙　张兆翔

汪　进　张　蓓　陈小磊　张明涛

孙　栋　何　花　卢揽月　董勇伟

韩家鑫　赵　悦　石　柳　黄　玄

王瑞婷　吴留锁　郑　楠　邓江平

郑伟云　钟开富　祁　凯　田　媛

张世雄　马卡卡　胡　浩　袁　宇

韦宇立　许文涛　杨　婧　施云舟

宋　燕　赵　方　朱　斌　王　茹

张　岩　杨维冉　郑成诗　梁　惠

唐　禹　赖春泽　夏　添　饶　婷

李统藏　王金姈　周良将　白　兰

刘　斐　喻宗威　柏荣刚　廖胜凯

张　全　史　源　姚　琼　陈　伟

许方星　魏苏军　施　妍　张　乐

姚　镭　陈晓春　华斯亮　张相华

方　蕾　朱赵彦　黄忠强　祝　超

段利兵　尹　喆　杜　俊　魏焕东

张　锐　汤　岩　李　琰　黄金思

董广强　谭陈荣　董桂强　叶　根

周　瑜　李　嫣　唐志华　张惠亮

田　鹏　伊成器　刘倓倓　韩　孝

黄　淮　张　晨　黎　俊　徐　瑶

蒋丹莎　李　纲　唐晓青　曾祥林

霍　然　黎　婷　郁　宇　郭晓凌

李　威　陈昶乐　江　杰　张金宝

董小刚　丁　悦　栾　青　陈小磊

詹晓卉　李　慧　翟羽佳　周倩婷

项呈祥　苏　静　付　侃　王平建

严　亮　金　萌　杨晓亮　刘大鹏

聂　可　石云波　周晓芳　应凌云

覃　晓　袁　元　龚丽辉　王　喆

刘春雷　李　甫　杨冠群　赫　卓

包小辉　朱　堃　刘　聪　刘奇旭

郝　蘅　林海生　陈　晨　邓文隽

李玉峰　袁　琴　徐　洋　章　双

王兆龙　陈　茜　田新梅　闫改兰

刘贵斌　王春雷　陈星星　杨晓果

武　健　叶　峥　邹秀芳　李　玲

范永涛　熊亮萍　唐　能　王晶珏

周文洪　席红霞　戴　娟　李肖林

魏万春　孟令一　何中翔　金　曦

杨　杰　曾　毅　张　超　刘金霞

朱　亮　谢　江　侯圣伟　张　媛

朱汇峰　李韦伟　蒋安友　陈　果

亓向飞　孙青羽　麦磊鑫　周　琳

王　泉　徐航勋　刘晓江　任　奎

高晓辉　杜金志　朱燕杰　曾　毅

史宁煜　李晓恺　张月婷　曹益华

芮　雪　吴朝江　朱建芳　陈志立

潘　晓　万　晨　李明杰　包　斌

倪　宣　李　龙　任新华　林　磊

李一丁　王　莉　王孝宇　刘　诚

陈　雯　汪　俊　刘　晶　郤吉丰

温良剑　詹　剑　王永强　翟光龙

李　昊　王　婧　周杰美　刘振斌

卢　皓　杨菁毅　李　铮　杨　丹

孙　青　王媛媛　刘　炜　范志刚

银振强　马　宁　陈柱佳　何淑琴

王德琪　李　乾　王　磊　杨满江

盛　东　郑秀丹　郭亚坤　赵　辉

苗灵灵　张　颖　杨　阳　杨思远

毕大炜　李　黎　吴　倩　申楷宇

段　雷　黄如丹　莫海涛

铜　奖

吴　庄　杨　勇　伍　翔　潘剑锋

高存皓　王少舜　蔡渊恒　陈　菲

汤子楠　冯　磊　余允东　董　梅

李海波 金颖滴 范凤娟 赵松
吴伊涛 江帆 刘立菲 韩晓明
邱枫 黄金瑞 朱红玲 张曦
郭艳 陈建永 彭伟 潘可
马晓雁 丁阳 申铁 费飞
岑诚 李佳 苏昊然 陈锡俊
吴伟 尹海平 刘娜 刘飞虎
江茳 张礼楠 葛葵葵 龙泉
王东 王昊彦 肖立成 薛铮
汪翔升 严鹏 刘洋 连健明
宋珲 曹迪 郝全阵 黄巍伟
樊昕 沈永强 朱机 汪俊文
韩春晓 韩子玥 房鹏飞 杨薇
彭丹 石玥 陶亮 赵欣
刘铮铮 杨明 封赐剑 顾智宇
张璐 龙楠烨 黄永刚 刘键恒
朱博 张阳 周全 章宏
关晓磊 梁珊珊 阎镜予 张梁
徐大林 邹珉 常江龙 王君
彭劲 章乾 曾新新 邓国辉
吕珹 丘志娟 邹轶姝 张俊
耿峰 舒田佳 朱里越 张源
庞盛世 刘文举 谢圆 郁专
梁平 王鹏 韩东领 施得明
戴继峡 周叶云 吕蓬飞 程谦
陈聪 杨亦韦 王静 沈秋
刘鑫 梁威 刘玉涛 南哲
唐建顺 单骁越 佟丽娜 程效
王为 杨烨 耿沿锋 伍剑
汤骏遥 童夏静 刘守群 王鹤
李寅闻 钟超 楼越升 王庆庆
桂栋 李楠 白鹤 张伦
任秀平 刘文军 孔军 张余洋
张彦豹 徐萍 刘霁 杜挺克
张强 王琳 周密 韩洪波
卢建良 郑钰涵 卓居超 芦伟
袁苑 程蓁 徐苏 李喆

商红慧 胡雯 王琦 陈程
李建伟 卫敏 郭鹏 王康康
李亮 王雪源 邱权 李振宇
孙振田 李小方 孙蓉 赵欲众
杨智超 林志雄 葛晓青 张力力
郑振亚 方荣 宋飞 张伟
王阳 任子甲 李宇飞 刘宇鹏
吴笛 谭丁源 王秋林 谭锐莘
汪志强 李宁 金益鉴 苑文香
熊康林 朱书 吴晓曙 王璞
欧阳露 李雅睿 丁涛 张成杰
李慧霖 曾璠 王海威 陈韵
冯为 戴维 汪为伟 林晓宣
李承东 邹岳 王希 孔祥龙
彭璐坚 查文舒 胡国强 王玉新
康翼鸿 吴瑶珂 李鹏 范荣荣
周晶 钟磊 张聪 陆霞
姚星灿 聂旭 陆振朋 朱熹
李贤民 隋义 郭迪 张辉
高银军 梁文涛 何耀 冯侦探
蔡斌 刘雳宇 傅玉 李盱
李旭 董贺飞 罗海 朱治雨
陈幼玲 周萌 徐战 项若曦
籍荣 费辉阳 黄玥 徐昊
王献义 薛炳 王丽娜 宋立
翟军 李飞 周瑞丽 万佳
吴林 司廷 韩文彬 曹喆
张子坤 刘国昭 何丹 马云星
佟昊翔 孙炜海 汤国华 潘惠君
陈宁 袁涛 金海旻 罗玉山
何其真 曹鹏涛 谢飞 汪徽
熊行 张俊 周伟 马超
侯彬彬 康楠 庾璟皓 张毅祥
成琴 马涛 吴宇宁 苏智强
魏榛 何坤明 潘光 郑超固
覃悦 高志全 朱星星 张侃
林春阳 叶荣 万一飞 吕勇

徐振邦　吴　昊　刘芳贻　刘宝旭
李　喆　朱玉华　张盖功　姚　军
钱　剑　范　斌　姚一平　彭　渤
戴　洪　程海滨　汪　洁　王静波
常　磊　郭　敏　陶　凯　李　政
黄　胜　王　斌　石正国　郑锡年
吴火城　曾述可　徐利斌　张　乐
卢　斌　李　婷　彭　忠　林寿富
张竹鹤　王　威　张文贵　钟　琪
何其健　刘海丰　李廷伟　章　彪
程　腾　蒋孟奇　罗　超　陈　钢
周　荣　孙　鹏　戴　磊　周洪波
铁晓磊　王振明　王　涛　王珊珊
孙一峰　包立臣　韦生吉　樊永刚
施寅生　于东海　陈曦华　吴晓杰
崔英林　田明辉　汪　云　党宏武
叶　笋　虞君金　王建学　周中允
樊　金　周　伟　常海军　王　璇
程　万　余振山　瞿玲燕　尹燕峰
秦　达　宋　飞　伍　亮　司亚卿
张冬生　卫文丽　桂　彬　田　雯
李　超　潘　伟　蒋梅娟　罗利维
陈千一　吴　飞　刘静波　李　杰
吴　翔　吴勇坚　曹少文　石　彪
杨　杰　王志芳　黄　君　黄　晓
曹　乐　曾艳燕　刘　超　胡精神
贾光明　张永基　姚　甲　徐敏亚
丁世锋　杨　峰　夏　旻　徐　奇
程存峰　刘　云　薛　明　曹　蔚
陈海涛　张起元　林　峰　金　伟
邓宏平　朱筱筱　李奔奔　马　莉
章　凌　陈　军　王　俊　张晓辉
陈　诚　魏文星　修剑锋　杨　颖
刘志勇　王宇亮　吕　彦　宁　兵
方　维　帅　捷　李微薇　刘　丽
黄永鑫　汪　立　赵春鹏　黄　勉
肖诗洲　刘晓沐　袁国峰　黄晓璧

李　凡　马　妍　陈志远　赵大年
强光明　任　博　周立辉　张　敏
王晓东　李　凯　王　伟　栾　峰
莫克涛　汪　璇　陈　彧　杨宁宁
赵　玮　徐　雷　何　婷　季铁铭
林瑜恒　邢学智　刘碧录　李子奇
翟晓敏　冯金梅　杜晓玥　陶　灿
蔡曙江　胡　云　王怀国　杜海涛
黄伟国　胡　浩　刁　力　巫　玲
郭理彬　张琳玲　阮　挺　谢啸宇
陈迪虎　苗乾坤　卢　萌　朱　云
陈　开　李　勇　毕　林　陈　平
肖昌金　朱　平　刘　芸　梁　斌
冯　艳　张皖平　张　超　韩　旭
李英楠　孔德胜　王　继　邵　磊
汪小鹏　马宏星　廖　源　陈崇宪
张祥朝　杨振宇　吴　俊　张　荔
王建涛　张　琦　孔　伟　谭人嘉
刘　爽　宋万鹏　高宏博　何　昱
刘　芳　王　森　范国平　戚婷婷
顾永刚　陈　鹏　郭草敏　李　舒
吴云良　郭龙坤　常　山　黄生树
孙　袁　张惠臻　王　祯　曾　贞
张　磊　林　臻　罗松挺　李小宁
詹珍贤　汪志亮　吴志伟　曹璐璐
曾文明　夏　凡　陈懿茂　许　萌
胡　亮　刘　谷　陶　明　高　放
舒　钊　唐平中　步红兰　张士扬
李小平　庞　浩　孙娟娟　王定胜
张　楠　吕博海　曹　峰　张　桥
刘进舟　吉建民　段聪颖　林　珂
裴香涛　崔跃生　李志远　张未卿
林丙涛　刘津甦　晏　斐　计媛媛
赵　猛　李　旭　邱　知　王毅敏
邵　亮　朱海涛　黄祥娣　潘　振
黄　冀　董芳芳　尹留志　赵　妍
高鹏飞　王　超　严亚军　宋　煜

姚海涛 任福新 马宇超 景大鹏
吴燕华 邹昭元 童楠 查琳玲
赵欢欢 黄玉兰 许翡 王媛媛
刘勇 张翼鹏 邓舒阳 韩方源
李福东 张正熠 吴刘臻 韩咚林
黄金堂 朱智超 黄振宇 刘军
刘升东 朱琳竑 严明 陈燕
金明垒 郑岳峰 黄宇发 张琳琳
朱磊 彭飞 符雄飞 陶宏丽
胡盛勇 王钟 徐陈亮 马瑞
李林 宣颖 朱永定 尹媛媛
钟俊 吴敏 陈蓉紫 王翰斐
刘磊 秦阳 钟雨珂 汤勤
谢斌 王颖 刘廖初 陈璟
冯徐辉 林明宏 王笑冬 章文
李光磊 张盈 余春辉 冯书路
江利锋 王军 黄菲 汤小菊
杨臧健 王俞霖 刘黎明 黄志远
陈小兵 黄文超 郭熙铜 龚祖永
张元平 彭文 唐磊 王阳
罗海山 谭银燕 王麒翰 李玉琪
袁耀明 王天成 吴刚 罗维
王珍 梁波 杨恒 许杨
陈佺 张举勇 冯仁杰 杨静
李志亮 詹成 张文静 何熹
莫松平 吉勋 瞿辉 屠汪洋
侯金波 姚波 徐峥 江楠
蔡健 吴敌 姚森梅 俞波
何鹏 曾延坤 钱正 章根强
秘西鹏 赫卫卿 汪栋圣 曾川
吴鹏 杨瑞光 王大飞 丁宁
高阳 陈铎 石亮 李方志
何琼 徐涛 谢欢 陈思
黄继芳 王达 温琪 曾艳
蒲威 张翔雄 高博 罗成龙
丘聪 闫晓梅 白洁明 毛火军
赵亮 史世玉 黄萍 刘志帆
庞健 刘思佳 田婷芳 李宏利
杜晓烨 黄秀平 易堂红 赵磊
范哲文 孙俊 郭安泰 张鹏
钟旭 陈琪乐 蒋治忆 张雄
王行明 黄川 张强 王储
左成杰 杨天玉 王朝伟 李谦
卜弘毅 景亮 于昊 虞堂清
周雪 黄磊 万云龙 吴广
胡贤龙 张云斌 罗强 徐晓军
张玲 徐皓 李丽 单万亮
何润 范萼华 曹盛 程静
侯庭波 高涵巍 闫洪平 杨明俊
罗恰嗣 黄降水 王洁 毛文彬
蒋鑫 彭媛 胡永星 李伟
方协 张敬源 张烨婷 郭小钦
陈春亚 吕新杰 张满林 曾祥方
甘业兵 钱朔 张武旸 蒋岸明
刘林 龚彦晓 赵俊 许仲杰
古今 吴建光 侯永泉 周卫峰
姜譞 王超男 李清 向诗红
郑琳琳 吴思 胡肇康 谭淞
刘常亮 陈迪俊 彭盛 匡燕
袁进才 牛孝灵 陶玉川 贾晓启
李春荣 蔡建伟 杨友 黄明明
许敏强 周荣国 臧卓 刘广宇
赵一鸣 黄磊 罗林 杨庆雄
张旭 洪亮 王琳 陈俊
武文倬 吴涛 何昊 唐晓骧
王文景 夏晨 朱波 朱旭敏
陈志翔 丁武昌 王伟 张倩
熊风 贾伟 廉玫 杜金峰
赖凯 姚鹏 张凌 尹亮
余熙 杨飞飞 黄明星 黄冠尧
陈良章 谢希鹏 李鸿程 侯亚丽
钟伟 王焕钦 张焰 谭超
林均仰 杨彬 康鹏 张健
郁理 张益 金佳奕 朱磊

冯　军　刘　非　张　恺　王晓慧
马　翔　杜　衎　张庆辉　刘　佳
王祚官　刘　欣　祝　磊　姚顺铨
卢　婧　陆朝阳　张　峰　周　昆
熊转贤　邱　石　潘咏梅　石子晶
贾博韬　刘　敏　龚　玫　张　浩
舒　钢　李江滢　陈　彦　肖金超
王敏锋　姚　波　翁凌凡　史伯平
黄瑜平　张　瑛　刘铁男　任小叶
郝　峰　陈立家　张　幸　潘　磊
杨　帆　蓝丽丽　袁　鲲　崔　娜
田建辉　潘怡兰　黄　萌　梁　春
卢绍平　罗　佳　胡　成　陈　洪
朱旭琪　唐苹苹　孙群龙　焦建兵
邓　娟　杜　毅　张　鹏　郭　颖
曾志刚　田久明　刘　超　王海坤
周　雷　王　珺　付志亮　李志刚
刘晓辉　高　杨　段曼妮　付德龙
顾礼峰　戴　维　余　珊　周华旭
潘建军　张蓓蓓　蔺智挺　林晓君
严　密　祝熙宇　罗飞腾　王　瑜
庞昂博　钱　珏　罗川江　程　曦
孟　亮　周　媛　王长虎　吴旭科
吴建达　张善子　宫　勋　邓咏薇
黄　烽　赖国银　赫　哲　吴彦波
张锡霖　陈森娘　魏　鑫　吴　斐
高建波　朱兴亮　祝　英　蒋中国
王然石　白　雪　罗　亚　李　香
王　焘　孙培健　丰　平　蒋卓明
陈志鹏　陈　星　祖国英　李　科
莫小虎　罗天嬛　李　威　周　伟
刘　峰　戴　周　徐　挺　史振中
雷晓文　郑　飞　金　萍　董胜娜
唐泽波　古　懿　徐　升　贺　涛
徐　杰　高　进　沈慧锋　田旷怡
唐世彪　顾宏周　高　伟　刘丽敏
周　浩　应永铖　李雅男　蒙云松

孔宪华　李林峰　贺　词　章　寒
王飞虎　陈　娴　倪　涛　侯文君
岳玉涛　周路远　张世伟　肖　昕
徐建华　金　洁　芮晓光　张清蕾
欧　亚　薛艳红　钟伦贵　温云爱
周　波　时钢印　尤　览　徐予健
刘锦涛　李　婵　邵世才　周　鹏
徐生年　傅　祺　雷　德　高少英
张　静　王晓瑜　廖晓光　金　晶
张海军　王海涛　石　丹　姜　鹏
王　萍　黄骋宇　杨　阳　王洪敏
董　辉　孙　伟　戴　劲　许桂梅
代　亮　张晶瑶　刘　渊　崔鸿宝
张　杨　王　志　郑　杰　刘　达
魏　睿　欧阳璐　李珊珊　夏云宏
李　潇　牛文新　田　甜　王　婷
何　妍　陈　曦　于　洋　杨　慧
陆　珩　赵俊鹏　郭　政　徐淑颖
宋　震　刘　昊　张　晶　王丽娟
杨　川　王育才　田　青　陈玲丽
王　宪　王　钧　何召锋　朱巧燕
夏长权　马小静　李　磊　郑　彬
陈　耕　贺鹏涛　李嘉玲　王朝选
李　浩　郑海庭　杜　哲　卢优莎
魏　鹏　吕天杰　姚　侃　任霄鹏
于　洋　许贞锦　余　磊　张　凡
徐　晨　刘江虹　汤　俊　刘　睿
韩　静　高莉丽　杨予昊　王兴家
汤卫东　王　峋　张彦恒　李秀丽
朱　健　任　春　刘汪根　唐树宏
周　雷　吴　焘　张　梅　谈　刚
常　宏　罗　俊　汤林勰　李邦祥
李　晴　冯健生　郑丽凤　丁文鹏
张　权　陈　博　刘　超　陈　强
蔡文奇　李仁杰　王崇发　尹洪章
赵　杰　刘　鹏　张锡铭　洪先进
顾白洁　徐　亮　李　萍　张　敏

汪　忠　郑定海　卢　恒　陈　剑
刘　苏　龚　博　裴朝科　朱　峰
陶成伍　王国华　陈利军　葛　戈
吴海林　石　玉　李轶杰　黄福清
刘光曹　刘晓飞　叶　浩　王达山
丁斯晔　王　杨　罗炬锋　叶　栋
张寿棋　汪　哲　胡　迪　周吉伟
陈　哲　段媛媛　黄　轩　李双祁
胡愈挺　曾明辉　杨　喆　王福亮
李毅人　刘　琳　竺　博　王　雷
龚湘君　茅　髦　刘　岩　康泉胜
姜　鹏　梁　波　朱　俊　陈吕义
李　俊　王　莹　夏　艳　王　健
张文涛　赵　凯　魏　勋　姚　卫
罗武鸣　严　峰　韩　璐　杨冬雷
丁明松　徐峰峰　卫　毅　程旭东
周　蓉　王璟婷　陈　曦　李权威
何　彦　张　凝　胡桂萍　刘　琼
宋光辉　包日月　杨　杰　雷志军
龚　明　裴善蟾　罗　立　张毛磊
刘　祥　陈灵灵　许　栋　陈　兵
李海鸣　肖抒洁　金晟哲　龚柳玲
夏雪刚　刘晓燕　曾　鹏　田龙璋
哈森其其格　徐诗理扬　欧阳天玉
欧阳涵林

2002～2003 学年度成人高等教育优秀学生奖学金获得者

（校继字[2003]5 号）

一等奖

祝玲君　宋军龙　孙海波　卢炳浩
徐红兵　刘振宝　代莉莉　汪　李
杨云峰　邵越然　王　敬　孔祥军
汪传东　张冠军　费　菲　谭建新
陈小梅　尹　润　钱　军　费　超
黄卫林　杨　军　徐　敏　张中山
权秀琼　李龙飞　李小蓓　李　莹
邓　曙　汪玉美　徐文兵　范志国
韩国锋　杨亦松　费成良　武豫蓉

二等奖

余金萍　叶兴伟　刘广国　高小普
郄　彬　张朝阳　苗　健　许礼鹏
江　波　王火根　黄铮铭　金智鹏
雷震宙　洪　亮　郭小芳　王春焱
黎学优　李晓荣　卜训发　后小亮
戴芳菲　万　莉　李　沭　刘慧敏
姚金锋　潘体正　程世元　房卓焘
林　蕴　李　程　余翠丽　洪　磊
黄建安　覃　牧　徐诗贤　卢怡平
王益旺　邱　艳　庄淑香　虞　敬
许　磊　王承佳　段静焰　许　兵
李　亮　严阿美　时春盈　陆　林
钱姗姗　方　欣　范皖勇　王佃峰
徐海洋　陈　冰　王　展　班雨田
王　干　李　进　张莉莉　刘洪儒

三等奖

周　丹　赖　欢　肖　强　万伟华
梁卫彬　吴四玲　邓国军　汪鹤松
王福高　王　丹　王建豫　徐小平
张仪诗　赵灵玲　蔡海华　郑琦昭
邓小兵　邱云鹏　邢光璞　何芳玲
陈　刚　张卫峰　王　睿　陈小云
季仙华　张秀玲　徐　磊　方玉喜
王锦枝　张新颖　朱青云　孙一峰
陈　聂　俞永忠　王北京　张文军
许苏华　张镇宁　王志强　王文龙
任　伟　周　敏　王　梅　谢　瑜
张若宇　谢大夫　季秋燕　苏彦君
刘　燕　孙　楠　李元杰　颜世鑫

李婷婷　张兴柏　姜新春　武玉桂
俞元超　李逢春　程　陈　叶凤姣
董文娜　张　磊　孙　艳　陈涛焘
闻　静　刘梦鼎　张玉德　任富强
柏耀明　张　闻　林　锋　宋建东
万晓兰　华　婷　汪慧敏　宋文娟
陈　瑞　胡　迪　李文凤　张　珺
杨　晶　肖功龙　王惠珍　张银璐
台德海　吴智建　林　琳　赵爱军
赵薇薇　杨光荣　沈　莹　吴满文
林惠津　梁玉芳　郑桂沂　章　丽
张文佩　曹　莉　章建华　张小龙
董　青　谢建梅　浦荣辉　郭淦芬
汤　池　田　春　刘婷婷　陈舒敏
郁军华　张　磊　于　斌　左　刚
宋　潮　胡　倩　张　琦　韩向阳
刘清文　杨　岸　李少波　李宝凤
刘爱萍　王　敏　符卫东　管云龙
俞国军　宋　平　张　璐　朱晶晶
王明祥　李　游　李　洲　邢　波
王贵红　方海江　张　玲　李　果
马富荣　王超智　梁　聪　周宿林
吴　波　吕明明　马　晋　张新春
刘东洋　彭晓月　李　燕　洪　波
张　震　李　吴　蔡传根　陈媛元
夏　威　李锦峰　甘　琛　肖　利
张赛茶　张文娟　叶　蕾　文亚飞
杨　智　杨成刚　阮小舞　李坦楼
章赛艳　周章键　凌雅萍　黄　蕾
欧亚峰　徐鹏林　方　敏　方海燕
束丹萍　翟成根　谢睿娴　刘　萍
夏　志　韩爱明　唐明忠　童　丹
朱　静　张生根　张广明　张国超
蒋　正　李建新　江　雨　刘小勇
叶　嫔　杜宏宝　江　红　肖　芳
孟海燕　欧阳小星

优秀学生干部

李建新　赵　俊　罗永智

获得其他奖励的学生和班级名单

2003届普通高等教育优秀毕业生

(校学字[2003]17号)

李亚麟　卢　山　张　铮　刘　畅
徐　亮　李　敏　黄　聪　李　思
李天汀　祝　威　李长征　赵　石
孟　超　刘雪峰　王惠文　王作勤
夏　铁　骆光前　张　辉　龚　菲
穆　春　赵国亮　孙盛国　金贻荣
陈　平　杨叶飞　黄文财　沈　锋
李晓莉　李　洁　陈　晔　魏　臻
郝　悦　杨　琼　郁莉桦　罗林姣
佘建黄　汪　磊　熊　涛　潘　拴
杨　沽　袁　胜　邓家虎　苑震生
顾海巍　陈　曦　董　敏　王　婷
田　莉　黄　豪　胡中汉　刘　宇
刘　霞　郭　颖　何　川　杨　洋
吕建沣　张　兴　宋春林　颜瑗珲
罗颖照　赵　岩　陈浩国　王宝亮

于锡娟 李业新 洪 丽 王永辉 蹇 兰 刘丽军 王永刚 陆高鹏
汪 倩 陈光文 肖俊鹏 刘建华 程 昊 吕伟涛 陈 静 方 明
陈广德 朱胜武 尤业字 严 明 史春茂 陶利斌 陈 刚 刘欲晓
余 聪 俞 扬 谭 旭 伊 鹏 孙海南 张筱希 周 杨 叶 楠
张海生 黄安定 刘 奕 郑丹丹 王建强 陈 晶 俞 敏 陈 昆
张志勇 李 勇 黄春芳 王兆希 陶镜卿 孙 建 许 杰 孙明莲
李文源 陈小亮 方 垒 詹耀文 赵九江 赵 蕾 陈 绘 高亚男
宋 俊 朱林法 陈 伟 陈效鹏 姚元臣 谢 辉 程丽丽 周 韬
吴有金 金宏伟 陈 文 苏凤婷 李东彬 吴志霞 许 玲 洪珊珊
肖 浩 高 翔 李保庆 刘丽萍 徐 洪 张 科 张亚琳 冯丛丛
张小舟 刘 泉 张 琪 夏艳君 何力威 唐乃武 郭倩倩 丁志军
姜 锐 章明宇 张小波 朱有团 马 杰 邓 晴 徐明宇 钱长炎
高 岩 张普华 袁天强 高 巍 朱 剑 谢治国 刘一枞 王登春
宋 勇 凌 琦 沈光亚 胡 凯 沈 宇 阚宏伟 顾 坚 郑凤霞
王 烁 杨 琳 张 瑞 张治国 郭欣达 杨 磊 王一宇 储 俊
吴慧萍 宁 晨 李学龙 李卫海 许 娜 肖 明 梁水宁 刘 畅
彭 婷 樊 杰 张劭一 陈 雪 赵成鹏 曹 丹 陈昆燕 王晓艳
王志敏 吴龙海 李 明 尹辉炳 王本乾 王万春 范瑞霞 高善国
陈立群 杜浩藩 尹大成 谭小彬 傅江轶 李铭刚 邓国强 孙 剑
叶世阳 纪金松 张 敏 姚亦飞 高 鑫 谷海涛 杨大福 董 慧
杜 巍 李玉祥 范 勇 刘耕圃 周连群 刘 毅 王景丽 孔庆民
邓 晨 殷 翔 黄展翔 何家华 张 进 丁洁莹 惠 宁 朱海洋
陈 勇 张泽峰 段 川 罗文坚 柴菁菁 方 湧 宋 练 吴 晓
李金龙 邵 辉 熊 进 陈雪锦 王 娟 况凯骞 庄 磊 方伟峰
蔡尚书 李霄寒 朱剑锋 黄 晶 朱晓彬

2003 届成人高等教育优秀毕业生

（校继字[2003]3 号）

廖 辉 陈玲娇 徐辉银 张伟峰 李洪涛 靳 霄 许 勇 张 健
王云婷 张 萌 常鸿飞 朱晓丽 杨 柳 尹 娜 陆 炜 陈 琦
郑广辉 彭国志 李 坤 程思宁 王明宇 工 轫 马广龙 孙 剑
张海燕 陈玉来 孙 雷 汪云玲 贺成飞 李 晨 王明福 李抒娅
陈美英 李星南 范辉华 胡振华 朱为应 崔卫锋 陈 磊 徐爱华
陈 珍 汪洁翔 骆 予 周秀珍 李 青 刘淑芳 高晓春 李晓华
夏 磊 熊 绎 杨景超 王 建 张 洁 袁 媛 丁 健 李永健
徐积泰 李 刚 侯 晋 焦广志 刘 艳 肖 婧 曾东霞 董嘉怡

陆　跃　闫晓星　卢兵文　曾勇俊
戴晓梅　龙丁慈　疏晓山　程晓川
陆瑶君　曹　丽　沈朝晖　邱裕生
张文斌　周建生　赵德锋　黄自才
王　薇　王　鑫　戴　伟　孟　岑
韩慧华　王春飞　裴莉霞　宋彦蓉
赵九洲　韩　洋　周国华　王艳欣
刘　敏　倪楠楠　后维维　杨　炯
郁卫华　吴　涛　沈冬兴　程　威
李国柱　袁　璟　叶凡青　宋　蓓
路　近

年度校级本科生优秀毕业论文奖获得者

（校教字[2003]9号）

少年班和00班

朱　赟　邓兰馨　尹　骏　夏　晶
陆　艇　朱　韡　黄　聪　刘　琦
刘恒昌　李　敏

数学系

袁　巍　杨　超　刘雪峰　殷　彪

物理系

周希斌　孙　黎　龚　菲　黄孙祥
时华亮　郭俊福

近代物理系

姜维春　游　宇　王岩松　马　奎
牛田野　郝　悦

天文与应用物理系

陈　曦

化学物理系

陶怡松　周　畅

材料科学与工程系

林玉顺　金　翼　唐肙男

化学系

颜瑗珲　谢　镇　林柏霖　陈浩国

高分子科学与工程系

严宇亮　孙　昊　贾建平　陈光文

生命科学学院

伊　鹏　张　宾　黄安定　朱茜茜
牛　磊　颜　丹

力学和机械工程系

詹耀文　高　鹏　郑明章　寇东鹏

精密机械与精密仪器系

皮骄阳　钟小强　李　莉　张　翼

热科学和能源工程系

杨宝玉　王小林　程丹鹏　杨　毅

电子工程与信息科学系

朱有团　孙　鹏　哈　章　陈文熙

自动化系

郑毅松　崔美娜　张劭一　张　巍
孙　忱　张国庆　徐陈锋

计算机科学技术系

徐　鹏　喻　祥　刘耕圃　范　勇
黄展翔　戚　岳

电子科学与技术系

王　晗　李宇辉　郑东飞　万　锐
吕志强

地球和空间科学学院

李　波　郑国辉　程　昕　郑建秋

信息管理与决策科学系

陈金瑶　刘跃文

管理科学系

戴俊俊　范欢欢

统计与金融系

范莹莹　王占锋　郑　君

外语系

李　远

科技传播与科技政策系

刘一枞

经济技术学院

沈　宇　陈雯婷　杨大福　王万春

姚　楠

火灾科学国家重点实验室

胡芝鑫

信息安全专业

刘　洋

2002～2003 学年度校优良班级

（校学字[2003]54 号）

本科班级

00 少　01 少　0207　02 物理 2 班

0002　0103　0219　0215

0117　0106　0110　0211

0123　0109　0108　0208

研究生班级

SA104　SA01204　SA01231

继续教育学院班级

TB000061　TB000041　TB010231

TZ022021

UNIVERSITY OF SCIENCE AND TECHNOLOGY OF CHINA YEARBOOK

2003年大事记

要　闻

▲学校党政领导班子顺利换届，中国科学院党组副书记郭传杰兼任学校党委书记，朱清时继续担任校长；许武任党委常务副书记，李定、鹿明任党委副书记，李定兼任纪委书记；许武、程艺、侯建国、李国栋、李定、王东进任副校长。

▲11月16日上午，中共中央政治局常委、全国人大常委会委员长吴邦国视察我校国家同步辐射实验室和火灾科学国家重点实验室，中共安徽省委书记、省人大常委会主任王太华和省长王金山，中国科学院党组副书记、我校党委书记郭传杰等陪同视察。

▲8月25日～27日，第九次党代会胜利召开，研究部署了学校今后一段时期的奋斗目标、指导思想、主要任务和发展思路，以及党的建设的指导方针和基本任务，选举产生了第九届党委和新一届纪委。

▲12月24日～26日，六届一次教代会隆重召开，围绕加快推进一流研究型大学建设的主题，深入分析了学校面临的新形势和当前工作中存在的主要问题，部署了学校今后几年改革、建设与发展的思路、方针和战略举措。

▲11月30日，中国科学院“全院办校、所系结合”座谈会在我校召开，就新形势下贯彻“全院办校、所系结合”办学方针的新途径、新模式、新内涵进行了深入探讨；白春礼副院长作了重要讲话，表示中国科学院将一如既往地大力支持我校的一流研究型大学建设和长远发展。

▲我校李曙光、吴奇、陈国良、侯建国、郭光灿5位教授增选为中国科学院院士，院士增选人数在国内高校和研究机构中名列前茅。

▲2002年我校发表科技论文继续位居全国高校前列，其中SCI收录903篇，排名第五；EI收录382篇，排名第七；国际论文被引证1078篇、2450次，排名第四。范洪义教授SCI收录论文数及国际论文被引用篇次均列全国个人第一。

▲11月25日，科技部批准我校筹建合肥微尺度物质科学国家实验室，该实验室是科技部首批批准筹建的5个国家实验室之一。

▲2003年我校研究生招生规模进一步扩大，本科生源质量继续保持全国高校前列水平。普通高等教育招收新生4 091人，其中博士生648人，硕士生1 581人，本科生1 862人；专业学位研究生教育招收新生1 038人。人才培养质量进一步提高，2003届校本部非定向本科毕业生考取国内外研究生人数达78%，毕业生就业率继续保持全国高校前列。

▲学校深化机构和人事制度改革，重新设置学校管理模块、院系和机关党政系统组织结构，实行定编定岗、公开聘任、竞争上岗。校部机关机构由原来的23个调整为17个。

▲9月12日～30日，学校隆重举行45周年校庆系列庆祝活动。

1 月

3 日　中国气象局—中国科学技术大学局校合作工作指导委员会成立,郑国光副局长和程艺副校长任主任委员。

7 日、8 日　中国科学院人事教育局组织院属北京中关村青年公寓及上海、广州、武汉、兰州、成都等教育基地代表,来我校考察交流研究生教学与课程设置、思想政治工作、在职培训、后勤保障等工作。

10 日　△学校召开各院系、重点实验室主要负责人和机关各部处室副处以上领导干部会议,汤洪高书记传达中国科学院 2002 年冬季党组扩大会议精神,朱清时校长通报教育部直属高校工作咨询委员会第十三次全体会议精神,并传达教育部部长陈至立在 2003 年度教育工作会议上的讲话精神。

△学校授予在大学生研究计划和参加国内外机器人大赛中取得优异成绩的朱嘉翔等 16 名学生优秀学生特别奖学金金奖、韩龙等 17 名学生优秀学生特别奖学金银奖,卓川来等 4 名本科生、李剑等 5 名研究生华科光电子奖学金。

13 日　学校成立工作用房分配与调整工作小组,副校长王广训任组长。

13 日、14 日　党委书记汤洪高、副校长程艺率团访问安徽省铜陵市,"中国科学技术大学—铜陵市科技创业园"奠基,学校与铜陵市三佳山田股份公司建立合作关系,"科大—三佳实践与创新基地"揭牌。

本月　△我校火灾科学国家重点实验室 1998 年～2002 年五年间被 SCI 收录论文 128 篇,在同类机构中居世界第二位,表明我国和我校在火灾科学基础研究领域进入世界先进行列。

△我校分子医学实验室、光电子科学与技术实验室获准成为安徽省重点实验室。

△侯建国教授受聘为第五届教育部科学技术委员会委员。

△谢毅教授荣获第二届中国科学院一拜耳青年科学家奖。

△安徽中科大讯飞信息科技有限公司入选"2002 中国通信业十大最具增长潜力企业"。

△博士生郑仁奎获 2002 年中国大学生建昊奖学金。

△刘月华获 2002 年全省统战理论研究优秀成果一等奖,施行觉获三等奖,马文淦、刘国华获优秀奖。

△我校被评为中国科学院 2002 年度政务信息先进单位,校办朱显

灵被评为先进个人。

△2002年校级优秀教学成果奖评出一等奖10项、二等奖20项。

2 月

9日～12日 程艺副校长带队赴湖北省开展招生宣传。

10日 教育部批准我校增设传播学、软件工程本科专业。

11日～14日 朱清时校长随同教育部常务副部长周济赴日出席首届中日两国重点大学校长论坛,并作题为《如何提升大学科学研究水平》演讲;其间,朱清时校长与日本学术振兴会、东京大学、庆应大学、名古屋大学、早稻田大学领导就继续推进中日大学群交流项目和中日大学合作交流进行友好磋商,并接受日本创价大学名誉博士学位。

14日 纪委、监察处、审计处被评为2001～2002年度中国科学院纪检监察审计系统先进集体。

21日 陈云娥被评为全省保密工作先进工作者。

26日 △学校成立毕业生就业指导工作委员会,朱清时校长任委员会主任。

△近代物理系和天文与应用物理系的理论物理学科整合至近代物理系,物理系和天文与应用物理系的凝聚态物理学科整合至物理系;物理教学实验中心成立,统一规划和管理理学院物理教学实验,隶属天文与应用物理系。

本月 △我校电子工程与信息科学系研制的"KD系列汉语文语转换系统"获2002年度国家科技进步二等奖,由我校火灾科学国家重点实验室推荐的日本国立火灾与灾害研究所所长平野敏佑教授获中华人民共和国国际科学技术合作奖。

△陈乾旺教授在纳米材料的重要领域——多孔硅研究中取得重要进展,获得稳定的肉眼可见的蓝光发射,著名的光学网站Optics.org称之为"中国科学家找到了能使多孔硅发射稳定的肉眼可见的蓝光的方法"。

△我校在13个博士学位授权一级学科范围内自主设置的16个博士学位授权点正式获准开展博士研究生培养试点。

△我校获"2002年全国大中专学生志愿者暑期'三下乡'社会实践活动先进单位"称号,赴山东济阳县博士生实践服务团获"优秀团队"称号。

△国家同步辐射实验室韦世强教授荣获第五届"江淮十大杰出青年"荣誉称号。

△哈佛大学网站以显著位置和篇幅报道在该校攻读博士学位的我校校友黄昱在纳米研究领域取得的突破性成果。

3 月

1日、2日 国家烟草专卖局人事劳动司与我校联合召开2003届毕业生第二次就业工作供需洽谈会。

6日 合肥地区高校共青团工作研讨会在我校召开。

7日 △安徽省副省长田唯谦、副秘书长邱江辉,合肥市副市长倪虹、陈树隆以及省科技厅、公安厅、交警总队和合肥市规划局领导来我校考察科技成果转化及有关工作。

△我校科技实业总公司获准为合肥市2002年度免检企业,是合肥市首批37家免检企业之一。

10日 国际著名统计物理学家、以色列物理学会前任主席、巴以兰大学物理系教授Shlo-moHavlin受聘为我校名誉教授。

15日～17日 我校举办重点中学培育和输送优秀人才专家座谈会,来自全国15个省市的100多名重点中学校长、教务主任参加会议。

18日～23日 侯建国副校长带队赴福建省开展招生宣传。

20日 学校印发施行《中国科学技术大学促进科技工作发展奖励办法》。

24日 学校召开副处级及以上党政干部、教授及相当专业技术职务人员、各民主党派科大支部负责人会议,全国人大代表郑永飞、全国政协常委方兆本分别传达十届全国人大一次会议和全国政协十届一次会议精神。

31日 学校印发施行《中国科学技术大学教学事故认定与处理办法》。

31日～4月3日 “校园一卡通”系统通过中国工商银行安徽省分行、广东三九智能电子有限公司和我校共同组成的验收小组的最终验收。

本月 △汤洪高当选十届全国人大常委,方兆本、钱景仁当选十届全国政协常委。

△我校获准在普通高等教育本科招生工作中试行自主选拔录取,是全国获准开展普通高等教育本科招生改革试点工作的22所高校之一。

△宋昌耐获全国普通高校招生

工作先进个人荣誉称号；研究生招生办公室获安徽省研究生招生先进集体；陈宇获安徽省研究生招生先进个人荣誉称号。

△出版社编审张善金获“中国改革发展理论突出贡献奖”。

△龚建平、张利华、金广江、季杰、丁克忠当选第三届安徽省教育工会代表。

4 月

4 日 学校召开副处级及以上党政领导干部大会，传达学习中国科学院 2003 年度工作会议精神。

9 日～12 日 第七届全国超导学术研讨会在我校举行。

12 日、13 日 理学院召开首届数学教学研讨会。

13 日 我校和香港浸会大学签署交流与合作协议。

13 日～18 日 党委副书记、副校长金大胜带队赴江苏省开展招生宣传。

14 日 学校印发施行《中国科学技术大学“十五”“211 工程”建设项目实施管理办法》。

16 日 学校印发《关于认真做好预防非典性肺炎工作的紧急通知》，对预防“非典”工作作出总体部署。

24 日 △学校成立非典型肺炎防治工作指挥部，汤洪高书记、朱清时校长分别任总指挥和副总指挥。

△中国科学技术大学—SHINCRON 先进薄膜工艺与材料联合实验室成立，侯建国任实验室主任。

25 日 我校与安徽省铜陵市政府签署《五年人才培养全面合作协议》和《联合招收培养工程硕士生协议》。

29 日 北京大学、清华大学、复旦大学、上海交通大学、南京大学、浙江大学、西安交通大学、哈尔滨工业大学和我校等 9 所大学校长向全国高校联合发出“团结协作、联合攻关、依靠科技、战胜‘非典’”倡议书。

本月 △2001 年度安徽省科学技术奖评选结果公布，我校钱逸泰院士获重大科技成就奖，孙立广、谢周清等的《南极湖泊系统的沉积序列与环境事件研究》获自然科学一等奖，胡友秋、李醒的《太阳风的加热和加速》获自然科学二等奖，霍然、吴龙标、范维澄等的《大空间火灾实验研究和火灾探测平台的研制及其应用》获科技进步二等奖，刘政凯等的《地震图纸数字化及数据库管理系统》获科技进步三等奖。

△我校火灾科学国家重点实验室作为国内惟一受邀机构，正式参与美国“世贸中心灾难建筑与火灾安全”国家级计划。

△中国科学院批复同意我校与中科院合肥智能机械研究所对研究生教育进行实质性整合，自2003年起，合肥智能机械研究所的研究生招生、培养、管理及学位授予全部按我校要求进行。

△李良时、黄嘉兴校友分别荣获2003年美国“MRS杰出研究生奖”金奖、银奖。

△我校被中央组织部评为2002年中管高校干部统计全优报表单位。

△40名学生获安徽省三好学生称号，6名学生获省优秀学生干部称号，6个班级获省优秀班集体称号。

△纪委、监察处被评为2001～2002年度中国科学院纪检监察审计系统先进集体，郄贵苏被评为先进个人。

△崔海龙当选校研究生会主席。

5　月

2日　周逸峰教授及其合作者在*Nature*(《自然》)上发表论文，介绍“伽玛氨基丁酸减少导致老年人感觉系统异常”研究成果。

3日～6日　我校本科招生网完成对上海、北京、广东、吉林、重庆5省市考生报考我校“在线咨询”。

8日　程艺副校长主持召开人文与社会科学学院本科教学座谈会。

10日　少年班召开教学研讨会。

10日～21日　学校开展2002级本科生全校性专业选择试点，全年级27%的本科生获准在全校范围内二次选择专业。

13日　校党政中心组学习抗击“非典”英雄邓练贤同志的先进事迹。

14日　校学位委员会审议通过新增32名2004年博士生导师和7个自审硕士学位授权点。

15日　学校召开“十五”“211工程”公共实验中心项目仪器设备规划论证会。

16日　学校授予李亚麟等261名研究生、本科生优秀毕业生称号。

17日　以“依靠科学，战胜非典”为主题的第三届“科技活动周”开幕。

19日　潘艺、丁家富、李峰获中国科学院优秀团干部称号，高浩、朱伟、姜楠获中国科学院优秀团员称号，崔海龙、周密、钟小强获中国科学院优秀学生干部称号。

22日、23日　潘建伟教授在量子信息与量子通信研究领域取得重要进展，*Nature*(《自然》)、*Physical Review Letters* (《物理评论快报》)先后发表其论文《任意纠缠态纯化的实验研究》和《量子纠缠浓缩以及量子中继器的实验实现》，审稿人对潘建伟教授的研究成果给予高度评价。全国人大常委会副委员长、中国科学院院长路甬祥 6 月 2 日致信潘建伟教授，代表中国科学院并以其个人的名义，对潘建伟教授及其实验室成员所取得的一系列突出成就致以热烈的祝贺。

22 日 △中共中央任命中国科学院党组副书记郭传杰兼任我校党委书记。

25 日 △国务院任命朱清时为我校校长。

28 日 △学校举行干部、教授大会，中央组织部副部长沈跃跃宣布中共中央、国务院关于关于我校党政主要领导职务变动的决定：中国科学院党组副书记郭传杰兼任我校党委书记，朱清时继续担任校长；由于年龄原因，汤洪高不再担任学校党委书记职务。全国人大常委会副委员长、中国科学院院长路甬祥作重要讲话；安徽省委书记、省人大常委会主任王太华和省委副书记兼秘书长王明方及有关部门领导出席大会。

△全国人大常委会副委员长、中国科学院院长路甬祥听取学校的工作汇报，与部分中青年教学、科研和管理骨干进行座谈，并视察部分重点实验室和学生活动中心，表示中国科学院将继续加强对学校的支持，支持学校第三次创业和创建一流大学。

本月 △学校和科技实业总公司共同筹资设立防治“非典”专项科研基金，首批确定支持 5 个防治“非典”项目。

△由我校牵头的中国 STAR 合作组与美国 STAR 国际合作组联合研制的基于多气隙电阻板室(MRPC)技术的飞行时间谱仪(TOF)的一个试验数组(整个桶部 TOF 由 120 个数组构成)，在美国布鲁克海文国家实验室(BNL)首次运行成功。

△温联星校友荣获 2003 年度美国地球物理学会 JamesB. Macelwane 奖，是首位荣获该奖的来自中国的学者。

△我校校友、英国伯明翰大学计算机系主任教授(Chair Prof.)姚新当选为 IEEE Fellow。

△425 名本科生获准自费出国深造，是我校历年来人数最多的一年，其中到哈佛大学、麻省理工学院、普林斯顿大学、哥伦比亚大学、耶鲁大学等世界名校深造的近百人。

6 月

4 日 校党政中心组召开学习会,学习路甬祥院长在我校干部、教授大会上的讲话和在听取学校工作汇报时的讲话,郭传杰书记强调学校今后发展需要特别重视四个方面的问题:制定总体规划,加强人才队伍建设,弘扬学校的优良传统和科学精神、加强创新文化建设,加强领导班子建设。

11 日、12 日 中国科学院对学校领导班子进行换届考核。

12 日 △党委书记郭传杰、校长朱清时与中青年教师代表座谈。

△安徽省政协副主席、省民革主任委员战秋萍和省政协环境资源委员会委员一行 6 人来我校考察。

15 日 人文与社会科学学院召开首届教学工作研讨会。

18 日 中国科学院任命程艺、侯建国、李国栋、李定、王东进为我校副校长(任期四年),免去金大胜(兼)、范维澄、王广训、高文(兼)的副校长职务。

19 日 △朱清时校长参加环太平洋大学协会(APRU)首届网络电视校长特别会议。

△朱清时任安徽省学位委员会副主任委员,汤洪高、李尚志、徐善驾、程艺任委员。

20 日 校党政中心组召开学习会,传达《中共中央关于印发〈“三个代表”重要思想学习纲要〉的通知》,学习《“三个代表”重要思想学习纲要》。

24 日 校党委授予天文与应用物理系实验党支部等 10 个基层党组织“先进基层党组织”、刘太顺等 80 人“优秀共产党员”、叶淮等 16 人“优秀党务工作者”、李平等 15 人“优秀德育工作者”称号。

28 日 商学院召开首届教学工作研讨会。

30 日 △学校隆重举行纪念建党 82 周年暨表彰先进、新党员宣誓大会,郭传杰书记讲话。

△学校授予张检民等 22 名学生科技强军奖学金。

本月 △王水、朱清时、李尚志、汤洪高、何多慧、施蕴渝、钱逸泰当选第五届国务院学位委员会学科评议组成员。

△朱清时校长和日本东京大学佐佐木毅校长签署关于延长两校间合作交流期限的协议。

△第六届研究生学术报告会评出优秀论文一等奖 13 篇和二等奖 36 篇。

7 月

1 日 校医院陈林义院长获“中国科学院防治非典型肺炎工作优秀共产党员”荣誉称号。

2 日 △学校授予左达峰等 163 人博士学位、邓林等 313 人硕士学位。

△学校授予朱赟等 100 名本科毕业生校级优秀毕业论文奖。

3 日 △朱清时校长任中国科学院研究生院学位评定委员会副主席。

△钱华林校友当选国际互联网络名字与编号分配机构(ICANN)理事,这是中国专家第一次进入全球互联网最高决策机构管理层。

△学校授予邵松等 25 名博士生求是研究生奖学金。

4 日 学校隆重举行 2003 年学生毕业典礼暨学位授予仪式,朱清时校长讲话。

5 日 学校召开干部、教授大会,中国科学院副院长白春礼代表院党组宣布我校副校长任免决定。中国科学院党组副书记、学校党委书记郭传杰主持会议,白春礼副院长和郭传杰书记、朱清时校长分别作重要讲话。

7 日 安徽省委副书记张平、省委副秘书长方一本、合肥市市长郭万清和省教育厅副厅长金辉等参观我校信息学院实验室和生物质洁净能源实验室,实地考察拟建的“科大花园”住宅小区周边地带,郭传杰书记、朱清时校长等校领导陪同考察并汇报有关工作。

9 日 △科技实业总公司召开第四届董事会第十次会议,董事长朱清时校长主持会议,宣读了学校关于“委派王东进副校长担任科技实业总公司董事、常务副董事长职务”的委派函,宣布了全权委托王东进常务副董事长行使董事长职权的授权委托。

△中国科学院人事教育局副局长杨星科一行来我校检查指导教学工作。

11 日～13 日 江苏省重点中学校长“科学素养和科学教育”培训班在我校举行,江苏省教育厅厅长周稽裘和我校校长朱清时在开幕式上讲话。

15 日 谢周清副教授作为我国第二次赴北极科学考察成员赴北极开展科学考察,这是我校首次派员参与北极科考。

16 日 程艺副校长代表学校与中国华源集团董事长周玉成签署共建国家生命科学与技术人才培养基地协议并为基地揭牌。

21 日 王挺贵教授入选中国科学院“百人计划”。

24 日 董雨当选为共青团第十五届中央委员会委员。

31 日 齐飞、郜云、向成斌教授入选中国科学院第十批“引进国外杰出人才”。

本月 △侯建国副校长代表学校与中国惠普有限公司签署合作协议，双方联合在我校建设迄今为止国内高校规模最大的高性能计算实验室。

△我校 12 支“三下乡”社会实践服务团在安徽省内开展服务活动，10 余支邓小平理论和“三个代表”重要思想专题社会调研组在全国开展社会调研。

8 月

3 日 *J. Am. Chem. Soc.*(《美国化学会志》)发表我校陈乾旺教授研究组论文《低温还原二氧化碳合成金刚石》，介绍陈乾旺等在人工合成金刚石方面取得的重大突破。

12 日～15 日 学校召开暑期校务工作务虚会，以“三个代表”重要思想为指导，以创建一流研究型大学为中心，学习和贯彻中国科学院 2003 年夏季党组扩大会议精神，深入研讨今后几年学校工作的战略目标、主要任务、基本思路和政策措施，初步形成了新一届学校党政领导班子的任期目标，并对本学年度的学校重点工作进行了研究和安排。会后印发了《中国科学技术大学 2003 年度校务工作务虚会纪要》。

14 日 郭传杰书记、朱清时校长参加由安徽省田唯谦副省长主持召开的合肥科学城建设座谈会。

15 日～9 月 1 日 2002 级本科生军训。

21 日 学校授予王绿等 2182 人普通高等教育学士学位、李晓华等 77 人成人高等教育学士学位。

21 日～24 日 我校足球机器人两支球队分获第二届全国机器人竞赛小型组第二名和第三名。

22 日～31 日 学校举办 2003 年新进人员岗前培训班。

25 日～27 日 中共中国科学技术大学第九次代表大会胜利召开。郭传杰代表第八届党委会作《以“三个代表”重要思想为指导，继承优良传统，弘扬创新精神，不断开创一流研究型大学建设新局面》的报告，李国栋代表纪律检查委员会作《贯彻“三个代表”重要思想，加强党风廉政建设,为一流大学建设营造良好的发展环境》的报告,朱清时校长在闭幕式上作《众志成城,开拓创新,加快推进一流研究型大学建设》的讲话。会议研究部署了学校今后一段时期的奋斗目标、指导思想、主要任务和发展思路,以及党的建设的指导方针和基本任务,选举产生了第九届党委和新一届纪委。安徽省委副书记王明方,省委组织部副部长黄林龙,省委教育工委书记、省教育厅厅长陈贤忠,中国科学院副秘书长、人事教育局局长何岩,中央组织部三局五处副处长董政,以及解放军炮兵学院、解放军电子工程学院、合肥工业大学、安徽大学、中国科学院合肥物质科学研究院等单位领导出席开幕式。会议正式代表和列席、特邀人员共 261 名。

27 日 △第九届党委第一次全体会议召开,经过无记名投票方式,选举产生了新一届党委常委和党委书记、副书记,并批准了新一届纪委选举产生的纪委书记、副书记名单。王东进、朱清时、李定、李国栋、侯建国、郭传杰、鹿明、程艺当选为党委常委,郭传杰当选为党委书记,李定、鹿明当选为党委副书记;李定兼任纪委书记,王泽普任纪委副书记。郭传杰书记强调党委领导班子要重点抓好学校的发展方向和发展战略问题,班子内部要加强制度和思想作风建设,要为学校营造良好的发展环境。

△我校新老党委领导和安徽建筑工业学院领导班子座谈,交流研讨"三个代表"重要思想的学习体会

28 日 中国科学院人事教育局印发《关于支持中国科学技术大学开展大学生研究计划的通知》。

29 日 科技实业总公司获首届中国技术市场协会金桥奖先进集体奖,沈三荣获先进个人奖。

30 日 党委办公室和校长办公室合署办公,对内统称党政办公室。

31 日 学校举行 2003 年本科新生开学典礼,朱清时校长讲话。

本月 △2003 年普通高等教育本科招生结束,我校在全国 30 个省(自治区、直辖市)录取本科生 1862 人,其中保送生 48 人、少年班录取 55 人、国防生 46 人、定向生 19 人;生源质量继续保持全国高校前列水平。

△安徽省委组织部、宣传部、教育工委授予我校地球和空间科学学院党总支等 4 个党组织"先进基层党组织"、王水等 4 人"优秀共产党员"、汪晓莲等 4 人"优秀党务工作者"、李定等 4 人"优秀德育工作者"称号。

9 月

1日 △中国科学院力学研究所向我校校史馆赠送钱学森手稿仿真复制件近百页、手稿光盘一套和《钱学森手稿》一册。

△朱清时校长出席国防科技大学建校50周年庆典并代表兄弟院校致辞。

△学校举行2002级本科生军训阅兵大会。

2日 高浩当选校学生会主席。

3日 科技部副部长程津培、基础司司长张先恩等由安徽省科技厅厅长唐承沛陪同来我校检查指导工作。

3日～4日 中纪委驻中国科学院纪检组副组长、院监察审计局局长彭玉水一行来我校就党风廉政建设和校务公开进行检查调研。

4日 郭传杰书记、朱清时校长主持召开干部、教授大会,传达中国科学院夏季党组扩大会议和学校暑期校务工作务虚会精神,部署学年度主要工作。

5日 △中国科学院党组批复同意我校第九次党代会选举结果,郭传杰、朱清时、程艺、侯建国、李国栋、李定、王东进、鹿明任党委常委;郭传杰任党委书记,李定、鹿明任党委副书记,李定兼任纪委书记。

△金大胜、韩移旺任我校巡视员(副局级)。

△学校授予阮可青等15人张宗植青年教师奖,陈祖墀等10人华为奖教金、奖管金,陈发来等4人宝钢教育基金优秀教师奖,傅竹西等57人王宽诚育才奖,季海波等2人惠普信息科学青年教师奖。

8日 △郭传杰书记、朱清时校长率领我校党政领导班子全体成员向安徽省委省政府汇报工作,省委副书记张平、省委副秘书长方一本、省政府副秘书长兼办公厅主任梁热、合肥市市长郭万清和省教育厅厅长陈贤忠、科技厅厅长唐承沛、省计委副主任李明和合肥市委副书记孙志刚等领导出席会议。郭传杰、朱清时汇报了学校近期开展的主要工作、今后几年的总体建设与发展思路和党委工作的基本思路、今后参与实施“科教兴皖”战略的初步设想以及提请省市政府支持解决的具体问题。会议决定成立由张平副书记牵头、省市政府有关领导和我校主要领导参加的省校协调领导小组,加强省市支持科大建设和科大为地方服务工作的领导和协调机制;同时成立工作小组,建立定期沟通的工作机制，研究落实工作的有关具体问题。

△学校印发《中国科学技术大学党委全委会议议事规则》、《中国科学技术大学党委常委会议议事规则》和《中国科学技术大学校长工作会议议事规则》。

△国家发展和改革委员会批复同意我校“十五”“211 工程”建设项目可行性研究报告。我校“十五”“211 工程”包括 11 个重点学科建设项目、3 个公共服务体系建设项目和师资队伍建设项目，建设总投资 27200 万元，其中中央专项资金 9000 万元，中国科学院配套资金 9200 万元，学校自筹资金 9000 万元。

△博物馆成立。

10 日 △国家同步辐射实验室和火灾科学国家重点实验室被安徽省科学技术协会命名为安徽省科普教育基地。

△施蕴渝院士任国家生命科学与技术人才培养基地建设指导委员会委员。

△学校授予代兵等 3 名学生首届郭永怀奖学金。

11 日 学校授予罗珍等 9 名学生丘成桐奖学金。

12 日 学校举行 2003 年丘成桐奖学金颁奖典礼暨丘成桐教授学术报告会，朱清时校长主持报告会。

16 日 水利部淮河水利委员会致函感谢我校陈国良教授项目组为今年夏季淮河防洪所做出的重大贡献。陈国良教授项目组为淮河防洪调度决策提供高性能计算支持，同时提出洪水演进计算方案，为该区域的防洪调度提供了科学依据。

16 日～20 日 由中国物理学会主办、中国科学院结构分析重点实验室承办的中国物理学会第八届全国会员代表大会暨 2003 年秋季学术会议在合肥召开。国家自然科学基金委员会主任、中国物理学会理事长陈佳洱院士作中国物理学会第七届理事会工作报告，我校校长朱清时院士到会致辞祝贺。我校理学院院长杨国桢院士当选为中国物理学会第八届理事会理事长。

17 日 微软“长城计划安徽行”开幕式暨庆祝建校 45 周年学术报告会在我校举行，学校聘请微软亚洲研究院张亚勤、沈向洋、张宏江、李世鹏、李明镜等专家为我校兼职博导，聘请许峰雄为兼职教授；沈向洋、许峰雄、李世鹏、张高在我校举行系列学术报告会，并与有关院系和教师座谈交流，探讨加强双方在科研和教学方面的合作。朱清时校长在开幕式上致辞并与微软亚洲研究院沈向洋副院长共同为“微软－科大智能计算研究中心”揭牌。

17 日～20 日 我校教职工集邮协会与合肥市集邮协会在东区师生活动中心联合举办 45 周年校庆邮展暨合肥市优秀邮集展，郭传杰书记、鹿明副书记出席邮展开幕式，郭传杰书记宣布邮展开幕，鹿明副书记讲话。

18 日 △学校隆重举行郭永怀先生“两弹一星”功勋奖章捐赠暨首届郭永怀奖学金颁发仪式，我校创建者之一、化学物理系首任系主任郭永怀先生的夫人李佩教授向我校捐赠郭永怀先生的“两弹一星”功勋奖章，朱清时校长代表学校接受捐赠并向李佩教授赠送“捐赠纪念牌”；程艺副校长宣读学校设立郭永怀奖学金的文件，李佩教授亲自为首届郭永怀奖学金获得者颁奖。郭传杰书记和李佩教授讲话。校领导、海内外校友代表及广大师生参加了仪式。

△党委书记郭传杰主持召开庆祝建校 45 周年校友座谈会，校长朱清时，副校长、校友总会会长侯建国，党委副书记鹿明以及有关部门负责人，与来自海内外的 30 多位校友亲切座谈。

△学校举行“思源”碑揭幕仪式，郭传杰书记在揭幕仪式上讲话，朱清时校长和校友代表张云岗为纪念碑揭幕，校领导、海内外校友代表及师生代表参加了揭幕仪式。“思源”碑是学校为感谢和纪念校友捐助而设立。

△中国科学院第四次中国科学技术大学发展工作会议筹备领导小组成立，白春礼副院长任组长，何岩副秘书长和我校朱清时校长任副组长。

19 日 △安徽省人民政府授予我校何多慧院士 2002 年度省重大科技成就奖。

△学校举行庆祝建校 45 周年大学校长报告会，清华大学校长顾秉林、台湾大学校长陈维昭分别以“建设世界一流大学的思考与实践”、“如何迈向世界一流大学——台大的努力方向”为题，畅谈创建世界一流大学的实践和体会，朱清时校长主持报告会。

△学校举行校史馆开馆仪式暨校史展览，郭传杰书记和朱清时校长为校史馆揭幕，朱清时校长和校友代表张云岗在仪式上致辞。校领导、海内外校友代表及师生代表参加了仪式。

△学校举行首任校长郭沫若先生书法展览，展出郭沫若书法作品真迹 20 余幅。郭传杰书记、朱清时校长等校领导，郭沫若先生的女儿郭庶英校友，海内外校友代表以及师生代表参加了开展仪式并参观了书法展览。朱清时校长在仪式上致辞。

△学校在东区大礼堂隆重举行庆祝建校 45 周年文艺晚会。

△我校获 2002 年安徽省投入产出调查工作先进集体称号。

20 日 △东亚研究型大学协会第 9 届年会暨第 13 届理事会在我校举行，朱清时校长当选新一届协会主席。安徽省省长王金山出席开幕式并讲话。本次会议是近几年来东亚研究型大学协会规模最大、出席校长最多的一次会议，来自中国、日本、韩国以及我国台湾、香港地区的 17 所著名研究型大学的校长、副校长和有关人员参加了会议。

△上海证券交易所副主任黄运成受聘为我校兼职教授。

21 日 安徽省第十届大学生运动会“联通杯”篮球赛暨 CUBA 选拔赛在我校开幕。

22 日 学校举行庆祝建校 45 周年第二场大学校长报告会，香港科技大学校长朱经武作《高温超导与氢—新世纪最理想的能源传输系统》报告。朱清时校长主持报告会。

25 日 △中国科学院成立空间环境研究预报中心，我校为六个参与组建单位之一。

△学校设立杰出校友服务奖，并授予张上游、刘冬子校友首届杰出校友服务奖。

28 日 安徽省科学技术奖励大会召开，我校 11 项成果受到表彰，其中：2002 年度国家科技进步二等奖和中华人民共和国国际科技合作奖各 1 项，朱清时、钱逸泰、何多慧院士分获 2000、2001、2002 年度安徽省重大科技成就奖，2002 年度安徽省自然科学一、二、三等奖各 1 项和科技进步二等奖 2 项(合作)、三等奖 1 项。何多慧院士代表获奖科技人员在大会上发言。

29 日 英国伯明翰大学计算机系主任教授(Chair Prof.)、IEEE Fellow 姚新受聘为我校第十一位“大师讲席”教授，朱清时校长颁发聘书。

30 日 合肥市政府秘书长谢刚一行访问我校，洽谈落实市校全面合作有关事宜。

本月 △学校以校史展示、学术活动为主要方式，举办建校 45 周年系列庆祝活动。

△陈国良、李尚志教授获首届国家级教学名师奖，霍剑青、程福臻教授获安徽省教学名师奖。

△侯建国、俞汉青教授入选全国留学回国人员先进个人，我校是惟一有两人入选留学回国先进个人的高校。

△火灾科学国家重点实验室在 2003 年全国工程和材料科学类重点实验室评估中被评为优秀实验室，取得我校重点实验室参与国家评估的最好成绩。

△我校入选 2003 年中国科技事业单位自主知识产权竞争力百强(排名第十一位)。

△俞书宏教授课题组低维纳米材料的化学合成研究方面取得重要进展。

△合肥科大立安安全技术有限公司获签深圳会议展览中心大空间消防早期报警系统及数控消防水炮系统合同，金额 1100 多万元。

△龚建平当选中华全国总工会第十四次代表大会代表。

△黄昱、段镶锋、杨培东校友入选 2003 年度世界 100 位杰出青年发明家。

10 月

6 日～8 日 RHIC-STAR 飞行时间探测器及相关物理研讨会在我校举行。

9 日 △学校成立上海研究院和苏州研究院。上海研究院、苏州研究院是我校分别与上海市南汇区政府、苏州市政府共同建设的非营利性研究机构,具有独立法人资格;研究院实行董事会领导下的院长负责制,是我校工程硕士特别是软件工程硕士和工商管理硕士等人才培养的实习基地,同时开展各类非全日制教育,为地方和企业培养急需的实用型人才。

10 日 △美国布鲁克海文国家实验室 Timothy 教授、Hallman 教授和加州大学洛杉矶分校黄焕中教授受聘为我校客座教授,朱清时校长颁发聘书。

△潘建伟教授获 2003 年度奥地利科学院奖,这是我国科学家首次获得这一奖项。

△我校综合国力运行信息监测系统研究中心获准为安徽省高等学校人文社会科学重点研究基地。

10 日～14 日 由我校主办的第十九届全国研究生院工科研究生教育研讨会在合肥举行,来自全国 55 所研究生院的 124 名代表参加了会议。朱清时校长在开幕式上致辞祝贺,副校长兼研究生院院长程艺作题为《研究生教育改革与发展的尝试与思考》的大会报告。

11 日～15 日 学校举办 2003 年机器人竞赛(Robo-game)活动周。

13 日 我校"LAMOST－1 级观测控制系统(OCS—1.20)"和"1 级巡天战略系统研究(SSS—1.00)"通过 LAMOST 项目工程指挥部组织的专家验收。

15 日 安徽省政协副主席、省委统战部部长郑牧民,率领省委统战部、省社会主义学院、各民主党派省委、省工商联等的 100 余名统战干部,来我校参观考察。

16 日 我校 59 级校友王志珍院士荣获第三世界科学院"2002 年基础科学奖"生物学奖。学校致信王志珍院士表示祝贺,王志珍院士致信朱清时校长,感谢母校对她的教育和培养。

16 日～18 日 学校举办 2003 年"海信杯"田径运动会。

17 日、18 日 由我校火灾科学国家重点实验室承办的高等学校工程热物理研究会第十届全国学术会议在我校举行。

18 日 国务院督查组由安徽省副省长蒋作君、省政府副秘书长王坦和省有关部门负责人陪同,突击检查我校“非典”防控工作并给予较好评价。

19 日、20 日 我校 MBA 联合会和江淮汽车股份有限公司联合组成的中国科大“JAC 江淮汽车”队参加在上海举行的 2003 年中国 MBA 第四届发展论坛。

19 日～11 月 1 日 以胡荣湘博士为团长的我校海外校友代表团一行 30 人,先后访问上海、苏州、杭州、合肥和北京等地,引起社会各界的广泛关注。校领导朱清时、李国栋、王东进 29 日与代表团成员亲切座谈,听取校友们对学校建设与发展的意见与建议。全国人大常委会副委员长、中国科学院院长路甬祥,中国科学院副院长白春礼,中国科学院党组副书记、我校党委书记郭传杰等 30 日在北京会见我校海外校友代表团全体成员,并与他们亲切座谈。

23 日 △我校获准在地球物理学、科学技术史、材料科学与工程、控制科学与工程、管理科学与工程 5 个一级学科设立博士后科研流动站。

△学校授予万达等 934 名本科生优秀新生奖学金,赵勇等 2120 名本科生优秀学生奖学金,汪扬等 10 名本科生、徐伟等 5 名研究生 CAST 奖学金,吴琼等 20 名本科生松下电器育英基金奖学金,谢聪等 8 名本科生地奥奖学金,薛路等 3 名本科生何多慧院士奖学金,段素平等 54 名研究生科大之友—东港研究生奖学金,朱虹等 16 名本科生、冯淑霞等 18 名研究生华为奖学金,孙鑫等 43 名本科生、张中等 9 名研究生张宗植科技奖学金,陈辉等 71 名本科生、郭俊等 204 名研究生光华奖学金,叶翔等 15 名研究生招商银行拼搏奖学金,刘祺炜等 6 名本科生、方明等 9 名研究生联想奖学金,段春凤等 10 名本科生 MEDY 奖学金,傅亮等 9 名本科生、邹平等 2 名研究生宝钢奖学金,李雪静等 11 名本科生、王铯等 6 名研究生三星奖学金,李超等 42 名本科生郭沫若奖学金。

24 日 △由联想集团和我校共同主办的第五届“科大联想杯”全国大学生软件设计邀请赛开幕。

△学校授予张毅等 35 名本科生海外校友基金会优秀新生奖学金。

28 日 △教育部科技司副司长雷朝滋一行对我校合肥微尺度物质科学国家实验室(筹)建设工作进行考察和指导。

△韩国大田市代表团在 WTA(世界科技城市联盟)主席、

大田广域市市长 YumHong－chul 的率领下访问我校。

△学校颁发海外校友基金会优秀新生奖学金(35 名)、爱心奖学金(69 名)、优秀青年教师奖(4 名)及首届杰出校友服务奖(2 名)。

△学校授予邱世文等 4 名学生科大讯飞奖学金。

31 日 △*Physical Review Letters*(《物理评论快报》)发表我校科研人员在富勒烯单分子结构和电子态的表征研究中取得的突破性成果,审稿人认为该研究工作具有重大意义,有极高的科学价值。

△潘建伟教授研究小组成功制备高亮度高质量的四光子 GHZ 态纠缠源,并利用该纠缠源在国际上首次完整验证四光子 GHZ 态对定域实在论的违背,首次证明该种方法产生的态是真正的四光子 GHZ 态。

△国家地震局局长宋瑞祥由安徽省地震局领导陪同来我校检查指导工作。

本月 △国务院学位委员会批准我校新增仪器科学与技术、材料科学与工程、动力工程与工程热物理、控制科学与工程 4 个一级学科博士学位授权点,新增科技哲学、环境科学 2 个博士点,自行审批增列经济法学、民商法学、国际关系、环境工程 4 个硕士点,在原 13 个一级学科授权范围内自主设置信息安全等 16 个交叉学科博士点。我校至此已拥有 17 个一级学科博士授权点,89 个二级学科博士点,105 个硕士点,博士、硕士点规模分别比“九五”前增长 256%和 139%。

△中国科学院广州分院副院长黄宁生率广州教育基地代表团来我校考察调研。

△哈佛大学助理教授、我校校友庄小威获 2003 年度美国麦克阿瑟基金会“天才奖”,全国人大常委会副委员长、中国科学院院长路甬祥和我校分别致信庄小威校友表示祝贺,庄小威校友复函感谢母校对她的教育和培养。

△我校 95 届本科毕业生、美国西北大学博士生金荣超和他的两名同事以“合成纳米银菱形晶体”研究成果获 2003 年度美国“大学发明家竞赛”奖。

△由科大立安公司和国家消防电子质量监督检验中心共同制订的《图像型火灾探测器》国家标准通过国家消防标准化委员会审核,成为国际上第一个《图像型火灾探测器》国家标准。

△我校职工代表队获中国科学院首届职工乒乓球比赛团体冠军。

△148 名学生获 2003 年度国家奖学金,并获得学校的配套学费减免。

11 月

1日～12月1日 博物馆举办“扬州八怪”精品书画展览，朱清时校长出席开展仪式并讲话。

2日 党校第十九期普及班开学，郭传杰书记为学员讲授第一堂党课：《创新时代的中国共产党与共产党员》。

3日 △全国政协副主席王忠禹视察安徽中科大讯飞信息科技有限公司。

△国际化学界权威杂志 *Angew. Chem. Int. Ed*（《应用化学》），介绍我校陈初升教授课题组在膜反应器制备合成气工艺研究中获得的重要进展，审稿人认为这项研究“具有重要的科学和工业价值”。

△汪克强任秘书长兼党政办公室主任。

△窦贤康任校长助理。

△尹登泽任校长助理兼财务处处长。

△郭庆祥任党委组织部部长。

△周先意任人事师资处处长。

4日 学校授予北京市招生组等17个集体招生工作先进集体称号，李永平等48人招生工作先进个人称号。

5日 △学校成立机构改革领导小组和工作小组，党委书记郭传杰和校长朱清时任领导小组组长，党委副书记、副校长李定任工作小组组长，副校长侯建国、巡视员金大胜任工作小组副组长。

△学校召开副处级及以上党政领导干部会议，郭传杰书记作机构改革动员讲话，党委副书记、副校长李定和副校长侯建国分别就机构改革方案和人员编制方案作说明和布置。

6日 许武任我校党委常务副书记、副校长。

7日 *Physical Review Letters*（《物理评论快报》）发表论文，介绍我校徐克尊教授科研小组在氦原子双激发过程动力学关联效应的研究上取得的重要成果。

12日 △我校举行庆祝陈希孺院士从教45周年暨《陈希孺统计文选》首发仪式，中国科学院党组副书记、我校党委书记郭传杰为《陈希孺统计文选》首发揭彩并致辞。

△中央党校韩庆祥教授为我校师生作“发展是执政兴国第一要务”专题报告。

△学校授予2000级少年班等23个班级校优良班级

称号。

14 日 我校孔凡让(挂职担任铜陵市副市长)和亓四华(挂职担任马钢集团副总经理)所在的安徽团队获得中国科学院科技副职优秀团队称号。

16 日 中共中央政治局常委、全国人大常委会委员长吴邦国由中共安徽省委书记、省人大常委会主任王太华和省长王金山等领导陪同,视察我校国家同步辐射实验室和火灾科学国家重点实验室;中国科学院党组副书记、学校党委书记郭传杰以及程艺、侯建国、李国栋、李定、王东进、鹿明等校领导陪同视察。

18 日 学校召开会议专题研讨加强学生党建和思想政治工作,郭传杰书记讲话。

19 日~24 日 我校档案馆(校史馆)首次参加全国第八届高校校史研讨会,并被吸收为全国高校校史研究专业委员会正式会员单位。

20 日 学校对校部机关机构设置进行调整,校部机关机构由原来的 23 个减为 17 个。其中原招生与就业指导办公室工作职能并入学生工作处,原西区办公室、南区办公室工作职能并入党政办公室,原校长办公室所属的知识产权管理职能划归科学技术处,后勤管理处房产管理职能划归校产管理处,组建机关综合服务中心、学生服务中心、外事服务中心和核算中心,

23 日 我国前常驻联合国代表秦华孙受聘为我校兼职教授,并为我校师生作"中国在联合国的作用及其同大国关系"报告。

24 日 △我校李曙光、吴奇、陈国良、侯建国、郭光灿 5 位教授在 2003 年中国科学院院士增选中光荣增选为院士,我校院士增选人数在国内高校和研究机构中名列前茅,也是我校自 1999 年以来增选院士人数最多的一年。此外,在 2003 年新增的 58 位中国科学院院士中,有 8 人为我校校友。

△我校获第八届"挑战杯"全国大学生课外学术科技作品竞赛"优胜杯"。

26 日 学校授予自勇等 65 名本科生军事装备人才奖学金。

27 日 △学校聘任北京空气动力研究所崔尔杰院士兼任工程科学学院院长,中国科学院大连化学物理研究所所长包信和研究员兼任化学物理系主任,中国科学院福建物质结构研究所所长洪茂椿院士兼任化学系主任。

△叶向东任理学院常务副院长。

△牛立文任生命科学学院常务副院长。

△杨基明任工程科学学院常务副院长(试用期一年)。

△卫国任信息科学技术学院常务副院长。

△窦贤康任地球和空间科学学院常务副院长。

△梁樑任商学院常务副院长。

△汤书昆任人文与社会科学学院常务副院长。

△滕脉坤任研究生院常务副院长(试用期一年)。

△李晓光任研究生院副院长。

△张淑林任研究生院副院长兼校学位委员会办公室主任。

△周学海任软件学院常务副院长(试用期一年)。

△宋昌耐任继续教育学院常务副院长。

△蒋家平任党委宣传部部长。

△朱灿平任党委学生工作部部长、学生工作处处长。

△张荣任监察审计处处长。

△刘斌任教务处处长。

△洪禄保任离退休干部工作办公室主任。

△李彬任校产管理处处长。

28日 △学校召开干部、教授大会,中国科学院党组副书记、学校党委书记郭传杰主持会议。中国科学院人事教育局局长刘毅代表院党组宣布许武任我校党委常务副书记、副校长,中国科学院副秘书长何岩和朱清时校长讲话。

△学校举行报告会,郭传杰书记为师生作《中国科学院:历史源流、现实进展及文化底蕴——兼谈“全院办校、所系结合”的Why与How》报告。

29日 中国科学院青年科学家前沿科学报告团系列报告会在我校举行,中国科学院生命科学与生物技术局局长康乐研究员和数学与系统科学研究院副院长袁亚湘研究员为我校师生作学术报告。

30日 中国科学院“全院办校、所系结合”座谈会在我校召开,中国科学院党组副书记、我校党委书记郭传杰主持座谈会,朱清时校长汇报我校建设与发展概况及今后的发展思路,中国科学院副院长白春礼作重要讲话。中国科学院秘书长施尔畏、副秘书长何岩和院有关部门及近50个院属研究院所领导,以及我校校领导和各院系、重点实验室负责人100多人参加会议。会议就新形势下贯彻“全院办校、所系结合”办学方针的新途径、新模式、新内涵进行了深入探讨,对加强我校和研究院所的合作,推进科研与教育相结合,全面提高中国科学院人才培养、科学研究和服务社会的水平提出许多建设性意见和建议。白春礼副院长强调我校在中国科学院新时期教育发展战略中具有十分重要的地位,表示中国科学院将一如既往地大力支持我校的一流研究型大学建设和长远发展。会后,中国科学院印发了座谈会纪要和白春礼副院长的讲话。

本月 △夏炳乐、竺长安、张克仁、陈学平、陶进绪、黄攸立分别挂职担任阜阳市、巢湖市、宣城市、池州市、安庆市、黄山市人民政府副市长,夏维东挂职担任安徽省能源集团有限公司副总经理。

△国家外国专家局授予我校“全国聘请外国文教专家工作先进单位”称号。

△孔伟等656名本科生获2004年推荐免试研究生资格。

△2003～2004学年度学费减免工作结束,625名贫困学生共获减免学费150.75万元,减免幅度为历年之最。

△安徽中科大讯飞信息科技有限公司入选2003年度“中国电子政务IT100强”,是安徽省惟一入选的IT企业。

12 月

4日 我国著名物理学家、中国科学院院士、我校物理系教授吴杭生院士逝世。

5日 △美国哥伦布市市长迈克·科曼(MichaelB. Coleman)一行访问我校。

10日 中国科学院创新案例系列讲座开讲,吴文俊、李振声院士作首场主题报告。讲座主会场设在中国科学院研究生院,我校为四个分会场之一,校领导许武、程艺、鹿明,秘书长汪克强,校长助理窦贤康、尹登泽,有关部门负责人和部分师生在我校分会场收看报告会。

12日 △党校第十九期普及班举行结业典礼,党委常务副书记、副校长许武讲话。

△中国科学技术大学－SHINCRON先进薄膜工艺材料实验室(USTC－SHINCRON-JOINTLAB)正式揭牌。

14日 由我校承担的安徽省教育和科研网二期建设项目第一阶段工程顺利通过专家验收。

17日 △我校发明专利《利用彩色影像三基色差分进行火灾探测与定位的方法》获中国专利金奖。

△张梦萍任外事办公室主任。

△阴泽杰任后勤管理处处长。

△刘益怀任保卫处常务副处长、党委人民武装部常务副部长（正处级）。

△程晓舫任发展与规划研究室主任。

18 日 学校分别召开各学院、少年班党政主要负责人和机关各部处室主要负责人会议，党委常务副书记、副校长许武和党委副书记、副校长、机构改革工作小组组长李定通报各院系、少年班管理岗位编制和领导岗位设置的基本原则及方案，副校长、机构改革工作小组副组长侯建国和巡视员、机构改革工作小组副组长金大胜通报机关管理岗位编制和领导岗位设置的基本原则及方案。

△学校召开副处级及以上党政干部大会，传达中纪委《关于王怀忠严重违纪案件的通报》精神。

△学校举办"腾飞"大型教职工歌咏比赛，附中、总务中心获一等奖。

△袁宏永、卫国教授获第四届安徽省杰出青年科技创新奖。

△我校获首届南京及周边地区研究生数模竞赛一、二、三等奖各1项。

22 日 学校成立优秀人才引进与管理工作领导小组和优秀人才引进学术委员会，朱清时校长任领导小组组长和学术委员会主任。

24 日～26 日 学校隆重召开六届一次教代会，校长朱清时作《开拓创新，加快发展，努力开创一流研究型大学建设的新局面》的工作报告；党委书记郭传杰作《以"三个代表"重要思想为指导，调动全校教职工的积极性和创造性，加快推进一流研究型大学建设工作》的重要讲话，并传达了全国人才工作会议的主要精神；副校长许武、程艺、侯建国、李国栋、李定、王东进就分管工作向大会作工作汇报。会议围绕加快推进一流研究型大学建设的主题，深入分析了学校面临的新形势和当前工作中存在的主要问题，部署了学校今后几年改革、建设与发展的思路、方针和战略举措。代表们着重就学校战略研究和中长期发展规划制定、人才队伍建设、民主办学、教学科研改革、机构改革、校部机关的管理与服务工作、"全院办校、所系结合"工作、园区规划和办学条件改善、教职工住宅建设和后勤服务等进行热烈讨论，提出了许多中肯的意见和建议。会议正式代表 218 人，特邀代表 35 人，列席代表 72 人。教代会收到各类提案 180 件。

26 日 诺贝尔生理及医学奖评委会主席 Jan-AkeGustafsson 教授访问我校，并为师生作《细胞核受体信号转导特别是雌激素受体作用的近期研究进展》的学术报告。

29 日 学校授予杨武等 115 人博士学位、张磊等 370 人硕士学位、刘宗海等 26 人普通高等教育学士学位和王静等555人成人高等教育学士学位。

30日 学校印发施行《关于加强和改进校部机关管理与服务工作的意见》。

本月 △科技部正式批准我校筹建合肥微尺度物质科学国家实验室。

△中国科技信息研究所发布2002年度全国科技论文统计结果,我校发表科技论文数继续位居全国高校前列。其中,被《科学引文索引》(SCI)收录903篇,排名第五;被《工程索引》(EI)收录382篇,排名第七;被国际《科学技术会议录索引》(ISTP)收录161篇,排名第十四;国际论文被引证1078篇、2450次,排名第四。范洪义教授SCI收录论文数及国际论文被引用篇次均列全国个人第一。

△我校"光纤定位多单元中间试验系统"通过由国家大科学工程"大天区多目标光纤光谱天文望远镜(LAMOST)"指挥部组织的专家验收,标志着我校LAMOST光纤定位系统研制取得突破性进展。

△2003年宝钢教育奖颁发,我校陈发来教授获优秀教师特等奖,施蕴渝、彭子成、周学海教授获优秀教师奖,胡佩秋等11名学生获优秀学生奖。

△我校"同步辐射博士生创新中心"获教育部批准组建。

△共青团中央、全国青联授予安徽中科大讯飞信息科技有限公司青年科技创新先进集体称号。

△2003年成人高等教育录取新生1192名。

△我校出版社出版的图书《中国古代四大发明——源流、外传及世界影响》分别获第九届中央宣传部精神文明建设"五个一工程"奖和第六届国家图书奖入选作品奖及提名奖,《陡山沱期生物群——早期动物辐射前夕的生命》和《中国古代四大发明——源流、外传及世界影响》获第十一届全国优秀科技图书奖一等奖,由安徽教育出版社出版的《钱临照文集》获荣誉奖。

UNIVERSITY OF SCIENCE AND TECHNOLOGY
OF CHINA YEARBOOK

附　录

2003年省级及以上重要新闻媒体有关我校的报道索引

媒体名称	标　　题	时间
报　纸		
人民日报	关注校园网　预警巧疏导 ——中国科大网络思想政治工作纪实	01.28
人民日报	中国科大禁止教师上课时间用手机	04.23
人民日报	黄昱:纳米研究获重大突破	04.25
人民日报	中国科大人工合成金刚石	08.10
人民日报	培养精品学生　打造精品学科　创造精品成果 中国科大全力打造“精品”大学	09.19
人民日报	巨型番茄树挂果两千枚	10.08
人民日报	我科学家潘建伟获奥科学院奖	10.13
人民日报海外版	中国科大昔日“神童”今何在	04.21
人民日报海外版	中科大招收55名少年大学生	08.15
人民日报海外版	中科大利用纳米技术创造健康空气	09.02
人民日报海外版	全院办学　所系结合 中国科大探索一流研究型大学办学新模式	12.08
人民日报海外版	在求索中享受快乐 ——访新当选的中国科学院院士郭光灿	12.19
人民日报华东新闻	中美学者合作研究发现 同样是下棋　用脑分左右	01.23
人民日报华东新闻	中科大试行自主招生　首批在皖苏川鄂粤招75人 入学后不分院系和专业	03.05
光明日报	北宋早期完整“龙窑”窑址现身繁昌	01.07
光明日报	红专并进　理实交融	01.09
光明日报	创寰宇学府　育天下英才	01.16
光明日报	潜心研究纳米科技的中国教授	01.09

续上表

媒体名称	标　　题	时间
光明日报	中国科大学生揭开“候鸟乐园”之谜 鄱阳湖越冬白鹤逾4000羽	02.18
光明日报	校长朱清时委员谈高等教育要平衡发展	03.11
光明日报	中美核物理实验合作探测器运行成功	05.21
光明日报	我国远距离量子通信研究取得突破 科学家运用量子纠缠态的浓缩技术成功实验了量子中继器	05.26
光明日报	中国科技大学人事变动	05.29
光明日报	中国科技大学专家组建立非典空间统计模型	06.01
光明日报	温联星荣膺地学界“诺贝尔奖”	06.16
光明日报	西出阳关洒豪情 ——中国科技大学研究生西部支教纪事	07.07
光明日报	低成本投入　高效益产出 中国科大频出世界级科研成果	07.15
光明日报	现代人才需要的课程体系 中国科大理科人才培养基地	08.01
光明日报	建一流学科　育一流人才　出一流成果 中国科大向一流研究型大学冲刺	09.14
光明日报	基础宽厚实　专业精新活 中国科大多元化培养高层次创新人才	09.22
光明日报	中国科大:创新为魂	10.27
光明日报	我国单分子研究又获重要突破 富勒烯笼状结构内金属原子位置确定	11.05
光明日报	创新:建设一流大学的原动力 ——访中国科学技术大学党委书记郭传杰研究员	11.06
光明日报	微尺度物质科学国家实验室筹建进入实质阶段	12.17
经济日报	中国科大有座科技产业“大苗圃”	01.11
经济日报	中国科大注重培养学生创新与发展能力 教改面向市场　毕业生就业不难	06.14
经济日报	发展绿色化学关爱人类自己 ——访中国科学院院士、中国科技大学校长朱清时	10.30
科技日报	清贫不坠青云之志 中国科大特困生的成才之路	01.10
科技日报	刘庆峰:崛起在IT业的新星	02.27

续上表

媒体名称	标　　题	时间
科技日报	研究鸟粪可知千年气候环境	03.22
科技日报	伽玛氨基丁酸减少导致人到老年耳不聪目不明 原来是伽玛氨基丁酸减少导致脑内噪声增加	05.17
科技日报	首家网上科技博览馆开通	05.17
科技日报	实现高精度量子纠缠态纯化 中国学者在量子信息研究领域取得重大突破 从根本上解决了远距离量子通信中的难题	05.23
科技日报	科大讯飞语音技术遍地开花	05.30
科技日报	"亲情攻势"寄深情 ——海外校友助科大遴选优秀考生	06.10
科技日报	函数演绎预测北京抗非形势 一个月后 SARS 病人住院 60 人以下	06.17
科技日报	中科大首次加盟北极科考队	06.28
科技日报	中国科大注重综合素质培养 大学生设计生产流水线	07.05
科技日报	他比以前更瘦了： 记中国科技大学医院院长陈林义	07.10
科技日报	中国科大与惠普共建高性能计算机实验室	07.24
科技日报	中科大多元化助学体系"不让一名特困生辍学"	09.03
科技日报	中国科大创新文化建设催生创新成果	09.12
科技日报	写在中国科技大学建校 45 周年之际 ——育人：承瀚海之辽阔	09.18
科技日报	写在中国科技大学建校 45 周年之际 ——创新：比星云之光华	09.19
科技日报	写在中国科技大学建校 45 周年之际 ——未来：如黄山之魅力	09.20
科技日报	安徽五位科技功臣获 200 万巨奖	09.30
科技日报	旅美女科学家庄小威获"麦克阿瑟天才奖"	10.09
科技日报	寻找爱因斯坦未解之谜的"密钥" ——《自然》杂志突出报道了中科大教授 潘建伟在量子领域的研究成果	10.28
科技日报	飞翔在中日两国间的"火凤凰" ——记国家国际科学技术合作奖获得者平野敏右	11.05

续上表

媒体名称	标　　题	时间
科技日报	天然气制备合成气有了新工艺 天然气转为化学原料成本将降低	11.19
科技日报	科大立安图像型火灾探测技术成为国家标准	11.19
科技日报	大学生就业:“专卖店”VS“大卖场”	12.17
中国日报	Students show they're all class	09.18
中国日报	Growing diamonds in the rough	10.16
中国青年报	中国科技大学将新增16个博士点	02.21
中国青年报	大学生渴求高质量社会实践机会 (编者注:介绍中国科大机器人活动)	10.29
中国青年报	让中国灭火机器人早日投入实战	11.12
中国青年报	从“听会委员”到“行动先锋” 中国科大团委委员常任制带来团建新气象	11.23
中国教育报	中国科大:500毕业生400单位争	01.22
中国教育报	中国科大:改革研招复试办法	01.29
中国教育报	中科大真情温暖学子:在校过年像在家	02.09
中国教育报	我喜欢,我选择 ——高教体系敞开“自主选择专业”空间	02.19
中国教育报	走近超常教育 (编者注:介绍中国科大少年班)	03.02
中国教育报	中国科技大学:为研究型大学奠基础	04.14
中国教育报	学生老师换角色 中国科大举办班主任学校培训班	05.13
中国教育报	转系:实现教与学的“双赢” 中国科大首次拿出500个转系名额 约占年级学生总数的27%	06.11
中国教育报	中国科大千名学子递交入党申请书	06.28
中国教育报	中国科大:机器人活动突出创新教育	11.15
人民政协报	努力遏制学术腐败 ——访全国政协委员、中科院院士、中国科大校长朱清时	03.13
中国妇女报	中科大校长朱清时:少年班不是“神童”流水线	03.27
中国建筑报	中国科大高分子阻燃材料研制成功	12.02

续上表

媒体名称	标　　题	时间
香港文汇报	IT 巨头抢攻千亿华语音市场	03.17
香港文汇报	朱清时：中国科大有如黄山 （编者注：专访）	09.23
香港文汇报	朱经武访中国科大交流	09.23
大公报	“论文状元”范洪义	01.26
文汇报	为未来建筑设计“防火墙” 中科大参与美世贸中心火灾安全研究	04.15
科学时报	细水雾扑灭固体火焰机理初步查明	03.27
科学时报	我国参与国际高能核物理实验装置升级	05.21
科学时报	突出质量　保持特色　强调创新 中国科大整体推进教学改革	05.27
科学时报	中国科大频出世界级成果	06.02
科学时报	一雨吹绿千竿竹 ——记创新文化建设先进团队中国科技大学生命科学院	08.14
科学时报	统计学并不古板——科大教授方兆本访谈	09.05
科学时报	底气与灵气——从科大校庆和校门的石狮说起	09.15
科学时报	“三大工程”打造精品大学 中国科大向世界一流大学快步迈进	09.17
科学时报	“混态几何相”理论有了实验依据 我国科学家为“几何量子计算”研究做出贡献	09.23
科学时报	科学家取得纳米材料合成重要进展	10.08
科学时报	蛇毒金属蛋白酶出血机理研究获进展	10.27
科学时报	中国科大制备出高亮度四光子纠缠源	11.10
科学时报	瞄准国家重大需求　探索科技创新机制 ——中国科学技术大学科研工作攀上新台阶	11.11
科学时报	坦荡无私欢笑多——杨承宗	11.14
科学时报	原子基本激发过程研究获突破	11.19
科学时报	中国科大化学地球动力学创新成果跻身国际前沿	12.01
科学时报	“公众安全高于一切” ——火灾安全专家范维澄院士谈我国火灾安全科技研究	12.02
科学时报	中国科大广开门路推动就业	12.16

续上表

媒体名称	标　　题	时间
科学时报	中日联合先进薄膜工艺材料实验室成立	12.18
安徽日报	科大设“网上团校”	01.03
安徽日报	以语音为核心的安徽IT区位优势正在形成, 科大讯飞——“声音”爆出大产业	01.20
安徽日报	扬威世界的中科大机器人足球队	04.02
安徽日报	中科大向研究型大学迈进	04.06
安徽日报	中科大绘制发展新蓝图 力争建成世界高水平研究型大学	08.28
安徽日报	目击中科大贫困生“绿色通道”	09.17
安徽日报	高扬“科教兴皖”大旗 ——中国科大服务安徽经济建设纪实	09.21
安徽日报	群星闪烁在科技之巅 走近中国科大五院士	11.27
电视、广播		
中央电视台	中科大确定自主研招方法　提出差额复试比例	01.21
中央电视台	下棋与聪明无关? 科学家揭示人类大脑奥秘	01.24
中央电视台	中科大研制出“蠕虫病毒”预警系统	01.31
中央电视台	新人大代表刘庆峰:IT业一颗崛起的新星	02.21
中央电视台	中国科大获得2005年国际火灾科学大会举办权	03.28
中央电视台	中国科技大学对五省市进行招生“在线咨询”	05.18
中央电视台	中美核物理实验合作研制新型探测器运行成功	05.21
中央电视台	全国人大代表、全国政协委员及时贯彻落实“两会”精神 (编者注:汤洪高、朱清时发言)	03.29
中央电视台	上课别去接手机	04.13
中央电视台	中国科大试水“全校选专业”	05.19
中央电视台	中国科学家在量子信息研究领域取得重大突破	05.25
中央电视台	科学家发现耳聪目明物质　可望使人返老还童	05.23
中央电视台	采访刘庆峰对两会看法	03.21
中央电视台	采访朱清时委员	02.27

续上表

媒体名称	标　　题	时间
中央电视台	世界著名大学——中国科技大学 （编者注:26 分钟专题片）	05.07
中央电视台	废气中产宝石　我人工合成金刚石获重大突破	08.09
中央电视台	中科大:利用纳米技术创造绿色健康空气	08.27
中央电视台	中国科大向建设一流研究型大学冲刺	09.14
中央电视台	中国科技大学读研率高达 77%　居全国高校首位	09.18
中央电视台	中国科大全力打造“精品”大学 ——培养精品学生　打造精品学科　创造精品成果	09.19
中央电视台	中国科技大学校长朱清时:我的两次“错误”选择	11.13
中央电视台	中国科大有个少年班 （编者注:30 分钟专题片）	10.31
中央电视台	中国科大机器人活动周	10.31
中国教育电视台	中国科大获赠“两弹一星”功勋奖章	09.18
中国教育电视台	东亚研究型大学协会在中国科大举行	09.20
中央人民广播电台	中国科大学生深入鄱阳湖候鸟保护区考察	02.18
中央人民广播电台	中国科大女孩纳米研究成果震惊学术界	02.26
中央人民广播电台	科技大学首赴南海西沙群岛科考	03.06
中央人民广播电台	中国科大与中科院“所系结合”培养研究生	04.25
中央人民广播电台	中国科大惠普携手共建高性能计算实验室	07.16
中央人民广播电台	中科大利用纳米技术破解装修污染难题	08.28
中央人民广播电台	中科大:机器人活动周搭建创新教育平台	10.14
中央人民广播电台	中科大教授获奥地利年度科学院奖	10.15
中央人民广播电台	中科大首度颁发“校友奖”	11.04
中央人民广播电台	中科大 5 教授增选为院士　列国内高校前茅	11.11
安徽电视台	中国科大参与的安徽繁昌窑有新发现	01.07
安徽电视台	关注大学生心理健康　中国科大开通“微笑在线”	02.21
安徽电视台	中国科大成绩预警系统	02.22
安徽电视台	中国科大“雷锋在线”传递雷锋精神	03.05
安徽电视台	中国科大自主招生	04.02
安徽电视台	记者专题就我校招生采访程艺副校长	05.19

续上表

媒体名称	标　　题	时间
安徽电视台	重选专业　因材施教	06.09
安徽电视台	中国科大护航"神州五号"	08.13
安徽电视台	郭永怀"两弹一星"奖章捐赠仪式	09.18
安徽电视台	东亚研究型大学协会在中国科大举行 王金山省长出席并致辞	09.21
安徽电视台	中国科大举行2004届毕业生招聘会	12.07